21世纪经济管理新形态教材·冷链物流系列

冷链物流管理

（第2版）

李学工 ◎ 主 编
李 靖 李金峰 ◎ 副主编

清华大学出版社

北 京

内 容 简 介

本书是在广泛吸收和借鉴国内外冷链物流理论与实践精华的基础上，立足于当代冷链物流发展理念与"互联网＋"的大背景，撰写的一部应用型专业教科书。全书以现代物流与供应链理论为指导，以冷链物流活动为研究对象，分为12章，包括：冷链物流管理概述，冷链储运管理，冷链物流设施管理，冷链物流装备管理，冷链物流配送管理，冷链配送中心的规划与建设，冷链物流代理与网点布局，专业冷链物流管理，冷链物流项目的运作管理，冷链物流园区规划、建设与管理，冷链物流标准化管理及冷链物流策划与设计。本书力求将冷链物流管理理论的系统性和完整性与冷链物流实践的应用性和实战性有机融合，以建立起冷链物流管理理论与实践的桥梁和纽带。

本书可作为物流管理、营销管理及工商管理等专业本科、研究生的教学用书或参考书，也可作为物流管理、经济管理、物流工程等领域管理人员的参考书或工具书。

本书封面贴有清华大学出版社防伪标签，无标签者不得销售。
版权所有，侵权必究。举报：010-62782989，beiqinquan@tup.tsinghua.edu.cn。

图书在版编目(CIP)数据

冷链物流管理/李学工主编. —2版. —北京：清华大学出版社，2020.3(2024.7重印)
21世纪经济管理新形态教材.冷链物流系列
ISBN 978-7-302-54137-0

Ⅰ.①冷… Ⅱ.①李… Ⅲ.①冷冻食品－物流管理－高等学校－教材 Ⅳ.①F252.8

中国版本图书馆CIP数据核字(2019)第251450号

责任编辑：张　伟
封面设计：李伯骥
责任校对：宋玉莲
责任印制：杨　艳

出版发行：清华大学出版社
网　　址：https://www.tup.com.cn，https://www.wqxuetang.com
地　　址：北京清华大学学研大厦A座　　　　　邮　　编：100084
社　总　机：010-83470000　　　　　　　　　　邮　　购：010-62786544
投稿与读者服务：010-62776969，c-service@tup.tsinghua.edu.cn
质量反馈：010-62772015，zhiliang@tup.tsinghua.edu.cn
课件下载：https://www.tup.com.cn，010-83470332

印 装 者：大厂回族自治县彩虹印刷有限公司
经　　销：全国新华书店
开　　本：185mm×260mm　　　印　张：19.25　　　字　数：449千字
版　　次：2017年3月第1版　2020年3月第2版　　印　次：2024年7月第11次印刷
定　　价：49.00元

产品编号：084305-02

丛书编写指导委员会

李学工：曲阜师范大学
魏国辰：北京物资学院
田长青：中国科学院理化技术研究所
兰洪杰：北京交通大学
曹献存：河南牧业经济学院
陆国权：浙江农林大学

丛 书 序

根据物流管理与物流工程专业教学的需要,由李学工、魏国辰、田长青、兰洪杰、曹献存、陆国权组成的教材编写指导委员会,组织国内高等院校的专业教师共同编写冷链物流系列教材,共十余本。这是多个大学、多个学科领域的学者联手合作,覆盖冷链物流的方方面面,特别注重理论与实践结合的一次很有价值的尝试,对物流教育的高质量发展一定会起到很好的推动作用。

讲到冷链,一定与食品与药品有关。而食品与药品是民生工程,民以食为天,食以安为先,而安一定与冷链有直接关系,所以,在《物流业调整和振兴规划》《农产品冷链物流发展规划》《物流业发展中长期规划》中,都把冷链物流列为重点工程,每年的中央1号文件,都十分关注生鲜农产品的冷链发展。

讲到冷链,一定与国民经济的发展有关。在国民经济处于温饱型阶段,冷链是一种奢望,高不可及。但进入小康阶段,人们对生活质量的要求有极大的提升,冷链必须加速发展,目前中国正处于冷链产业发展的黄金时代。

讲到冷链,一定与冷链物流的系统工程有关。在这个系统工程中,有冷链对象即冷链商品学,有冷链基础设施,有冷链技术与装备,有冷链流通,有冷链企业,有冷链行政管理以及冷链消费。哪个环节出了问题都会影响全局。

讲到冷链,一定与互联网、供应链有关。现在是互联网、供应链时代,正是互联网与供应链从技术到模式改变着人们的生产与生活方式。产业链是基础,价值链是根本,而供应链是灵魂。

讲到冷链,一定与人才有关。人才是国民经济发展的第一资源,目前对冷链物流人才的需求很大,但在校与在职冷链教育都比较滞后,所以,必须有一支高素质的冷链教师队伍、一批高质量的教材和一些高水平的教学实践基地。

我深信,在习近平总书记国民经济高质量发展的召唤下,冷链产业、冷链物流、冷链教育都会有一个高质量的发展。

丁俊发

中国物流与采购联合会原常务副会长、教授、研究员

2019年5月1日

第 2 版前言

《冷链物流管理》最初是有感于2014年冷链物流行业的爆发式增长而萌生的撰写书籍的愿望和想法,经2015年初步构思及2016年的付诸行动,于2017年3月正式出版面市,至今已经历了3个年头,共六次印刷。这既是给我们的一个肯定,也是对我们的一种鼓舞和勉励。其中不仅有许多高等院校的同人和专业教师来信,与我们共同探讨冷链物流管理教学与科研以及冷链行业发展的问题,而且有很多冷链企业将本书作为公司专业人员培训的教材,进而还有冷链企业高层管理者与我们一起讨论冷链物流发展趋势及展望等焦点问题,这无形中给予我们更多的责任和使命。我们针对近期发展,对本书进行了修订和完善,希望能够做得更好,更加贴近读者、贴近行业和贴近社会。

众所周知,冷链物流行业发展当属中国物流行业增长中最具有活力、最具有挑战性的一个领域。首先,从国家政府政策导向、制度安排及规范标准等频频颁发就可窥见一斑;其次,冷链产业加快了内部结构调整和优化的步伐,新业态、新技术、新模式层出不穷;再次,借助互联网,尤其是新兴现代科技,诸如云计算、大数据、移动互联、人工智能、物联网、区块链等新技术,冷链物流越发朝着智慧冷链的方向发展;最后,冷链物流产业的发展更多地实现跨界的融合与协同,不仅完成了我国冷链物流产业的升级和优化,在短期内实现了显著的飞跃和进步,而且在国民经济发展中确定了其举足轻重的地位和作用。

随着生鲜电商的推波助澜,冷链物流产业发展的方向必然是朝着现代供应链的轨迹优化与调整。习近平同志在党的十九大工作报告中提到现代供应链应成为国民经济发展与结构调整的新动能,使冷链物流行业的高水平发展找到了前进的方向和动力,现代供应链作为冷链物流新旧动能转换的一个关键要素,将不断优化冷链产业经济结构和产业结构。因此,冷链物流现代供应链将代表一个全新的要素,助推冷链物流产业的腾笼换鸟和弯道超车,亟须从现代供应链理论体系中汲取养分,构建冷链供应链商业生态系统,实现经营理念、管理模式及技术手段的跨越和革新,寻求冷链供应链商业模式、价值链、服务链及技术链的全面突破,由以往更多关注冷链中的"物"向更多关注冷链中的"价值""服务""技术"转变,因为价值链、服务链和技术链是加速我国冷链物流行业发展的新理念、新思想、新技术,更是行业发展新的动力源泉。

即便有对冷链物流领域长期的教学与科研的积淀,以及对冷链企业的相关专业咨询服务过程中的累积和尝试,编者在编写本书时自始至终总是有些惴惴不安和些许的忐忑,原因在于我国冷链物流起步较晚,相关的资料和行业实践一直在进行探索。这一方面说明社会市场有较强的需求,另一方面,在成书之后编者仍感觉有些不足和遗憾,冷链物流需要与时俱进,及时将当今的新理论、新方法及新业态体现于教材之中。

本书编写前后得到了各方面的帮助和支持,特别要感谢清华大学出版社的张伟责任编辑给予本书的大力支持和帮助,也要感谢我单位各位同人和编写团队成员的鼎力相助,在此一并表示诚挚的谢意!

  书中不当之处在所难免,恳请大家不吝赐教,敬请广大读者给予批评与指正,并提出宝贵的意见和建议,以便于我们在今后工作中不断改进和完善。

编 者

2019 年 9 月

第 1 版前言

冷链物流管理是生鲜农产品、食品及药品生物制品等企业、组织在生产与流通过程中的一项基础管理工作,也是确保食品安全、降低运作成本、提高冷链附加值等活动的核心与关键要素。冷链物流行业特有的属性决定了冷链物流管理是一项复杂的系统工程,它是由涵盖食品工程、生物工程、制冷工程、保鲜技术、流通加工与包装技术、储运技术、冷藏/冻技术等集成化的跨领域冷链物流协作体构成的。站在供应链管理的角度上看,这种协作体不仅是冷链物流的产业链、价值链、交易链的集合体,而且也是组织链、技术链和信息链等资源共享的利益共同体。因此,冷链物流管理的职能不论在宏观层面还是在微观层面都使得其在国民经济与社会发展中的地位与重要性日渐突出。

冷链物流在我国虽然起步晚,行业的组织化、专业化、市场化及信息化程度较低,但是 2014 年至 2015 年国内电商涉足了生鲜农产品和食品,因此冷链物流被推到了市场的风口浪尖,成为生鲜电商独步天下的一块试金石,冷链行业由此而掀起了一股投资热潮,冷链 IT(信息技术)、冷链地产、冷链装备、冷链会展、冷链代理、冷链速运、冷链信息、冷链金融等板块,就像是忽如一夜春风来的梨花。由于生鲜电商 B2B、B2C、C2B、O2O、OSO 等营销与冷链模式不断推陈出新,冷链物流领域进入一个前所未有的快速发展期。

总之,我国物流产业在电子商务的推动下,行业内部加速了转型与升级,冷链物流终于从附属地位急剧上升为社会各界关注的焦点与热点,走向物流行业的前台。与此同时,生鲜电商和中央厨房这两种新兴的冷链态将农产品冷链物流推入快速发展的车道。

然而,当国内知名电商如火如荼地投资与运营生鲜农产品线上销售和线下的冷链物流及其配送时,业内分析的结果却是,95% 以上生鲜电商运营严重亏损,货品损耗或腐烂率高。究其原因:其一是冷链物流本身就是一个技术和信息含量很高的领域,目前国内冷链物流有效整合社会资源的能力很低;其二是生鲜品冷链物流专业人才奇缺,致使运作中断现象时有发生;其三是冷链物流标准化体系缺位严重,冷链物流效益与效率不尽如人意。

2015 年政府工作报告中,李克强总理强调"互联网+"对整个国民经济发展所带来的机遇和挑战,促使全行业要实现由要素驱动向创新驱动的根本性转变。加之,政府近年来先后进行了"一带一路"、供给侧结构改革、中国制造 2025、"互联网+流通"行动计划等战略部署,"互联网+冷链"将成为当下亟待探索的一个崭新课题。

基于长期从事冷链物流管理、物流与供应链管理的教学与研究工作,以及近年来为冷链行业及组织进行咨询与规划所积累与沉淀的相关实践经验,我们编写了本书。本书主体结构设计了 12 章内容,主要包括冷链物流管理概述,冷链储运管理,冷链物流设施管理,冷链物流装备管理,冷链物流配送管理,冷链配送中心的规划与建设,冷链物流代理与网点布局、专业冷链物流管理、冷链物流项目的运作管理、冷链物流园区规划、建设与管理、冷链物流标准化管理、冷链物流策划与设计。此外，为更好地了解与掌握冷链物流管理的理论体系，本书收集整理了冷链物流领域最新的经典案例，以便于教学使用。

本书主要特色如下。

(1) 在全面阐述冷链物流管理基础理论之外，还注重学生在实践方面应用与操作能力的培养，具有极强的实用性和实战性。

(2) 结合当前发展与环境形势，将冷链物流及其相关领域进行了系统深入的介绍和阐述。例如，冷链同界的协同创新与冷链跨界的融合发展之理念贯穿于全书。

(3) 部分内容设计具有显著的前瞻性和原创性，本书针对冷链物流领域发展的新常态，将冷链代理、生鲜电商冷链、中央厨房冷链、冷链物流标准及冷链物流策划等内容安排其中。这是本书最大的亮点与特色。

本书由多家高校的学者共同完成。本书的主编李学工负责选题策划、结构设计及撰写定位，以及书稿的校对、审阅及统稿。编写分工如下：李学工负责第1章、第10章及第12章；于秋负责第2章；李靖(青岛黄海学院)负责第3章；孙铭艺(青岛黄海学院)负责第4章；杨瑞负责第5章；李金峰(河南牧业经济学院)负责第6章；常丽娜(青岛黄海学院)负责第7章；祝慧(青岛黄海学院)负责第8章；张媛负责第9章；孙晓云负责第11章。此外，硕士研究生赵帅、郑铮铮及齐美丽等同学也做了大量的资料收集与整理工作，在此对他们的辛勤工作，表示由衷的感谢！

本书配有电子教学课件，可从清华大学出版社网站(http://www.tup.com.cn)下载。

本书在撰写和修改的过程中借鉴了国内外在该领域的最新研究成果，除注明出处的部分以外，还有部分参考文献未能一一列出，在此，对相关文献和资料的原作者表示诚挚的谢意！

由于本书成稿时间比较仓促，尽管我们在本书的撰写以及特色构建方面做出了一些努力，但由于水平所限，书中不当之处在所难免，恳请大家不吝赐教，以便于在今后的教学研究工作中加以改进和完善。

李学工

2016年7月于曲阜师范大学(日照校区)

目录

第 2 版前言 ··· V

第 1 版前言 ··· VII

第 1 章 冷链物流管理概述 ··· 1
1.1 冷链物流概述 ··· 2
1.2 冷链物流系统原理及设计 ··· 10
1.3 冷链物流运作模式创新及展望 ··· 15

第 2 章 冷链储运管理 ··· 26
2.1 冷冻冷藏储运管理概述 ··· 27
2.2 冷藏车辆选择及车辆预冷设置 ··· 31
2.3 冷藏车辆装载、温度跟踪与记录 ··· 37
2.4 冷冻冷藏仓储管理和冷库管理 ··· 44
2.5 冷库温度控制、作业管理及作业效率 ··· 48

第 3 章 冷链物流设施管理 ··· 56
3.1 冷库概述 ··· 57
3.2 冷库的规划与设计管理 ··· 62
3.3 冷库的运作管理 ··· 70
3.4 冷库的常规管理 ··· 76

第 4 章 冷链物流装备管理 ··· 83
4.1 冷链运输装备概述 ··· 85
4.2 冷链运输相关设备管理 ··· 92
4.3 冷链仓储设备管理 ··· 95
4.4 冷链加工与包装设备管理 ··· 98

第 5 章 冷链物流配送管理 ··· 109
5.1 冷链物流配送管理概述 ··· 110

5.2　冷链配送概述 …………………………………………………………… 113
　　5.3　冷链配送中心管理 ……………………………………………………… 116
　　5.4　存货控制与理货配送管理 ……………………………………………… 120
　　5.5　冷链物流配送路线规划及配送模式 …………………………………… 125

第 6 章　冷链配送中心的规划与建设 …………………………………………… 134
　　6.1　冷链配送中心建设的特点及要求 ……………………………………… 135
　　6.2　冷链配送中心规划原则及流程 ………………………………………… 139
　　6.3　冷链配送中心选址、类型及规模 ……………………………………… 143
　　6.4　冷链配送中心冷库设计与建设 ………………………………………… 147
　　6.5　冷链配送中心设备选择 ………………………………………………… 149

第 7 章　冷链物流代理与网点布局 ……………………………………………… 153
　　7.1　冷链物流代理概述 ……………………………………………………… 154
　　7.2　冷链物流代理的类型与运营模式 ……………………………………… 160
　　7.3　冷链物流规划设计的原则与依据 ……………………………………… 164
　　7.4　冷链物流网点布局与规划方法 ………………………………………… 171

第 8 章　专业冷链物流管理 ……………………………………………………… 181
　　8.1　农产品冷链物流管理 …………………………………………………… 183
　　8.2　食品冷链物流管理 ……………………………………………………… 189
　　8.3　药品冷链物流管理 ……………………………………………………… 191
　　8.4　生物制品冷链物流管理 ………………………………………………… 195

第 9 章　冷链物流项目的运作管理 ……………………………………………… 198
　　9.1　批发市场冷链物流管理 ………………………………………………… 199
　　9.2　电商冷链物流管理 ……………………………………………………… 206
　　9.3　中央厨房冷链物流管理 ………………………………………………… 212

第 10 章　冷链物流园区规划、建设与管理 …………………………………… 221
　　10.1　冷链物流园区功能定位 ………………………………………………… 222
　　10.2　冷链物流园区战略制定规划 …………………………………………… 229
　　10.3　冷链物流园区战略实施 ………………………………………………… 235

第 11 章　冷链物流标准化管理 ………………………………………………… 246
　　11.1　冷链物流标准化管理概述 ……………………………………………… 247
　　11.2　冷链储运的标准化管理 ………………………………………………… 249
　　11.3　冷链加工与包装的标准化管理 ………………………………………… 258

11.4　冷链配送的标准化管理 …… 261
  11.5　冷链物流行业及组织的标准化管理 …… 265

第 12 章　冷链物流策划与设计 …… 270
  12.1　冷链物流策划的含义与原则 …… 273
  12.2　冷链物流策划与设计的要素 …… 275
  12.3　冷链项目分类及其策划设计的类型 …… 283
  12.4　冷链物流策划与设计的流程和结构 …… 286

参考文献 …… 291

第 1 章

冷链物流管理概述

1.1 冷链物流概述
1.2 冷链物流系统原理及设计
1.3 冷链物流运作模式创新及展望

【本章导航】

本章主要介绍冷链的含义；冷链物流；冷链物流供应链及其管理；冷链物流系统的原理及其设计；冷链物流运作模式及模式创新，最后总结冷链物流发展的趋势及展望。

一颗樱桃背后的农产品冷链物流逻辑

有的水果天生具备某种"爆品体质"，当其他同类条件成熟时，身具"爆品体质"的水果更容易脱颖而出。

车厘子作为樱桃的品种之一，深受消费者的喜爱。京东零售子集团大数据显示，2019年春节期间，线上车厘子产品销售规模同比增长134%，客单价同比增长86%。国人对智利车厘子的偏爱由来已久，公开资料显示，自2012年开始，中国就已经成为智利车厘子的最大出口市场。早在2016年，智利、新西兰和澳大利亚南半球三国的车厘子就被京东零售子集团引入中国生鲜电商平台，并在其推广下走入大众视野。

在中国几个主要进口水果国中，智利是距离中国最遥远的国家，运输直线距离超过20 000千米。早些年智利车厘子只能经远洋运输进入中国，装箱后车厘子穿越太平洋，到达中国港口已是二十几天之后，其中离不开冷链物流运输的保障。同时，伴随国内冷链物流的发展和国民消费的升级，进口车厘子销售范围不断扩大，甚至逐步下沉到国内三、四线城市。

一、农产品保"鲜"，需要冷链

不只是水果蔬菜，肉蛋奶、水产品、花卉产品等在运输销售过程中也需要冷链。以樱桃为例，樱桃十分娇气，需在采购后4小时内预冷，才能保证更长的储存时间。实验显示，樱桃在没有预冷的情况下，其销售货架期只有5～7天。经过标准的预冷技术处理，樱桃的货架期可以达到2～3周。由此可见，樱桃预冷的重要性。

想让樱桃有更好的保鲜周期，那么从产地到目的地必须全程冷链，但这会造成冷链成本提高。有些企业为了节省成本，只进行部分运输过程的冷链，这也导致樱桃的价格居高不下。

很多蔬菜水果原产地冷链配套基础设施建设不健全,各个环节容易出现冷链脱节现象,导致温度上有比较大的变化,对水果、蔬菜保存的损害比没有冷链更加大,由此造成的损耗占到25%~30%。

然而,在我国大部分地区,包装、冷链技术、物流网络体系的不完善,导致大量农产品腐烂变质,农产品成本增高。因此,与传统运输相比,通过冷链物流运输,提高冷链配送时效和品质,不仅能在一定程度上降低农产品运输过程中的腐坏率、减少水果的浪费、节约成本,同时也保证了农产品的新鲜品质,让消费者品尝到水果"真正的味道"。

二、农产品冷链物流体系发展趋势

冷链网络体系趋于完善。冷链物流体系包括一个非常大的数据网与支线体系、冷库体系、领域+城区网、宅送网四个地网,利用数据网,把其他四个地网联系起来,让它们可以随时沟通,形成一个整体的体系,意义重大。

信息化技术投入加大。目前,我国冷链物流企业多数还处于粗放管理阶段,冷链需求不能得到随时满足,冷链资源无法得到充分利用,冷链运作成本高、效率低。降本增效,实现自动化、智能化,技术投入不可或缺。具体来讲,需要继续推广现代冷链物流理念与信息技术;重视物联网发展对冷链物流信息化的影响;RFID(射频识别技术)将在冷链物流信息化上广泛应用;信息系统基础设施、设备建设将进一步加强;第三方信息系统集成建设将拓展客户服务领域;中国冷链物流标准逐步制定并不断完善;存储、配送等业务信息将从异构、分散向统一、集中转变。

技术革新助力冷链物流标准落地。制冷、食品速冻、冷库自动化、包装等技术发展助力冷链服务质量和效率提升。互联网的应用倒逼冷链物流标准落地,生鲜电商的竞争使得冷链服务标准越来越透明化、标准化,移动二维码等的应用使得标准动态监控成为可能。冷链物流的服务形态将更加多元化。围绕传统冷链业务(如冷链干线运输、冷库、冷链宅配等)展开的服务,如冷链包装产业、冷链认证服务(产品溯源、供应商等级评定)、生鲜产品交易中心建设、IT(互联网技术)企业(温度、湿度等全程质量监控)等全产业链构建正在形成。

资料来源:物流时代周刊.[2019-05-15].https://www.iyiou.com/p/100357.html,有改动

1.1 冷链物流概述

1.1.1 制冷

1. 制冷的含义

制冷是指用人工的方法使某一空间或物体冷却,使其温度降到低于周围环境温度,并保持这种低温状态的一门科学技术,它随着人们对低温条件的要求和社会生产力的提高而不断发展。生活中,制冷在食品冷加工、冷藏运输、冷藏加工以及体育运动中制造人工冰场等方面有着广泛应用[①],在工业生产(为生产环境提供必要的恒温恒湿环境,对材料

---

① 谢克彪.中国制冷技术发展趋势[J].工程技术,2013(8):30-34.

进行低温处理等)、农牧业(对农作物种子进行低温处理等)、现代医学(低温冷冻骨髓和外周血干细胞、手术中的低温麻醉)、尖端科学领域(如新型材料、生物技术等的研究和开发)中也发挥了重要作用。

2. 制冷技术的发展历程

制冷技术的发展历程可分为三个阶段。第一阶段(1830—1930 年):主要采用氨气、二氧化碳、空气等自然物质作为制冷剂。受当时技术的限制,这些制冷剂利用效率较低,对环境也有危害。氟利昂应用到制冷领域,使得制冷技术进入第二阶段(1930—1990年)。氟利昂能够适应不同的温度,促进了制冷技术的发展。科学研究表明,人类活动排入大气中的一些溴、氯、氟、烷、烃等化学物质将导致臭氧的损耗,臭氧层中臭氧的减少将会导致气候和生态环境发生异变,尤其是会对人体健康造成重大损害。减少氟利昂的使用,开发新的制冷剂十分必要。从 1990 年至今是制冷技术发展的第三阶段。现在符合节能减排要求的制冷技术主要有太阳能驱动制冷、天然气驱动制冷和热声制冷技术等。

1.1.2 冷链

1. 冷链的含义

冷链(cold chain)是指易腐食品在产地收购或捕捞之后,为了保持食品的特性,其生产加工、储藏、运输、分销,直到转入消费者手中,整个过程使食品始终处在所需的低温环境中,从而保证食品的质量安全,减少损耗,防止污染的供应链系统。《中华人民共和国国家标准:物流术语》(以下简称《国家标准物流术语》)中对冷链的定义是"为保持新鲜食品及冷冻食品等的品质,使其在从生产到消费的过程中,始终处于低温状态的配有专门设备设施的物流网络",并定义了温度保持在 0~10 ℃范围内的仓库区域为冷藏区,温度保持在 0 ℃以下的仓库区域为冷冻区。

冷链适用的易腐食品可以分为三大类:一是初级农产品,如蔬菜、水果、水产品、禽、肉等;二是加工的农副食品,如蔬菜、水果加工,水产品加工,肉类加工,速冻产品等;三是特殊产品,如药品等。

2. 冷链的构成

冷链由原料前处理、预冷、速冻、冷藏、流通运输、销售分配等构成,而本书将之归结为四个方面,即冷冻加工、冷冻储藏、冷藏运输和冷冻销售。

(1) 冷冻加工。冷冻加工包括肉禽类、鱼类、蛋类的冷却与冻结,在低温状态下的加工作业过程;果蔬的预冷;各种速冻食品的低温加工等。这个环节主要涉及的冷链装备有冷却、冻结装置和速冻装置[1]。

(2) 冷冻储藏。冷冻储藏包括食品的冷却储藏和冻结储藏,以及水果蔬菜等食品的气调储藏,它保证食品在储存和加工过程中处在低温保鲜环境。这个环节主要涉及各类冷藏库、冻结柜及家用冰箱等。目前,我国的冷冻储藏技术主要有气调储藏技术、冰温储藏技术、减压储藏技术和 MAP(自发气调)储藏技术四种。

(3) 冷藏运输。冷藏运输包括食品的中、长途运输及短途配送等物流环节的低温状

---

[1] 周燕.冷链物流质量控制研究[D].兰州:兰州理工大学,2009:6-7.

态，它有公路冷藏运输、铁路冷藏运输、水路冷藏运输和航空冷藏运输等多种形式。这个环节中冷藏温度波动是引起食品品质下降的主要原因之一，所以运输工具应具有良好性能，在保持规定低温的同时，更要保持稳定的温度，这对远途运输尤其重要。

（4）冷冻销售。冷冻销售包括各种冷链食品进入批发零售环节的冷冻储藏和销售，它由生产厂家、批发商和零售商共同完成。随着大中城市各类连锁超市的快速发展，各种连锁超市正在成为冷链食品的主要销售渠道，在这些零售终端中，大量使用了冷藏或冷冻陈列柜和储藏库，由此冷冻销售逐渐成为完整的食品冷链中不可或缺的重要环节。

3. 冷链发展的可行性分析

国内的冷链产业存在很大的发展空间，着重体现在速冻、水果蔬菜等产品的储藏和运输上。据不完全统计，自1995年以来，中国速冻食品的产量以20%的速度递增，近三年来甚至以35%的高速度递增，远高于全球9%的平均增长速度。

我国是世界上最大的水果、蔬菜生产国和消费国。2015年，我国水果总产量达到2.66亿吨，水果直接消费和加工消费分别达到1.28亿吨和2 810万吨。其中，本年度进口总量为412万吨，出口数量为423万吨。同年，我国蔬菜产量为7.74亿吨，本年度进口总量为27万吨，出口数量为1 019万吨。预计2020年我国水果生产量将达到2.9亿吨，蔬菜生产量将达到7.87亿吨。如此大的冷冻冷藏需求市场必然带动冷链产业的大幅度上升。

1.1.3 冷链物流

1. 冷链物流的含义及特点

冷链物流（cold chain logistics），也叫低温物流（low-temperature logistics）[①]。目前，学术界对冷链物流的定义是：易腐、生鲜食品在生产、储藏、运输、销售直到消费前的各个环节始终处于规定的低温环境下，以保证食品质量安全，减少损耗，防止污染的特殊供应链系统。冷链物流的特殊性体现在需要特别的运输工具，需要注意运送过程、运输形态、时间掌控等，与一般常温物流系统相比，冷链物流除具有动态性、增值性、面向用户需求等基本特点外，还具备以下特点。

（1）复杂性。冷链物流必须遵循3T原则，即冷链食品的最终品质物取决于冷链的储藏温度（temperature）、流通时间（time）和产品本身的耐储藏性（tolerance）。首先，冷藏物品在流通过程中质量随着温度和时间的变化而变化，不同的产品必须有对应的温度和储藏时间。其次，产品生产、消费市场和冷链物流服务环境还具有明显的区域性，这在很大程度上提高了冷链物流的复杂性，所以说冷链物流是一个复杂的系统工程。

（2）协调性。与常温物流相比，冷链物流在运营过程中对于时间的要求非常高。易腐食品的时效性要求冷链各环节具有更高的组织协调性。一旦运营过程中的某一环节出现差错，就很有可能损坏物品的品质。如果冷链物流各环节没有较高的组织协调性，不能及时协调解决问题，那么对于托运方或者承运商来说，都将面临巨大的经济损失。

---

① 白世贞，曲志华.冷链物流[M].北京：中国财富出版社，2012：18-19.

(3) 高成本性。为了确保易腐产品在冷链流通各环节中始终处于适当的低温条件下,必须安装温控设备并使用冷藏车、低温仓库等。根据资料测算,如果我国每年约 5 亿吨蔬菜有 20% 冷藏运输,则需增加冷藏车投资 100 亿元。另外,为了提高冷链物流运作效率需要采用先进的信息系统等。这些都决定了冷链物流的成本比其他物流成本偏高。

2. 冷链物流行业的特点

进入 21 世纪以来,我国每年约有 4 亿吨生鲜农产品进入流通领域,冷链物流比例逐步提高。随着冷链市场不断扩大,冷链物流企业不断涌现,并呈现出网络化、标准化、规模化、集团化的发展态势。在冷链物流行业日益红火发展的同时,优缺点也日益明显。

(1) 冷链物流行业的优点。①冷链物流大大提高了食品的保鲜能力,不会影响食品的营养和味道,同时也提高了食品的存储期限。②冷链物流具有高效性,不同地域之间的食品输送非常方便,食品在运送到目的地时仍然很新鲜。③冷链物流为食品的安全输送提供了保证,冷藏和冷冻食品需要一个完整的冷链物流对货物进行全程的温度控制,以确保食品的安全,而冷链物流可以实现装卸货物时的封闭环境、储存和运输等温控条件。

(2) 冷链物流行业的缺点。①目前我国冷链物流行业的标准缺失,很多企业没有按照国家标准执行,自律性差,行业发展举步维艰。②技术水平低和冷链设备落后,不能为易腐食品的流通系统地提供低温保障。③冷链物流理念推广薄弱,冷链物流的要求比较高,相应的管理和资金方面的投入也比普通的常温物流要大,价格也相对偏高。而人们往往倾向于廉价的违规产品却并不知情,这也阻碍了冷链物流行业的发展。

我国冷链物流行业发展起步较晚,尽管随着人民生活水平的不断提高,冷链食品的消费逐年迅速增长,市场前景光明,但总体上来看,与发达国家的冷链物流相比,还存在非常大的差距,这需要我们认真地分析冷链物流行业的特点,明确其优缺点,对发展中出现的问题做到有的放矢、应对自如,促进我国冷链物流行业的稳健发展。

1.1.4 冷链物流供应链及其管理

1. 冷链物流供应链的含义

冷链物流供应链是指一条有机的物流链条,从产品或服务市场需求开始,到满足需求为止的时间范围内所从事的经济活动中,都处于所规定的温度下,所有涉及的冷链物流活动的部分所形成的链条。冷链物流供应链系统的建设离不开冷库的建设,没有冷库便不会有冷链物流运输,也不会有冷链物流供应链系统仓储,所以应大力建造冷库,建设大规模、高水准冷库成为冷链物流供应链建设的重要任务。只有高水准的冷冻库或冷藏库才能彻底地满足货物的冷冻冷藏需求,确保货物在供应链环节不出产品变质问题,从而打造出让政府和企业都无后顾之忧的冷链物流供应链系统。将家庭物流、企业物流、非营利机构物流以及绿色物流整合起来,我们可将之称为完全物流链或完全供应链。

2. 冷链物流供应链的流程

根据冷链物流供应链的定义及其在实际中的应用,我们可以绘制冷链物流供应链的流程,具体如图 1-1 所示。

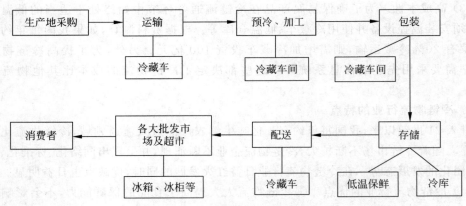

图 1-1 冷链物流供应链的流程

整个冷链物流供应链过程中还要进行信息流、资金流的控制,防止出现断链,最重要的是要对易腐产品进行规定的温度控制,从而保证产品保质保量地送到消费者的手中。

3. 冷链物流供应链的管理

1) 供应链管理的含义

供应链管理(supply chain management,SCM)是一种动态的连接功能,是一种新型的管理理念。其任务是连接主要的经营业务,是在企业内以及企业间进行的一种紧密连接和高效执行的商业模式[①]。它包括所有有关物流管理的筹集、取得、转换、其他计划和管理活动以及和渠道合作者,如供应商、中间商、第三方,物流提供者和顾客的协调与合作,以及生产行动。它推动合作过程和市场、销售、产品设计、金融和信息技术活动的协调。《国家标准物流术语》将供应链管理定义为对供应链涉及的全部活动进行计划、组织、协调与控制。

从以上定义我们可以看出,供应链管理是一种针对从原材料到最终产品的全部过程和活动进行计划与控制的集成化方法。它体现了一种系统化、全局化的管理思想。它强调企业对外部资源、环境的依赖性,以及通过外部资源的合理组织利用来获取持续竞争优势的可能性。同时供应链管理涉及的不仅仅是企业的内部管理问题,更重要的是包括企业间的协作与责任分担问题。

2) 冷链供应链管理的特点

冷链供应链管理具有以下几个特点。

(1) 冷链供应链管理是一种集成化管理。供应链管理跨越了企业的界限,注重上下游企业之间的合作,从供应商到用户,所有节点上的企业都集成起来,从而实现原材料的采购、产品制造、仓储、配送、分销与零售的一体化,由此提高供应链的整体效率,而不仅仅是节点企业的简单连接。供应链领导者是集成化管理的具体实施者,其职责在于分析系统所具备的功能,确保每一功能都由效率最高的节点企业承担,管理和协调节点企业,使其成为一个统一体,降低由于功能重复而产生的成本。

---

① 刘溢.供应链环境下奶制品冷链物流研究[D].长沙:湖南大学,2007:79-80.

（2）冷链供应链管理是一种战略管理。供应链管理是通过节点企业之间的功能分工与协作而组成一个供需链，核心企业作为供应链的管理者，要从战略的高度对整个供应链的资源进行整合，加以有效利用，并与节点企业建立战略联盟关系，以增强整个供应链的竞争能力。供应链节点企业间的协作能够给整个供应链带来收益，但也可能给个别企业带来伤害，为了最大限度地降低供应链成本，需要供应链的利益相关主体之间充分协作。

（3）计算机信息技术是供应链管理的基本手段。供应链管理以信息为纽带，实现节点企业之间的有效沟通。依靠现代信息技术达到供应链节点企业之间的数据交换和信息沟通是供应链管理的显著特征。供应链管理主要使用的信息技术包括条码技术、电子数据交换、互联网、电子订货系统等，通过计算机技术的使用，供应链中的商流、物流、资金流的运行更加流畅，提高了供应链的运作效率，而信息技术对降低供应链的成本、提高供应链整体盈利水平尤为重要。

（4）冷链供应链管理以客户需求为导向。供应链以客户需求为运行起点和动力，供应链管理的最终目标是将适当的产品按照合适的数量在合适的时间送到合适的地点以满足客户的需求。它是一种"有效客户反应"的管理模式，提倡每一个节点企业都与供应链中其他企业通过积极合作与一致性经营来赢得利润，因此企业首先要了解客户需求，并对其作出快速反应。在供应链管理中，客户的范围不仅包括最终消费者，而且包括供应链中所有位于相对下游位置的节点企业。

3）冷链供应链管理的方式

在物流供应链各环节，企业不仅要加强物流基础设施建设，更要在提升企业管理软实力上下功夫，刚柔并济，提高物流水平。

（1）进行物流基础设施建设，它是物流供应链的基础。物流系统要做到准时交货、降低库存费用，运输环节的货车、装卸环节的起重机，以及土地、厂房等硬件设施是保证作业流程顺利进行的基础。当前，我国50%的物流企业仍然处于基础网络建设阶段和系统建设阶段。国内专家认为，"物流成本过高的主要原因是产品在仓库存放的时间和路上耽搁的时间过长。物流企业的基础设施建设对于锻造核心竞争力尤其重要"。维持冷链物流的低温环境需要冷冻车等硬件设备，冷冻车等基础设施成为冷链物流企业的立身之本，在奶制品、肉制品等产品物流中发挥着重要作用。

（2）提升企业管理软实力。在企业基础设施建设逐步完善的基础上，对供应链的企业进行整合能力、管理水平、信息系统建设等，这些是企业物流发展的动力。企业较强的整合能力与管理水平等软实力成为有效保障物流供应链运作的必要条件。企业要采取多种途径，锻造企业管理软实力。要增强物流供应链管理水平建设，对物流供应链整体服务水平进行统一规划，打造灵活高效的物流管理系统，提升运作效率，减少相应损耗。信息系统建设是提升企业管理软实力的重点。借助现代信息技术的应用，实现企业物流系统管理电子化，对于加快响应市场的速度、减少库存积压、提高运输质量、保证服务水平有着至关重要的作用。对此，专家建议，企业要与软件公司充分沟通，设计出切合企业需求的软件，有效提升企业信息化水平。

通过"软""硬"兼施，在企业面对危机过程中，物流供应链犹如调集千军万马的阵前统帅,冲锋在前、运筹帷幄,更有利于企业安全渡过危机。

4）冷链供应链管理的原则

（1）快速反应（responsiveness）。能够以较短的时间窗（time window）响应客户需求是一项重要能力。客户希望的不仅是较短的前置时间,还包括弹性的和优化的客户解决方案,供应商必须能够在较短的时间里准确满足客户需求。供应商在激烈的竞争环境中需要快速反应,这意味着要快速行动和即刻满足客户需求。在快速变化的市场上,快速反应其实比传统商务上认为的"长期战略"更为重要,因为未来需求是不确定的。未来企业必须以需求推动生产而不是依靠预测进行生产,即应依靠快速反应来进行交易。要做到这一点,需要努力的就不只是公司自身,而是整条供应链。

（2）可靠性（reliability）。未来的需求不确定,供应商履行配送的能力不确定,原材料和配件的质量不确定,所以可靠性只能依靠重新设计那些影响操作的过程来获得。获得供应链物流可靠性最好的办法是实行精确的过程管理。而提高物流可靠性的关键是提高供应链可视性,即提高供应链最末端的下游客户的需求可视性。

（3）弹性（resilience）。当今市场的特点之一是多变,导致供应链容易中断,商业的连续性受到威胁。以往,供应链设计的主要出发点是成本最小或服务最优,即"弹性"。弹性涉及供应链处理不确定干扰的能力。许多公司因为利润上的压力都倾向于寻找降低成本的方案,结果却使得供应链更加脆弱。富有弹性的供应链也许不是成本最低的,但一定具有更好应对不确定环境的能力。富有弹性的供应链有许多的特征,其中最主要的特征是在它最易受到伤害的地方投入更多的关注。富有弹性的供应链还有另外一些特征,如认识到战略性库存的重要性,有选择地利用闲置力量处理突发事件。

（4）相互性（relationships）。客户倾向于减少供应商基数。"单一资源"的现象普遍可见,一般认为这样可带来的利益包括提高质量、共享新理念、降低成本和共同制订销售及配送计划。企业已经发现,竞争优势可以来自一种双赢的模式,即同供应商建立长期合作的良好关系。从供应商的角度出发,这种关系能够自动给竞争者的介入设置障碍。供应商和客户之间的相互依存度越高,竞争者就越无法打破它们设置的障碍。

案例分析 1-1

生鲜农产品：冷链物流供应链引领品质生活

1. 生鲜冷链的未来

随着网购市场不断发展,冷链物流发展前景越来越广,新鲜果蔬、速冻食品、新鲜牛奶等产品在运输过程中容易腐坏,为了保证食品新鲜,需要用到冷链运输。制冷技术的不断创新也让冷链物流发展空间越来越大。之前,冷链运输的高成本让很多企业望而却步,现在,随着制冷技术不断成熟,冷库、冷藏柜、冷藏车等设备市场普及率越来越高,管理维护成本不断下降,高成本已不再是冷链物流发展的阻碍因素。

随着消费者对食品新鲜度的要求越来越高,冷链市场不断扩大,冷链企业不断增多,我国冷链行业发展呈现出网络化、规模化、标准化趋势,这使得冷链运输效率进一步提高,食品保鲜力度大大增强,冷链物流体系不断完善。

2. 生鲜农产品的产地预冷

冷链物流体系不断完善，现在很多冷链物流企业比较注重干线物流和城配服务，很少有企业关注产地预冷工作；生鲜农产品在田间地头的收割、运输、分拣、包装一系列的工作，要做到快速控温，进行农产品的第一次控温工作，以确保产品的新鲜；针对不同的产品，分拣处理工作差异很大，特别是绿叶蔬菜类不可以带有水珠进行预冷，产品分类重点是分拣出不同的品质和规格，尽可能地做到产品外观整齐。

3. 农产品产地预冷包装

针对不同的产品，采用的小包装耗材与外箱包装耗材各有不同，从田里到产地分拣中心，入库分拣到小包装，分拣库必须干燥整洁，以 6～8 ℃ 为佳。根茎类或块状类农产品经清理后表面应无水分，宜使用泡沫网格进行第一次包装，然后装入充气袋，充气袋以单面 3～4 个气室为佳；水果类产品采用红外线分拣流水线，进行品质和规格的挑选，避免规格不整齐和虫眼、损伤、腐坏、畸形；合格产品装箱后应尽快送入冷库进行预冷，预冷时间 5～8 小时为佳，手感清凉即可；如果车辆进行提前预冷，也可以缩短库内预冷的时间。

4. 冷链干线至"最后一公里"

生鲜农产品的干线物流不宜超过 1 500 千米的运距，按照车速 60～70 千米/小时，确保 24 小时到达销售城市；由于在产地已经做好了产品的清理、分拣、包装等工作，所以产品到了销售城市的 RDC（区域分发中心）便可以进行快速的分流，即时进入城配到店的工作；根据不同的客户需求，根据产地的产品分拣等级进行快速的分流。在这个过程中，可以很清晰地体会到在产地进行的各项工作所带来的好处，如节约城市配送中心的仓库费用、城市人力成本、腐坏品垃圾处理等各项成本。

5. 未来的我们

慢申活生鲜连锁品牌，创始于 2018 年的上海。品牌创始人定位于自有品牌＋供应链体系的服务建设，通过自有品牌产品、生鲜供应链采购＋冷鲜配送的独有模式，以母店（样板店 400 平方米）带动管理加盟店（子店 80～120 平方米）的连锁模式，统一采购、分拣、加工，自有供应链配送到店。在一、二线城市，80 后、90 后的消费主导，蜗居老人的养老生活服务，健康绿色食品家庭式消费，从家庭餐桌到管家式的服务，社区消费叠加式社交电商通道，分享式会员制，未来慢申活生鲜品牌连锁，能吸引消费群体的，一定是可以解除社会中坚群体对家庭的后顾之忧。

未来慢申活生鲜社区店（子店），基本每个月都会推出一种新型产品或食材，其中现做鲜食是其主打品类，努力实现以"便利＋现做鲜食"为经营宗旨。在门店中拿出 20 平方米左右区域打造后厨空间，为消费者提供中式快餐等现做热食。相比较盒饭、便当、寿司、饭团等日式鲜食来说，中式热食实际上更符合国人的消费习惯。子店的 SKU（库存量单位）选择，来自母店，母店以 800～1 000 个单品，针对不同区域的子店随时调整产品供应，针对不同区域的消费者形成供需关系。

资料来源：慢申活品牌连锁，众海联信息科技. https://mp.weixin.qq.com/s?src=11&timestamp=1561077116&ver=1681&signature=Nb20Js4824Gyp4A2HlkUeB-FD*w85Etv1VysOaAelVid7*w833UdAepoAqnro84oAG-kHrxoxDNjQVVSU9kR1A2ZAr5BwBLw*DL44VXJjN51LgQSEFbu-E9kQdQsEWaY&new=1，有改动

1.2 冷链物流系统原理及设计

1.2.1 冷链物流系统原理

1. 冷链物流系统的含义

冷链物流系统又称低温物流系统,主要是指食品冷链物流系统。广义上冷链物流系统包含原材料的供应物流、生产物流和销售物流,在整个供、产、销的过程中需要充分的冷冻、冷藏设备的低温支持,使温度维持在适合的状态,保持物品的品质和安全。在冷链物流中每一个环节都是至关重要的,任何疏漏都会使冷链物流前功尽弃。而狭义的冷链物流系统仅指销售物流,指物品在低温的状态下,通过流通加工、运输、储存、装卸搬运、物流信息等有机结合,以创造价值、提高物流服务水平、满足社会需求为目标的一个有机整体[①]。目前大多数的冷链物流主要指狭义的冷链物流。

2. 冷链物流系统的构成要素

构成冷链物流系统的要素可以分为主体要素、客体要素和设备设施要素。主体要素包括原材料供应商、生产加工商、零售商、物流供应商、消费者、相关的监管部门等。客体要素主要是指需要冷链运输的各种易腐产品。设备设施要素包括运输设备、存储设备、包装设备、装卸设备等。主体要素是冷链系统物流运作的基础,设备设施要素为冷链物流系统提供硬件支持。

3. 冷链物流系统的特点

冷链物流系统与其他类型的物流系统相比,特点比较突出,主要是冷链物流的构建条件比较苛刻,环境要求严格。一般来讲,冷链物流系统具有如下几方面的特点。

(1) 环境要求较严格。冷链物流一般分为冷藏物流和冷冻物流,冷藏物流的温度为 $0 \sim 5\,℃$,冷冻物流的温度在 $-15\,℃$ 以下,不同的产品对温度的要求不一,因此对温度的合理把控是冷链物流运作的关键。

(2) 系统构建条件较苛刻。冷链物流系统从构建的角度来看,对存续环境、基础设施、运载系统、储藏系统、包装系统和展销系统的要求都很高。例如,生鱼片在冷链物流中要求温度为 $-50\,℃$,鲜鱼鲜肉要求 $-2 \sim 2\,℃$,同时还要求运、储、装等各个环节较好地配合。

(3) 系统投资较大。与常温物流相比,冷链物流系统的投资很大,是常温物流系统投入的 5～10 倍,甚至更多,并且冷链物流系统回报周期长。

4. 冷链物流系统原理

冷链物流系统原理包括冷链物流信息电子化原理、冷链物流运作规范化原理、冷链物流服务系列化原理和冷链物流反应快速化原理。

(1) 冷链物流信息电子化原理。冷链物流信息电子化原理指用数据库、信息网络及电子计算机技术,对冷链物流过程中产生或使用的各种信息进行收集、分类、识别、跟踪等处理,从而达到提高冷链物流效率、降低冷链物流成本、增强冷链物流系统透明度的目的。

---

① 方磊.电子商务物流管理[M].北京:清华大学出版社,2011:117-118.

我们可以从以下两个方面对冷链物流信息电子化原理加以理解：首先，冷链物流信息都是可以电子化的。现代信息技术几乎可以处理一切信息，可以利用数据库、信息网络、计算机等对冷链物流进行信息化服务。其次，物流信息电子化的主要目的是加快冷链物流速度、降低冷链物流成本及增强冷链物流系统透明度。目标的实现需要对冷链物流系统要素进行集成和整合，使各要素间形成网络化的结构。

（2）冷链物流运作规范化原理。冷链物流运作规范化原理是以现代物流理论为基础，对冷链物流作业流程和具体的冷链作业进行规范，并确立一系列的标准对冷链物流进行监管，从而提高冷链物流作业的质量、降低冷链物流的作业成本及损失的过程。

我们可以从以下方面对冷链物流运作规范化原理加以理解：首先，冷链物流一系列的服务需要有相对稳定的规范和质量标准。其次，冷链物流系统所有的要素都应该根据冷链物流服务及成本进行优化，即在规定的冷链物流服务的成本预算内，使冷链物流的服务水平最优。最后，冷链物流规范化管理能够减少内部作业的混乱并在作业运作上加以扩充。

（3）冷链物流服务系列化原理。冷链物流服务系列化原理是指根据客户的具体需求情况，设计并提供系列化及个性化的物流服务，从而增强相关企业竞争力的过程。

我们可以从以下方面对冷链物流服务系列化原理加以理解：首先，冷链物流服务是指第三方物流企业对用户、企业内部物流部门与生产和销售等部门提供运输、存储、流通加工及增值等服务。其次，冷链物流服务可以由需求方提供，也可以由提供方根据客户的具体要求和市场环境提供。

（4）冷链物流反应快速化原理。冷链物流反应快速化原理是指通过绝对加快运输工具的速度，重新设计物流系统，进行物流作业的优化及建立供应链等方式，使冷链物流系统的订货处理周期和前置时间大量缩短的过程。

我们可以从以下方面对冷链物流反应快速化原理加以理解：首先，冷链物流反应快速化不仅是指一个环节的快速化，而且是指整个物流系统的快速化。其次，冷链物流反应快速化的方式分为两种：绝对提高物流反应速度和相对提高物流反应速度。最后，冷链物流快速反应的目的是缩短订单处理周期和前置时间。订单处理周期有两个分析角度：一是发出订单的主体角度；二是提供商品或者服务一方的角度。

1.2.2 冷链物流系统设计

1. 冷链物流系统设计的含义

冷链物流系统设计是指通过对冷链物流系统进行分析，完成冷链物流系统硬件结构和软件结构体系的构想，形成冷链物流系统组织设计和技术方案的过程。而冷链物流系统组织设计是技术设计的前提，它确定了技术设计的纲领和基本要求，系统的状态根据市场地位和竞争实力进行评价。冷链物流组织结构有分散和集中、纵向和横向、正式和非正式等多种结构模式。每个企业所选择的结构模式一般是企业内部经营管理的演化。

2. 冷链物流系统分析的步骤

在进行冷链物流系统设计时，首先应该对冷链物流系统进行分析，而整个冷链物流系统分析的一般步骤如下。

(1) 确定冷链系统分析的对象,研究具体分析对象的特征及要求。
(2) 收集资料。需要收集的资料主要是对产品的审查、设备设施审查、客户需求审查及竞争对手审查。
(3) 确定冷链物流系统分析的流程图,进行有程序的分析工作。
(4) 选择冷链系统分析的工具及方法。例如,短期(静态)分析法、长期(动态)分析法、因果分析法、投入产出分析法、相关性分析法等。
(5) 对冷链物流系统进行分析,根据系统的实际情况灵活使用分析工具及方法。
(6) 根据分析结果对冷链物流系统进行优化。

3. 冷链物流系统设计的步骤

冷链物流系统的设计一般遵循以下步骤。
(1) 确定冷链物流系统所处的内、外部环境。
(2) 确定冷链物流系统设计的目标。
(3) 收集冷链物流系统的相关资料并加以整理。
(4) 根据收集的资料提出各种可供选择的方案。
(5) 根据实际情况,明确冷链物流系统方案中的可控因素及不可控因素。
(6) 调整可控因素,预防不可控因素,使之有利于系统目标的实现。
(7) 进行方案的优劣势比较,并选出切实可行的方案。

4. 冷链物流系统设计的特征

(1) 冷链物流系统设计的对象是特定问题。冷链物流系统中有许多含有不确定因素的问题,而系统设计就是针对不确定的情形,来设计解决这种问题的方案,研究可能产生的结果。
(2) 冷链物流系统设计多采用定量的方法。系统分析主要是数据资料,并作出有科学依据的决策,如果在复杂的情况下,不能有效获得数据资料或者难以建立数学模型,就要借助计算机的仿真技术进行模拟。
(3) 冷链物流系统设计的目标是整体最优。每个冷链物流系统都含有多个不同功能层次,需要各个层次进行合理的分工协作,使冷链物流系统实现整体最优。

1-2

农产品、食品、第三方冷链物流供应链怎么打造供应链

供应链围绕核心企业,通过对信息流、物流、资金流的控制,连成一个整体的功能网络结构模式,是从扩大的生产概念发展而来的,它将企业的生产活动进行了前伸和后延。今天,我们就来了解一下农产品、食品、第三方冷链物流供应链这三方面的相关供应链知识。

一、当前我国农产品供应链现状

1. 农产品流通信息化程度较低,供应链模式的运行基础不牢

我国是以家庭为单位分散经营的小农经济,生产规模小且分散,农村经济发展缓慢,信息化网络建设滞后,多数农产品流通市场缺乏相应的信息化设备,部分地区仍旧采用传统的板报、广播等方式来发布信息,农业生产方式落后,无法提供供应链管理所需的标准

化农产品;农业信息化建设薄弱,远远落后于世界发达国家。截至目前,我国尚未形成一个统一规划、专业权威的农产品生产和流通信息发布平台,流通主体间也缺乏一个有效的电子交易平台用以及时地进行信息沟通,农业信息资源共享性差,导致农产品产销之间信息不衔接或衔接不紧密造成信息扭曲,无法为农产品供应链流通模式的实施提供有力支撑。

2. 流通主体组织化程度低,不能担负起核心企业的统筹协调作用

当前,我国农产品供应链主体的组织化水平较低、管理能力较弱,导致供应链上核心企业缺位。近年来我国工商注册的农业合作社数量虽然与日俱增,但真正能够代表农民利益的合作组织很少且规模较小,农民多数是在分散、无序的状态下进入市场。我国农产品批发市场数量庞大,但单个市场交易规模与发达国家相比依然存在很大的差距,且场内设施简陋、服务功能单一,没有能力肩负起这副重担。

3. 现代化物流设备严重短缺,缺乏硬件保障

农产品物流体系滞后,缺乏供应链实施的硬件保障。我国的农产品加工配送中心、仓储中心等物流基础设施建设不足,低温冷库、农产品专用运输车等现代化物流设备严重短缺,农产品的流通主要还是在常温或自然的条件下进行,产后预冷、低温加工等冷链物流技术并未得到广泛应用,最终导致农产品流通中物流损耗严重,物流成本巨大。

二、食品供应链

一般而言,食品及农产品中很大一部分属于快速消费品,这使得食品供应链与其他行业供应链差别迥异,有其自身的独特性,具体表现在如下方面。

供应链管理过程中外包比例较大。因为食品及农产品,尤其是具有快速消费品性质的产品往往产品单值低,厂商为降低物流成本,一般会外包相关业务而不会自建系统提高成本。

供应链食品从生产到消费周转时间短但环节多。食品及农产品(尤其是具有快速消费品性质的产品)从生产、加工、销售到最后的消费为保证新鲜度抢占市场,在时间上要求非常高,但同时又需要经过多环节操作,这就要求食品供应链设计运作时必须力求高效,同时各个环节都必须仔细谨慎,才能有效保证食品质量安全。食品供应链的产品消费周期短,对于库存配置、产品运输及渠道管理要求极高,因此对于信息技术的依赖性极大。

渠道能力是一种持久的、不可购买的、不可转移的、与消费市场现状密切相关的能力,渠道管理往往是食品企业的核心竞争力所在。通过完善的信息技术,企业能实现与渠道伙伴的及时沟通、有效确定渠道库存,最终实现供应链成本节约下的产品供给。

对冷链技术依赖性较强。食品冷链以保证易腐品品质为目的,以保持低温环境为核心,不仅有对冷链运输系统的技术要求,还有对冷库等储存场所的冷控技术要求,从而才能最终确保消费食品的产品品质与质量安全。

供应链横向之间竞争对手较多,消费者对于产品的忠诚度不高。这要求食品供应链管理在保证质量的同时还必须考虑各种促销手段和广告对于消费者的影响,从而最大限度地增加供应链价值。

三、第三方冷链物流供应链

第三方冷链物流是指冷冻冷藏生产经营企业为集中精力服务好客户和节约成本,把

原来属于自己处理的冷链物流活动,以合同方式委托给专业冷链物流服务企业,同时通过信息系统与冷链物流企业保持密切联系,以达到对冷链物流全程管理控制的一种冷链物流运作与管理方式。如今企业由于自身硬件和软件设施的欠缺,以及管理方式和技术等因素无法完成全部的冷链物流活动,从而在经营过程中把冷链环节外包给第三方,这是一项系统的工程。第三方冷链物流供应链具有如下优势。

(1) 实施第三方物流对于买方和卖方都是有利的,缩短供应链成本是最大的优势。

(2) 由于第三方物流冷链企业负责对供应链所有物料和产品的仓储与运输,因此第三方冷链物流企业可以对相关的库存信息进行合理统计,满足每一个供应链主体顾客需求的同时又可以降低库存水平。

(3) 所有的物料流动和相关的信息都由第三方冷链物流企业来进行,从而释放了供应链其他企业对其的协调工作,其他的企业可以致力于提高自身的核心竞争力。

(4) 由于第三方物流企业与其他各个供应链主体企业之间进行频繁的信息沟通和物料转移,因此对于每一个供应链主体都只需要和第三方物流企业进行信息沟通,而不需要和其他的供应链主体进行频繁的信息沟通,从而降低了沟通成本,提高了供应链的响应能力。

资料来源:老家故事. https://mp.weixin.qq.com/s?src=11&timestamp=1561077991&ver=1681&signature=zhYLQQkUg3jBGz3sFtSFpNY4Sgp2tU4yGC83W8PtUDFLFkjXggMQ6KpjaYwXE1qDcZXbhEXt5XWQw1Tg5k2WmHun7hUvaVOvQ3UIYWiQx20CPpFvOwA7MpO * VXSbQ6P2&new=1,有改动

 1-3

"物流"是餐饮供应链的核心点

"F2B2C 一站式冷链服务即是从工厂、产地到消费终端、门店,再到消费者餐桌。"京东冷链业务负责人芦国庆在"新消费・新餐饮:供应链密码 解锁升级之道——2019 未来商业创新创投"沙龙上说道。据悉,当前京东冷链基于产地、工业、餐饮、零售、进口五大行业的供应链特性与差异,打造了从仓储到配送、从线上到线下、从硬件到软件的一体化五大行业定制解决方案。冷链产品包括冷链卡班、冷链整车、冷链城配、冷链仓储、生鲜速达。

芦国庆表示,京东冷链一方面通过物联网技术、大数据、云计算与人工智能等新兴技术的优势,加速"人、车、货、场"等要素的数据化升级,提供全流程、全场景的一体化物流解决方案,真正实现从工厂、产地直达餐桌;同时依托物流带动商流的优势,完善供应链管理体系,严格把控供应商资质与审核,实现采购管理优化。

英国著名国际物流与供应链领域专家马丁・克里斯多夫曾说:市场上只有供应链而没有企业,21 世纪的竞争不是企业之间的竞争,而是供应链与供应链之间的竞争。此次沙龙的主题是"新消费・新餐饮",聚焦到餐饮行业,芦国庆说,供应链非常重要,餐饮供应链的核心是什么?在他看来是"物流"。

芦国庆在现场以餐饮品牌旺顺阁为例介绍"物流对于餐饮供应链的重要性"。他阐述道,以餐饮品牌旺顺阁为例,京东冷链通过集采集送的标准化模式,取代了门店采购再配

送的传统模式,将来自杭州千岛湖的大鱼头直接送入京东冷库,再根据各个门店每天的补货数量,发挥同城共配、智能调度的优势,在特定时间送达各个门店。这样既减少了商品搬运次数,又利用规模效应降低了库存成本。此外,京东冷链还通过精准的发货计划与采购优化,让旺顺阁的库存周转期从原有的 30 天缩短至 5.5 天,物流成本直降 50%。

对于京东的冷链布局,芦国庆称,京东冷链从 2018 年下半年开始搭建,全国已经有 11 个省互发 1 000 余条零担班车线路,宅配网络覆盖了 300 多个地方城市。目前,城配已经开通的 11 个城市有北京、上海、广州、成都、武汉、沈阳、西安、南京、杭州、郑州、济南,有 17 个 B 仓。他透露,未来,京东冷链将开通 46 个城市,3 000+条路由线路。

据中国物流与采购联合会冷链物流专业委员会预测,到 2020 年,冷链物流市场规模将达到 4 700 亿元。此前,亿欧物流采访京东集团副总裁郑瑞祥时,他也表示,在近一两年发展阶段中,每年冷链行业都保持 20% 以上的增长速度,相对于其他行业或者国民 GDP(国内生产总值)来讲增速较快。就现在整个中国的冷链流通率和冷链物流市场规模来讲,他认为未来还需要 2~3 年时间,冷链物流行业才会真正迎来大爆发阶段。

据了解,京东物流早在 2014 年即开始打造冷链物流体系,2018 年正式推出京东冷链,主要专注于生鲜食品、医药物流,依托冷链服务能力,以产品为基础、以科技为核心,通过构建社会化冷链协同网络,打造全流程、全场景的 F2B2C 一站式冷链服务平台,实现对商业与消费终端的安全交付。

资料来源:地和递.http://www.sh-ec.org.cn/a/xingyedongtai/redianjujiao/2019/0603/5278.html,有改动

1.3 冷链物流运作模式创新及展望

1.3.1 冷链物流运作及冷链物流企业的主要模式

1. 冷链物流运作的主要模式

1) 鲜花的冷链物流运作模式

据分析,我国的花卉生产主要集中在云南、福建、海南、山东等地。而发展相对滞后的花卉冷链物流,成为制约我国花卉运输的"瓶颈"。经过多年发展,我国的花卉物流已初步形成体系。目前,我国共有花卉物流企业约 7 000 家,形成了物流设施提供企业、生产销售企业及外资企业共同参与的花卉物流格局,航空、铁路和公路三大运输方式互相补充的花卉运输网络。但在这约 7 000 家花卉物流企业中,大部分是基础设施极不完善的小企业。因为缺少必要的冷链措施,花卉在流通过程中造成了 30%~35% 的耗损,运输成本居高不下。鲜切花品质 50% 取决于种植,50% 取决于采后处理和冷链运输。鲜花需全程冷链运输,包括从产地的采后冷藏、短途低温保温、长途冷藏运输,抵达市场后的短途保温运输和终端消费地批发市场的冷藏。而我国花卉产品的采后处理水平参差不齐。在运输环节,一般货运公司小而散,缺乏能够提供保鲜、冷藏、分类、包装、运输、配送等一条龙服务的专业物流公司。只有个别企业在个别时段和运程上,能够进行冷藏运输或低温保温运输,而且关、检及在机场待运的四五个小时中,很少进行冷藏和保温;加之运输过程中的多点往返和多次搬运装卸,往往导致产品质量下降甚至腐烂。

鲜花的冷链物流过程包括保鲜运输、仓储、流通加工、配送等环节,具体运作模式如图 1-2 所示。

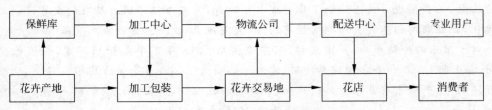

图 1-2　鲜花的冷链物流运作模式

2) 果蔬的冷链物流运作模式

果蔬采摘后一般经过田间包装、预冷、清洗杀菌、包装等商品化处理。所有果蔬包装材料均印有果蔬名称、等级、净重、供应商名称、地址等,以保证信誉,并始终保持其处于低温状态,形成一条完整的冷链,即采摘→田间预冷→冷库→冷藏车运输→批发站冷库→超市冷柜→消费者冰箱,使得果蔬在加工运输环节的损耗率仅为 1%～2%。果蔬类产品通过产地储藏、流通加工和运输环节,进入销地配送中心,然后通过分销商自提或批发商配送的方式进入超市、个体零售终端。果蔬的冷链物流运作模式如图 1-3 所示。

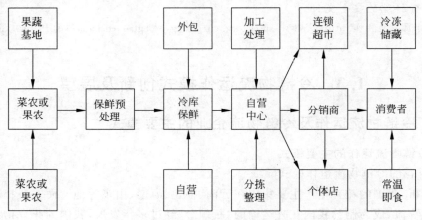

图 1-3　果蔬的冷链物流运作模式

3) 乳制品的冷链物流运作模式

乳制品冷链物流是以新鲜奶和酸奶为代表的低温奶产品等在奶源基地采购、生产加工、包装、储存、运输与配送、销售直到消费的各个环节都处于较适宜的低温环境中运行的一种冷链物流,以保证奶制品的品质,防止奶制品变质和污染。在乳制品冷链物流运作过程中,物流可以外包,也可以自营。在供应链管理上,上游加工企业与分散农户小规模生产合作经营进行监控,下游通过运输与配送的全程监控,有效提高乳制品冷链物流的温度与时间管理水平[①]。乳制品的冷链物流运作模式如图 1-4 所示。

---

① 李建春.农产品冷链物流[M].北京:北京交通大学出版社,2014:174.

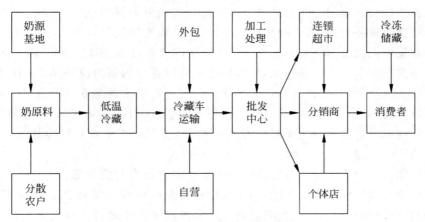

图 1-4　乳制品的冷链物流运作模式

4）水产品的冷链物流运作模式

水产品在物流过程中需快速流转。但由于冷链水产品消费的季节与周期性、产品传递渠道的长度等特点，加强水产品冷链物流中心建设显得十分必要。冷库依托冷链物流中心而存在，水产品冷库成为水产品冷链物流中心必不可少的设施，水产品冷链物流中心在水产品冷链物流体系建设中起着决定性的作用。水产品冷链物流中心是提供水产品集中、分配、配送、增值等功能，拥有码头、渔港补给设备、水产物流中心、深层加工厂、渔获市场、海洋研发中心、水产养殖基地、住宅区等冷链物流运作设施的中心。目前多数屠宰厂和冷藏冷冻食品、水产品加工企业都有自己的冷藏冷冻库，以平衡供应、生产与销售环节。水产品的冷链物流运作模式如图 1-5 所示。

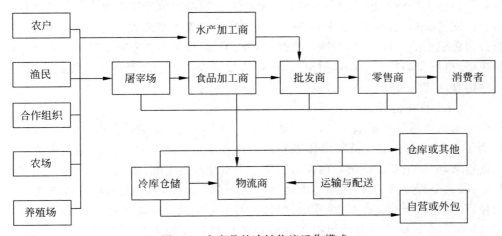

图 1-5　水产品的冷链物流运作模式

2. 冷链物流企业运作的主要模式

1）第三方冷链物流模式

第三方冷链物流模式是指专业的物流企业受买方或卖方委托，从事专业的冷链物流外包服务。能通过全程监控冷链物流、整合冷链产品供应链的方式，为冷链物流需求方提供高效完善的冷链方案的企业就是第三方冷链物流企业。借助这一模式，既可以提供专业化的冷链物流服务条件、节约物流成本、提高冷链物流的运作效率，又可以使买方企业或卖方企业集中人力资源和物力资源做好本企业的业务，最终实现互利双赢的战略目标。夏晖物流是典型的第三方冷链物流企业，拥有从美国进口的制冷设备及 5～10 吨温度控制车辆，可以实现全程温度控制和自动化管理。夏晖物流主要为麦当劳提供一站式综合冷链物流服务，业务主要包括运输、仓储、各环节的信息处理、存货控制、产品质量安全控制等。夏晖物流根据麦当劳店面网络的分布情况建立了分拨中心和配送中心。

2）以生产加工企业为主导的自营冷链物流模式

以生产加工企业为主导的自营冷链物流企业整合自有物流资源，建立多家便利店以控制销售终端进而建设物流配送中心，实现冷链物流向原料供应商的延伸，形成"产供销一体化"的自营冷链物流模式。光明乳业有限公司冷链物流是真正意义上的以加工企业为主导的"产供销一体化"的冷链物流运作模式。例如，光明乳业有限公司整合集团下属物流部门成立上海冷鲜物流有限公司，建成 5 个区域物流中心、21 个销区物流中心、6 个转运物流中心，在 18 个大中城市分布 1 200 多家专业便利店。

3）以大型连锁经营企业为主导的自营冷链物流模式

以大型连锁经营企业为主导的自营冷链物流企业通过小批量、多批次、多品种配送，确保生鲜食品的质量安全，形成了大型零售商独自兼营配送环节为主的冷链物流模式。联华超市股份有限公司于 2000 年建成联华生鲜食品加工配送中心，总投资 6 000 万元，建筑面积 35 000 平方米，年生产能力 20 000 吨，是国内目前设备最先进、规模最大的生鲜食品加工配送中心，为其下属的 3 609 家连锁经营店铺提供冷链物流服务。

4）依托大型冷冻批发市场型冷链物流模式

武汉白沙洲冷链食品有限公司通过与农产品大市场连成一体形成产品生产、收购、加工、储运、配送和提供市场信息服务等一体化的冷链物流运作模式。武汉白沙洲冷链食品有限公司将建成 20 万吨冷库和冷冻食品、海鲜、干鲜、板栗四大专业市场。无论是从市场建设规模、市场交易量和市场辐射范围，还是从设施设备、库容、管理等方面比较，武汉白沙洲冷链食品有限公司都在全国同类市场中位居前列。

5）生鲜电商冷链物流运营模式

生鲜电商市场的井喷式发展，一方面加快了冷链物流行业的爆发增长，另一方面也直接推动了生鲜电商自建冷链物流体系和探索出各具特色的生鲜电商冷链物流的运营模式。近年来，生鲜电商的冷链物流模式主要分为自建冷链宅配、第三方冷链干线运输与落地配、一段式全程冷链、二段式半程冷链等形式。总之，归纳起来生鲜电商冷链物流模式有四种，分别是顺丰冷运模式、京东商城模式、河南鲜易供应链模式和九曳供应链模式。

（1）顺丰冷运模式。需要根据不同城市的地理状况和人员状况制订不同的解决方案，在全流程的冷链配送环节反复试验，不断优化保鲜方式和配送路径。

（2）京东商城模式。京东物流深入布局生鲜运输设备，截至 2018 年 10 月在全国 10 个主要城市自建冷库 18 座，覆盖 300 多个城市，这些冷库的独特之处就在于拥有深冻、冷冻、冷藏和温控 4 个温区，能够保障不同食品的冷藏需求。不仅是冷冻，京东的冷藏车同样拥有四大温层，能够最大限度地实现生鲜产品从产地、干线、仓储到配送全程冷链无缝连接。

（3）河南鲜易供应链模式。依托网络化温控仓储及冷链运输两大基石，以 IT 信息、供应链金融为核心优势，围绕供应链优化，开展国内外贸易、流通加工、温控仓储、干线运输、城市配送、终端连锁、网络营销、展示交易等，为客户提供温控供应链服务。

（4）九曳供应链模式。围绕核心企业，通过对信息流、物流、资金流的控制，从采购到终端整个过程提供低温运输、加工、仓储、配送服务，然后由分销网络把产品送到消费者手中。总的来说，就是将供应商、制造商、物流商和分销商连成一个整体的功能网链结构。

总之，不限于上述模式。生鲜电商的快速发展，推动了冷链物流行业的全面提速，传统的运营模式需要不断创新，新兴冷链物流运营模式层出不穷。例如，随着生鲜电商的蓬勃发展，又会产生或衍生出更多的新模式和新业态。

1.3.2 冷链物流运作的模式创新

1. 农产品冷链物流企业的模式创新

农产品冷链物流企业的模式创新是指深入分析当前冷链物流企业发展在硬件与软件上存在的不足，探讨硬件设施建设的重点与软件加强的侧重点。农产品冷链物流企业的模式创新可以从以下两个方面入手。

（1）加快研发冷藏运输技术与冷藏运输设备。冷藏运输技术与冷藏运输设备是完成冷链物流的最基本硬件，冷藏运输技术决定了生鲜农产品的品质，冷藏运输设备决定了生鲜农产品运输过程中质量的保持与运输效率的提升。冷链物流企业应兴建单体多温分区冷库和智能型冷库，同时在冷库上安装计算机自动控温装置，保证温度的可控性；多采用节能环保的冷藏运输设备，尽量实现装卸环节的自动化，提升运输效率。

（2）加快基础项目建设。由于很多冷链物流企业都是分布于农产品生产基地的周边，无法顾及那些相对分散的农产品生产地，这对于一些易腐的农产品来讲，是冷链物流中的一个漏洞。物流企业应深入分析农产品生产分布情况，建设一批设施先进、节能环保的冷库，保障农产品生产地区的冷鲜产品临时储备。

2. 农产品冷链物流企业的价值创新

农产品冷链物流企业的价值创新是指挖掘农产品冷链物流各个环节的最大价值，运用适当的方法与手段将最大价值发挥出来，提升冷链物流企业的核心竞争力。农产品冷链物流企业的价值创新可以从产品价值提升、技术价值凸显与人力资源价值充分发挥三个方面入手。

（1）通过完善产业链条，提升产品价值。如果所有的物流企业都将自身定位为"运输"企业，它的发展就会受到极大的制约，将各种生鲜农产品保时保质地运送到目的地，所创造的也仅仅是一个"运输"价值。如果进一步延伸产业链条，将服务范围扩张到农产品生产、包装与销售等方面，就可以将其上下游产业联系到一起，实现统一协调的运作，让新鲜的农产品在最恰当的时机被生产出来，以最恰当的方式被包装，再统一运送到销售终端，收获最大的经济效益。

（2）积极地运用新技术，凸显技术价值。评价冷链物流的重要标准就是产品损耗与产品质量的保持。冷链物流技术在产品质量的保持与损耗的减少方面发挥着重要的作用。创建完善的质量管理标准与技术标准，可保证物流服务质量；强化质量检验机制，可保障产品的安全。

（3）充分发挥人力资源的价值。构建科学合理的人才梯队，通过科学的薪酬制度吸引高素质专业冷链物流人才的加入，通过激励制度的运用调动员工的工作积极性，通过培训制度促使工作人员的专业素质不断提升。

3. 农产品冷链物流企业的管理创新

农产品冷链物流企业的管理创新是指加强企业内部管理，促使企业自身综合实力增强，提升抢占更大市场份额的能力。农产品冷链物流企业的管理创新可以从四个方面入手。

（1）进一步调整产业结构，实行现代企业法人治理结构。通过股权改造，实现企业产权结构多元化，在企业内部创建资产管理、财务管理、投融资管理、业务管理四大管控中心，实现治理结构的优化。

（2）加强全面预算管理和全面风险管理。以企业的长远发展规划为中心，在资源配置、投融资、成本控制方面进行科学的预算管理。围绕财务资产运营、项目投资等重大财务项目进行全面的风险管理。

（3）创建以市场为导向的管理机制。冷链物流企业的发展要以市场为导向，根据市场的需求设计产品，根据客户的需要创新服务。

（4）注重品牌的管理与塑造。冷链物流企业应重点开发具有市场竞争力的产品，各类农产品如水产品制品、水果蔬菜、肉禽制品等需创建品牌，促进品牌的树立，形成品牌效应。

4. 农产品冷链物流企业的网络创新

农产品冷链物流企业的网络创新是指通过构建网络化体系，发挥信息网络平台、质量追溯网络平台和产业网络合作平台的作用，推动冷链物流企业服务水平进一步提升。

（1）构建信息网络平台。信息网络平台可以为客户提供全程化透明监管的服务，避免了信息不对称现象的出现。物流企业各部门可以通过信息平台实现信息、数据的交换与共享，使冷链物流资源得到优化配置，提升信息共享度。

（2）创建质量追溯网络平台，为消费者提供安全放心的农产品。冷链物流企业应该将农产品的生产地、加工地、包装、生产日期等重要的产品信息都录入质量管理体系中，通过编码对其进行统一的管理，保证全程质量的可控制性。

（3）构建产业网络合作平台，调动行业力量发展冷链物流产业，让冷链物流企业之间实现信息与资源的共享。各冷链物流企业可以通过网络合作平台进行交流与沟通，促进深度合作。

1.3.3 冷链物流管理的发展趋势及展望

1. 冷链物流管理的发展趋势

①伴随国民经济的快速稳定发展，物流产业规模将继续快速扩张，并且加快行业内的进一步分工，从而使冷链物流成为物流产业的新生力量。②与经济结构和产业布局调整相适应，冷链物流产业的集中度进一步提升。③随着物流市场的进一步扩大，冷链物流产业内的分工将越来越细。④冷链物流服务方式日益多样化。以现代信息技术、运输技术、管理技术为基础的集成化、一体化冷链物流服务将得到更为广泛的应用。加之云计算、大数据、移动互联网及物联网等技术的普及，冷链物流对其技术的依赖性日益增强。⑤冷链

物流产业技术进步与创新步伐加快,冷链物流的现代化水平需要与现代科技高度融合,逐渐趋于智能化和智慧化。⑥合作、协同、融合、联动将成为冷链物流产业实现规模扩张、协调发展的重要途径。⑦冷链物流产业发展的制度环境日趋规范,冷链规范及标准化体系逐步健全与完善,市场秩序与环境条件进一步优化。

2. 冷链物流管理的展望[①]

1)冷链物流标准化体系建设

按照重点突出、结构合理、层次分明、科学适用、基本满足发展需要的要求,完善冷链物流管理的标准体系框架,加强冷链物流管理标准的制定工作,形成一批对全国冷链物流业发展和服务水平提升有重大促进作用的冷链物流标准。如原料基地生产标准与规范、预冷与储藏标准、加工标准、运输标准(特别是农产品运输温度标准)、销售标准、标签标准,以及检测方法标准、环境标准、服务标准等,并制定以 GAP(良好农业规范)、GVP(良好兽医规范)、GMP(良好作业规范)、HACCP(危害分析及关键控制点)、ISO(国际标准化组织)为基本原理的农产品冷链物流全程质量与安全控制技术规程,实现从田间到餐桌的全程控制。注重冷链物流标准与其他产业标准以及国际冷链物流标准的衔接,科学划分强制性和推荐性冷链物流标准,加大冷链物流标准的实施力度,努力提升冷链物流服务、冷链物流枢纽、冷链物流设施设备的标准化运作水平。

2)冷链物流产业集群化发展方向

培育多元化的农产品/食品冷链物流企业融资渠道,加速冷链物流各环节区域化协作、专业化分工、一体化运作的市场机制。整合城乡物流资源,强化农村物流与城市物流资源、环节的对接,建立布局合理、相互协调、分工协作的城乡一体化冷链物流产业集群,形成农产品/食品冷链物流的技术研发、信息共享、功能各异、运作专业化的冷链物流产业链条。尤其是结合地区特色经济和特色农产品之优势建立冷链物流产业集群,走产业化、集约化、规模化的道路,延伸农产品的产业链、价值链、信息链以及组织链。

3)冷链物流管理信息化建设

冷链物流领域亟需加强北斗导航、物联网、云计算、大数据、移动互联、区块链等先进技术的应用。加快企业冷链物流信息化、智能化建设,发挥核心冷链物流企业整合能力,打通冷链物流信息链,实现冷链物流信息全程可追溯。加快冷链物流公共信息平台建设,积极推进全社会冷链物流信息资源的开发利用,支持运输配载、跟踪追溯、库存监控等有实际需求、具备可持续发展前景的冷链物流信息平台发展,鼓励各类平台创新运营服务模式。进一步推进交通运输冷链物流公共信息平台发展,整合铁路(包括高铁)、公路、水路、民航、邮政、海关、检验检疫等信息资源,促进冷链物流信息与公共服务信息有效对接,鼓励区域间和行业内的冷链物流平台信息共享,实现互联互通。

4)冷链物流信息追溯查询系统建设

依托现代前沿网络技术——物联网资源,尽快建立农产品冷链物流追溯信息系统,构建农产品冷链物流信息备案制度,实施在农产品冷链物流运作中任何环节的信息备案,以备查询,不仅对农产品生产环节加以控制,而且对其冷链物流环节的质量和安全予以全程监控,追溯任何环节和过程的问题,找出真正的原因。最终实现政府相关主管部门、冷链

---

① 李学工. 我国农产品冷链物流现状及发展趋势[J]. 综合运输,2010(4):45-49.

物流行业及其物流执行组织企业对农产品物流活动的检测、监督和控制。

5) 冷链物流实施驱动创新显现出常态化

首先,冷链物流培育出新经济。冷链物流边界进一步扩展延伸,不断嫁接或联动,孕育出新经济,共享经济、懒人经济等层出不穷,涌现出冷链新经济形态,跨界融合、跨界协同、跨界共享已逐步常态化。其次,冷链物流持续衍生出新模式。因人工智能(AI)、虚拟现实(VR)、自动识别、机器学习、深度学习等技术或理论的赋能与加持,冷链物流逐步向智能化、智慧化、无人化方向发展,比如基于云端的前置仓、云仓、微仓及智能自取柜等冷链运营模式。再次,冷链物流催生出新业态。通过网络平台、信息技术、智能技术等催发出更多新兴业态,诸如冷链物流承运人、中央厨房、冷链物流无库承储人、生鲜电商+境外仓等新业态。最后,冷链物流引入新技术。政府及社会的客观需求,加快了冷链物流实现全程监控、监测、监管等技术的广泛应用,社会及冷链行业资源共享,以提高全社会整体效率。引进、推广自动化冷库技术、冷库智能管理系统、真空预冷技术、氮气保鲜技术、传感技术、热成像技术、无损检测与商品化处理技术、运输车温度自动控制技术等先进技术,提高冷链物流技术创新,伸展与提升冷链物流服务范围和服务水平。

6) 建立冷链物流安全预警机制及系统

建立符合科学发展观和经济社会发展规律的冷链物流科技创新体系,通过构建物流安全预警机制及其系统,确保政府对农产品/食品的安全控制,以实现规模经济或范围经济,降低政府宏观调控的成本。通过运用应急管理、预报预警、网络信息技术等技术,建立冷链物流安全预警系统,以提高农产品物流安全管理的效率与效益。此外,遵循"农产品安全第一、兼顾效率"原则,在《中华人民共和国农产品质量安全法》的指导下,完善监管体系,建立面向全社会的农产品物流安全预警机制。通过对农产品物流安全风险进行分析、评价、推断、预测,根据风险程度事先发出警报信息,提示农产品生产、经营和决策者(政府部门)警惕风险,并提出相应的预控和应急对策。

7) 冷链物流跨界融合与协同创造更高附加值

冷链物流需要通过与餐饮、商超、生鲜电商等企业建立跨界融合与协同,在联合的基础上实现跨界多赢,才有可能创造出全新的商业模式,实现行业新旧动能转换所带来的发展机遇。以创新驱动冷链物流的跨越式发展,对传统运营模式、业态及技术持续创新。将生产、流通及消费等领域贯通为一个整体,打造冷链物流的全产业链条,推动冷链物流的多元化、一体化、集约化和智能化发展。冷链物流企业尤其要面对渠道服务管理、国际商贸分销管理、客户服务管理、价值链管理及冷链物流品牌建设等机遇和挑战。通过把握行业趋势,为客户提供高附加值和冷链增值服务,逐步完善冷链供应链体系。

8) 建立与完善冷链物流现代供应链体系

冷链物流的爆发式增长,促使供应链运作体系初步建立,但随着消费市场的不断升级和优化,亟须借助现代供应链理论体系武装冷链物流的探索与创新发展的技术、方法及标准,冷链物流行业与实体的工业、农业及服务业的良性互动发展,构建现代供应链运作体系,持续不断地培育出其发展的新动能、新业态、新模式、新技术,依托"一带一路""乡村振兴""新旧动能转换"及"军民融合"等倡议和国家战略实施的重要机遇,针对国内外市场环境和资源条件,建立大冷链、完善大市场、重构大物流、服务大商贸,冷链物流应用资本市场、新兴技术及全产业链条上下游资源,建立冷链全球化现代供应链的协同合作体系。

跨境生鲜多式联运冷链专列物流开创跨境生鲜流通新模式

2018年1月初,郑州市首单多式联运进口肉类食品到达河南省进口肉类指定口岸,由河南省进口肉类指定口岸、河南省交通厅、河南省商务厅、郑州市出入境检验检疫局、郑州铁路局、郑州航空港经济综合试验区管委会等部门领导共同见证了郑州市首单跨境生鲜通过多式联运到达国内市场的全流程。该批进口肉类产品之所以顺利抵达河南,则要归功于河南鲜易供应链有限公司提供的温控一体化解决方案。

1月12日上午,满载168吨价值30.36万美元的加拿大冷冻猪肉利用冷链专列由青岛抵达郑州铁路集装箱中心站,转公路运到郑州肉类口岸。该批猪肉自加拿大蒙特利尔启运,青岛中转后运抵河南省进口肉类口岸,在河南省进口肉类口岸接受查验检疫,产品尚未抵达已在鲜易网全部预售。

经过多式联运完结的进口肉类食物,进一步丰富了河南肉类口岸"多式联运"的形式。现在,河南进口肉类指定口岸郑州口岸已经成为全国进口量最大、货源国最多、种类最多、运送方法最全的内陆进口肉类指定口岸。共有来自16个国家共计3.63万吨、8 956.64万美元的进口肉类在郑州肉类口岸经查验检疫后进入国内市场。

冷链物流不同于普货品流,其对"全链条""网络化""严标准""可追溯""新形式"和"高效率"有着更高要求。而这些条条框框的限制,让地域差异显著的许多省市都无法打造完美的现代化冷链物流系统。

河南地处华夏腹地,有着显著的区位交通优势,完善的纽带场站设施、标准规范和协同机制,因而能够完成一份合同、一张单据、一个主体、一种费率、一票究竟的现代冷链物流系统。现在,河南省正在推动多式联运(内陆型)海关和查验检疫监管立异形式,建立进出境口岸与内陆间公、铁、空、海以舱单为主的"一单制"监管信息系统,利用舱单数据同享、分拨、分拆及兼并等功能,完成"一单究竟、物流全球"的目标。

此次,河南鲜易供应链展开多式联运,对整个河南区域市场又有何种意义呢?

鲜易供应链这次多式联运的实践建立了高效无缝的对接和供应链协同,运营效率整体提升,货品周转周期缩短,打通了跨境生鲜的全流程通路。

鲜易供应链独扛大旗,为该批冷冻猪肉产品供给一体化处理方案,完成郑州市首单集"海、铁、公"多式联运至河南进口肉类指定口岸,开创了"海、铁、公"多式联运+肉类口岸+生鲜进口分销的立异性形式,也是鲜易供应链世界化战略持续落地的一大实践。

其实,"海、铁、公"多式联运在国内已不是首例,那么,鲜易供应链在这条路上又有怎样特殊的做法呢?

鲜易供应链探索了一条国外集采+世界物流+报关报检+海、铁、公多式联运+国内分销等一站式冷链模式,经过"海、铁、公"多式联运将原本松散的码头运送、储存、装卸、搬运、包装等物流作业环节进行汇集处理,转变为"跨境交易一站式集成冷链",完成进口肉品的成功转运,保障跨境生鲜从国外到国内这一流通环节中高效、无缝连接,开创了跨境生鲜产品流通新形式。

鲜易网依托全球供应链平台、冷链物流平台以及国内的生鲜 F2S2B 电商交易平台——鲜易网,探究的多业交融、多网协同、多式联运形式,打造跨境交易综合效劳平台,为中部乃至全国肉类加工企业的肉品进口构建一条新通道,为河南冷链产业建造增添了新活力、新动力。

对于鲜易供应链而言,开展"多式联运"也是顺势而为之举,且跨境生鲜开展多式联运有着诸多好处:第一,全程冷链,集装箱不拆封,减少货损,保障产品质量;第二,在供应链环节,减少货物的拆箱、搬运,每个节点高效协同,缩短货物在途时间;第三,目前虽然是首单,但是成本和传统运输基本是持平的,接下来多式联运方式为更多人接受后,市场进一步激活后,仍有较大的成本降低空间。

据悉鲜易控股定位于产业互联网平台型企业,产业涵盖生产性服务业众品、流通性服务业鲜易供应链和线上交易平台鲜易网三个业态。

鲜易供应链通过将第一产业、第二产业、第三产业融合,构建集采分销服务平台、仓运配一体化服务平台、跨境贸易服务平台和供应链金融服务平台于一身的温控供应链综合服务平台,为合作伙伴提供一站式温控供应链服务。

同时鲜易供应链构建了全国统一的、分布式和路由式的云仓网、运输网和城配网。实现了对存货的在线管理,确保了全程冷链可追溯和食品安全,初步形成了全链条、网络化、严标准、可追溯、新模式、高效率的现代冷链物流体系。

鲜易网依托食品产业链和温控供应链,集成生鲜食品交易能力、集采能力、食品安全保障能力和配送服务能力,解决了交易信息不对称、流通环节多、成本高等问题,提升了生鲜品流通效率。

鲜易供应链依托河南自贸试验区、郑州航空港经济综合试验区和跨境电商综试区等开放平台,尽可能高效发挥河南省肉类口岸和鲜易在华东、华北等区域保税仓优势,与全球 26 个国家 118 家厂商合作,为 1 368 家餐饮团膳、KA 商超、服务商、分销商提供海外产品集采、国际物流、报关报检、冷链仓储、流通加工、保税仓配、国内分销、供应链金融等跨境生鲜供应链一站式服务,从而实现了生鲜食品"全球采购、全国分销"。

资料来源:五一国际速递.http://www.51daiji.com/a/5392.html,有改动

思考并回答:

1. 为什么说鲜易探索出的国外集采＋世界物流＋报关报检＋海、铁、公多式联运＋国内分销等一体化模式,被称之为一站式冷链供应链模式?

2. 在我国"一带一路"倡议下,鲜易供应链的跨境生鲜流通新模式给我们国内冷链物流行业带来哪方面的启示和借鉴?

【本章小结】

制冷是指用人工的方法使某一空间或物体冷却,使其温度低于周围环境温度,并保持这种低温状态的一门科学技术,它随着人们对低温条件的要求和社会生产力的提高而不断发展。

冷链是指易腐食品在产地收购或捕捞之后,为了保持食品的特性,其生产加工、储藏、运输、分销,直到转入消费者手中,整个过程使食品始终处在所需的低温环境中,从而保证食品的质量安全,减少损耗,防止污染的供应链系统。

冷链由冷冻加工、冷冻储藏、冷藏运输和冷冻销售四个方面构成。

国内的冷链产业存在很大的发展空间,着重体现在速冻、水果蔬菜等产品的储藏和运输上。

冷链物流,也叫低温物流。目前,学术界对冷链物流的定义是:易腐、生鲜食品在生产、储藏、运输、销售直到消费前的各个环节始终处于规定的低温环境下,以保证食品质量安全,减少损耗,防止污染的特殊供应链系统。

冷链物流的特点:复杂性、协调性、高成本性、动态性、增值性和面向用户需求等。

冷链物流供应链是指一条有机的物流链条,从产品或服务市场需求开始,到满足需求为止的时间范围内所从事的经济活动中,都处于所规定的温度下,所有涉及的冷链物流活动的部分所形成的链条。

冷链供应链管理的特点:供应链管理是一种集成化管理;供应链管理是一种战略管理;计算机信息技术是供应链管理的基本手段;供应链管理以客户需求为导向。

冷链供应链管理的方式:首先进行物流基础设施建设,它是物流供应链的基础;其次提升企业管理软实力。通过"软""硬"兼施,在企业面对危机过程中,物流供应链犹如调集千军万马的阵前统帅,冲锋在前、运筹帷幄,更有利于企业安全渡过危机。

冷链供应链管理的原则:快速反应、可靠性、弹性、相互性,即 4R 原则。

冷链物流系统又称低温物流系统,主要是指食品冷链物流系统。

构成冷链物流系统的要素可以分为主体要素、客体要素和设备设施要素。

冷链物流系统的特点:环境要求较严格、系统构建条件较苛刻、系统投资较大等。

冷链物流系统原理包括冷链物流信息电子化原理、运作规范化原理、服务系列化原理和反应快速化原理。

冷链物流系统设计是指通过对冷链物流系统进行分析,完成冷链物流系统硬件结构和软件结构体系的构想,形成冷链物流系统组织设计和技术方案的过程。

冷链物流企业运作的主要模式:第三方冷链物流模式;以生产加工企业为主导的自营冷链物流模式;以大型连锁经营企业为主导的自营冷链物流模式;依托大型冷冻批发市场型冷链物流模式;生鲜电商冷链物流运营模式。

冷链物流运作的模式创新:冷链物流企业物理创新、冷链物流企业价值创新、冷链物流企业管理创新、冷链物流企业网络创新。

冷链物流管理的发展方向及展望:冷链物流标准化体系建设;冷链物流产业集群化发展方向;冷链物流管理信息化建设;冷链物流信息追溯查询系统建设;冷链物流企业组织的质量认证体系建设;建立冷链物流安全预警机制及系统;冷链物流跨界融合与协同创造更高附加值;建立与完善冷链物流现代供应链体系。

第 1 章习题

第 2 章 冷链储运管理

2.1 冷冻冷藏储运管理概述
2.2 冷藏车辆选择及车辆预冷设置
2.3 冷藏车辆装载、温度跟踪与记录
2.4 冷冻冷藏仓储管理和冷库管理
2.5 冷库温度控制、作业管理及作业效率

【本章导航】

本章主要介绍冷冻冷藏运输的含义及构成；冷藏车辆选择、物流模式、车辆预冷设置；冷藏车辆装载、车辆的温度跟踪与记录、周转箱；冷库、冷冻冷藏仓储管理及冷库管理；冷库温度控制方法、库内作业管理等。

冷链运输技术体系与技术装备

冷链运输的技术体系与技术装备主要由以下几部分组成：一是移动制冷系统，主要包括车辆的移动制冷系统与产品，移动冰箱以及干冰、冰块等辅助保冷制冷措施等；二是保温技术系统，包括冷藏集装箱、冷藏车厢、保温箱、保温袋、冷藏箱及各类保温包装技术与密封措施等；三是冷链监控系统，主要用于对冷链运输过程进行监控与管理，包括温度传感器、RFID、GPS及软件管理系统，也包括冷链运输的信息系统技术，如车联网技术、感知与信息采集技术、全程追溯技术、远程管理与追踪定位技术等；四是冷链运输装备技术，主要包括铁路冷藏车、冷藏汽车、航空冷藏箱、冷藏船等低温运输工具的冷链运输技术。

在冷藏运输过程中，温度波动是引起货物品质下降的主要原因之一，所以运输工具应具有良好的保温性能。可以讲，保温技术越好越能够减少温度波动，减少制冷系统的运转时间，节省智能能源，降低冷链运输成本。

但是，要做到良好地保温，除了需要冷藏车厢的密封性能好以外，往往需要增加车厢保温层厚度，这就降低了冷藏车厢的利用率，也会增加自重。因此，如何既能降低保温层厚度，又能够做到最好保温效果是极为重要的。如果在冷链运输过程中做到保温效果好，就可以少启动移动制冷系统，降低能源消耗。

绝对的保温是难以做到的，因此在冷链运输过程中难免会出现温度的波动，如果温度

波动超过一定范围,就需要启动移动制冷系统,通过制冷使冷藏车厢温度回归到标准的范围。

要保持冷链运输温度在合适范围,符合冷链运输的作业规范,确保冷藏物品的品质,就需要有灵敏的温度监控与感知系统。过去的冷链运输中,冷链监控与感知系统主要是起到温控作用,根据冷链运输中的温度变化及设定标准来自动启动制冷系统,确保冷链运输车厢温度保持在一定的范围。

但是,随着国家对食品安全及药品安全的重视、冷链系统对冷链运输过程透明化管理的需求,以及物联网技术的发展,冷链运输监控系统除了监控冷藏车厢温度、控制制冷系统外,还增加了记录功能、追溯功能;随着车联网技术的发展,又增加了实时远程监控、车辆定位、温度监控等功能,从而可以对冷藏运输进行实时的透明化管理、实时的远程监控、实时的车辆定位、全程的追踪追溯和全程的温度控制。目前冷链运输监控系统已成为冷链运输的技术核心。

一般冷链运输中温度的控制,冷冻运输温度在-22~-18 ℃,需提供符合标准的冷冻运输车辆运送。配送食品主要有速冻食品、肉类、冰淇淋等。冷藏运输温度在0~7 ℃,需提供符合标准的冷藏运输车辆运送,配送的物品主要有水果、蔬菜、饮料、鲜奶制品、花草苗木、熟食制品、各类糕点、各种食品原料等。恒温运输温度控制在18~22 ℃,需提供符合标准的保温、温控运输车辆运送,运送物品主要有巧克力、糖果、药品、化工产品等。

冷链专用箱也是比较成熟的冷链运输保温技术,一般温控在-5~15 ℃的专用箱主要用于低温冷冻食品的运输(主要是面向巧克力、海鲜等高档食品);温控在0~10 ℃的专用箱主要用于生物制品的运输;温控在0~20 ℃的专用箱主要用于恒定温度保温食品的运输。

在发达国家,从20世纪70年代开始,在许多领域广泛应用保冷冰袋新技术,由于它无污染的环保特性,从20世纪90年代开始已被亚洲地区逐渐接受和推广应用,消费市场日渐成熟。

资料来源:智慧运输与车联网. https://mp.weixin.qq.com/s?src=11&timestamp=1561243396&ver=1685&signature=rh67tCqLHkBtT1LDZxDM542WwNjzqXfAlBmPR0u-Cf85K * taw * byZu51CJWvBiGH4u * * oZLHrmy22cLO-6CmyHNvXZJVRPP3fSBSDxl6u9eGw2GOgiAXfC * a4VYHTCGV&new=1,有改动

2.1 冷冻冷藏储运管理概述

2.1.1 冷冻冷藏运输的含义

冷冻冷藏运输指将易腐、易变质食品在低温下从一个地方完好地输送到另一个地方的恒温控制技术,是冷冻冷藏链条中必不可少的一个环节,由冷冻冷藏运输设备来完成。

2.1.2 冷冻冷藏运输的温度分类及条件

1. 冷冻冷藏运输的温度分类

随着人们生活水平的不断提高,冷冻冷藏运输需求日益增大。由于食品种类繁多、消

费形态丰富,不同食品的加工、流通等需要不同的温度带与冷藏链。冷冻冷藏货物依据运输对温度的要求可以分为以下四类。

（1）保鲜类物品。保鲜类物品主要包括蔬菜、鲜花、水果、保鲜疫苗、鲜活水产品、电子元器件等,一般对温度要求在 $2\sim8$ ℃。

（2）冷鲜类物品。冷鲜类物品主要包括排酸肉品、江鲜海鲜产品、豆制品、疫苗制品、巧克力等,一般对温度要求在 $-5\sim0$ ℃。

（3）冷冻类物品。冷冻类物品主要包括速冻食品、速冻海鲜江鲜产品、冻肉制品等,一般对温度要求在 $-18\sim-10$ ℃。

（4）深冷冻物品。深冷冻物品主要包括高级冰淇淋、高危险品、高级面包、活菌酵母面团等,一般对温度要求在 $-45\sim-20$ ℃。

2．冷冻冷藏运输的条件

在冷冻冷藏运输中应满足食品储藏条件的要求,并保持其稳定性。因此在冷冻冷藏运输过程中,必须控制载体内部的环境,使载体内的环境尽量与所运输的食品的最佳要求一致,载体内部各处温度分布要均匀,并且在运输过程中尽量避免温度波动,或降低温度波动幅度和减少波动持续时间。由此,冷冻冷藏运输应该满足以下条件。

（1）具有良好的保冷、通风及必要的保热设备。易腐食品在进行低温运输前应将运输工具的温度调到适宜的储藏温度。冷冻冷藏运输过程中,载体内只是有效地平衡环境传入的热负荷,维持产品的温度不超过所要求保持的最高温度。为维持这一低温环境,运输载体上应当具有适当的冷源,如干冰、冰盐混合物、碎冰、液氮或机械制冷系统。例如,果蔬类物品在运输过程中,为防止车内温度上升,应及时排除热气,而且要有合理的空气循环,使得冷量分布均匀,保证各点的温度均匀一致并保持稳定,最大温差不超过 3 ℃。

（2）箱体应具有良好的隔热性能。冷冻冷藏运输工具的货运应当具有良好的隔热性能,总传热系数 K 要求小于 0.4 W/m² · K,甚至小于 0.2 W/m² · K,以有效地减少外界传入的热量,避免车内温度的波动和防止设备过早地老化。一般来说,K 值平均每年要递增 5%。车辆或集装箱的隔热板外侧面应采用反射性材料,并保持其表面的清洁,以降低对辐射热的吸收。在车辆或集装箱的使用期间应避免箱体结构部分的损坏,特别是箱体的边和角,以保持隔热层的气密性,并且定期对冷藏门的密封条、跨式制冷机组的密封、排水洞和其他空洞等进行检查,以防止因空气渗漏而影响隔热性能。

（3）可根据食品种类或环境变化进行温度调节,具有良好的适用性。在长距离的冷冻冷藏运输过程中,食品可能会经过不同的环境外部温度,如从南方到北方,因此冷冻冷藏运输的载体内部空间内必须有温度检测和控制设备,以保持车厢内的温度。温度检测仪必须能够准确连续地记录货物间的温度,温度控制器的精度要求高,为 ±0.25 ℃,以满足易腐食品在运输过程中的冷藏工艺要求,防止食品温度过分波动,具有良好的适用性。

（4）制冷设备所占空间尽量小。在长途冷冻冷藏运输过程中,为减小单位货物的运输成本,冷冻冷藏运输载体应具有承重大、有效容积大、自重轻的特点,以便在尽可能的空间内装载尽可能多的货物,因此要求制冷设备空间尽量小。

2.1.3 冷冻冷藏运输方式及设备

1. 冷藏陆地运输方式

（1）卡车。这里一般是指一体式的卡车，其制冷箱体是固定在底盘上的。也可以是多功能面包车，车厢后部与驾驶室分开并且进行绝热处理以保持货物温度。卡车的制冷系统分为两个大类：非独立式（车驱动）和独立式（自驱动）。非独立式使用卡车的发动机来驱动制冷机组的压缩机或者驱动发电机，然后通过发电机来驱动制冷机组的压缩机。独立式则有自带的发动机，通常是柴油发动机，以此来独立地驱动制冷系统，而无须借助车辆的发动机动力。

（2）厢式挂车或拖车。拖头牵引的制冷拖车是另外一种运输方式。与安装在卡车上的独立式机组相似，安装在拖车车厢上的拖车机组尺寸更大，适应于需要更大制冷量的拖车厢体。拖车的制冷机组安装在箱体的前端，拖车厢内顶部的风槽将冷空气送到车厢的各个部位，并最终在压差的作用下回到制冷机组。跟卡车机组一样，拖车机组中的顶部送风系统通常不能对货物进行快速降温，因此承运人要确保在装货前将货物预冷到所需的合适温度。

（3）铁路冷藏集装箱。拖车以及标准的冷藏集装箱都可以被用作铁路冷藏运输设备。一种特殊的拖车，被设计成与火车底盘相匹配即可通过铁路运输，然后采用标准的公路拖头将拖车拖至最终目的地，这些拖车采用与公路应用一样的制冷机组，经常采用空气悬挂系统。

（4）铁路冷藏火车车厢。铁路冷藏火车车厢一般采用集成的自带动力制冷机组。其送风系统和拖车的送风系统类似，制冷系统将冷空气送到车厢的顶部，冷空气流经货物，从车厢底部返回。与集装箱类似，只要货物的堆放合理，满足气流布局要求，一般都可以长距离运输。通常用来运输不易腐蚀的货物，如柑橘、洋葱和胡萝卜等。一般车厢都要求很好的气密性，满足气调的要求。铁路运输方式具有大容量的特点，每节车厢一般最多可运输 113 立方米、45 吨的货物。

2. 冷藏水运运输方式

水运冷藏运输主要有两大类：一类是冷藏集装箱，另一类是冷藏船。

（1）冷藏集装箱。冷藏集装箱依靠电力驱动压缩机，其电力由船上的发电机或者便携式发电机提供。当集装箱到达码头之后，被转运到底盘上，这些底盘一般都装有发电机组，即前文提到的发电机组。这样，装在底盘上的冷藏集装箱就可以像拖车一样，由拖头牵引在陆路继续运输。

（2）冷藏船。冷藏船的货舱为冷藏舱，常隔成若干个舱室。每个舱室是一个独立的封闭的装货空间。舱壁、舱门均为气密，并覆盖有泡沫塑料、铝板聚合物等隔热材料，使相邻舱室互不导热，以满足不同货物对温度的不同要求。冷藏舱的上下层甲板之间或甲板和舱底之间的高度较其他货船的小，以防货物堆积过高而压坏下层货物。冷藏船上有制冷装置，包括制冷机组和各种管路。制冷机组一般由制冷压缩机、驱动电动机和冷凝器组成。

3. 冷藏运输空运方式

空运方式尽管成本高，温控效果也不尽如人意，但作为一种快速的运输手段，运输公司还是会选择运输附加值较高，需要长距离运输或者出口的易腐货品，如鲜切花及某些热带水果等。

当采用空运时，为适合飞机某些位置的特殊形状，需将货品装入集装器（ULD，也称航空集装箱）。一般的冷藏集装器采用干冰作为冷媒，但干冰作为冷媒具有一定的局限性，如控温精度不高、没有加热功能、需要特殊的加冰基站等。

随着信息技术的日臻成熟及产业链的延伸和拓展，经济高速发展对冷冻冷藏运输提出了更高的要求，冷链物流已被列为国家重点扶持项目。在多方带动下，冷链物流已处于快速发展期，但冷冻冷藏运输存在技术落后、基础设施薄弱等诸多不足：冷冻冷藏质量监控、车间环境温度和洁净度控制、卫生管理和包装技术与国际标准仍有较大的差距；与此同时，冷冻冷藏仓储基础设施滞后，现代化的冷冻冷藏车严重不足，而目前运营中的冷藏运输设施陈旧，大多是机械式的速冻车皮，制冷技术和工艺落后，缺乏规范式的保鲜冷藏运输车厢和温度控制设施。

 2-1

从管理短板到核心竞争力，冷链与"互联网+"可以擦出怎样的火花

互联网应该如何切入传统物流，并发挥其价值？在 oTMS 联合创始人及首席运营官段琰看来，"互联网+"提供了"化腐朽为神奇"的管理手段，让物流从短板转化为核心竞争力。

近日，国内知名餐饮连锁品牌吉祥馄饨携手 oTMS，通过云平台实现全链条的连接与协同，直击现实管理问题，成为冷链物流与"互联网+"牵手的成功案例。

一、诊断行业痛点：冷链为什么需要"互联网+"

炎热天气到来，生鲜食品和餐饮的消费迅速攀升，作为关系民生消费的"食品安全"，人们享受美味的背后，物流经理或许正经受着一轮"大考"。当前，众多知名餐饮连锁机构普遍采用中央厨房制来提供原料、半成品或成品的配送，这种方式有利于企业严格把控产品的品质和口味，并合理地控制店面成本。

现实的情况是，食品本身具有储存时间短、易损耗等特点，而许多大型餐饮企业，门店遍布全国，管理好这套复杂的运输网络并不容易。与此同时，虽然一些大型餐饮企业在门店密集的城市采用自建物流配送团队的方式，给客户提供优质的物流服务，但无法给其他门店提供及时、稳定、大规模的配送服务，这就势必需要第三方物流的支持，因而也免不了订单的转包。物流经理需要同时管理若干条运输线路，靠人工电话沟通的方式了解货物的在途信息，对于更为关键的在途温湿度等指标的监控则存在很大的滞后性。

据吉祥馄饨的相关负责人介绍，该品牌在全国拥有近 3 000 家门店，从原料采购到送达门店均要求当天完成。在没有使用 oTMS 云平台之前，物流部门经常通宵忙碌，通过电话问询司机的在途位置等。同时，由于配送通常在夜间进行，货物的签收也存在监控盲区。

冷链配送系统跟不上门店的扩张速度而成为企业短板。怎样在成本可控的前提下，优化企业冷链物流的管理，提升对门店的服务水平，用更先进的管理工具使之高效、透明且安全运转，是连锁餐饮品牌普遍面临的问题。

二、定制解决方案："互联网+"为冷链运输补短板的三个关键

幸运的是，在互联网技术足够发达的今天，"互联网+冷链运输"的结合为企业优化物流体系提供了更为有效且简易的工具。吉祥馄饨 IT 总监陈令颖表示，oTMS 的吸引力在于提供了破解企业运输痛点与短板的三大核心要素。

首先，oTMS 云平台解决企业运输链条的连接问题。通过 SaaS（软件即服务）平台+移动 App（手机软件）将吉祥馄饨从全国的 11 家中央厨房到全国近 3 000 家门店的配送无缝连接，形成透明的供应链网络。货主通过 oTMS 平台统一计划和分派运输订单，随后订单信息同步至承运司机和门店负责人的手机上。企业可以更加高效地管理运输计划。

其次，由于食品的特殊性，冷链运输对运输线路、全程温湿度等指标都有严格限定，全程可视化监控是实现精细化管理的前提。通过 open API（开放平台）对接，oTMS 将车载温控设备数据整合在同一界面显示，方便各方实时了解各个门店订单的车辆位置、温度、湿度等重要信息。货主便可掌握货物在途状态，异常情况及时获取，从而确保每一份到餐桌上的食材全程保持新鲜与安全。

oTMS 冷链运输解决方案的优势还体现为充分的协同。陈令颖介绍，由于一些城市的交通限制，大部分的门店配送只能在夜间进行。在 oTMS 的系统中，司机在送达货物时拍照上传，门店及物流经理则通过平台及时收到来自运输方的汇报，发现问题也可及时反馈或处理，而不是等到次日再被动地补救。目前，吉祥馄饨已经全面采用这套冷链运输解决方案来管理庞杂的运输网络，在帮助企业提升内部管理效率的同时，实现了成本的可控。

冷链运输不仅应用于餐饮连锁行业的日常运输管理中，随着生鲜电商、跨境电商等新经济模式的涌现，"互联网+冷链运输"的应用范围将更加广泛。对此，段琰相信，"互联网+物流"的牵手带来的不仅是企业效率和成本的优化，还帮助企业向着精细化管理迈进了一大步，提升客户满意度，带来极致的售后体验。届时，物流将不再是限制企业发展的短板，反而转化为核心竞争力。

资料来源：物流技术与应用. https://mp.weixin.qq.com/s?src=3&timestamp=1561244343&ver=1&signature=zrJ0N*WyqPzZSTqpUWWD4V9QuiZPg2SqxW0IAaVIBaqj7yjhOEseou2llMNL3vHOatPSddoL9p9RunN8fqy1KJrxFnXEzsEIA-6xWtToDgLW5VDmuVbTxsVOzBAQlWDPZN-YHVK*6V831VCt5Uuf9S2KVb19XKQTDEjiqzhYqgQ=，有改动

2.2　冷藏车辆选择及车辆预冷设置

2.2.1　冷藏车辆的选择

1. 冷藏车辆的含义及构成

冷藏车辆是用来运输冷冻或保鲜的货物的封闭式厢式运输车，是装有制冷机组的制冷装置和聚氨酯隔热厢的冷藏专用运输汽车，常用于运输冷冻食品（冷冻车）、奶制品（奶

制品运输车)、蔬菜水果(鲜货运输车)、疫苗药品(疫苗运输车)等。

冷藏车辆由专用汽车底盘、隔热保温厢体(一般由聚氨酯材料、玻璃钢组成,如彩钢板、不锈钢等)、制冷机组、车厢内温度记录仪等部件组成,对于有特殊要求的车辆,如肉钩车,可加装肉钩、拦腰、铝合金导轨、通风槽等选装件。冷藏车按底盘承载能力可以分为微型冷藏车、小型冷藏车、中型冷藏车、大型冷藏车;按车厢形式可分为面包式冷藏车、厢式冷藏车、半挂冷藏车。

2. 冷藏车辆的特点

冷藏车辆具有以下几个特点。

(1) 密封性。冷藏车的货柜需要保证严格的密封来减少与外界的热量交换,以保证冷藏柜内保持较低温度。

(2) 制冷性。加装的制冷设备与货柜连通,并源源不断地制冷,保证货柜的温度在货物允许的范围内。

(3) 轻便性。一般用冷藏车运输的货物都是不能长时间保存的物品,虽然有制冷设备,仍需较快送达目的地,所以一般冷藏车都比较轻便。

(4) 隔热性。冷藏车的货柜类似集装箱,但由隔热效果较好的材料制成,减少了热量交换。

3. 冷藏车辆的选择

冷藏车辆的选择主要考虑底盘、厢体和制冷机组三部分。

(1) 冷藏车底盘的选择。综观货物的吨位、路况等,需考虑底盘的结构和承载能力、节油性、排放标准等。和选择普通货车底盘相比,冷藏车还需要重点考虑一下底盘的稳定性,冷藏车运输的货物一般都是不能长时间存放的物品,即使有制冷设备,仍需较快送达目的地。同时,冷藏货物对运输环境的要求更高,如果路上出现故障导致货物变质,损失将会非常大。

(2) 冷藏车厢体的选择。冷藏车的厢体不同于普通的厢式货车,它需要有很好的密封性能和隔热保温效果,这样才能保证冷藏货物在一个稳定的温度环境中。

冷藏车厢设计主要考虑气密性能和保温性能,通常冷藏车厢采用三层结构,内外蒙皮采用复合材料,如玻璃钢板、彩钢板、铝合金等材质。内板材质应根据运输货物不同而采取不同材质,最贵的内材板应该是不锈钢板。中间夹层为保温材料,主要采用聚氨酯发泡材料。四侧用高强度胶将玻璃钢板与聚氨酯泡沫材料黏合在一起,形成一种封闭性板块。

除了材料,货厢的厚度也决定了保温效果的好坏,货厢保温层越厚,保温效果越好。不过,货厢内部的空间会减少,货物装载量会减少,用户需根据自己的实际需要选择合适的厚度。

(3) 冷藏车制冷机组的选择。在冷藏车三大组成部分中,制冷机组是最为重要的一环。因为货厢空间较小,在控制温度上技术要求也更高。

① 根据冷藏车厢体大小来选择。可选用独立机组或非独立机组。一般而言,6米以上厢体适于选择独立机组,可根据厢体的长短来确定独立机组的大小;6米以下的厢体宜选用非独立机组,这里厢温均指能达到-20 ℃。

② 根据冷藏车所运货品温度要求来选择。可选用深冷机组或保鲜机组。就价格而

言,深冷机组要贵,保鲜机组相对便宜。但通常便宜的保鲜机组本身不具备除霜功能。

③ 根据冷藏车配送的要求来选择。如冷藏车用于城市逐点配送冰淇淋,则应选择蓄冷式的制冷机组或独立机组,只有长途或市内间隔较远的逐点配送才适合用风机式制冷机组。

2.2.2 冷藏物流模式

近年来,政策的引导支持和市场需求令冷藏物流呈现多样化态势,冷藏物流模式大致可分为以生产加工企业为主导的自营冷藏物流模式、以大型连锁经营企业为主导的自营冷藏物流模式、依托大型冷冻批发市场型冷链物流模式、第三方冷藏物流模式、国有战略储备型冷库五种模式。

1. 以生产加工企业为主导的自营冷藏物流模式

物流公司整合自有物流资源,通过自建或联合建多家社区专卖店、便利店以控制销售终端,进而建设物流配送中心,实现冷链物流向原料供应商的延伸,形成"产供销一体化"的自营冷藏物流模式。代表企业:伊利、双汇、光明乳业有限公司。

该模式物流环节少、信息反馈及时、市场灵敏度高,有利于冷链各环节的有效沟通和信息化对接,可加快物流速度,提高冷藏产品附加值。但适用范围较窄,物流辐射半径特别是配送半径相对较小[①]。

2. 以大型连锁经营企业为主导的自营冷藏物流模式

大型连锁经营企业向冷链物流上游延伸,与大规模稳定货源和基地的生产商建立长期合作关系,形成了以配送环节为主自营、兼营的冷藏物流模式。通过小批量、多批次、多品种配送,确保生鲜食品的质量安全。代表企业:上海联华超市股份有限公司。

该模式有助于实现产品加工、质量和管理的标准化,有效减少、控制店铺的存货、损耗,在规模、质量方面极具优势,有利于提高生鲜品物流效率,确保生鲜品在整个供应链上保持低温,有助于企业树立良好的社会形象,给企业带来巨大的社会效益和经济效益。但这并非连锁经营企业的主营业务,仅仅是连锁经营企业配送中心内众多品类中的一部分。在该业务中物流、销售、采购易形成各自为政、条块分割的局面,供应链节点企业之间时常出现竞争大于合作的情况,造成物流交易费用上升、冷链部分环节脱节等问题。

3. 依托大型冷冻批发市场型冷链物流模式

冷藏食品有限公司通过与大市场连成一体形成产品生产、收购、加工、储运、配送和提供市场信息服务等一体化的物流运作模式。代表企业:武汉白沙洲冷链食品有限公司。

该模式下企业毗邻批发市场而建,区位优势明显,同时能够有效整合产品资源和物流功能企业,提高物流效率。但此物流模式服务目标客户群数量众多,需求各异,业务规模参差不齐,上游采购及下游销售线路分散,物流业务处于零散不稳定状态,难以与市场多方客户达成"合约式仓储、一体化运输"的合作业态,不利于企业整体效能的发挥和潜能的发掘。

---

① 杨宝宏,宋茜茜.农产品冷链物流经营模式创新之路[J].生产力研究,2013(12):25-26.

4. 第三方冷藏物流模式

在整个冷藏产品供应链中,第三方冷藏物流企业是连接生产者、加工企业、批发商、零售商、消费者的桥梁纽带。企业通过全程监控冷藏物流,整合冷藏产品供应链,为冷藏物流需求方提供高效完善的一站式综合冷藏物流服务。代表企业:夏晖物流。

该模式下核心企业拥有专业物流资源,能够提供优质、高效的冷藏物流专业服务,降低了生鲜品冷链中各企业的物流成本,实现了冷藏物流的专业化与集约化,将逐渐承担起冷藏物流的重任,但可能会增加冷链的不稳定性。

5. 国有战略储备型冷库

国有战略储备型冷库因其国有或集体所有性质及其承载的特殊战略性,较少参与市场竞争。

综上所述,从冷藏物流行业的发展趋势、企业长期发展及市场的需求导向来看,专业的第三方冷藏物流企业是未来冷链物流市场的主要运营模式。

2.2.3 冷藏车辆的维护保养

冷藏车辆的使用年限,与其日常保养、维护密不可分。正确操作和使用冷藏车辆,是保证温控货物品质的关键,也是保证制冷设备能够正常工作的关键。

(1)正确的操作可以保证货物得以在完好的状态下保存和运送。

只有正确地使用和操作好冷藏车辆,才能保证货物的完好运送和保存。因为冷藏车辆专门用于对温度敏感的产品,因而温度的保证是冷藏车辆的关键。如果使用或操作不当,将会导致货物不能在完好的状态下保存和运送。

(2)预防性保养可使维修及营运费用降低。

在正常使用过程中,对冷藏车辆及制冷机的保养与维护是分不开的。只有按时对设备进行正确的维护和保养,才能保证设备的正常使用和延长设备的使用寿命。个别品牌的冷冻机组(如美国冷王)为了适应环保的需求,采用合成机油或半合成机油来替代普通机油,从而延长了发动机的保养时间,通常 2 000 小时做一次保养,减少了废旧机油的排放。因此,科学的维护和保养,不仅可以保证设备的完好,还可以降低营运成本。冷藏车辆部件的维护和保养如表 2-1 所示。

表 2-1 冷藏车辆部件的维护和保养

部件	维护和保养说明
底盘发动机	按照行驶里程进行维护和保养
冷冻机组	按照发动机工作小时进行维护和保养
制冷机组	一般 500~700 小时进行一次维护和保养,需要更换机油滤芯、燃油滤芯、空气滤芯,并注意检查皮带的松紧度、制冷系统有无泄漏等

(3)合适的包装对于保护货物至关重要。

在运输过程中,对冷冻货物应使用不通风包装箱,对生鲜货物则使用侧壁通风的包装箱,包装箱必须是抗压的。冷冻货物是不允许有风从表面吹过的,因为风吹过冷冻货物表面,会使货物中的水分损失,从而导致货物质量下降。鉴于生鲜物品储运过程中仍然处在呼吸状态,须保证这类货物有很好的通风和换气,以防货物腐坏变质。

(4) 将温控器设定在所需温度上,预冷车厢1.5小时以排走滞留在车厢内的热量;装货时将冷冻机组关闭,迅速装货。

在装货时,须先对车厢进行预冷或预热。车辆停放在露天场所,通常车厢温度就是外界环境温度。若所运送的货物温度不是环境温度,货物装进车厢,环境温度会影响运送货物的温度,从而导致运送货物的品质发生变化。因此装货前必须预冷车厢到所需要的温度。但是,在装货(卸货)时必须关闭制冷机组,否则打开车厢门时,由于冷冻机组蒸发器的风扇仍在工作,风扇的正面是正压,而其背面是负压,此时冷气从车厢上部吹出,而车厢下部会将外面的热空气快速吸进来,导致车厢内温度快速上升;但关机后再装卸货物,由于风机处于停止工作状态,空气流动停止,车厢内外风压一致,则外部热空气传递进入车厢内的速度相对减缓。

(5) 货物必须预冷到所需的温度,装货时检查货物温度;制冷机组是用来保持货物的温度,而非用以降低货物温度的。

在装货时,必须先测量所装货物的温度。无论制冷机组的设定点温度高于或低于货物温度,车厢内的货物温度都很难达到运输所需要的温度。货物的储存温度与运输温度必须一致,如果货物温度经常变化,水分就会流失,从而导致货物发生品质变化、货物的货架期缩短。同时,冷藏车辆的制冷机组不是降低货物温度的,而是维持货物温度的。当外界的冷(热)源通过辐射、传导、对流到厢体内,被制冷机组吹出的冷气带走,隔绝热源进入货物即可维持货物温度。

(6) 即使机组容量超过实际所需,空气流通不足也会是导致物品变质的主要原因;货物周围任何的阻塞都可能导致"热点"。

通常情况下,冷藏车辆的车厢六面应有较好的通风,确保货物六面没有任何阻塞;良好的空气流通,可以保证货物在合适的温度要求下运输。冷冻机组吹出的冷(热)气体将外界进入车厢的冷(热)源与货物隔绝开来,从而保护了货物。如果某一位置发生阻塞,该部分的冷(热)源就会直接进入物品,导致货物温度发生变化。

(7) 货物必须堆放在双面托板上;保鲜货托板上不能包塑料膜,因为塑料膜会阻挡循环冷气流通至货物;不可阻塞货物下的地板。

一般而言,冷藏车辆地板采用的都是能通风的铝导轨地板,但是部分不带铝导轨的冷藏车辆采用的则是平的防滑地板。第三方运输企业或用于奶制品的运输车辆多采用平的防滑地板以适合多种产品的运输,便于清洗地面。但装货时必须注意,一定要用双面托板来装货,以保证地面冷空气的流通。严禁将货物直接堆放在平面的地板上。

(8) 不要在蒸发器出口前堆放货物,否则会阻碍冷气流;货物上方的阻塞会导致冷气流短路。在货物顶部和车顶之间保持最小225毫米的距离。

装货时,不要将货物堆得太高,确保装货高度不高于出风口的平面高度。若出风口前面被货物挡住或离货物太近,不但会影响货物的储运温度,还会影响冷冻机组的正常工作。出风口被货物堵塞,冷气(热气)不能正常在车厢内循环,使货物局部温度升高。另外,由于冷冻机组的除霜设计有些是采用空气感应除霜,当货物与出风口太近,机组蒸发器内的盘管会快速结霜(冰),空气感应开关随即动作,机组会迅速进入除霜状态;当盘管温度回升至 9 ℃（设计温度）左右，除霜立即结束。机组会循环往复地出现上述操作，从而导致厢体内温度降不下来。

（9）车厢内部必须保持洁净；地面不应留有包装纸和纸屑；因为碎屑会阻碍空气流动或被蒸发器吸入。

使用冷藏车辆时，应该保持车厢地面的洁净。由于蒸发器风扇的作用，空气会在车厢内循环，导致地面的碎屑或脏东西被蒸发器风机吸入。长时间的作用，大量的杂质被吸入蒸发器盘管内，盘管被杂质一点点包围，导致盘管的热交换率下降，从而影响制冷机组的制冷效果。冷藏车辆使用几年后制冷效果会大不如前，除本身故障原因外，还可能是盘管太脏所致。因此保证车厢地面的洁净是保证制冷机组正常工作的关键。

（10）搬运得当；车门打开时应关闭冷冻机组；尽可能缩短车门打开的时间；装卸货物时尽可能使用条形门帘。用隔板来分开干货（空栏筐）和易腐物品。

为保证车厢内货物温度，对于市内配送车辆，建议使用条形门帘，以保证快速卸货时（不关闭冷冻机组），车厢内的冷气不会快速散失出去；不同温度的货物严禁存放在同一车厢空间内，应该用隔板分开摆放。因为混装不同温度的货物，会影响物品的温度，导致货品质量受到影响。

冷链运输新趋势：全程冷链一体化解决方案

众所周知，冷链运输讲究的就是一个"鲜"字。以农产品冷链为例，"鲜"的背后意味着安全与品质，意味着让食材在最短的时间内以最新鲜的状态从原产地到达消费者手中，而这对整个冷链运输体系是极大的考验。我国全程冷链运输体系不完善，导致生鲜食品在流通过程中腐损率居高不下，造成了严重的浪费。然而，冷藏车辆等冷链运输装备作为全程冷链的主力军，提供全程温控确保运输货物的安全，高运输效率升级用户体验，同时降低运输过程中的腐损率，助力冷链运输"鲜"行可靠。

面对冷链流通过程中对技术装备的更高要求，中国物流与采购联合会冷链物流专业委员会于 2019 年 5 月 14—16 日在上海新国际博览中心 N1 馆举办了亚洲国际冷链物流与技术装备展览会（以下简称"亚洲冷链展"），冷链运输一体化解决方案作为核心板块集中展示。

满足冷链运输全部工作场景的冷藏车辆、满足不同客户使用需求的冷冻机组等技术装备都在亚洲冷链展的舞台上华丽现身，众多冷链运输技术装备领军企业齐聚，开利运输冷冻（中国）、烨嘉冷链、英维克、诺力智能装备、电装、兰博（昆山）运载装备制造、镇江飞驰、福田汽车、华晨专用车、华晨雷诺、御捷马专用车、澳柯玛专用车、森林冷链、上汽依维柯、易流科技等都出席了展会。

主办方中国物流与采购联合会冷链物流专业委员会深耕冷链行业 10 余年，持续积累行业优势资源，不断开拓高质量专业买家。亚洲冷链展吸引了来自冷链供应链服务、生鲜电商、餐饮、肉类、乳制品、速冻、烘焙、果蔬、农产品批发市场等产业专业观众集聚，为展商搭建绝佳的商贸洽谈平台。同时呈现冷链行业最优质服务、前沿产品及创新解决方案，揭示行业发展趋势。

资料来源：搜狐汽车.http://www.sohu.com/a/299245927_179923,有改动

2.3 冷藏车辆装载、温度跟踪与记录

2.3.1 冷藏车辆装载及温度跟踪与记录

1. 冷藏车辆装载操作

正确的货物装载操作是保证冷链运输有效的关键，更是保证食品品质的关键。

1）预冷

装货前，应对冷藏车厢进行预冷，这样可以排出厢体内的热量（包括厢壁和保温材料），更好地保证货物的品质。

2）预冷除霜

如果货物的要求温度低于4℃，在预冷车厢时需要进行一次手动化霜，这样可以去除聚集在蒸发器盘管上的水分，有利于机组对货物温度的控制。

3）货物装载

（1）装载货物务必在关机状态下进行。如果在制冷机组开机状态下装载货物，在舱门打开的情况下，冷热空气的交换会使车厢内壁形成水珠，厢体内温度发生浮动，导致机组制冷效果变差，货物温度发生变化，从而影响货物品质。

（2）装货时，货物的前后左右方应与厢体内壁保持足够的空间，以保证车厢内空气流通，冷气能够到达车厢内每一处，如图2-1所示。

（3）装货时，货物下方最好垫有托盘，如图2-2所示，以保证货物不直接接触车厢，且不影响回风。因为货物周围任何地方的阻碍都会造成热点的出现，从而影响货物品质。

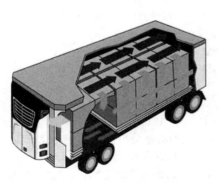

图 2-1 货物与厢体保持一定空间

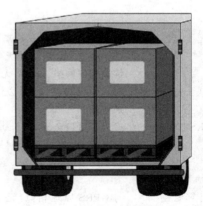

图 2-2 托盘放货以保证货物品质

同时，冷藏货物装载时应注意如下事项。

（1）装货前，冷冻集装箱内使用的垫木和其他衬垫材料要预冷；要选用清洁卫生的衬垫材料，以免污染货物。

（2）不要使用纸、板等材料做衬垫，以免堵塞通风管和通风口。

（3）鉴于冷藏货物要比普通杂货更容易滑动，也容易破损，因此应对货物加以固定。固定货物时应选用不影响冷气循环和流通的网格等做衬垫材料。

（4）严格禁止将已降低鲜度或已变质发臭的货物装进箱内，以避免影响其他正常货物。

2. 冷藏车辆的温度跟踪与记录

运输中的温度跟踪与记录是冷链管理的关键环节。为维持冷链的高效完整性，保障生鲜品在冷藏运输环节的质量安全，克服实时性差、监管脱节、取证和责任界定困难的不足，需要在运输全过程中进行温度跟踪与记录。

为避免司机在运输过程中为省油关闭冷藏设备，从而导致货物变质，冷藏车辆中一般会安装基于 GPS 或 RFID 技术的温度监控系统，以实现室内监控，确保运输全程温度数据实时可见，历史数据可查。市场上现有有线温控、半无线温控、纯无线温控、GPRS 温控、云计算温控、物联网控制系统等多种温控系统。各种温控系统的优缺点如表 2-2 所示。

表 2-2 各种温控系统的优缺点

温控系统	优点	缺点
有线温控	线路良好的情况下，信号稳定，效果极佳，是市面上最可靠的温控系统	使用一段时间后会出现线路老化、接头虚、松、氧化、受潮，造成线路某点通信中断等问题。由于大多线路藏在其中、地下或空中，因此难以排查故障，须重新购置，重复投资，且监控点不能搬移
半无线温控	美观大方，乱线少，便于施工维护	无线发射系统较弱，无线信号易受到干扰，经常出现漂移、通信中断、上传到监控系统的温度值和实际不一致、误报警、乱报警等问题
纯无线温控	ZigBee（紫蜂技术）突破了距离、数量和抗干扰的"瓶颈"；纯无线信号传输，不依赖任何网络、设备；无线发射功率低，对人体无辐射，对周边设备无影响，效果较好	存在受到无线干扰的可能性
GPRS 温控	可远程覆盖全国，适合远程联网和车载运输监控，随着移动网络的覆盖和 5G 技术的发展，效果越来越好	需借助中国移动网络，支付 GPRS 流量费；因常年实时通信，偶尔会出现信号漂移、通信中断现象，须选择性能好的 GPRS 芯片
云计算温控	与 GPRS 原理相似，无须监控计算机，随意性更强，可实现任何地方的随时监控	GPRS 芯片的性能决定了通信信号稳定性和抗干扰能力；另外必须上网才能实行监控
物联网控制系统	功能主要在于自动控制而非监控	—

2.3.2 冷藏车辆的集装箱

1. 冷藏集装箱的概念及特点

冷藏集装箱也称冷藏柜,是一类具有良好隔热、气密性能,且能维持一定低温要求,适用于各类易腐食品的运送、储存的特殊集装箱,可用于多种交通运输工具联运。它分为带有冷冻机的内藏式机械冷藏周转箱和没有冷冻机的外置式机械冷藏集装箱。冷藏集装箱造价较高,营运费用较高,使用中应注意冷冻装置的技术状态及箱内货物所需的温度。目前国际上冷藏集装箱的尺寸、性能都已标准化。

冷藏集装箱具有装卸灵活、货物运输温度稳定,货物污染、损失低,适用于多种运载工具,装卸速度快,运输时间短,运输费用低等特点。

2. 冷藏集装箱的类型

冷藏集装箱主要包含以下几种类型:保温集装箱;离合式(外置式)冷藏集装箱;机械式冷藏集装箱;液氮和干冰冷藏集装箱;冷冻板冷藏集装箱;气调冷藏集装箱。冷藏集装箱尺寸基本情况如表2-3所示。

表2-3 冷藏集装箱尺寸基本情况

类　　型	内尺寸/米	配货毛重/吨	体积/平方米
20英尺柜	5.69×2.13×2.18	17.5	24～26
40英尺柜	11.8×2.13×2.18	22	54
40英尺高柜	11.8×2.13×2.72	22	68
20英尺冻柜	5.42×2.26×2.24	17	26
40英尺冻柜	11.20×2.24×2.18	22	54
40英尺高冻柜	11.62×2.29×2.50	22	67
45英尺冻柜	13.10×2.29×2.50	29	75
20英尺开顶柜	5.89×2.32×2.31	20	31.5
40英尺开顶柜	12.01×2.33×2.15	30.4	65
20英尺平底货柜	5.85×2.23×2.15	23	28
40英尺平底货柜	12.05×2.12×1.96	36	50
45英尺柜	13.58×2.34×2.71	29	86

目前国际上采用的冷藏集装箱基本上有两种:一种是集装箱内带有冷冻机的机械式冷藏集装箱;另一种是箱内没有冷冻机而只有隔热设备,集装箱的端壁上设有进气孔和出气孔,箱子装在车辆中后部,由车辆的冷冻装置供应冷气的离合式冷藏集装箱。

3. 冷藏车辆集装箱运输存在的问题

冷藏车辆集装箱运输存在以下几个问题。

(1) 设施不足,运输效率较低。综观国内外形势,冷藏货物运输模式正迅速、稳定地转变为以冷藏集装箱为主的模式,而我国现有冷藏集装箱设备仅占市场需求量的20%～30%。近年来,虽然我国冷藏集装箱运输量逐年增大,但从总体上来讲仍远不能满足广阔潜在运输市场的需求。此外,冷藏集装箱在途加油作业、货源不平衡导致的空箱回运、繁杂的运输手续等问题也是延长冷藏集装箱周转时间的原因。

(2) 货源不稳定,运量波动大。冷藏货物主要是一些季节性的农产品、加工食品和生物医药类产品,其中比重最大的农产品销地分散,每年的产需量都会有所变化,运量也随季节变化而时多时少。货源的不稳定给冷藏车辆集装箱运输计划的安排以及运输组织工作造成了一定难度。

(3) 衔接不顺畅,效益难发挥。冷藏集装箱运输最重要的优势之一就是便于组织多式联运。但由于铁路等存在的设施、体制以及海关政策方面的问题,现有的冷藏集装箱多式联运基本沿袭传统的港口、铁路、公路运输组织方式,运输组织比较粗放,铁路冷藏集装箱运输与公路冷藏集装箱运输等难以协同,易造成运输延误和集装箱滞港,增加了成本,削弱了冷藏集装箱多式联运的先天优势。

物流装备的2018年发展回顾与2019年新展望

一、2018年中国物流技术装备产业发展宏观环境

1. 宏观经济环境分析

2018年是中国经济迈向高质量发展起步之年。这一年面对国内外复杂严峻的经济形势,面对中美贸易战的层层压力,中国经济运行基本保持在合理区间,实现了经济社会大局和谐稳定。

据统计,2018年全年国内生产总值(GDP)900 309亿元,比上年增长6.6%。其中与物流技术装备业密切相关的行业:制造业增长6.5%;社会消费品零售总额比上年增长9.0%(名义增长);实物商品网上零售额70 198亿元,增长25.4%;在实物商品网上零售额中,吃、穿和用的商品分别增长33.8%、22.0%和25.9%。全年货物运输总量515亿吨,比上年增长7.1%。货物运输周转量205 452亿吨/千米。

总的来看,2018年国民经济发展符合我们在2017年初的预测,基本处于平稳区间。其中与物流技术装备产业密切相关的商贸流通、电子商务与快递行业均高于国民经济增长速度,呈现快速发展态势,说明商贸流通领域物流技术装备市场需求增长较好;制造业和货物周转量略低于GDP增长,说明制造业物流领域物流技术装备市场需求平稳。全年看,中国物流技术装备业发展仍处于一个良好发展环境。

2. 行业发展环境分析

物流业是对物流技术装备影响最大的行业。2018年,全年社会物流总额283.1多万亿元,同比增长6.4%,预计2019年为301.23万亿元,其中高新技术与制造业物流的需求同比增长10%以上,与消费和民生相关的物流需求增长20%以上;全国快递业务量累计完成507.1亿件,同比增长26.6%;全年货物运输总量515亿吨,比上年增长7.1%;货物运输周转量205 452亿吨/千米,增长4.1%,社会物流总费用与GDP的比率有望保持在14.5%左右,社会物流运行质量和效益稳中有升。

截至2019年初,交通物流融合发展,物流基础设施网络建设取得重大进展。互联网与物流深度融合,人工智能在物流领域广泛应用;高新技术产业、战略性新兴产业及电商、快递和冷链等居民生活消费物流需求占比提高;"现代供应链""智慧物流"和"绿色物流"深刻改变行业发展格局；物流枢纽布局建设、现代供应链体系建设、现代物流体系建设进入发展新阶段。

2019年，高新技术产业与智能制造是物流技术装备业市场需求热点。随着工业领域高新技术产业与智能制造的快速发展，制造业智慧物流加快起步。智慧物流通过协同共享创新模式和人工智能先进技术，为物流技术创新提供了新的空间。

通过智慧物流赋能，实现智能配置物流资源、优化物流环节、减少资源浪费，将大幅提升物流运作效率。特别是人工智能技术在无人驾驶、无人仓储、无人配送、物流机器人等前沿领域的应用，2018年均获得了快速发展。

二、2018年中国主要领域物流技术装备市场需求分析

综合来看，2018年电子商务、服装、生鲜、家居、新能源、军事等众多领域对物流技术装备需求旺盛，其特点各有不同。服装行业，商业模式变革倒逼服装企业加速改善流通领域的物流系统；汽车企业积极探索智能制造，供应链上下游物流升级；家居卖场和家具制造企业加快向物流自动化、信息化、智能化升级。

1. 电子商务物流仍是物流技术装备需求热点

2018年电子商务物流仍处于快速发展阶段，带动了电子商务物流技术与装备的大发展。一是电子商务物流以大数据、云计算、物联网为基础设施，推动电子商务智慧物流体系快速形成；二是大力推进物流自动化、智能化升级，实现从入库、存储、包装到分拣的全流程无人化的技术发展。

根据相关资料统计分析，我们认为2018年中国电子商务对物流技术装备市场的需求增长居于各行业的第一位，已经超越制造业物流、商贸物流、交通物流等传统领域，不仅市场占比第一，增长速度也是第一。初步估算，2018年中国电子商务物流对物流技术装备的市场需求增长速度在30%以上。

2. 制造业仍是物流技术装备的需求主体

随着中国智能制造2025的全面推进，智能制造已成为制造业发展方向。智能物流系统作为智能工厂的核心组成部分，呈现出四大发展特点：一是全流程数字化；二是网络化，各种设备通过物联网和互联网技术连接在一起；三是高柔性的自动化，包括物流作业流程、硬件以及系统布局上的柔性化；四是智能化，通过各种设备将生产环节智慧相连，使其具有自主决策能力。

近年来，制造企业的原材料物流、成品物流、生产物流亟待全面升级，尤其物流自动化系统建设不断升温，其中新能源汽车等领域是市场需求热点。在传统的医药领域、烟草领域、汽车制造、智能家电、智能家居产品等制造领域也继续呈现需求旺盛的趋势。综合分析，制造业对物流技术装备的市场需求增长速度在18%以上。

3. 冷链物流技术装备需求继续快速增长

冷链物流能力建设分为一张天网（信息平台）和四张地网［仓储中心、干线运输、城市短驳、B2C（商对客电子商务模式）宅配］。目前我国冷链物流市场每年以17%左右的速度增长。食品制造、零售、批发商三类客户目前占据冷链物流需求前三位，生鲜电商、便利店、餐饮企业均具有较大的增长潜力，其中新零售线下门店生鲜物流输送系统技术装备增长最快。

三、2018年中国物流技术装备产业发展分析

考察全球物流技术装备产业的演进历程,可以大致将其分为机械化时期、自动化时期、高柔性自动化时期和智慧物流发展时期。现阶段,中国物流装备市场需求差异性非常大,需求层次非常多,各种物流装备长期并存,主要呈现出自动化为主流、智慧化为趋势的发展特点。

1. 系统集成

智慧物流推动了物流系统集成市场快速发展,集成商都在围绕智慧物流进行探索和布局。随着客户对物流效率的要求不断提升,物流中心从局部自动化向全面自动化和无人化方向发展,托盘式自动仓库、自动输送分拣系统等自动化物流系统的市场需求进一步加大,穿梭车系统、AGV无人搬运车等更加柔性化的自动化物流设备得到越来越多的应用。

在智能软件方面,集成商更加重视WMS(仓库管理系统)、WCS(仓库控制系统)系统软件能力的提升,采用云计算技术,使其具有支持超大物流系统运行的能力。

2018年,物流集成商企业均有较快的发展,具有深厚底蕴的著名物流集成商老牌企业稳步成长,国内集成商占据市场主流,市场竞争力越来越强,上市的物流集成商企业通过并购或探索物流系统设施代运营等服务化模式进行规模扩张。

尤其是具有丰富行业经验、深耕行业服务的物流系统集成商,随着行业发展呈现稳定和快速发展的良好态势。如宝开物流深耕服装物流等行业,市场竞争力强,在2018年取得了非常好的业绩。

根据调查分析,2018年物流系统集成商重点企业的市场规模快速扩张,增长速度都在25%~35%。综合分析我们认为2018年中国物流系统集成领域市场销售额增长率在27%左右,截至2018年12月,全国自动化立体库保有量预计超过5 000座。

2. 物流机器人

目前物流机器人行业发展非常迅速,物流系统集成商、传统机器人企业、新兴物流机器人企业三类企业都带来了新产品与新的行业应用展示,显示出技术不断升级发展势态。近年来,移动机器人、拆码垛机器人、分拣机器人等仓储机器人在各个行业的应用日渐普及。

根据市场调研,2018年机器人在智能导航技术领域的运用取得重大进展,新型导航技术得到应用;机器人的种类越来越多,新型拣选机器人、重载型搬运机器人、自动抓取机器人、仓库盘点机器人等新型机器人不断涌现;机器人视觉、环境感知、传感器、芯片、通信等技术全面发展,机器人不仅能和服务器通信,还能实现机器人之间、机器人与其他设备等之间的通信,并朝着更加自动化、低功耗等方向发展。我们根据不完全的调查统计,测算2018年中国各类物流机器人销售量至少增长30%。

3. 叉车

根据中国工程机械工业协会工业车辆分会统计,2018年工业车辆合计销售量是597 152台,同比增长20.21%。其中,国内销售量是430 229台,同比增长15.96%;出口销售量是166 923台,同比增长32.77%。

2018年,中国继续成为全球排名第一的叉车超级生产大国和销售大国,实现了国内、国际市场的双增长,而且出口的增幅明显大于国内销售,超出了大部分人的预期。总的来

看,2018年中国叉车的整体产量在增加,国内销售和对外出口在增加,电动叉车的比重在增加,锂电池叉车销售量在增加,叉车租赁数量在增加,进入叉车制造领域的企业数量在增加。

产品类型方面:电动类叉车中,仓储叉车增长较快,占比较大,是环保政策与成本控制等多重因素的必然结果。据统计,2018年电动类叉车合计销售量是281 096台,同比增长38.03%。其中,国内销售量增长33.56%,出口销售量增长45.9%。

2018年电动步行式仓储叉车销售量是205 954台,同比增长46.63%。其中,出口销售量92 242台,同比增长48.92%。在电动叉车中占比最大、增长速度最高,说明随着国内人工成本的增加和电商物流的高速发展,经济型的电动托盘搬运车取代手动托盘搬运车已经成为必然趋势,中国制造的电动步行式仓储叉车在国际上的竞争力也越来越强,距离实现全球垄断的日子也越来越近。

目前,虽然中国叉车还是以内燃车为主,但随着国内绿色物流的发展,电动类叉车的占比一定会逐年增加并最终超过内燃叉车。

4. 货架

2018年,中国货架市场需求旺盛,货架出口增长较快,货架企业尝试扩展新领域,开拓以穿梭车+密集型货架为主的仓储自动化集成新业务,货架产品已形成标准化、系列化。从产品类型来看,普通的横梁式、隔板式、阁楼式货架都有相当大的市场需求,尤其是电商高速发展促使阁楼式货架系统越做越大。

从货架需求量看,2018年电子商务物流、服装物流、医药物流、快消品物流、高端制造等领域是高端货架需求的主要行业,市场需求增长较快。机械、汽车、电子等行业货架市场需求增长平稳。2018年全年货架产销量超过158亿元,同比增长22%。

5. 输送分拣

2018年,输送分拣设备更加强调模块化,以实现高效生产和快速安装调试,同时通过标准化达到低成本、低维修的目的。

随着快递网点大规模的技术升级,面向二、三级快递网点的输送分拣设备市场的需求呈现高速增长,这一领域由于输送分拣的实际环境恶劣,人员素质不高,快递业务利润不高,对输送分拣设备的要求是:性价比最高、设备要耐用、便于人员操作。

苛刻的要求使得这一领域的输送分拣系统的供应商不多,竞争对手少,苏州金峰物联网技术有限公司在这一领域具有领先的竞争能力,公司随着市场需求的高速增长也呈现爆发性成长。

从技术方向来看,今后需要开发可以处理多种形状物品的自动分拣系统,需要大力提高系统处理效率,尤其是分拣系统自动供件环节的效率;需要提供耐用、易用、性价比高的输送分拣设备,需要输送分拣系统的柔性化;需要发展适应新零售门店和餐饮门店的悬挂式输送分拣系统,需要分拣系统与移动机器人的结合应用;等等。

根据监测,目前输送分拣设备行业市场需求呈现高速增长态势,2018年全年增长在35%以上,市场规模超过100亿元。

6. 单元化产品

2018年,中国托盘行业成绩显著:托盘保有量不断增长、托盘循环共用系统和标准体系建设加快、托盘智能化升级……

根据2018年7月发布的统计数据来看,我国托盘保有量始终保持快速增长,发展潜力巨大;木托盘价格指数持续上涨,免熏蒸托盘表现抢眼;金属托盘价格上涨明显,塑料托盘价格则出现下跌;托盘行业景气指数波动回暖,托盘行业信心向好;托盘产业贡献指数大幅攀升,企业规模大幅扩大。

2018年,商务部大力推进供应链体系建设,从标准托盘和全球统一标码标识(GS1)切入,提高物流链标准化、信息化水平,打造智慧供应链。在智慧化浪潮的推动下,托盘数字化升级在即。将芯片植入托盘,可以使每个托盘都拥有唯一身份,从而便于精准管理和定位追踪;借助物联网、大数据、云计算等技术,可以使托盘主动对货物进行扫描并上传数据,将货物信息与托盘绑定,实现货物间的"对话"。

根据调查,2018年中国托盘市场产销平稳增长,其中标准托盘产销增长继续高于托盘增长速度。

四、2019年中国物流技术装备产业发展展望

2019年初,为了保证经济平稳快速增长,国家宏观经济政策开始放松银根,加大投资。尽管下半年中美贸易战有所缓解,中美双方有望达成贸易协定;随着中国经济结构转型,中国制造向高质量和智能化方向发展,为物流技术装备产业提供巨大的市场空间。

中国经济正处于转型升级过程中,随着经济转型升级,劳动力成本上升,物流机器化、自动化和智能化发展将继续。在消费领域,消费升级推动新零售快速发展,网购电商仍将保持较快的增长速度。

综合分析2019年宏观经济发展环境及各行业发展趋势,预测2019年电子商务物流对技术装备需求继续呈现快速增长态势,智能制造领域仍然是物流技术装备需求热点,物流技术装备产业面临较好的宏观经济环境与产业政策环境。

综合分析2019年的市场需求环境,我们认为2019年普通的叉车、货架综合增长速度将有所回落,预计在15%左右;输送分拣设备、自动化立体库、AGV等各类物流机器人、智能穿梭车、快递自提智能物流箱、标准化托盘、立体库货架等先进的物流技术装备继续保持高速增长。综合来看,中国物流技术装备产业增长会继续高于国民经济发展速度,综合增长率在20%左右。

资料来源:搜狐政务.http://www.sohu.com/a/311680031_100226593,有改动

2.4 冷冻冷藏仓储管理和冷库管理

2.4.1 冷冻冷藏仓储管理

冷库中储存的货品一般是处于产成品阶段的货品。确保货品在库过程中的质量,并提高冷库的运作效率是冷冻冷藏仓储管理所追求的目标。冷冻冷藏仓储管理一般应注意以下几个方面。

1. 严格控制库房温度、湿度,满足货品储存特性要求

冷库的温度恒定是保证货品储存质量的重要条件之一。一般情况下,冷库的平均温

度升降幅度一昼夜不得超过1℃,高温库房的温度一昼夜升降幅度不得超过0.5℃,这不包括设备化霜和货物出入库所引起的短时间与局部的温度变化。在货物出入库过程中,低温库温度升高不得超过4℃,高温库温度升高不得超过3℃。因为温度的上升,将使食品组织中的冰晶部分融化,当温度降低时,融化形成的水再度冻结,已消失的晶体不再恢复,而遗留下来的较大晶体却不断壮大起来,这对食品组织是极为不利的。为保证冷库的温度稳定,食品的入库温度一般不高于冷库设定温度3℃,即在-18℃的库房中货品的入库温度要达到-15℃才较为合理。当入库货品温度偏高而影响库内原有货品温度时,应把入库货品单独储藏,待降温后再入库。

2. 降低货品干耗

食品在冷加工与储藏过程中会产生水分的蒸发及食品的干耗。干耗不仅使食品干枯,降低营养价值,而且会引起重量损失。一般采取以下措施:①降低储藏温度;②改进包装;③控制库房湿度;④用冰衣覆盖货品,对冻肉、鱼类货品可以用喷水加冰衣的方法。

3. 合理堆放

冷库中的货品堆放要尽量紧密,以提高库房利用率。不同类别的货品放置不同的地方,没有包装的货品不要和有包装的货品放在一起,味道差异比较大的货品不要放在一起。货品堆放要尽量避开风机、蒸发器下面,以免水滴在货品上。

4. 定期检查

冷库中的货品要定期检查,检查货品是否按照出入库要求先进先出,是否存放时间过长而发生质量变化,是否货品表面结冰、结霜,等等。

5. 减少货品搬动次数

冷库中由于作业环境的关系,应尽量减少货品搬动的次数。搬动次数的增加会增大货品破损的概率,并且低温环境下的人工作业会加大运作成本。应采用整板出货、整层出货的方法减少人工搬动货品的机会。

2.4.2 冷库概述

冷库是用作食品、乳制品、水产、禽类、果蔬等恒温储藏的库房,一般冷库多由制冷机制冷,利用汽化温度很低的液体(氨或氟利昂)作为冷却剂,使其在低压和机械控制的条件下蒸发,吸收储藏库内的热量,从而达到冷却降温的目的。

2.4.3 冷库的使用与冷库作业人员的管理

1. 冷库的使用

冷库与一般通用库房不同,其结构、使用性能都有特殊的要求。冷库是用隔热材料建筑的低温密封性库房,具有怕潮、怕水、怕风、怕热交换等特性。因此,在使用冷库时,应注意以下问题。

(1) 冷库门要保持常闭状态,商品出入库时,要随时关门。空气的对流是温度散失的主要原因,所以要尽量减少冷热空气的对流,凡经常出入库货品的门都要安装空气幕、塑料隔温帘或快速门等装置。

(2) 冷库内各处（包括地面、墙面和顶棚）应无水、霜、冰，库内的排管和冷风机要定期除霜、化霜。库房墙面和顶棚出现冰霜可能是库房漏气或隔热层失效造成的，所以要严格检查。

(3) 冷库是储存冷冻货品的设施，一般没有急速降温功能，因此未经过冻结的温度过高的货品不能入库：一是较高温度的货品会造成库内温度的急速回升，使库温波动过大；二是货品带入库房的热空气会产生凝结在库房墙面的冰霜，长时间会导致库板夹层分离。

(4) 冷库必须按规定用途使用，高、低温库不能混淆使用。在没有商品存库时，冷库库房也应保持一定温度，速冻间和低温冷藏间应在 $-5\ ℃$ 以下，高温冷藏间在 $0\ ℃$ 以下，以免库内滴水受潮，影响建筑。

(5) 冷库的地板与一般库房地板不同，有隔热层，所以有严格的承重要求和保温要求。如果地板表面的保护层被破坏，水分侵入，会使隔热层失效。因此，不能将商品直接铺放在库房地板上冻结；拆垛时不能用倒垛的方法；脱钩或脱盘时，不能在地面上摔击，以免砸坏地坪，破坏隔热层。

(6) 为了防止冷库地板下面因温度差而发生冻结和鼓起，要安装自然通风或强制通风装置。要保持地下通风畅通，并定期检查地下通风道内有无结霜、堵塞和积水，检查回风温度是否符合要求，地下通风道周围严禁堆放物品。

(7) 冷库货品的堆放要与墙、顶、灯、排管有一定距离，地下通风道周围严禁堆放物品。

(8) 冷库库内要有合理的走道，方便操作、运输，并保证安全。库内操作要防止运输工具和商品碰撞冷藏门、电梯门、柱子、墙壁、排管和制冷系统的管道，在易受碰撞之处应加保护装置。

2. 冷库作业人员的管理

冷库中的作业环境与其他作业环境有相当大的差异，所以冷库中的作业人员管理也要引起足够的重视，以下几点需注意。

(1) 加强防护，注意冻伤。冷库作业人员，必须穿符合要求的保温工作服、保温鞋，戴手套，要按规定时间限制库内连续作业时间，一般冷库中连续作业不能超过 30 分钟。作业人员身体的裸露部位不能接触冷库内的物品，包括货物、排管、货架、作业工具。

(2) 防止人员缺氧窒息。冷库特别是冷藏的植物和微生物的呼吸作用使二氧化碳浓度增加或者冷媒泄入库内，会使得库房内氧气不足，造成人员窒息。人员在进入库房前，尤其是长期封闭的库房，须进行通风，排除可能的氧气不足。

(3) 避免人员被封闭库内。冷库门在关闭前一定要确认库内没有人员滞留，人员入库，应能看到悬挂的警示牌和逃逸指示。冷库应有逃逸门，并且要保持正常使用状态。

(4) 加强培训，安全作业。冷库作业人员要加强培训，使每一个作业人员都了解冷库的操作特点和要求。在冷库中作业人员不能跑动，不能攀爬货架，注意身边其他操作人员等作业注意事项，要让员工了解并遵照执行。

(5) 妥善使用设备。冷库中使用的设备和仪器必须有低温运行性能。入冷库叉车是特殊用途叉车，冷库的灯也要使用专用灯，一般塑料托盘不能在冷库使用，而必须用耐低温的专用托盘。

海航冷链武汉智慧仓助力物流4.0

据数据显示,全国物流快递业务量2017年达360亿件,这个数字背后,反映的是中国电子商务的飞速发展,也是中国制造的崛起,更是中国经济的持续腾飞。笔者发现,2018年在"剁手党"买买买的同时,数以十亿计的快递并没有出现过往爆仓、大面积延迟等问题,"双11"首单更是在当天00:12分送达。

快递的大幅提速,与物流企业的飞速发展不无关系。全球智能化,在物流行业初现端倪,而中国物流企业具备了独特的后发优势,正在以势不可当的速度占据全球物流行业的塔尖位置。以京东物流和阿里菜鸟为代表的"智慧物流""智慧仓储",不断刷新人们的认知。海航现代物流集团旗下海航冷链宣布在其位于武汉的海航临空产业园内开工建造高度智能化的智慧仓,在2018年落成17 000立方米智能仓库,标志着其物流4.0体系的进一步完善。

海航现代物流集团专注于构造高价值产业的全球供应链枢纽,旨在发展成为全球最大的现代物流4.0服务供应商。区别于1.0版货运公司、2.0版仓储、3.0版金融服务,物流4.0是线上线下智慧物流的结合,能够形成完整的物流产业链条。通过旗下航空货运、机场管理、仓储投资、物流金服及智慧物流五大业态,海航现代物流集团在机场及航线等基础环节上,相继开通西安—阿姆斯特丹、西安—哈恩等国内外航线通路;在平台搭建上,2017年11月9日旗下云商智慧物流携手百度、华为、埃森哲及微软等巨头宣布成立海平线全球智慧物流生态联盟;2017年底更是先后与天津市、南京市建立战略合作关系共同着力打造国际物流枢纽。此次武汉智慧仓的建设,标志其仓储业态开启智能化时代,并打造世界一流智能仓储开发运营体系。据悉,2018年海航冷链还在全国主要城市重点布局至少10座相同规模的智能仓库,同时借助海航现代物流集团的资源集群优势,放眼全球,进行智能仓储的布局。通过旗下五大业态的协同效应,海航现代物流集团物流4.0的发展让人期待。

据有关报告,物流市场的价值链包括运输和仓储两方面;物流开支包括运输、仓储及管理三部分。其中仓储开支占物流成本总额的1/3左右。然而占整体成本比例较高的仓储,软硬件质量却并不乐观:截至2015年底,中国大约有12.6亿平方米的仓储面积,但70%是1990年之前建成的,且大多存在无监控、结构简单、承载力弱、人工成本高、损耗高等突出问题,极大地限制了行业发展。为此,国务院办公厅2017年发布《国务院办公厅关于进一步推进物流降本增效促进实体经济发展的意见》,明确要"加快推进物流仓储信息化标准化智能化,提高运行效率",要求结合国家智能化仓储物流基地示范工作,推广应用先进信息技术及装备,加快智能化发展步伐,提升作业效率和仓储管理水平,降低仓储管理成本。可以说以现代信息技术为标志的智慧物流已成为物流业供给侧结构性改革的先行军。

在这样的大背景下,智慧仓储得到快速发展。所谓"智慧"主要体现在软件和硬件两方面,软件指货物跟踪技术、电子数据交换等,而硬件则指机器人甚至VR(虚拟现实技术)等。

海航冷链是海航现代物流集团旗下专业冷链物流企业,系国内冷链物流行业首家新三板上市公司,致力于成为全球化产融信一体的冷链产业集成服务商、冷链生态运营商和投资商。其武汉智慧仓位于武汉市黄陂区临空经济核心区域内,紧邻武汉天河机场,具有得天独厚的地理交通优势。武汉海航蓝海临空产业园整体占地达2 984亩(1亩≈666.67平方米),总建筑面积达190万平方米,除智慧仓外,还规划冷链仓储区、商贸物流分拨中心及商贸会展中心等功能区域。本次开工建设的智慧仓在建成后将搭载先进的信息化平台,通过先进的智能化设备,取代传统的人工仓配,在商品的立体化存储、拣选、包装、输送、分拣等环节大规模应用自动化设备、机器人、智能管理系统,实现24小时全天运营。智能化无人操作将实现物流的智能调度管理、整合物流核心业务流程,加强物流管理的合理化,真正起到降本增效的作用。

不仅如此,通过信息系统建设,将大大提高信息处理时效,保证货物仓库管理各个环节数据输入的速度和准确性,确保企业及时准确地掌握库存的真实数据,同时形成数据库,转化为具有业务管理分析工具意义的大数据。

被新技术武装的智慧仓储,帮助企业实现降本增效效果非常明显。

以库存周转率为例,《2017中国智慧物流大数据发展报告》的数据显示,菜鸟的智慧供应链服务,将货品运输、仓储、装卸、搬运等七个环节一体化集成,能够帮助商家提高库存周转率1/3以上。

其实,海航冷链很早就已经开始其智能化进程。在其信息流系统中已搭建车联网和冷运通App,很大程度上解决了物流行业"车找货、货找车"的历史难题。通过搭建互联网平台,创新物流资源配置方式,扩大资源配置范围,实现货运供需信息实时共享和智能匹配,减少迂回、空驶运输和物流资源闲置。

现代物流最大的发展趋势就是网络化与智能化。在制造企业内部,现代仓储配送中心往往与企业生产系统相融合,仓储系统作为生产系统的一部分,在企业生产管理中起着非常重要的作用。因此仓储技术的发展不是与公司的业务相互割裂的,与其他环节的整合配合才更有助于仓储行业的发展。海航现代物流集团的智能仓及其物流4.0将如何引领中国物流行业的发展,让人期待。

资料来源:海外网.http://www.sohu.com/a/220013974_115376,有改动

2.5　冷库温度控制、作业管理及作业效率

2.5.1　冷库温度控制方法

合理、科学的温度控制是冷库保证食品储藏质量的关键。冷库客观存在的区域、空间温差使其不能保持绝对平均和恒定的最适温度,这一负面效应直接影响冷藏食品的整体质量和储藏价值,降低企业的经济效益。因此,必须采取行之有效的技术措施对区域、空间温差进行工艺调节和严格控制,最大限度地缩小恒温冷库内各个区域和不同空间的温度差异,使所储食品处在最佳的温度状态。

1. 区域、空间温差形成的主要原因

冷库冷藏间内的区域空间温差表现不一,呈现冷藏间长度温差各种态势、高低空间温差、长度和高度交叉的区域空间温差、食品堆垛内外温差、包装内外温差、空气与食品温差、充霜时的温差变化等各种态势,形成原因复杂多样。

(1) 冷藏间的构造。恒温冷库的生鲜品冷藏间是长宽高构成的空间,空间的长短、宽窄、高低是形成区域空间温差的基本原因。冷藏间的构造虽然在设计上考虑到结构对控温差异的影响,但无法从技术上使冷藏间内区域空间温度达到相对均衡。一般情况下,冷藏间的体积越大,冷热空气的对流和交换越困难,区域空间的温差越大。

(2) 冷热空气的物理密度。在储藏环境中,决定温度高低的是冷热空气的交换方式和频率。在冷热空气的交换对流过程中,由于冷热空气的物理密度不同,热空气聚集在冷藏间的上部,而空气温度的最低点常在冷藏间的底层。根据这一物理学原理,冷藏间内必然形成上下空间温差,冷藏间设计的高度越高,上下空间温差就越大。

(3) 冷源相对集中。一般冷库的制冷设备采用箱式冷风机,而冷风机蒸发器的蒸发温度大部分都设计在$-15℃$左右,并且蒸发器通常是固定在冷藏间一个方向的某一个位置点上。冷藏间的冷源主要来源于蒸发器,这就形成了冷源的相对集中。虽然冷风机在设计上采用了远距离的强制送风措施,但往往由于距离远、阻力大、风量损失多而不能达到温度均衡的目的,从而造成一定区域内的长度区域温差。有些大型冷藏间长度达到40米,由于距离过远,造成的区域温差有时相当大。

(4) 生鲜品的堆垛形式。生鲜品是冷藏间内的主要热量来源。入库食品的品种、数量、时间及食品堆码的密度、高度、宽度和食品的包装形态都是导致区域空间温差的因素。制冷除需冷却冷藏间的空气温度外,还要不断地冷却食品因呼吸作用而散发出的热量,堆码形式的不合理、不科学会导致食品在储藏期间散发的热量不能及时冷却。冷热空气不能及时有效地在货堆内外进行交换和流通,也造成区域空间的温差,从而影响食品的储藏效果。

(5) 其他原因。冷库区域空间温差的形成还有很多其他原因,如冷库构造中各部位保温性能的差异、各种冷桥的存在、冷藏间的向阳面、库内电力设备的超负荷运转、仓门的频繁开启、不规范的冲霜过程等,都是造成恒温冷库区域空间温差的直接和间接原因。

2. 区域空间温差调节与控制的技术措施

(1) 确定冷藏间食品的最佳储温。最佳储温是指生鲜品本身所需要的适宜温度,而非库内空气温度。在确定生鲜品最佳储温时,必须考虑库内空气温度和食品温度的温差值,其温差值在同一区域空间一般在$0.5\sim1℃$,而确定温差值的前提条件是该生鲜品的生理冰点。一般生鲜品的储温要尽量接近其冰点,但绝不能达到或超过这一界限,应留有保险系数。将储温确定并控制在食品本身最适宜的温度范围内,是解决区域空间温差的基础技术措施。例如,苹果大部分品种的生理冰点为$-1.8\sim-1.5℃$,理论推荐储温为$0\sim-1℃$,而在实际储温中,需把库温降至$-1.5\sim-0.5℃$的范围内,即库温最低不能低于$-1.5℃$,最高不要超过$-0.5℃$。

(2) 选择观测温度的最佳位置。要想掌握冷藏间各个区域不同空间的温差情况的具体数值,必须选一个观测温度变化的最佳位置点作为依据。观测温度变化的最佳位置点应设在靠近冷风机一端,库房堆码长度的 1/3 处,高度应确定在食品堆码高度的 1/2 处。冷藏间的其他区域空间也要相应布点测温,特别是冷藏间的特殊区域空间,如热点区、冷点区,以便更加直观和精确地观测与计算温差值。测温仪要经常校对,不能存在误差。温差值计算采用直减法,即高温区温度值减低温区温度值。冷藏间恒温值采取平均计算法。科学的、高精度的温差数据是调节控制区域空间温差的先决条件。

(3) 吊挂隔冷活动屏障。冷风机周围冷源集中,温度最低,属于冷藏间的冷点区,平时温度常在储藏品的生理冰点以下。为缩小整体温差,可在库内吊挂隔冷活动屏障。具体做法为:在距冷风机前端 1～1.5 米处,高处最好设在冷藏间的 3/4 处,在这个立面范围内用隔热材料做成隔冷活动屏障。通常的做法是将内外缝衬 0.08～0.10 毫米的塑料膜各一层的普通棉被按照冷藏间的宽度以中心线为准做两块,上面用铁丝把棉被挂起,做成活动式的可向左右两边拉开。达到规定指标温度后闭合,库内热负荷大时再拉开,两边棉被的接缝处要留有 200 毫米的搭合余地,这样可随时检查设备运转情况和进行冲霜操作;也可用砖、塑料板等隔热材料做成固定式的隔冷屏障,中间留一小门,挂上门帘即可。这样在冷风机制冷送风时,冷藏间前部的温度可提高 1 ℃ 以上,后部的温度可降低 0.5 ℃ 以下,效果非常好。

(4) 调节冷风机送风强度。冷藏间依靠风机把蒸发器产生的冷源从一端送向另一端,强制空气对流来达到降温的目的。由于风机送风筒较长,从十几米到几十米不等,且存在风机功率限制和风量流速阻力作用,冷空气输送常呈现由强转弱的趋势,越远风量越小风速越慢,直接影响冷藏间冷热空气的对流和交换,造成一端降温迅速、一端降温困难,前面库温偏低,后面库温偏高,这就需要从技术上调节冷风机的送风强度。

具体措施:依据风筒长度,把风筒前端两侧的喷风口挡住一部分,使风量相对集中地输送到储藏间的另一端,进而加强冷量传导平衡冷空气的均匀分布。风筒风口可用多层纱布捆扎遮挡,前部的喷风口一般用 6～7 层纱布,中、后部可酌情逐渐减少层数。风筒喷风口挡多少个、达到多少米、挡风口纱布用几层合适,应视冷藏间的大小和冷风机的功率及其他具体情况而定。总之,调节冷风机送风强度要达到最佳降温效果、最理想的均衡储温为止。这一措施实施后,冷藏间的温差一般情况下最低区域空间的温度可回升 0.5～1 ℃,最高区域空间的温度可降低 1～1.5 ℃。调节冷风机送风强度要经过多次反复的试验和修正才能达到最佳状态。

(5) 延长风机开机时间。冷藏间的冷风机由蒸发器和风机两部分组成,蒸发器的主要功能是制冷,风机的主要功能是送冷。在冷藏间温度降到最佳储温时,应及时关闭蒸发器的供液阀,使风机继续运转,并适当地延长一定的开机时间,使冷藏间的空气继续强制对流,达到库内冷热空气加速循环、食品表面温度加快冷却,进一步均衡各区域空间的温度,达到缩小温差的目的。延长风机开机时间控制在 20～30 分钟为宜。为避免因长时间送风造成的冷藏间湿度的降低,平时要注意库内的湿度变化,必要时采取加湿措施,以防止食品严重失水,造成食品品质下降。

(6) 生鲜品的防冻护理。处于冷风机前端特别是前端底部的生鲜品,因其离冷源最近,而蒸发器的蒸发温度又常在 −10 ℃ 以下,即使采取控制区域空间温差的其他技术措施,也不能完全排除食品不受冻害的可能性,所以要对生鲜品采取有效的防冻护理措施。

其措施主要为：冷风机前端的生鲜品，堆码时要与蒸发器留出一定的间距，一般的间距不少于 2 米；在食品垛堆的正面和侧面挡 0.06～0.08 毫米的聚乙烯塑料薄膜 1～2 层，或者用草苫、棉被进行苫盖，正面要全部挡盖，侧面可视垛堆长度挡盖 3～4 米；在食品垛堆的底部垫板上铺设隔热层，材料可选用草苫、蒲包、纸箱板或塑料膜，宽度要达到 3 米左右。采取以上措施后，即使冷风机前端的空气温度达到－2 ℃或－2.5 ℃，生鲜品也不会遭受冻害。

（7）生鲜品垛堆的通风散热。生鲜品在入储前要合理地计划储存总量，最好不要超过设计的冷藏能力，以避免冷藏间热负荷过大，造成降温困难，垛堆内温度过高。为利于生鲜品通风散热，缩小垛堆内部和外部、生鲜品表面和库内空气等诸项温差，生鲜品入库和堆码要做到生鲜品下面放置花格垫板，不要把生鲜品直接放到地面上；垛堆不宜太大，垛堆之间要留有间隙，一般不要少于 200 毫米；垛堆与冷藏间顶部及周围墙壁也要间隔一定的距离，顶间距不少于 500 毫米，壁间距不少于 200 毫米，可参照原商业部颁布的《果品冷库管理规范》的货位垛堆要求执行。食品堆码时必须在垛堆中间采取通风措施，垛堆横向要留通风道，竖向要留井状通风孔，通风孔道走向应力求与库内空气循环方向一致，直径要根据垛堆的大小和食品包装的形状具体确定。不留通风孔道极易使垛堆内部食品上热，发生闷垛现象。

（8）技术措施的配合应用。在实施解决区域空间温差诸项技术措施时，要根据冷藏间的温差情况交叉配合应用，几项措施可以把温差控制在理想状态的，其他措施可不必全部采用。鉴于部分措施是恒温冷库解决和控制温差常用、必用的技术手段，且对控制区域空间温差至关重要，则必须采用，如"吊挂隔冷活动屏障""调节冷风机送风强度""生鲜品垛堆的通风散热"。对于在控制区域空间温差技术措施实际应用中存在的问题，还要不断地摸索经验，使其逐步趋向完善，达到先进水平。

我国各种冷库的建筑结构、空间组成、区域分布、保温性能是不同的，各地储藏的食品品种、冷藏能力、制冷设备、控温技术也有很大差别，各地恒温冷库需根据各自具体情况，结合自己的特点，因地制宜采用科学的技术措施对区域空间温差进行有效控制，以便进一步提高控温水平，使食品达到最佳储藏质量，为企业创造出更好的经济效益。

2.5.2 库内作业管理及冷库作业效率

1. 库内作业管理

1）建筑物的维护和保养作业

（1）冷库安装完毕第一次使用或长时期停用再次开启时，需在 0 ℃保持一段时间，然后慢慢降温，每天控制在－10～－8 ℃为宜。

（2）为了保护冷库地面，不得把商品直接铺在地上冻结。

（3）库板保养。

（4）密封保护。

（5）商品堆垛、吊轨悬挂时，其质量不得超过设计负荷，防止损坏建筑物。

（6）要定期对建筑物进行全面检查。

（7）经常维护电器线路。

2)冷库机组的日常保养及维护

(1)发现机油脏或油面下降,及时处理。

(2)对于冷风机组,经常清扫。

(3)对于水冷机组,经常检查冷却水的混浊程度。

(4)对于风冷式机组,经常检查维修。

(5)经常检查压缩机运行状态。

(6)仔细倾听压缩机、冷却塔、水泵运作声音,发现异常及时处理。

(7)压缩机在运行30天后需要换一次冷冻油和干燥过滤器。

3)节能降耗作业

(1)选择气温较低的时间作业,如早晨、傍晚和夜间;尽可能缩短作业时间;提高作业速度。

(2)日常运行管理。

(3)制定单位冷量耗电量定额。

(4)制定单位产品耗电量定额。

(5)节约用水既能省水,又能节省电能。

(6)制冷系统运行时,应根据库房的热负荷和外界环境温度合理调配制冷设备。

(7)未经冻结的热货不得直接进入冻结物冷藏间。

(8)维护风幕运转正常。

4)除霜作业

(1)扫霜。

(2)制冷剂加热蒸汽融霜。

(3)水冲霜或乙二醇冲霜。

(4)制冷剂加热蒸汽和水结合融霜。

(5)用电热器、蒸汽加热或温水加热器融霜。

5)库区库内卫生管理

(1)喷洒。

(2)粉刷。

(3)紫外线消毒。

2. 货架系统与提高冷库作业效率

随着各种食品安全问题如雨后春笋般出现,广大消费者越来越重视食品安全问题,也对食品安全的要求越来越高。网购盛行的时代,货物的冷冻存储就变得至关重要。但是冷库的建设和维护不仅资金花费大且场地空间消耗大,因此货架系统在冷库中的规划、设计及应用,为企业提高冷库作业效率及冷库利用率提供了有效可行的解决方案。

(1)提高冷库的空间利用率。冷库建设投资成本过大,所以在选择货架类型时首先要考虑怎样增加仓库的面积和空间利用率,故可优先选择那些存储量高的货架,如贯通式货架、后退式货架、重力式货架、穿梭车式货架等类型,并充分利用冷库中的高度空间。

(2)冷库中保持冷气动线的规划。在提高存储量的前提下也需考虑出库效率的要求,货物品项(货物种类、规格尺寸、单件重量、单种数量、保质期要求、包装类型等)对货架的选型与拣选方式的确定非常重要。不论何种存储方式,冷库内的物品与物品之间,货位的前后、左右之间,必须有足够的间隙空间,让冷气在物品之间流动,达到制冷保温均衡的目的。冷库中,冷气动线的合理设计,可确保冷库中温度的均匀性。

(3) 冷库建筑与货架配合。因冷库建筑的类型不同,对于货架形式的选定与布置也有不同的要求,需要考虑许多客观的因素。

(4) 冷库内的货架原材料选择。考虑冷库中的温度,相应的货架的原材料也要适应冷库中的环境。

总之,在冷库中合理地利用货架系统,能提高冷库作业效率及冷库利用率。

应用案例分析

欧曼智慧冷链一体化解决方案,提速冷链物流发展

随着社会的发展、人们生活质量的提高,人们对食品安全和医疗安全也越来越重视。如何保证海鲜、奶制品、果蔬等食品新鲜高效地到达人们手中?如何在医药运输过程中保障针剂疫苗的最佳储藏温度,保持药剂的最好状态?这一切,都离不开冷链物流运输的发展。

2018年9月14日,由中关村绿色冷链物流产业联盟、中国制冷空调协会冷链物流分会主办的"中国冷库安全论坛暨第39届中国冷链物流万里行"大会在京举行。福田戴姆勒汽车携符合欧洲标准的高品质冷链之星——欧曼EST超级卡车亮相大会,并围绕"欧曼智慧冷链一体化解决方案"解读了其在推动冷链产业高质量发展上的产品和服务优势。

其实冷链的发展与人们的生活水平息息相关。例如,以前北方人民过冬,经常早早备上几十上百斤的大白菜、胡萝卜等藏入地窖;后来,家里冰箱就冻着生肉、鱼片,想吃点新鲜的就溜达去门口超市的生鲜柜台;如今,无论是阳澄湖的大闸蟹、舟山的带鱼还是澳大利亚的龙虾,甭管多远的食材,只要点到购物车里,最快第二天就能送到家。

正是由于冷链物流的发展,天南地北的生鲜产品,依靠全程冷链,跨越了时间和地理的鸿沟,开始在全国甚至全世界范围流转,不仅让消费者有了全新的体验,也让农户、企业尝到了甜头。会上,福田戴姆勒汽车高级项目经理张崇奎说:"冷链物流的发展实现了从生产源头到消费者餐桌的直达,它不仅提升了消费者的生活品质,更降低了物流的运输成本。前不久,我们与冷链行业的专业企业共同发布了'智慧冷链一体化解决方案',不仅能更高效地把生鲜产品准时送达消费者手中,更通过运输全过程的控温控湿,减少'断链'的可能,保障食品安全。"

据统计,欧美每年每人40千克的食物需求量是通过冷链的方式来运作的,而目前我国仅有2~2.5千克的食物是通过冷链物流的。以农产品冷链为例,由于发展滞后,"卖不了、运不出、储不行、成本高、亏损大"的现象仍然存在。因此,福田戴姆勒汽车致力于推动构建全程温控、标准规范、运行高效、安全绿色的冷链物流服务体系,推动中国冷链产业的高质量发展。

冷链运输的第一要义就是"快"。针对冷链运输环节,福田戴姆勒汽车"智慧冷链一体化解决方案"以欧曼EST超级卡车为载体,其采用康明斯X12发动机与采埃孚变速箱组

成的超级动力链,具有整车最大扭矩2 300N·m的动力优势,标载情况下时速可达到80~90千米;而且150万千米无大修,发动机、变速箱、车桥同步10万千米换油周期,平均故障间隔里程达5万千米的可靠品质带来的高出勤率,确保运输的高效率,让消费者在48小时之内享受原产地新鲜产品。

除了快捷,冷链运输的另一个方面是保证食材的"鲜"与"活"。以大闸蟹为例,运输途中温控技术的应用,是保障大闸蟹鲜活质量的根本。因此,欧曼EST超级卡车上装有强度高、保温好、更轻质的中集冷车;由冷网打造的专属制冷机组品,不仅可根据货品类别进行工作机组设定,且设定温度精确值可控在±0.1℃;且依托G7智慧物联网可实现冷链运输全程可视、温度报警、数据留存取证以及封路、车辆故障等智能提醒。同时,结合"SuperFleet超级车队管理系统",对车辆位置信息、异常自动识别、运输轨迹等数据进行实时记录与管控,打造从任务建立到结束的整体任务链条,确保"舌尖上的新鲜"。

据预测,2018年中国冷链物流市场规模将近3 000亿元;到2020年,市场规模将近4 700亿元。然而,由于冷链运输环节的流通不畅,仅果蔬损耗率就在20%~30%,如果把损耗降低到5%,就可以为全社会节省1 000多亿元。而随着国家法律法规的完善,以及消费者对于冷链食品的重视,市场对冷链物流运输装备的要求越来越高。福田戴姆勒汽车也将会不断推进和完善冷链物流运输一体化解决方案,为中国冷链物流事业的发展提供坚实可靠的保障。

资料来源:卡车之家.http://www.360che.com/news/180914/101635.html,有改动

思考并回答:

1. 欧曼EST超级卡车所提供的"欧曼智慧冷链一体化解决方案",是从哪些方面进行综合考量的?

2. 欧曼EST超级卡车(大型冷藏车)借助物联网技术实现冷链运输一体化的具体表现有哪些?

【本章小结】

冷冻冷藏运输的含义:冷冻冷藏运输指将易腐、易变质食品在低温下从一个地方完好地输送到另一个地方的专门技术,是冷冻冷藏链中必不可少的一个环节,由冷冻冷藏运输设备来完成。

冷藏车辆具有密封性、制冷性、轻便性和隔热性的特点,冷藏车辆的选择主要考虑底盘、厢体和制冷机组这三大部分。

冷藏物流模式大致可分为以生产加工企业为主导的自营冷藏物流模式、以大型连锁经营企业为主导的自营冷藏物流模式、依托大型冷冻批发市场型冷链物流模式、第三方冷藏物流模式、国有战略储备型冷库模式五种。

市场上现有有线温控、半无线温控、纯无线温控、GPRS温控、云计算温控和物联网控制系统等多种温控系统。

冷冻冷藏仓储管理要做到以下几点:严格控制库房温度、湿度,满足货品储存特性要求;降低货品干耗;合理堆放;定期检查;减少货品搬动次数。

冷库温度控制的技术措施：确定冷藏间食品的最佳储温；选择观测温度的最佳位置；吊挂隔冷活动屏障；调节冷风机送风强度；延长风机开机时间；生鲜品的防冻处理；生鲜品垛堆的通风散热；技术措施的配合应用。

第 2 章习题

第 3 章

冷链物流设施管理

3.1 冷库概述
3.2 冷库的规划与设计管理
3.3 冷库的运作管理
3.4 冷库的常规管理

【本章导航】

本章主要介绍冷库的含义、组成、作用及分类;冷库建筑的特点;冷库的规划、设计管理;冷库的运作管理;冷库的常规管理等。

美团闪购发布无人微仓

美团闪购正式对外发布面向商超、生鲜等零售行业的全新解决方案——无人微仓,通过微型前置仓的形式自动化完成零售到家场景订单的拣选和打包,从商品推荐、线上下单、智能货架拣货、机器人运输、自动核验、打包到配送实现自动化流程,完成对商户服务的整体闭环,提升效率、降低成本。据悉,消费者在美团或美团外卖 App 闪购入口下单后,无人微仓接到订单需求,传递给调度系统安排生产订单,由运输机器人在不同货架间收集订单商品,自动打包后交付给骑手,完成最后的配送履约。

得益于在商家服务领域积累的大量经验,美团在布局无人微仓上具有得天独厚的条件。技术上,美团通过自动拣选货架、AGV、打包机实现了从分拣、运输、交接到打包的全流程自动化,配合自主研发的自动排面、视觉识别校验及自动化调度系统,在大大提升微仓的容积率与拣选效率的同时也保证了拣选配送的准确度,让拣选效率相较传统模式提升了 7 倍,尤其是多订单并行高峰时段的情况下,其优势更加明显。除此之外,无人化流程让货架高度、间距进一步优化,使得仓库的空间利用率相比传统模式提升了 4 倍。摆脱了对人力的依赖,微仓模式能够支持 24 小时不间断运行,规模扩张变得更快速、简单。

资料来源:实验室研究员.https://mp.weixin.qq.com/s/e3oSm6BS5RIlSdxXYa6dIw,有改动

3.1 冷库概述

3.1.1 冷库的含义及组成

1. 冷库的含义

冷库是用人工制冷的方法让固定的空间达到规定的温度便于储藏物品的建筑物，又称冷藏库，是加工储存产品的场所。冷库能摆脱气候的影响，延长各种产品的储存期限，以调节市场供应。

冷库可以广泛应用于食品厂、乳品厂、制药厂、化工厂、果蔬仓库、宾馆、酒店、超市、医院、血站、部队、试验室等。冷库主要用于对食品、乳制品、肉类、水产禽类、果蔬、冷饮、花卉、绿植、茶叶、药品、化工原料、电子仪表仪器等的恒温储藏。

2. 冷库的组成

冷库主要由库体、制冷系统、冷却系统、控制系统和辅助系统五个部分组成。

（1）库体。库体主要保证储藏物与外界隔热、隔潮，并分隔各个工作区域，大型冷库有冷加工间、预冷间、冻结间、冷藏间、制冰间、穿堂等。大型冷库采用土建冷库库体，小型冷库和温度低于-30 ℃的冷库通常采用钢框架与轻质预制的聚氨酯或聚苯乙烯夹芯板材拼装而成的装配式冷库库体，而家用小型冷藏箱或冰箱则采用压铸成型的用聚氨酯填充隔热的箱体。

（2）制冷系统。制冷系统主要用于提供冷库冷量，保证库内温度和湿度。冷库温度不同，制冷系统也不同。通常冷库温度高于-30 ℃，则使用单级压缩制冷系统；冷库温度低于-30 ℃，高于-60 ℃，使用两级压缩制冷系统或复叠制冷系统；冷库温度低于-80 ℃，一般要用复叠制冷系统。冷库制冷循环系统的组成如图 3-1 所示。

（3）冷却系统。冷却系统主要用于冷却制冷系统的散热有空气冷却系统、水冷却系统和蒸发冷却系统等种类。空气冷却系统，制冷系统直接采用空气冷却，它具有系统简单、操作方便的优点，适用于缺水的地区和小型冷库。水冷却系统，主要由冷却塔、水泵、冷却水管道组成，它具有冷却效果好的优点，但是系统复杂、操作麻烦，要求对水冷却系统定期进行清洗，以保证水冷却系统的传热效果，水冷却系统大部分用于大型冷库。蒸发冷却系统，是将制冷系统的冷凝器直接与冷却塔结合，冷却水直接喷淋到冷凝器上进行蒸发冷却，冷却效果好，但是系统复杂，要求冷凝器直接安装在室外，所以系统的运行、维护保养工作要求高。

（4）控制系统。控制系统主要是对冷库温度、湿度的控制和制冷系统、冷却系统等的控制，保证冷库安全、正常地运行。随着技术的发展，目前计算机和网络技术已逐步应用到冷库的控制中。冷库控制系统如图 3-2 所示。

（5）辅助系统。辅助系统主要包括冷库操作间、机房等，大型冷库还有动力车间、配电房、锅炉房、化验室、水泵房、仓库、水处理等场所。

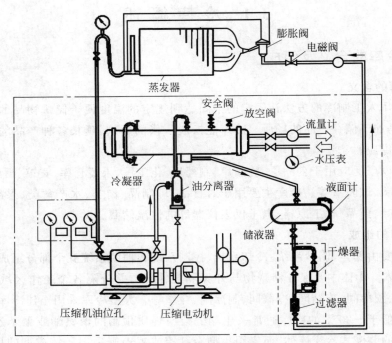

图 3-1 冷库制冷循环系统的组成

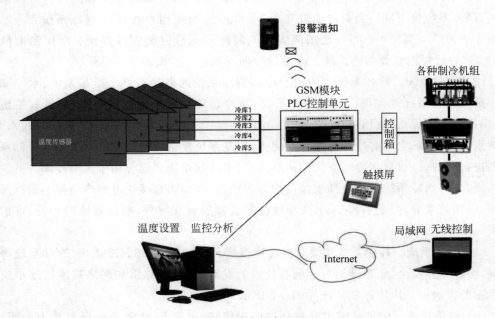

图 3-2 冷库控制系统

3.1.2 冷库的作用及分类

1. 冷库的作用

冷库具有三个作用：①使易腐产品能较长时间保存；②为农产品、食品加工厂长时间均衡加工创造条件；③供大型副食店、菜场和食堂短期或临时储存食品之用。

2. 冷库的分类

1) 按冷库的结构形式分类

（1）土建冷库。土建冷库主体结构为钢筋混凝土框架结构或混合结构，常常用于大容量或大吨位的冷库。土建冷库的热惰性比较大，库温比较稳定。土建冷库具有坚固、隔热性好、造价低、建设周期长等特点。

（2）装配式冷库。装配式冷库库体采用钢框架和轻质预制的硬质聚氨酯或聚苯乙烯夹芯板材拼装而成。

（3）夹套式冷库。夹套式冷库指在常规冷库的围护结构内增加一个内夹套结构，夹套内装设冷却设备，冷风在夹套内循环制冷。夹套式冷库的库温均匀，食品干耗小，外界环境对库内干扰小，夹套内空气流动阻力小，气流组织均匀，造价比常规冷库高。

（4）覆土冷库。覆土冷库洞体多采用拱形结构，一般为砖石砌墙，并覆盖一定厚度的土层作为隔热层，具有施工简单、就地取材、造价低、坚固耐用等特点。

（5）气调冷库。气调冷库主要用于对新鲜果蔬、农作物种子和花卉做较长期储存，与上述冷库不同的是气调冷库除了要控制库内的温度、湿度外，同时要考虑气调冷库内植物的呼吸作用，还要对库内的氧气、一氧化碳、氮气和乙烯含量进行调控，抑制果蔬等植物的呼吸及新陈代谢，使之处于冬眠状态，以达到长期储存的目的。

2) 按冷库的温度分类

（1）高温冷库。高温冷库用于果品蔬菜类保鲜，库房温度 $-5\sim5$ ℃。

（2）中温冷库。中温冷库用于冻结后的食品冷藏，库房温度 $-10\sim-5$ ℃。

（3）低温冷库。低温冷库用于冻结后的水产、禽肉类食品冷藏，库房温度 $-20\sim-10$ ℃。

（4）冻结冷库。冻结冷库用于生鲜品冷藏前的快速冷冻，库房温度 -24 ℃以下。

3) 按冷库的使用性质分类

（1）生产性冷库。生产性冷库主要建在货源较集中的产区，作为肉、禽、蛋、鱼虾、果蔬、海产品及速冻面点等易腐食品加工厂的冷冻车间使用。食品在此进行冷冻加工，短期冷藏储存后运往其他销售地，零进整出，要求交通运输必须方便。其特点是冷冻加工的能力较大，有一定库容量，其建设规模应根据货源情况和商品调出计划确定。

（2）分配性冷库。分配性冷库一般建在大中城市、水陆交通枢纽和人口较多的工矿区，作为市场供应需要、出口计划的完成和长期储备中转运输之用。其特点是冻结量小、冷藏量大，而且要考虑多种食品的储存。由于冷藏量大，进出货比较集中，整进零出，因此要求库内运输通畅，吞吐迅速。其具有冷藏能力大、吞吐量大、长期储藏等优点。

（3）零售性冷库。零售性冷库一般建在城市的大型副食品商店内，供临时储存零售食品之用。其特点是库容量小、储存期短、库温随使用要求不同而异。

4）按冷库的功能分类

按冷库的功能可以将冷库分为预冷冷藏库、冻结冷藏库、速冻库、储冰库和气调库等。

5）按冷库的容量大小分类

按冷库的容量大小可以将冷库分为大型冷库、大中型冷库、中型冷库和小型冷库。

6）按冷库储藏的商品分类

按冷库储藏的商品可以将冷库分为畜肉类冷库、水产品冷库、禽蛋冷库、果蔬冷库、冷饮品冷库、茶叶冷库和花卉冷库等。

3.1.3　冷库建筑的特点

冷库主要用于食品的冷冻加工及冷藏，它通过人工制冷，使室内保持一定的低温，冷库的墙壁、地板及平顶都敷设有一定厚度的隔热保温材料，以减少外界传热。为减少吸收太阳辐射，冷库外墙表面一般涂成白色或浅颜色。总之，冷库建筑与一般工业民用建筑不同，有它独特的结构。

冷库建筑要防止水蒸气的扩散和空气的渗透。室外空气侵入时增加冷库耗冷量，还带入水分，水分凝结引起隔热结构受潮冻结损坏，所以要设置防潮隔热层使冷库具有良好的密封性和防潮隔气性。冷库的地基受低温的影响，土壤中的水分易被冻结。而土壤冻结后体积膨胀，会引起地面破裂及整个建筑结构变形。为此，低温冷库地坪除要有有效的隔热层外，隔热层下还必须进行处理，以防止土壤冻结。总的来说，冷库建筑是以其严格的隔热性、密封性、防潮隔汽性、坚固性和抗冻性来保证建筑物的质量。因此，冷库建筑的特点有别于其他建筑，具体如图3-3所示。

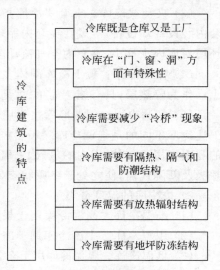

图3-3　冷库建筑的特点

3-1

走进日本排名第一的日冷物流

日冷物流集团（以下简称"日冷物流"）是日冷集团旗下的子公司，通过开展以仓配为核心的物流网络事业以及地区保管事业，一直支撑着日本的"饮食"。另外，在海外（欧洲、中国）也设有冷藏库和物流中心，包括国内及海外的关联企业在内，共分布在113个地区，冷藏保管能力高达180万吨。其规模在日本国内最大，世界排名第五。2018财年日冷物流为日冷集团贡献营收1 951亿日元（约118亿元人民币），占日冷集团总营业收入的33.2%。

一、日冷物流经营状况分析

2010—2018年,日冷物流营业收入稳中有升,截至2018年3月,日冷物流营业收入达到1 951亿日元,营收增速基本保持在4%左右,同时,日冷物流的营业利润也稳定在5%~6%,主要原因如下。

(1) 日本冷链物流行业处于成熟期,供需平衡,市场处于相对稳定时期。

(2) 优质的服务使得下游客户较为稳定,也保证了公司业绩持续平稳地上升。

虽然对于日冷物流业务收入而言,冷库业务营收占整体业务营收额的30%左右,但是冷库业务毛利率较高,在10%左右。冷库业务稳定的收入以及利润,带动了日冷物流业务整体毛利率稳定在5%~6%,弥补了运输配送业务盈利能力低的不足。

二、日冷物流核心竞争力分析

1. 遍布日本全国的冷链仓配网络,形成规模效应

冷链物流基础设施投资规模较大,尤其是冷库建设,前期成本巨大、成本回收周期长,企业的盈利更多地取决于规模效应带来的单位成本优势。为了形成高效的物流网络,日冷物流投入大量资金到冷库和分拨中心的建设上,目前,日冷物流已经在日本全国范围内建成并运营有7大区域冷库公司,77个DC(配送中心),75个TC(快速分拨中心),总计152个物流中心,每日通过4 000台车辆的运营,满足近5 000个门店的物流需求。从北海道到福冈地区,日冷物流都有其子公司和配送中心分布,强大的冷藏、冷冻网络支撑使得公司业务遍布日本全国,形成冷链物流配送的规模效应。

截至2018年4月,日冷物流的冷库库容量总计达到151万吨,冷库库容量为日本第一、世界第五。日冷物流通过积极布局冷库建设,形成全国性的仓配运营网络,有效提高运营效率,为运输配送、综合物流服务等其他业务提供仓储保障,使生鲜产品保持全程冷链,同时,保证了稳定的收入以及利润来源。

2. 精细化的仓储运营管理

与中国市场相似,日本中小客户也倾向于将物流业务外包。目前日冷物流下游客户总数约2 000家,为了保证运营质量,日冷物流在仓储运营管理上都采取高标准的精细化管理。

以位于日本川崎市的日冷东扇岛物流中心为例,其作为日冷物流全国集货配送基地之一,主要覆盖关东区域6个城市的配送需求。日冷东扇岛物流中心坐落于一栋5层混凝土建筑,总面积42 300平方米,于2012年投入使用。为了满足冷藏货物的温度要求,保证生鲜食品全流程的温控,对于流通货物采取了如气压差、收货区低温化的措施。同时,物流中心还承担了食品加工流通中心的功能,为商家提供诸如包装、冻品解冻、急冻食品等增值服务。为其客户提供一站式服务,满足不同温区产品的精细化管理。

三、对于中国冷链物流的启示

我国冷链物流市场目前处于高速发展时期,预计市场年复合增长率达到20%以上。与之相对的是,行业规范和监管机制缺失,行业发展与日本仍有非常大的差距。中国冷链物流行业的发展需要以下因素支持。

(1) 政府主导制定统一的冷链物流行业运作标准,设置监管体系。

（2）冷链物流整体运行质量的提升不仅需要从单个企业层面入手，以头部企业的示范效应带动整体行业向上发展，更需要产业结构、体系、政策等更宏观范围的改革和转型。现阶段，从实施难度来看，企业层面的升级可行性更大，操作性上也更容易实现。

未来 5 年内，冷链物流行业经过激烈的竞争、淘汰、整合，最终会出现像日冷物流一样的超大型行业巨头，形成全国性的冷链仓配运营网络，我国冷链物流行业最终会向集中化方向发展。

资料来源：物流沙龙. https://mp.weixin.qq.com/s/kIZYzwMej05Ntpp2ZqtB0A，有改动

3.2 冷库的规划与设计管理

在实际的设计活动中，主要根据用途以及容量来设计冷库，在决定选用哪种类型的冷库时，既要考虑所需冷库的功能和结构组成，又要考虑各种类别冷库的特点。

冷库的规划设计与建设是冷链物流运作的基础，直接影响各项活动的成本，同时也关系到整个冷链的正常运作和发展，因此冷库的规划设计与建设必须在充分调查分析的基础上综合考虑自身经营特点、商品特性及区域交通经济等因素，在详细分析现状及预测的基础上进行。冷库规划设计的基本流程如图 3-4 所示。

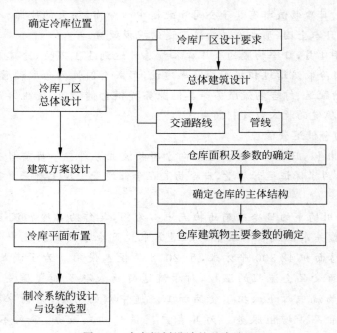

图 3-4　冷库规划设计的基本流程

3.2.1　冷库的选址

冷库建设的第一步是冷库选址。库址选择的合理与否，关系到工程的建设速度、基建投资和投产后的管理，关系到整个冷链的经济效益。因此，选择库址要根据冷库的性质、

规模、建设投资、发展规划等条件,结合拟选地点的具体情况,择优确定。

一般情况下,生产性冷库应建于货源较集中的产区,还要考虑交通的便利性、与市场的关联性等因素。冷库四周应有良好的排水条件,地下水位要低,冷库底下最好有隔层,且通风良好,保持干燥。具体地选择冷库地址时,应考虑以下因素:经济依据、地形地质、水源、区域环境、电源、交通运输等。冷库选址的基本流程如图 3-5 所示。

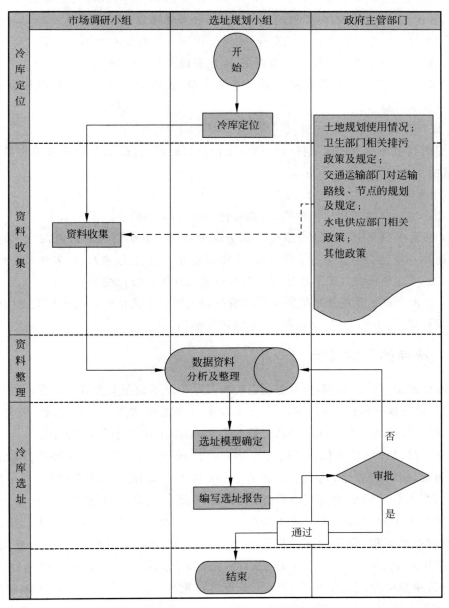

图 3-5 冷库选址的基本流程

1. 冷库定位

冷库定位是根据其性质、规模、建设投资等进行的战略定位和功能定位。冷库选址以其定位为基础展开。其功能定位主要分为生产性冷库、分配性冷库和销售性冷库。

2. 资料收集

资料的收集和其他仓库选址资料收集内容基本相同,基本包括社会经济发展情况、用地条件、政策法规、交通条件、工程地址等。此外还要考虑以下一些因素。

(1) 水源。冷库是用水较多的企业,故库址周围要有充足的水源。

(2) 环境。冷库建设对环境要求较高,因此应远离污染区域。

(3) 电力供应。冷库供电属于第二类供电负荷,需要一个可靠的、电压较稳定的电源。

3. 资料整理

数据资料整理及分析就是将所收集到的相关数据资料,按照重要性和性质等进行分类、筛选的工作。

4. 冷库选址

冷库选址主要包括选址模型确定、编写选址报告和审批。

(1) 选址模型确定。选址模型确定就是在对整理的数据资料进行定性、定量分析的基础上选择一定数据模型进行冷库选址,主要有线性规划法、模拟法、启发法及仿真法等。

(2) 编写选址报告。编写选址报告是对所选地址编写可行性报告。

(3) 审批。审批是将选址报告交给政府各相关部门审核批准。主要相关部门包括土地审批规划部门、卫生部门、交通部门、水电供应部门等。

3.2.2 冷库的总体设计

冷库的库址一经选定,即应根据现有资料拟定出总平面布置方案和草图,以供技术勘测、征地及征求城建部门意见所用。待技术勘测全部完成,地形、土壤、地质、水文等资料齐全后,再结合城建等有关部门的意见修改方案,绘出正式的总平面布置图。

冷库厂区总体设计的依据是冷库要满足所要进行的生产工艺,保证生产流程的连续性。为此,应将所有建(构)筑物、道路、管线等生产流程进行联系和组合,尽量避免作业线的交叉和迂回运输,即从满足食品冷冻冷藏工艺要求和便利产品运输出发,布置各车间和库房的相对位置。具体的技术经济指标是:库址占地面积、建筑物占地面积、构筑物占地面积、露天仓库及操作场地占地面积、铁路、道路、人行道占地面积、库区土地利用系数、建筑系数。对于生产性冷藏库,库区土地利用系数控制在不小于40%,建筑系数应控制在不小于30%。分配性冷藏库和水产冷藏库库区土地利用系数应控制在不小于70%,建筑系数则应控制在不小于50%。冷库总体设计的基本流程如图3-6所示。

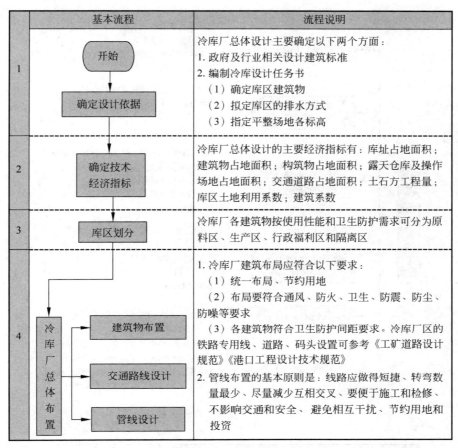

图 3-6　冷库总体设计的基本流程

3.2.3　冷库的建筑方案设计

冷库的建筑方案设计是根据冷库的性质、生产规模、工艺流程、设备安装及所用建筑材料等条件并结合库址的具体情况（地下水位、地址、地形等）而确定的，同时还应满足使用、卫生、施工技术和建筑艺术等方面的要求。冷库的建筑方案设计如图 3-7 所示。

3.2.4　冷库的平面布置

冷库平面布置的主要任务是根据设计任务书的要求、总图所限定的客观条件，确定建筑平面中各组成部分的范围以及它们之间的相互关系。冷库的平面布置流程如图 3-8 所示。

3.2.5　制冷系统的设计与设备选型

冷库与其他仓库建筑的主要区别在于其制冷系统，设计合理的制冷系统对冷库建设、使用和维护十分重要。制冷系统的设计与设备选型如图 3-9 所示。

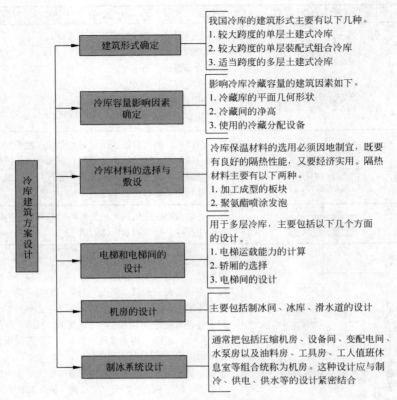

图 3-7 冷库的建筑方案设计

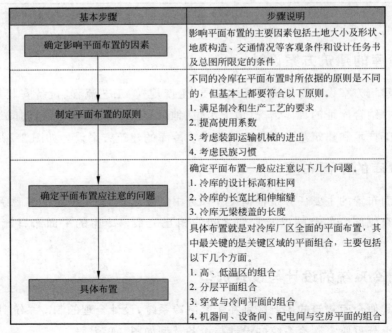

图 3-8 冷库的平面布置流程

制冷系统的设计与设备选型	制冷剂种类的确定	选择制冷剂种类一般考虑以下几个方面。 1. 热力性能 2. 具有适宜的饱和压力和压力比 3. 货源和成本 4. 蒸发温度和压缩级数
	压缩机类型的选择	压缩机又称制冷主机,其功能是输送和压缩制冷蒸汽,保证制冷循环地进行。常用的压缩机有活塞式、螺杆式、离心式及其他各种回旋式。压缩机在选择时应考虑以下一些问题。 1. 考虑冷库的蒸发温度和有效工作容积,冷冻、冷藏物品的冷凝温度、入库量、货物进出频率等参数 2. 压缩机的制冷量应能满足冷库生产旺季高峰负荷要求 3. 单机容量与台数的比例 4. 不同蒸发系统压缩机类型选择要考虑互相备用的可能性,以便于控制、管理及零配件互换
	蒸发器与冷凝器的选择	蒸发器的功能在于将被冷却介质的热量传递给制冷剂,蒸发器按其结构特点可分为壳管式、盘管式和表面式等 制冷装置中,冷凝器的作用是将压缩机排出的高温、高压和过热的气态的制冷剂,凝结成液态,以供系统循环使用,根据冷却方式不同,冷凝器有壳管式、套管式、风冷式、立式、卧式、喷淋式和蒸发式等。冷凝器的选取主要考虑建库地区的水温、水质、水量及气候条件,也与机房的布置有关
	制冷系统供液方式的确定	制冷系统的供液方式主要有直接膨胀供液、重力供液、液汞供液和气汞供液 直接膨胀供液适用于小型氨制冷装置、负荷稳定的系统和氟利昂制冷装置。重力供液适用于中小型氨制冷装置。液汞供液是大中型冷库的重要供液方式。气汞供液国内使用较少
	制冷系统供冷方式的确定	供冷方式主要分为集中供冷和分散供冷。 1. 集中供冷。将制冷压缩机和辅助设备集中布置在一个机房内集中管理,通过管道把压缩机和冷间连接起来,对用冷场所进行降温 2. 分散供冷。将自动性能好的制冷机组分散设置在各用冷场所附近,形成多个单独制冷系统的供冷方式
	冷间冷却方式的确定	冷却方式主要分为直接冷却和间接冷却。 1. 直接冷却。制冷剂直接在蒸发器内吸收冷却物体或冷间内的热量而蒸发的方式 2. 间接冷却。被冷却物体的热量通过载冷剂传给制冷剂的冷却方式
	除霜、排液方案的确定	蒸发器结霜后,将导致热阻增加,使传热系数下降,所以应及时除霜,常用除霜方案有如下几种。 1. 人工除霜。简单易行,对库温影响小。但劳动强度大,除霜不彻底 2. 水冲霜。效率高,操作简单,库温波动小。但容易起雾,造成冷间顶棚滴水,缩短使用寿命 3. 热气除霜。使用性强,但融霜时间较长,对库温有一定影响 4. 电热融霜。系统简单、操作方便,易于实现自动化,但耗电多 热气融霜、热气结合水除霜法,都需要将融霜冷凝液由蒸发器排出,常用的方案有:冷凝液排入排液桶;冷凝液排入低压循环桶;冷凝液排向工作中的蒸发器;设置热交换器

图 3-9 制冷系统的设计与设备选型

案例分析 3-2

面向生鲜电商的冷库内部设计

在生鲜电商的强力刺激和政策引导支持下,生鲜电商兴建冷库已经是必然趋势,京东、中粮我买网、顺丰优选等生鲜巨擘纷纷投资开工。生鲜电商模式作为脱离传统营销的新模式,其作业流程与传统营销大不相同,如何将生鲜电商的特点与冷库规划布局相结合,设计出一个高效率、高质量、高利用率并与电商平台完美兼容的生鲜冷库,这个问题值得深究。本文通过分析生鲜电商特点、农产品存储特点、生鲜电商作业流程并结合冷库内部布局要素及方法,设计出一个满足现代生鲜电商需求的、面向生鲜电商的自动化程度较高的冷库。

一、生鲜电商冷库布局设计理论

国家标准《冷库设计规范》(GB 50072—2010)明确对冷库的划分、计算、选用材料进行了规范,并指出冷库设计还要根据用途、冷库类型、经营策略、地域等因素进行设计。在设计过程中遵循以下原则。

(1) 减少或消除不必要作业是仓库设计的基本原则之一,也是降低成本提高收益的重要途径。

(2) 以流动的观点作为设施规划的出发点,研究多个环节中"物"所处的状态,根据其状态进行合理设计。

(3) 追求系统的整体优化,而不是对单一系统的优化。

(4) 重视人的因素。同时,应根据物流作业流程进行区域布置。具体规划流程如图 3-10 所示。

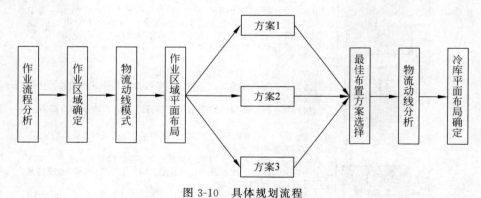

图 3-10 具体规划流程

生鲜电商与生鲜电商冷库相伴共生,互相影响,互相制约。而生鲜电商基于"生鲜"的显著特性,对其冷库的设计主要考虑三个方面的因素:一是产品规格标准化的交易模式。生鲜电商平台的产品均以标准化的包装及计费重量来销售,这将大幅度简化生鲜产品交易,并在一定程度上简化仓库存储作业。二是时效管控因素。生鲜电商产品的配送时效应该由三部分组成,分别是在库作业时效、在途运输时效和末端配送时效。其中出库和拣选环节的效率就与仓库的规划设计有很大的关系。三是生鲜电商冷库的设计必须考虑环境因素。

二、生鲜电商冷库设计中的主要问题

伴随生鲜电商的发展以及相关技术升级和资本介入，以及消费者对商品品质的更高追求，中国生鲜电商市场进入高速发展时期。2016年交易规模已达到909.3万亿元人民币，环比增长速度达70.6%，未来生鲜电商市场交易规模的增长速度将再创新高。

我国生鲜电商冷库基本始建于20世纪，主要用于长期储存食品。随着时间和生鲜电商业务量的增长以及技术的更新，昔日的仓库无论在技术、制冷还是节能上，都已经开始不符合当前生鲜电商的需求，对生鲜电商未来发展也产生了限制作用，主要表现在两个方面：一方面是生鲜电商冷库所属类型界定不清和冷库区域分布不均等问题；另一方面主要是冷库自身存在与生鲜电商平台不兼容、设施设备老化严重、子冷库划分过多等内在问题。

三、面向生鲜电商的盐城冷库内部设计

江苏盐城生鲜电商冷库位于盐城市新乡附近，临近沈海高速和S14省道，交通便利，与盐城南洋国际机场相距不足15千米，且地处盐城郊区地带，地价相对较低。仓库建设占地面积约15 000平方米（长150米，宽100米，高7米）。冷库按照其性质分为作业功能区、办公功能区、制冷设备区、辅助功能区这四大功能区。

根据国家标准《冷库设计规范》(GB 50072—2010)将其主体仓储区域划分为四大类仓储区：一是常温区，主要用来储藏保管温度介于10 ℃和18 ℃之间的货物，如柿子椒、菜豆、黄瓜、番茄、菠萝、柑橘、香蕉等。二是冷藏区，主要用来储藏保管温度介于−2 ℃和10 ℃之间的货物，如鲜鱼、奶油、奶制品、酒类、蛋品、火腿、果蔬等。三是冷冻库，主要用来储藏保管温度介于−18 ℃和−2 ℃之间的货物，如部分冻畜肉、冻家禽肉、熏制品、奶油。四是超低温区，主要来储藏保管温度需低于−18 ℃的货物，如部分冻肉、冻鱼、冻海产品、冷冻调理食品及冰激凌等。

1. 盐城冷库的平面布局及布局形式

1) 盐城冷库平面布局

根据盐城地理位置情况，以及划分的区域，较为合适的冷库物流作业流线设计模式有三种，即直线形布局、L形布局和U形布局。

2) 盐城冷库最佳布局形式选择

将每个方案的布置图、物流动线、搬运距离、扩充弹性等相关目标因素进行分析，确定最优布局形式为U形布局。方案估算表如表3-1所示。

2. 盐城冷库U形平面布局图及作业流程动线分析

经过分析，冷库内部大致可分为出入库月台、收货暂存区、预冷区、仓储区、分拣区、发货区、制冷设备区、制冰区、设备区等区域，根据生鲜电商作业流程，对各区域进行安排。此外，在布局设计中普遍使用传感器、传送带、自动立体货架等设备，将这些设备链接到WMS、WCS等先进信息系统，基本实现出入库自动控制的要求。

表 3-1 方案估算表

评估因素	权重	布局形式		
		直线形	L形	U形
服务方便性	8	3	4	5
搬运经济性	10	4	5	5
物流动线顺畅性	10	5	5	5
作业安全性	5	3	5	4
空间适用性	7	3	4	5
管理有效性	6	5	5	5
扩充弹性	5	3	4	5
经济性	9	3	5	4
总计		222	280	286

3. 冷库安全防范

近年来,冷库安全事件时有发生,冷库安全作业问题已成为人们关注的焦点,如何做好相关安全工作,制定科学的安全管理制度显得尤为重要。生鲜冷库是一种特殊的仓储形式,它能够满足各类生鲜产品要求的存储条件,以保证生鲜产品的质量。应从两个方面采取防范措施:一是人员作业安全,二是冷库库房及设备设施安全。

四、结论

我国十分重视生鲜冷链物流的建设,注重加强冷链物流、发展冷藏保鲜技术。盐城冷库设计基于目前盐城地区生鲜产品消费水平以及传统冷库相关调研数据,对生鲜冷库配送中心环节进行研究和冷库各项数据进行计算;比较不同的物流动线基本模式,选择最佳的物流动线模式,并对其进行优化改进;确定了针对冷库的主要储存区域以及设施设备的种类和布置形式。同时,大量采用现代化物流设备进行自动化控制,使得该冷库更加信息化、智能化。

资料来源:冷链观察. https://mp.weixin.qq.com/s/U1U5-hmho_mhXdrYkgekvw,有改动

3.3　冷库的运作管理

3.3.1　冷库的组织架构和人员配备

冷库的组织架构与普通仓库基本相似。组织架构的主要模式有三种:直线制、直线职能制和事业部制。冷库的人员配备与普通仓库相比涉及更多冷库技术工人的配备,冷库技术工人是执行冷库管理制度和实施直接操作的工人骨干,其人数和素质直接关系到冷库的生产与食品的质量,冷库技术工人必须持证上岗。

3.3.2　冷库的采购管理

冷库的采购流程和其他物流采购流程基本相似,比较典型的销售型冷库采购流程如图 3-11 所示。

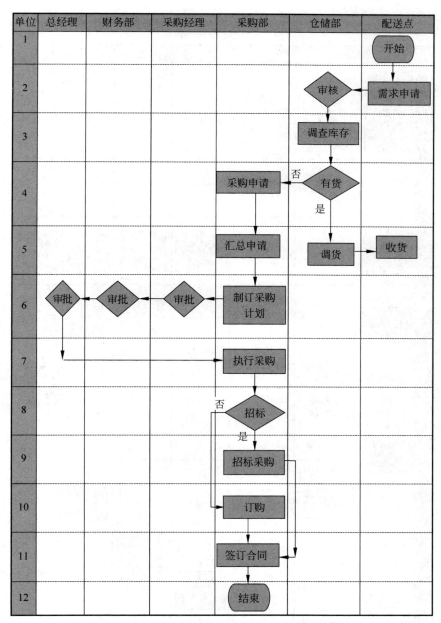

图 3-11 销售型冷库采购流程

3.3.3 冷库的出入库管理

1. 冷库的入库管理

冷库的入库是指货物被运到冷库,经验单、装卸搬运、验收等环节按预定的货位储存等一系列工作。货物入库时,要对货物的温度进行测定,查验货物内部状态并进行详细记录,霉变货物不得直接进入冷冻库,入库前货物要预冷,未经预冷冻结货物不得直接进入冷冻库,以免高温货物大量吸冷造成库内温度升高,影响库内其他冻货。冷库入库作业流程如图 3-12 所示。

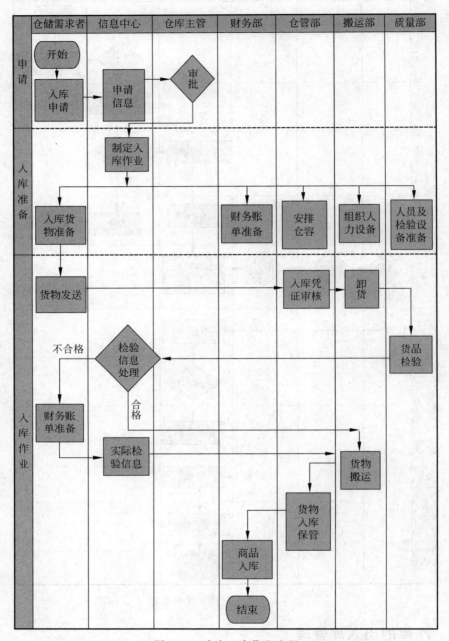

图 3-12 冷库入库作业流程

2. 冷库的出库管理

冷库的出库是根据业务部门或存货单位开具的出库凭证,从对出库凭证审核开始,进行拣货、分货包装等一系列作业,将货物交给要货单位的过程。货物出库需认真核对,防止错发、错取,对于出库时需要升温处理的货物,应按照作业规程加热升温,不得采取自然升温。冷库出库作业流程如图 3-13 所示。

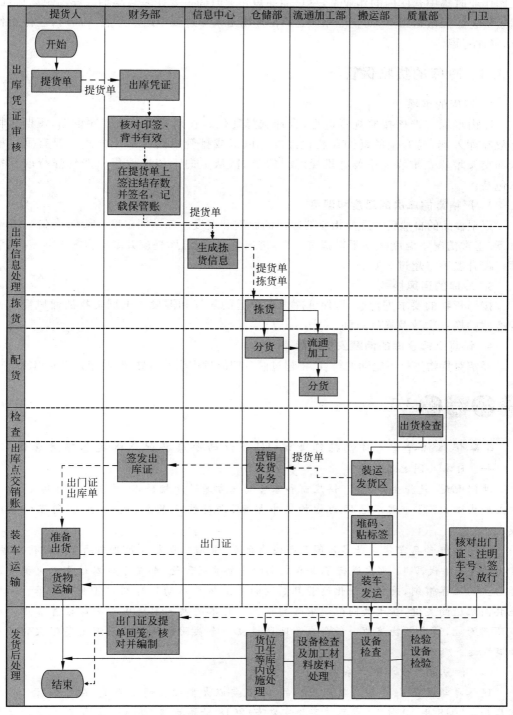

图 3-13 冷库出库作业流程

注：- - - → 为单证流，——→ 为货物流。

为了减少冷耗,冷库出入作业应选择在气温较低的时间进行,如早晨、傍晚、夜间。出入库作业时集中仓库内的作业量,尽可能缩短作业时间。要使装运车辆离库门距离最近,缩短货物露天搬运距离,防止隔车搬运;在货物出入库过程中出现库温升高时,应停止作业,封库降温。

3.3.4 冷库的货物保管

1. 冷库的堆垛

库内堆垛应严格按照规章进行,合理选择货位。长期货物存放在库里端,短期货物存放在库外端,易升温的货物存放在接近冷风口或排管附近。堆垛方式主要有垂直堆垛和交叉堆垛。堆垛完毕要挂堆垛牌。取货时,从上向下依次取货。严禁强行取货扯坏包装。

2. 严格掌握库房的温度和湿度

根据食品的自然属性选择相应的库房的温度和湿度。冻结间温度一般保持在-18 ℃以下,正常情况下温度波动不得超过 1 ℃,进出货时,低温库昼夜升温不得超过 4 ℃,高温库昼夜升温不得超过 3 ℃。

3. 冷库的通风换气

按照货物的要求进行通风,保证库内有合适的氧气和湿度。根据货物的通风需求控制冷库的换气次数及换气时间。

4. 认真掌握仓库的储藏安全期限

经常对货物进行不定期的检查,将超过储藏期的货物应及时处理,遵守先进先出制度。

案例分析 3-3

日本伊藤洋华堂:日均操作量达 10 万件的冷库共配中心是怎样运营的

一、日本共同配送

共同配送,是指生产厂家、供应商和零售商三方通过互相合作,通过共享信息,通过共同配送中心,将同一需求区域的货物集中起来,进行统一装载、运输、配送到点的服务模式。

城市生鲜食品零售在世界各国几乎没有区别,其演化也与零售业态的发展演化同步,20 世纪 80 年代,7-11 首次进行了日本史上的牛奶共同配送,颠覆了日本过去以大批量进货为主的业界惯例,兼顾精细化运营且高效的共配体系推动了日本零售业的变革。而实施共同配送的关键,在于共同配送中心的设立。日本的共同配送中心一般设置在中心城市商圈附近,商家或物流商一般会在各地区设立一个共同配送中心来满足高频次的城市物流配送。

二、伊藤洋华堂共配体系简介

伊藤洋华堂是 7-11 控股集团下的品牌,主要以大型综合超市为主,在日本有 180 多家店铺。2018 年 12 月,世界品牌实验室发布《2018 世界品牌 500 强》榜单,伊藤洋华堂位于第 430 名。

近年来，燃油价格上涨、劳动力不足、人口老龄化等问题，导致日本物流形势越来越严峻，在保证门店物流需求的同时，优化企业物流成本，成为伊藤洋华堂的重要课题。以东京都为例，2014年前，伊藤洋华堂总计有10个物流中心。2015年之后，通过实施共配，将10个物流中心调整为5个共配中心，减少了运输次数，提高了运营效率，优化了物流成本体系。

同时，商场门店每日需求的货物种类较多，尤其是鲜食类货物，其配送需求具备高频率、货量少、温度属性不相同等多种特点。为了保证在物流过程中货物的品质，伊藤洋华堂在全国设置了44个食品共配中心、29个常温百货共配中心，总计73个物流共配中心。

根据温度属性，可以将伊藤洋华堂的共配中心区分为：冷冻共配中心（-18℃以下）、冷藏共配中心（3～8℃）、蔬果共配中心（10℃）、米饭共配中心（20℃）、常温百货共配中心（常温），以便根据不同温区、不同属性的货物进行操作。

三、东京都圈冷冻共配中心

东京都圈冷冻共配中心位于琦玉市，由第一仓库冷藏株式会社建设并投入使用。共配中心总计6层，库内温度为-25℃，总计9 755平方米，库容量可达到15 055吨。目前此栋建筑总计工作人员51人（21名正式员工，30名派遣员工），日均操作量23 800件，最大操作量可以达到日均10万件。此共配中心主要操作商品为冰激凌、寿司食材、冷冻面团等，覆盖东京都圈200家门店配送需求（伊藤洋华堂120家，YMT 80家）。

东京都圈冷冻共配中心是一个典型的自动立体库，具备高层存储、自动存取等功能。尤其是自动分拣系统、自动存取系统、智能化叉车给人印象深刻。

1. 东京都圈冷冻共配中心智能分拣系统

自动分拣系统：主要特点是能连续、大量地给货物分类，基本实现无人操作。与人工分拣相比，自动分拣缩减了分拣时间，提高了分拣效率，同时大幅降低错误和破损情况的发生概率。自共配中心设备投入使用开始，截至目前，还没有出现分拣错误。

自动输送系统：共配中心的自动输送系统主要指托盘式输送机中的链条式输送机，其与共配中心的三层立体库配合使用，减少拣货员移动和寻找过程，极大地提升了拣货效率与准确率。相对于人工拣选，使用自动输送系统，可以节约60%～70%的人力资源。

2. 东京都圈共配中心自动输送系统

智能叉车：共配中心使用的叉车备有智能操作系统，司机在装卸货的同时，输入对应的货物信息，信息载入仓库系统。从卸货开始对货物信息进行记录，提高了人员工作效率。

四、冷库运营的启示

1. 供应链路径的整合将催生以流通仓+共同配送为主要模式的冷链网

相比日本，中国的冷链物流起步较晚，冷链物流市场还处于成长期，冷链共配中心的模式在中国尚未普及。在目前的模式中，中国的加工企业、餐饮企业或零售企业需要在各地寻找不同类型的冷链物流提供商，逐层分销、逐层仓储+运输的运作模式，易导致冷链车辆、仓储资源无法得到有效分配使用，物流成本过高等现象。随着市场竞争日益激烈，中国市场的部分企业已经开始整合上游供应链,而这也会催生以流通仓+共同配送为主要模式的冷链网。

2. 冷库自动化技术的引入,将提高冷库的运营效率

随着我国经济的发展,商业、生产制造企业、连锁超市、零售业等对冷链仓储业务的外包需求逐步增多,加之中小物流企业对仓储租赁的需求,冷库面临巨大的发展空间。同时,中国的人口红利逐渐消失,也导致冷链仓储的成本上涨。目前中国的智能化仓储多运用于烟草、电商等行业,而在食品冷库方面则运用得较少,产业需求的持续增加,必将不断推动冷链仓储的自动化。

资料来源:物流沙龙. https://mp.weixin.qq.com/s/HEMwvXZe3zh-dWjAP4a35A,有改动

3.4 冷库的常规管理

作为冷链上的重要环节,冷库管理必须适应冷链现代化的形势,不断完善冷库的功能,提高冷库的生产效率,确保冷库的作业安全。

3.4.1 冷库使用中应注意的事项

冷库在使用中应注意以下事项。

(1) 冷库应保证清洁、干燥,要责任到人,对库内的冰、霜、水应及时清除,库内严禁带水作业,没有经过冷却的商品不能直接进入冷库。

(2) 冷库因其工作性质,要求保持制冷状态,否则就会造成损失,所以对其制冷系统(压缩机、冷凝器、节流阀、蒸发管)要加强设备的护养管理,保证设备的完好率。同时,因其具有高压、易爆、有毒的特点,要确保安全生产。

(3) 要合理利用冷库的空间,合理设计商品的堆存方式,提高储存能力;商品应分类分区存放,防止相互污染变质。

(4) 冷库要定时通风,对于不同商品,保证合适的温、湿度。

3.4.2 严格的商品出入库制度

在商品出入库时,要认真清点商品的数量、品种,记录商品的生产日期、卫生状况、规格等,合理安排存储位置,先出库的要安排在库门附近以便减少出库时间,防止因开门时间过长,而使库内温度、湿度变化过大。在冷库内,商品要与地面、墙面隔离,防止因结冰使商品粘在地面或墙上,库区及搬运和称量工具要定期消毒,保管人员身体条件要符合卫生、防疫要求。

3.4.3 冷库安全管理

在冷库的日常管理中,由于冷库温度低,为了减少热交换、降低能耗,冷库的开闭有严格的时限,因此容易发生操作工被关到冷库里面的事故。冷库保管人员要严格遵守冷库操作规程,防止冻伤;不能在库内工作时间太长,防止人员缺氧窒息;妥善使用设备,防止碰撞,以免降低保温、隔热性能,甚至造成容器、管道局部开裂、折断、跑氨等

事故。

冷库安全事故很多是工作人员缺乏安全意识、操作不当造成的。因此,冷库单位每年都应组织操作人员进行安全教育和技术培训。

 3-4

冷库经营:不能不说的秘密

近年来,随着消费方式的转变和农业产业化进程的加快,人们对于冷冻、冷藏产品的需求逐渐增多,而这种需求的不断增长也使得冷库越来越不可或缺。但是,冷库规模扩大的同时也引发了一系列问题,例如企业对于冷库数量激增造成的竞争应该如何应对?冷库在日常管理和运营当中又暴露出哪些问题,需要注意些什么?对此,记者采访了资深冷库专家、北京市五环顺通物流中心(以下简称"五环顺通")总经理王青林先生。

一、冷库出现竞争是好事情

随着《农产品冷链物流发展规划》的出台,国内迎来了"冷库热",面对"冷库热"这一短期不会跌停的增长股,王青林分析认为,之所以会出现这种局面,一方面跟国家对食品安全的巨大重视程度有关;另一方面在于一些投资企业看好当前冷链市场的发展,认为冷库需求潜力很大。

其实,对于这一持续热潮,很多业内专家曾表示担心,认为盲目跟风建设会使冷库供大于求,导致恶性竞争。而王青林的观点则与他们不太相同,在他看来,冷库建设是一件好事情,"起码可以推动国家食品安全的发展,可以保障农产品、畜产品、水产品的质量安全"。

至于冷库大量建设可能引起的竞争现象,他也认为很正常。"任何一个行业都会有竞争,没有竞争就没有发展。"他还以五环顺通的情况举例,"我们现在有1万平方米、6万立方的冷库,3万平方米的恒温库房。从一开始就面临竞争的问题,但我认为很正常,下一步我们还会扩大冷库规模。"王青林说。

二、冷库经营需做好服务和管理

虽然王青林认为,冷库企业之间的竞争是很自然的,但相信谁也不愿意在竞争中被淘汰。那如何使得自己的冷库企业在竞争中占有一席之地呢?王青林给出的答案是——做好服务和管理。

"多家国际知名食品企业与五环顺通合作并一直保持良好的关系,就是因为我们在日常的货物管理、门店配送等服务方面做得非常好,并且重要的是,我们会不断根据他们的要求作出调整,直到满足他们的要求。"王青林介绍说。也正是得益于这种"服务至上,不断向客户学习"的企业理念,使得五环顺通的业务不断攀升,基本做到了合作过的客户就不会再选择其他服务商。

其实,做好服务才能挽留客户的道理企业都明白,之所以会出现服务质量的好坏之分,是因为这两者需要的成本代价不一样。"冷库日常运营成本很高,企业必须把成本控制在一定范围内,如果高端的服务质量是建立在高额的运营成本上的话,企业是不会这么做的。"王青林讲道。

如何既将成本控制在合理范围内,又为客户提供高质量的服务呢?用王青林的话说,这要取决于企业的管理水平。"其实这就要求在一些关键环节上下功夫,比如采用节能设备降低能耗,及时维护延长设备使用寿命,合理布局增大库存面积,等等。如果我们把冷库运营相关成本的各项指标都做到最优,那我们的价格才会有竞争力。"王青林笑着告诉记者。

三、冷库说到底是经济问题

当前,我国冷库内储存的还是以肉类、水产品和加工成品为主,农产品长期用冷库存放的情况还比较少见。对此,王青林认为,选择冷库归根到底是经济学问题,如果冷库不能够对产品价值起到提升作用,是不会有人选择使用冷库的。

"前些日子,山东菏泽的大白菜价格才几分钱一斤,根本连冷库的库租都交不起,在这种情况下,宁可让其烂掉或销毁,也没必要在冷库存着了。"王青林说。而那些高端果蔬由于附加值高,季节性供需明显,存放到冷库可有效延长市场周期,从长远看还是能够赚到钱的。

此外,时下有很多冻品生产商由于产量增加,需要更多冷库存储产品,但总是在自建冷库和外租冷库之间徘徊,王青林也把这种情况归为经济问题。

"究竟是自建划算还是租库划算,我觉得要算一笔账。假如一个食品企业前期只有8 000万元资金,只能勉强购买加工设备和用于日常周转,就应该考虑先租库,预留一块地待日后建库。而如果企业资金没问题,又具备冷库专业化的管理经验,从长远角度看,就应及早建库。"王青林最后谈道。

冷链物流作为一项系统工程,在保证食材从生产到消费的各个环节品质稳定、损耗降低方面发挥着重要作用。

资料来源:上海国际博览会.https://mp.weixin.qq.com/s/A7gjuCIVgOQpYSYLNI4h-g,有改动

冷库设计实例分析介绍

一、项目概括

(1) 本项目为服务小城镇农业畜牧养殖需要,适合对各类养殖的猪、羊、禽、兔、水产食品的冷冻冷藏加工生产。

(2) 项目要求食品加工车间配合能形成融屠宰、分割、冻结、冷藏为一体的生产型食品加工企业。

(3) 冷藏库库容量为900吨,层高4.8米,内净面积约860平方米。

(4) 该冷藏库制冷工程应满足肉、禽类(肉鸡)的宰杀、分割、冻结、包装冷藏等生产工艺要求,且冻结间每天加工能力按照14吨设计。

(5) 采用氨作为制冷剂。

二、设计方案确认

(1) 通过冷库生产流程确定冷库设计方案。

（2）经过实际情况分析及论证确定哪些项目需要的冷库有冻结间、冷藏间、预冷间和分割包装间。

三、设计范围

（1）冻结间、冷藏间、预冷间和分割包装间冷负荷的计算。

（2）冷方式的选择；压缩机及中间冷却器、冷凝器、冷却塔、储液器、低压循环桶、排液桶、油分离器、集油器等相关辅助制冷装置的选型以及其在机房、设备间的就位。

（3）单冻机的选型及其布置方式。

（4）分割包装间空调和预冷间预冷机的布置。

（5）冻结间轴流风机和搁架排管的布置方式，冷藏间的排管布置方式，冻结间和冷藏间的气流组织形式和融霜方式。

四、设计依据

1. 气象参数

按照项目所在地及相关制冷规范取值。确定室外计算温度为××℃；室外计算湿度为××℃；夏季最热月室外空气平均相对湿度为××℃。

2. 设计参数

冻结间设计温度：-25℃（冻品出冻温度-17℃）；冷藏间设计温度：-20℃。

五、设计方案对比、论证

1. 冷库建筑平面布置方案

由于本冷库按功能分为冻结间和冷藏间，且两者之间库温要求不一致，所以两者分为两个独立的围护结构体，在使用上方便，建筑热工处理上互不影响，有利于向库温单一化、专业化、自动化发展。

由于本冷库属于小型冷库，冻结间和冷藏间面积都不大，所以不设库内穿堂，只在冻结间和冷藏间之间设常温穿堂。为保证冷库内的环境安全，机房与冷库之间由墙隔开。

2. 制冷供液方案（略）

3. 蒸发回路方案

由于冻结间、冷藏间内外温度差别很大，所以应该分别采用不同的蒸发温度。若采用相同的蒸发温度，则造成浪费。但是虽然蒸发温度不同，冷凝温度却相同，冷凝温度取决于冷却水温度及冷凝器形式，所以两个不同的蒸发温度系统可以选用相同的冷凝温度，共用一套冷凝系统，这样可以简化系统，节省资金，更经济。

4. 设计计算

（1）外墙传热系数的计算：分别计算冻结间、冷藏间等的外墙传热系数。

（2）传热系数的计算：分别计算钢筋混凝土基层、水泥砂浆找平两层、聚氨酯保温板、钢筋混凝土面、冷藏间地坪、冻结间地坪等的相关传热系数。

（3）通风换气热流量的计算。

（4）操作热流量的计算。

（5）冻结间热流量的计算。

（6）货物热流量的计算。

（7）电动机的运转热流量计算。

5. 压缩机的选择

压缩机的选择应符合下列要求。

(1) 氨压缩机应根据各蒸发温度机械负荷的计算值分别选定，不另设备用机。

(2) 选用的活塞式氨压缩机，当冷凝压力与蒸发压力之比大于8时，应采用双级压缩；当冷凝压力与蒸发压力之比小于或等于8时，应采用单级压缩。

(3) 选配氨压缩机时，其制冷量宜大小搭配。

(4) 氨压缩机房内压缩机的系列不宜超过两种。如仅有两台机器，应选用同一系列。

(5) 选用压缩机时，应根据实际使用工况，对压缩机所需功率进行计算，由制造厂选配适宜的电机。

6. 换热设备的选型计算

(1) 冷凝器的选型计算。

(2) 蒸发器的选型计算，蒸发器是制冷装置中直接输出冷量，实现制冷目的的设备，重要而种类繁多，应根据使用目的和条件分别加以选用。对冷却液体载冷剂的蒸发器可以选择卧式、壳管式、立管式、V形管和螺旋管式。冷却空气的蒸发器即冷间冷却设备有各种形式的排管和冷风机。

另外，所选用的冷却设备的使用条件和技术条件应符合现行的氨制冷装置用冷却设备标准的要求。

(1) 冷却间、冻结间和冷却物冷藏间的冷却设备应采用冷风机。可根据不同食品的冻结工艺要求，选用合适的冻结设备，如冻结隧道、平板冻结设备、螺旋式冻结设备、流态式冻结设备等。

(2) 冻结物冷藏间的冷却设备，宜选用空气冷却器。当食品无良好的包装时，也可采用顶排管、墙排管。

(3) 包装间的冷却设备，当室温低于-5℃时应选用排管；当室温高于-5℃时宜采用空气冷却器。包装间、分割肉间等人员较多的冷间，当采用氨直接蒸发式冷却设备时，必须确保人身安全。

7. 辅助设备的选型

(1) 集油器、空气分离器的选型。

(2) 低压循环桶的选型。

(3) 氨泵的选型：氨泵流量的计算、氨泵扬程的计算、高压储液桶的选型、排液桶的选型、油分离器的选型。

(4) 中间冷却器的选型：中间冷却器桶径的计算、蛇形盘管传热面积的计算。

8. 管径的选择计算

(1) 回汽管的选择计算。

(2) 供液管的选择计算。

(3) 低压级排气管的选择计算。

(4) 低压级吸气管的选择计算。

(5) 高压级排气管的选择计算。

(6) 高压级吸气管的选择计算。

(7) 总调节站处的高压液体管的选择计算。

(8) 其他辅助管道管径的确定。

(9) 管道的保温。

总之,凡管道和设备易导致冷损失的部位,可能产生凝结水滴的部位和形成冷桥的部位,均应进行保冷。管道和设备保冷的设计、选材、结构及安全等应按现行国家标准《设备及管道保冷技术通则》(GB/T 11790—1996)及《设备及管道保冷设计导则》(GB/T 15586—1995)执行;过墙体或楼板等处的保冷管道应采取相应的措施,不使保冷结构中断;融霜用热氨管应保温。

资料来源:冷库设计制造安装. https://mp.weixin.qq.com/s/NMvR14CGRFY6BO9PteNmUw,有改动

思考并回答:

1. 冷库设计的需求主要体现在哪些方面?

2. 冷库设计的主要依据是什么?设计方案中选择与确定制冷系统对冷库适用范围有何意义?

【本章小结】

冷库的含义:冷库是用人工制冷的方法让固定的空间达到规定的温度便于储藏物品的建筑物,又称冷藏库,是加工储存产品的场所。冷库能摆脱气候的影响,延长各种产品的储存期限,以调节市场供应。

冷库的组成:冷库主要由库体、制冷系统、冷却系统、控制系统和辅助系统五个部分组成。

冷库的作用:①使易腐产品能较长时间保存;②为农产品、食品加工厂长时间均衡加工创造条件;③供大型副食店、菜场和食堂短期或临时储存食品之用。

冷库的分类:

(1) 按冷库的结构形式分类:土建冷库、装配式冷库、夹套式冷库、覆土冷库、气调冷库。

(2) 按冷库的温度分类:高温冷库、中温冷库、低温冷库、冻结冷库。

(3) 按冷库的使用性质分类:生产性冷库、分配性冷库、零售性冷库。

(4) 按冷库的功能分类:预冷冷藏库、冻结冷藏库、速冻库、储冰库和气调库等。

(5) 按冷库容量的大小分类:大型冷库、大中型冷库、中型冷库和小型冷库。

(6) 按冷库储藏的商品分类:畜肉类冷库、水产品冷库、禽蛋冷库、果蔬冷库、冷饮品冷库、茶叶冷库和花卉冷库等。

冷库建筑的特点:冷库既是仓库又是工厂;冷库在"门、窗、洞"方面有特殊性;冷库需要减少"冷桥"现象;冷库需要有隔热、隔气和防潮结构;冷库需要有放热辐射结构;冷库需要有地坪防冻结构。

冷库的规划与设计管理:冷库的选址;冷库的总体设计;冷库的建筑方案设计;冷库的平面布置;制冷系统的设计与设备选型。

冷库的运作管理:冷库的组织架构和人员配备;冷库的采购管理;冷库的出入库管

理；冷库的货物保管。

冷库的常规管理：冷库使用中应注意的事项；严格的商品出入库制度；冷库安全管理。

第 3 章习题

第 4 章

冷链物流装备管理

4.1　冷链运输装备概述
4.2　冷链运输相关设备管理
4.3　冷链仓储设备管理
4.4　冷链加工与包装设备管理

【本章导航】

本章主要介绍冷链运输的含义,冷链运输装备的产生与发展;冷链运输工具的分类及设备使用;冷链仓储设备的管理;冷链加工与包装设备管理等。

冷链物流行业将进入 3.0 时代

一、冷链物流行业的发展概况

冷链物流泛指冷藏冷冻类食品在生产、储藏、运输、销售,到消费前的各个环节中始终处于规定的低温环境下,以保证食品质量、减少食品损耗的一项系统工程。冷链物流的要求比较高,相应的管理和资金方面的投入也比普通的常温物流要大。冷链物流是随着科学技术的进步、制冷技术的发展而建立起来的。近年来,随着国内互联网及电子商务的发展,果蔬、肉类、乳制品等对冷链物流的需求规模不断增加,行业发展在机遇与挑战中共生。

1. 冷链物流作为重要一环,促进电商业务发展

随着人们生活水平的不断提高,我国城乡居民的粮食及果蔬由直接消费转向间接消费,由消费成品粮向方便主食方向转变。另外,随着人们消费观念的转变,人们外出就餐的比例不断提升,冷冻冷藏食品需求显著提升。果蔬、水产品、速冻食品、奶制品和一些药品及生物制品都需要冷链物流作为运输保障,在我国互联网及电子商务普及发展的背景下,冷链物流作为物流运输发展中的重要一环,其发展前景广阔。

2. 物流市场集中度增加,企业整合扩张发展

中国物流产业目前正处在"物流硬件升级阶段"末期和"物流成本管理时代"初期的发展阶段。

具体来说,随着中国产业结构日益走向规模化和专业化的格局,伴随信息技术的大量应用、电子商务的兴起以及对成本控制要求的提升,物流行业进入整合阶段,从无序走向有序,各种新的业态也开始涌现,如供应链管理、整车零担运输等,也涌现出很多具有很强

竞争力和成长能力的公司。

从资本市场的角度来看,目前大量优秀公司尚未上市,因此某种意义上说,优异的具备非常高成长性的投资标的相对不是很多,因此更多地从行业驱动力来看行业未来的发展趋势以及在现有的公司中发现未来能够突破的公司。

随着我国电子商务的普及化发展,物流运输冷库运输需求量不断攀升。2013—2018年,全国冷库容量不断提升,由2013年的2411万吨增长至2018年的9760万吨,实现年均20%的复合增长率,可见近年冷链物流需求推动容量显著提升。

尽管冷库容量增长迅速,但原有基础规模太小,相比庞大的生鲜运输需求依然显得不足。

冷链物流行业将进入3.0时代,进入2018年以来,冷链市场进一步蜕变,全民冷链需求爆发、基础设施体系日益完善、新技术对产业驱动强劲等,这些都是进入冷链物流3.0时代的印证,行业将迎来蝶变升维的新格局。

二、冷链物流3.0时代主要体现在五个方面的升级

第一,产业环境3.0时代,中央部门和地方政府相继出台多项产业政策并配套财政资金支持冷链行业的发展。

第二,冷链意识3.0时代,政府部门和人民消费意识提升。

第三,技术装备3.0时代,劳动成本越来越高,冷链企业不能一味靠人降低成本,所以自动化、智能化至关重要。

第四,人员管理3.0时代,正确的价值观是企业长远发展的基石,冷链物流企业对员工需要用价值观、正能量引导。

第五,经营理念3.0时代,传统经营理念已经过时,而冷链物流企业需要探索新的经营理念。

2018年,我国生鲜产品(肉类、水产品、禽蛋、牛奶、蔬菜、水果)规模超过13亿吨,达到13.28亿吨,对于冷链物流的需求相当旺盛。但由于种种原因,我国农产品冷链物流发展仍难以满足庞大的需求。

在生鲜网购用户的消费行为中,水果是最受欢迎的品类,32.0%的生鲜网购用户经常购买水果。牛奶乳品和蔬菜分别为第二和第三受欢迎的品类。根据京东运营数据,水果也是其销量最高的品类;此外,海鲜水产、冷冻速食也是京东生鲜的优势品类。

首先,我国物流行业起步较晚,对于农产品的物流认识存在不足,导致农产品物流在整个物流领域中比重不大。2018年我国农产品物流总额达到5万亿元,而同期社会物流总额达到351万亿元,占比仅有1.58%,还有很大提升空间。

其次,冷链物流基础设施建设总体水平不高。例如,我国冷链物流仓储规模就相对有限。尽管过去几年,我国冷链物流发展迅猛,但仓储规模依旧十分有限,与庞大的农产品规模相比差距巨大。2018年,我国冷链物流仓储规模仅为6775万吨。

我国冷链物流产业发展起步较晚,相比于欧、美、日等发达国家和地区来说,整体水平比较低,地区之间的冷链发展也相对不平衡,冷链物流的市场相当分散。2018年中国冷链物流百强企业总收入为352亿元,占全国冷链物流的29.43%。此比例自2013年有所上升,但是目前我国沪深两市还没有以冷链物流运营为主营业务的企业,仅有部分企业在新

三板上市,侧面证明当前冷链企业规模较小。

资料来源:冷链物流产业. https://mp.weixin.qq.com/s/aiRaBv1TXtp5Kd1QIA3vkA,有改动

4.1 冷链运输装备概述

4.1.1 冷链运输装备的概念

1. 冷链运输的概念

冷链运输是指在运输全过程中,无论是装卸搬运、变更运输方式还是更换包装设备等环节,都使所运输货物始终保持一定温度的运输。冷链运输是食品冷链流通的主过程,连接生产与消费之间的桥梁,产与销的纽带,只有通过运输才能将产品从产地运到市场或储藏库内。冷链运输方式可以是公路运输、水路运输、铁路运输、航空运输,也可以是多种运输方式组成的综合运输方式。冷链运输是冷链物流的一个重要环节,冷链运输成本高,而且包含较复杂的移动制冷技术和保温箱制造技术,冷链运输管理包含更多的风险和不确定性。

2. 冷链运输装备的产生与发展

(1) 20 世纪初,已经开始生产冷链运输工具。

(2) 第二次世界大战前铁路运输在易腐货物运输中占主要地位。

(3) 20 世纪 50 年代出现冷藏保温汽车。

(4) 20 世纪 60 年代出现冷藏船舶。

(5) 20 世纪 70 年代有了冷藏集装箱。

目前,运输用冷藏装备主要有公路冷藏车、铁路冷藏车、冷藏集装箱、冷藏船等,为了保证装置正常工作以及运输货物的质量,冷藏装置需满足以下条件:制冷装置要适应运输工具特点,箱体内温度分布应均匀;制冷系统能适应较大负荷变化;箱体的气密性好;箱体要有足够的强度和刚度。冷链物流的构成及主要设备如图 4-1 所示。

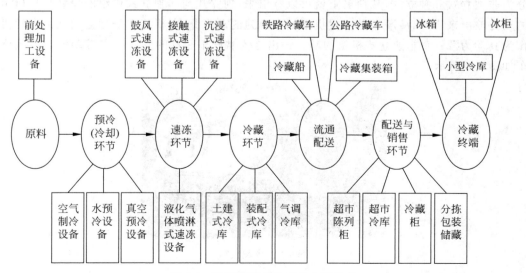

图 4-1 冷链物流的构成及主要设备

4.1.2 冷链运输装备的技术要求及分类

1. 冷链运输装备的技术要求

（1）具有良好的制冷、通风及必要的加热设备，以保证食品运输条件。

（2）运输冷冻、冷却食品的车、箱体应具有良好的隔热性能，以减少外界环境对运输过程条件的"干扰"。

（3）冷链运输的车、船、箱等，应具有一定的通风换气设备，并配备一定的装卸器具，以实现合理装卸，保证良好的储运环境。

（4）冷链运输设备应配有可靠、准确且方便操作的检测、监视、记录设备，并进行故障预报和事故报警。

（5）冷链运输设备应具有承重大、有效容积大、自重小的特点，以及良好的适用性。

2. 冷链运输装备的分类

1) 公路运输

概念：公路运输是交通运输系统的组成部分之一，是在公路上运送旅客和货物的运输方式。公路运输在时间方面的机动性也比较大，车辆可随时调度、装运，各环节之间的衔接时间较短。公路运输与铁、水、航运输方式相比，所需固定设施简单，车辆购置费用一般也比较低，因此，投资兴办容易，投资回收期短。

适用领域：近距离、小批量。

优点：机动灵活，适应性强；实现"门到门"；在中、短途运输中，运送速度较快；原始投资少，资金周转快；掌握车辆驾驶技术较易。

缺点：运量较小，运输成本较高；运行持续性较差；安全性较低，环境污染较大。

公路运输工具的分类：

（1）冷藏汽车。冷藏汽车是指具有能保持一定低温的货厢、用于载运需要保持低温或易腐货物的专用汽车。货厢能密闭，厢壁为双层结构，以保持低温。冷藏汽车制冷机组分为非独立式和独立式，从命名上就可以看出来，独立式与非独立式机组的命名是从机组的动力输出来讲的，冷藏车独立式机组拥有单独的动力源，即机组本身独立的柴油发动机作为其动力源；而非独立式机组的动力输出是依靠汽车底盘的发动机来带动的。冷藏汽车如图4-2所示。

图4-2 冷藏汽车

（2）拖车。拖头牵引的制冷拖车是另外一种运输方式，与安装在卡车上的独立式机组相似，安装在拖车车厢上的拖车机组尺寸更大，适用于需要更大制冷量的拖车厢体。拖车的制冷机组安装在箱体的前端，调节的空气通过拖车厢内顶部的风槽将冷空气送到车厢的各个部位并最终在压差的作用下回到制冷机组。跟卡车机组一样，拖车机组中的顶部送风系统通常不能对货物进行快速降温，因此承运人要确保在装货前将货物预冷到货物所需的合适温度。拖车如图4-3所示。

（3）冷藏集装箱。冷藏集装箱是一种具有良好隔热、气密性能，且能维持一定低温要求，适用于各类易腐食品的运送、储存的特殊集装箱。它是专为运输要求保持一定温度的冷冻货或低温货而设计的集装箱。它分为带有冷冻机的内藏式机械冷藏集装箱和没有冷冻机的外置式机械冷藏集装箱。适合装载肉类、水果等货物。冷藏集装箱造价较高，营运费用较高，使用中应注意冷冻装置的技术状态及箱内货物所需的温度。冷藏集装箱如图4-4所示。

图4-3　拖车

图4-4　冷藏集装箱

2）铁路运输

概念：铁路运输指使用铁路列车运送客货的一种运输方式。

适用领域：长距离、大批量、低价值、负担能力小。

优点：运输能力大（一列运3 000～5 000吨）；不受重量和容积的限制；受气候和自然条件的影响较小；车速较快，仅次于航空，能方便地实现驮背运输、集装箱运输和多式联运。

缺点：固定成本高（钢材、木材）；运输时间长（列车编组、解体和中转改编）；货损率比较高（多次装卸搬运）；不能实现"门到门"运输。

铁路运输工具的分类：

（1）铁路冷藏火车车厢。铁路冷藏火车车厢一般采用集成的自带动力制冷机组。其送风系统和拖车的送风系统类似，制冷系统将冷空气送到车厢的顶部，冷空气流经货物，从车厢底部返回。与集装箱类似，只要货物的堆放合理，满足气流布局要求，一般都可以长距离运输。通常用来运输不易腐蚀的货物，如柑橘、洋葱和胡萝卜等。一般车厢都要求很好的气密性，满足气调的要求。铁路运输方式具有大容量的特点，一般最多可运输113

立方米、45吨的货物。铁路冷藏火车车厢如图4-5所示。

图4-5　铁路冷藏火车车厢

（2）铁路冷藏集装箱。拖车以及标准的冷藏集装箱都可以被用作铁路冷藏运输,一种特殊的拖车,被设计成能与火车底盘相匹配,也可通过铁路运输,然后采用标准的公路拖头将拖车拖至最终目的地,这些拖车采用与公路应用一样的制冷机组,经常采用空气悬挂系统。铁路冷藏集装箱如图4-6所示。

图4-6　铁路冷藏集装箱

3）水运

概念：水运是指利用船舶和其他浮运工具在江河、湖泊、水库等天然或人工水道和海洋上运送旅客与货物的一种运输方式。

适用领域：低成本、大批量、长距离。

优点：运输能力大；运输成本低；航道投资省；可以运送不易运输的超重、超长、超高的物资。

缺点：航行速度慢；不够灵活,运输的连续性较差。

水路运输工具的分类：

（1）冷藏集装箱。冷藏集装箱依靠电力驱动压缩机,其电力由船上的发电机或者便携式发电机提供。集装箱到达码头之后,被转运到底盘上,这些底盘一般都装有发电机组。这样,装在底盘上的冷藏集装箱就可以像拖车一样,由拖头牵引,在陆路继续运输。冷藏集装箱如图4-7所示。

图 4-7 冷藏集装箱

（2）冷藏船。冷藏船是指利用低温运输易腐货物的船只。冷藏船主要用于渔业，尤其是远洋渔业。远洋渔业的作业时间很长，有时长达半年以上，必须用冷藏船将捕获物及时冷冻加工和冷藏。此外，由海路运输易腐食品必须用冷藏船。冷藏船运输是所有运输方式中成本最低的冷藏运输方式，但是在过去，由于冷藏船运输的速度最慢，而且受气候影响，运输时间长，装卸很麻烦，因而使用受到限制。现在随着冷藏船技术性能的提高，船速加快，运输批量加大，装卸集装箱化，冷藏船运输量逐年增加，从而成为国际易腐食品贸易中主要的运输工具。

冷藏船的货舱为冷藏舱，常隔成若干个舱室。每个舱室是一个独立的、封闭的装货空间。舱壁、舱门均为气密，并覆盖有泡沫塑料、铝板聚合物等隔热材料，使相邻舱室互不导热，以满足不同货种对温度的不同要求。冷藏舱的上下层甲板之间或甲板和舱底之间的高度较其他货船的小，以防货物堆积过高而压坏下层货物。冷藏船如图 4-8 所示。

图 4-8 冷藏船

4）空运

概念：空运是利用飞机或其他航空器在空中运送低温保鲜货物的一种输送方式。

适用领域：对生鲜农产品（果蔬、肉禽蛋、鲜活水产品、鲜花、恒温加工食品）及医药生物用品等进行快捷高效、小批量、长距离的运输。

优点：运送速度快；适用于运费承担能力大的商品和需要中、长距离运输的商品；包装简单；破损少；舒适安全、机动性大。

缺点：运费偏高；受重量限制；受气候影响较大；可达性差。

航空运输工具的分类如下。

（1）冷藏集装器。当采用空运时，为了适合飞机某些位置的特殊形状，需要将货品装入集装器（ULD，又称航空集装箱）。一般的冷藏集装器采用干冰作为冷媒，但是干冰作为冷媒具有一定的局限性：控温精度不高；没有加热功能；需要特殊的加冰基站等。冷藏集装器如图 4-9 所示。

图 4-9　冷藏集装器

（2）新型 RKNe1 系列温控集装箱。近来 Envirotainer 公司推出的新型 RKNe1 系列航空温控集装箱解决了航空快运的问题，它采用机械压缩式制冷方式，使用英格索兰公司冷王（Thermo King）品牌的 AIR 100 制冷机组。新型 RKNe1 系列温控集装箱如图 4-10 所示。该航空温控集装箱主要应用于一些特殊的温控运输，如疫苗以及对温度敏感的药品（蛋白质类药物）等，其温度控制范围一般在 2～8 ℃，这些货品都具有很高的附加值。

图 4-10　新型 RKNe1 系列温控集装箱

冷链运输市场崛起，三大趋势加码冷链物流

近几年国内冷链运输市场发展迅猛，在迅速发展的冷链运输专业市场中，以电商平台、快递公司和初创企业为代表的企业陆续加码冷链运输。企业并购非常活跃，成交额日渐高涨。

2018年，国内冷链运输专业市场并购交易金额达到87亿元。但与此同时，政府部门对冷链运输服务行业不断完善管控，严格要求执行国家行业标准，对冷链运输公司明确提出了许多挑战。

国内冷链运输服务行业正面临城配专业市场迅速崛起、技术应用不断升级、平台模式日趋成熟三个主要的发展趋势。

一、城配专业市场迅速崛起

传统知名品牌企业、连锁店零售业/餐饮业对冷链运输的市场需求不断增多，以生鲜电商为代表性的增量用户也持续增长。

在市场需求驱动下，城配市场发展快速，年复合增长率保持20%，高过仓储服务的15%及干线运输10%的年复合增长率。预计2022年城配市场规模将达到1 800亿元，占整体冷链运输市场约40%。

与此同时，鉴于城配专业市场服务存在城市冷库资源量有限、交付复杂等较高门槛，其营利性相对较高，现在市场利润率达到8%~10%，亦高过冷链仓储服务的5%~8%及干线运输2%~5%的利润率。

二、技术应用不断升级

冷链运输技术涉及仓内运营管理技术、物流运输科技以及管理增效科技，它们已普遍被物流行业应用于实际生产，并连续不断向互联网大数据、AI（人工智能）大方向发展。

仓内运营管理技术的关键是电子自动识别技术、人工智能技术及机械自动化技术。

典型的仓内搬运机器人已在以电商平台为代表的冷库中有较多应用，它能有效地提高仓库管理效率并减少成本。将来随着人工智能的深入发展，无人化将进一步发展。

物流运输科技则基于物联网技术。其在温度监测、智能电子栅栏门等全过程监控及安全管理措施中多有应用，关键实际效果取决于运输管理效率及运输监控标准。

随着冷链运输机器设备越来越广泛地接入物流网，其将在远程操作、实时控制方向落地并大量应用。

管理增效科技主要基于电子化软件技术，如OMS（订单管理系统）、WMS（仓库管理系统）、TMS（运输管理系统）系统。近年来随着移动互联网技术的发展，对原来分散型管理的部分环节进行统筹管理已成为可能。

这些技术对整体管理效率提升、成本管控都有裨益。将来随着互联网大数据及人工智能技术的发展应用，线路优化、订单整合等功能将不断加强，这些技术在规模化企业的应用有望广泛推进，助力企业经营管理效率更上一层楼。

三、平台模式日趋成熟

效仿其他行业撮合/统筹类平台的成功实践，平台模式在冷链行业也出类拔萃，且不断地探求巧用社会资源的方式。

现在，应用平台有两种模式：一是平台为供需双方提供交易撮合收取服务费；二是统筹冷链资源，统一提供服务，收取服务费。

其他平台往往还提供相关增值服务，如金融业等增值服务，并收取额外费用。因此，平台模式纳入社会第三方的冷链运输资源，可以扩展企业对客户的服务范围及服务深度。

资料来源：生命科学冷链联盟. https://mp.weixin.qq.com/s/2QILauy4OANX-k91trrvWQ，有改动

4.2 冷链运输相关设备管理

4.2.1 冷链运输相关设备的基本构成

冷链运输相关设备主要包括如下几类。

(1) 冷链物流运输或配送的低温/恒温集装箱、保温箱、周转箱等。

(2) 冷链运输冰袋、各类保温薄膜。

(3) 温/湿度记录仪。

4.2.2 常用冷链设备的使用

1. 冷链专用箱

冷链专用箱根据温度可以分为不同种类,不同种类适用于不同商品:−15~−5 ℃,主要用于低温冷冻食品的运输;0~10 ℃,主要用于生物制品的运输;0~20 ℃,主要用于恒定温定保温食品的运输。冷链专用箱如图 4-11 所示。

2. 冷链运输冰袋

冷链运输冰袋是一种采用新技术生产的保冷、保鲜产品。冷链运输冰袋如图 4-12 所示。

图 4-11 冷链专用箱

图 4-12 冷链运输冰袋

1) 适用

水产行业:蟹、虾、活鱼、海胆等;生物制品行业:禽用疫苗、兽用疫苗、生物药品、针剂疫苗和血浆等的低温运输;可以冰镇饮料;亦可用冰袋降温。

2) 使用方法

将冷链运输冰袋放入冷冻室内充分预冷 12 小时后,根据需要可作为冷冻介质使用。

3) 优点

(1) 冷链运输冰袋冷容量高,其冷源释放均匀且缓慢(释冷速度比冰块慢 3~5 倍),具有保冷时效性强的特点。

(2) 冷链运输冰袋无水渍污染。冰块在释冷时会产生水渍,容易使货物受潮而影响质量,而冷链运输冰袋不会产生水渍,所以在航空货运中得到广泛使用。

(3) 冷链运输冰袋可重复使用,节省成本。

(4) 冷链运输冰袋是内容物为无毒、无味(但不可食用)的环保产品。用高新技术生物材料配制而成,富有一定弹性。

(5) 冷链运输冰袋可以重复使用,冷热双用,最低可以被冷冻到－190 ℃,最高可以被加热到200 ℃,可以任意地切割尺寸。

3. 干冰式冷藏箱

干冰式冷藏箱通过智能化的干冰释放控制技术来控制货舱温度,不仅有效实现温度精准控制,亦可更长时间地保持温度。

1) 优点

绿色环保、无毒、无腐蚀、无污染、安全可靠、保温性能优良、高效节能、制冷量大、降温速度快、最低温度可达－50 ℃。

2) 应用

可用于疫苗、血液、生物制剂、珍贵药材、高档食品、组织样本等要求保鲜效果高的一切需冷冻物品,是温度敏感型货物小批量、多批次的最佳货运载体。

4. 温/湿度记录仪

(1) 冷链温度记录仪。冷链温度记录仪:是能够自动记录温度数据的电子仪器。类似于飞机的黑匣子,全程自动跟踪记录冷藏车、集装箱、冷库内温度变化情况。将运输过程中的温度数据记录存储在记录仪中。当运输蔬菜、水果、奶制品、冷冻食品、药品、敏感电子材料等到达目的地后,司机或工作人员将冷藏运输温度记录仪取出与笔记本或台式机相连,通过专用的数据记录仪软件将数据导出,在电脑上分析路途运输过程中的每时刻温度数据及整个过程中的最大值、最小值、平均值、曲线趋势、报警信息等。

(2) 冷链湿度记录仪。冷链湿度记录仪是温/湿度测量仪器中温/湿度计中的一种。其具有内置湿度传感器或可连接外部湿度传感器测量湿度的功能。其工作原理与上述温度记录仪相近。

 4-2

冷链运输的新技术与新趋势

1. 太阳能制冷技术

炎热的夏日,在太阳的烘烤下,冷链运输中冷藏车厢内的温度很容易快速升高,从而需要频频制冷,增加制冷能源消耗。但是,我们知道热量本身就是一种能源,能否将太阳能作为冷藏车制冷的辅助能源呢?利用太阳能带动制冷系统工作是一个值得研究的课题。太阳能制冷既可以降低车外温度,减少制冷能源消耗,又可以把太阳能转变成制冷的能源,实现循环经济、节能降耗。

2. 信息技术让药品冷链运输不"断链"

全程冷链是疫苗等冷藏药品质量安全的重要保证,无论是生产、出厂、运输、储存还是终端都需要冷链保障。不能"断链",是冷链物流最基本的原则,否则可能导致疫苗失效,影响群众生命安全。

药品在流通领域出了质量问题,追根溯源是非常困难的。现阶段不是所有从事冷链物流的企业都能提供温度监测和控制记录,一旦某个物流环节"断链",很难调查出究竟是哪个环节出现了问题。

为了对药品等进行全程实时温控,可利用 RFID 技术监控和管理食品药品等高附加值产品,药品出库时在冷藏箱中放置带有温度传感器的 RFID 标签,把货物信息包括药品温度实时地储存在 RFID 芯片中。货物到达后通过手持型读写器批量读取货物及温度信息,可以实现全程的温度信息瞬间获取,降低人工成本及出错率。

RFID 温度标签技术还可以与 GPS 技术、冷链信息系统相融合,运输过程中货物温度记录数据读取之后将自动上传至温控数据信息平台,客户可以随时上网下载与之相对应的记录数据,从而实现货物在途信息查询、实时温度监控和地理位置跟踪,这将填补冷链运输环节温控的空白。

如果监控系统配置嵌入式打印机,当冷链药品到达目的地时,可方便地将历史数据现场打印出来并进行签字验收,实现客户对运输过程冷链情况的监督。

据悉,利用 RFID 技术追踪冷链运输在国外也得到了很多应用。

3. 港口冷链运输安全解决方案

冷链运输时的环境特别是温度等信息,关系到药品的品质,受到消费者、生产企业和政府监管部门的共同关心。现有冷链运输无法实时监控温度,导致不能及时解决在运输过程中因环境温度变化出现的问题,不能保证医药冷链运输药品的质量。

如果借助先进的 RFID 无线通信技术、GPS 技术以及丰富的海关集装箱监控系统实施经验,将温度监测仪安装在冷链运输的车厢中,唯一 ID(身份标识)号与车牌号进行绑定,监测冷柜温度,并实时通过 GPRS 网络上传数据,能够解决传统人工监管手段的不足,有助于保障冷链运输货物流通的可靠性。

据报道,江苏省邮政速递使用"云镖局"平台,通过安全智能锁、冷链车温度监测仪等设备,向药品生产企业提供高效安全的医药冷链物流运输信息服务。

4. 干冰在冷链运输中的应用

由于干冰价格低廉、性能可靠、使用方便,因此被广泛应用到疫苗、血液制品以及保鲜食品等对温度敏感的货物的冷链运输过程中,冷链干冰特别适合药物研发公司、医院临床实验室、医科学院研究中心、生物制药企业。

在运输医用制品时,首先做好专业的隔热保温包装,并能安全地处理干冰及冷冻生物样品的包装,保证运输过程中的温度要求,如蔬菜花卉等鲜活品、冰激凌等速冻食品、各类针剂等医药用品等。这些货物在运输过程中对温度要求极其严格,如果路途遥远,运输时间比较长久,应该为运输物品补充干冰和替换包装、制冷剂,也可以一次多放些袋装干冰,免去途中添加干冰的麻烦,以防路途中损耗完。运输临床标本,如细胞、血样、血清、尿样、DNA、RNA、痰液、基因、肌肉组织切片、骨节植物标本、蛋白质等必须保证运输途中有足够多的干冰维持冷冻状态。如果有条件,最好能提供温度记录器,监控全程的温度及湿度状况。

5. 低温冷链运输冰箱

药品低温冷链运输冰箱由制冷系统、控制系统、空气循环系统和传感器系统等组成。

药品低温冷链运输冰箱放入物品前,通过控制面板设置温度,制冷系统工作,空气循环系统保持箱内空气流动,温度传感器检测箱内温度,到达设定温度时,控制系统保持箱内温度。

6. 物联网技术促进冷链运输技术升级

物联网技术在物流环节的有效渗入,将使冷链物流得到更加有效的监控,提高疫苗等生物制品以及鲜切花、蔬菜等农产品在运输环节的质量保障。

据报道,某公司借助经过特殊封装、内置温度传感器以及RFID芯片的电子标签,使药品在冷链运输的过程中,每隔一段时间,都会将温度传感器感知的温度变化情况转化为电子信号,被RFID芯片感应并记录。从而让运动中的疫苗有了一个"记事本"。并可以与全球定位系统连接,将电子标签记录到的信息及时传输给厂家和客户。这就是利用物联网技术推动的冷链运输技术升级。

资料来源:王继祥. https://mp.weixin.qq.com/s/0dzkqRLAEUdYnsf9Y5QifQ,有改动

4.3 冷链仓储设备管理

4.3.1 冷链仓储概述

1. 仓储设备的概念

仓储设备是指能够满足储藏和保管物品需要的技术装置与机具,其并非仅指有房屋、有锁的门等外在表征的设备,具体可分为装卸搬运设备和保管设备、计量设备、养护检验设备、通风照明设备、消防安全设备、劳动防护设备以及其他用途设备和工具等。

2. 冷链仓储的含义

冷链仓储一般用于生鲜农产品、保鲜食品类,通过冷藏/冻库对物品进行储存和保管。它是指产品生产、流通过程中因订单前置或市场预测前置而使产品暂时存放。它是连接生产、供应、销售的中转站,对提高生产的效率起着重要的辅助作用。

4.3.2 冷链仓储设备种类

1. 冷链储存设备

经营冷藏、冷冻药品的,应当配备以下设施设备。

(1) 与其经营规模和品种相适应的冷库,经营疫苗的应当配备两个以上独立冷库。

(2) 用于冷库温度自动监测、显示、记录、调控、报警的设备。

(3) 冷库制冷设备的备用发电机组或双回路供电系统。

(4) 对有特殊低温要求的药品,应当配备符合其储存要求的设施设备。

2. 冷链仓储设备

1) 冷链仓储设备——冷库制冷机组

制冷机组:

(1) 两组(一用一备)。

(2) 切换(手动自动)。

动力系统：

(1) 备用发电机组。

(2) 双回路供电系统。

2) 冷链仓储设备——备用发电机组

(1) 能保证冷库的正常运行，包括温度监控和报警。

(2) 输出≤80%的设计功率。

(3) 切换启动，手动自动。

(4) 日常维护，定期运行。

3) 冷链储存设备——冷库温度调控

(1) 自动调控温度能力。制冷降温；保温防冻。

(2) 监控报警。高低温报警、断电报警、故障报警；冷库现场和远程值班室同步声光报警；中央监控器屏幕报警；手机短信报警。

4) 冷链仓储设备——冷库温度监测

(1) 温度监测。自动、连续采集、处理和记录；超温报警；数据按日保存备份；监测数据不可更改；独立、安全运行；测点终端安装合理。

(2) 监测报警。就地或指定位置声光报警；短信报警；计算机报警记录。

4.3.3 冷链仓库管理制度

(1) 冷库的使用，应按设计要求，充分发挥冷藏能力，确保安全生产和产品质量及公司效益。养护好冷库建筑结构。

(2) 库内排管要及时扫霜，责任落实到人，每一个库门、每一件设备工具都要有人负责。

(3) 冷库内严禁多水性作业。

(4) 要严格管理冷库门，商品出入库时，要随时关门，库门如有损坏要及时维修，做到开启灵活，关闭严密，防止跑冷，凡接触外界空气的门均设置风幕，减少冷热对流。

(5) 库房必须按设计规定用途使用。

(6) 空库时库房应保持在零点以下温度，避免库内受潮。

(7) 货物不准在地坪上摔击，以免砸坏地坪，破坏隔热层。

(8) 货物推车不准超过设计负荷。

(9) 冷库地下自然通风道应保持畅通，不得积水、有霜、堵塞。

(10) 冷库必须合理利用仓容，不断总结、改进商品堆垛方法，安全、合理安排货位和堆垛高度，提高冷库利用率，堆垛要牢固整齐，便于盘点检查进出库。库内货位堆垛要求距顶排管下侧0.4米，距墙0.2米。

(11) 库房要留有合理的走道，便于库内操作、车辆通过、设备检修，保证安全。

(12) 商品进出库及库内操作要防止运输工具和商品碰撞库门、闸子、墙壁和制冷系统管道等，在容易碰撞之处应加装防护装置。

(13) 库内机器线路要经常维修，防止漏电，出库房要随手关灯。

店面制冷设备如何稳定运行

一、干净存储更新鲜

通常来说,冷柜只能低温藏鲜,没有消毒作用。因此将食物放入冷柜前应确保食物的新鲜和干净,避免污染储存在冷柜中的其他食品。

二、分层存放免污染

将不同的食物分门别类放在适宜的温度环境中,可以防止交叉污染。例如,可直接入口的食物应放在冷冻室的上层,而冻鱼冻肉放在下层,冷藏室则正好相反。

三、单独包装少化霜

放入冷柜里的食品都应单独包装,其作用是防止食品冷冻干燥、串味、相互污染,还可减少化霜次数。同时冻鱼冻肉应按一次食用量的大小包装,防止大块食品多次解冻而影响其营养价值及鲜味,同时也可省电。

四、定期融冰勤擦洗

除自动除霜冷柜外,普通冷柜要定期融冰和擦洗,最好用二氧化氯消毒剂擦洗。这种消毒剂不会产生有毒的卤代烃类化合物,同时还能除去冷柜内的异味。

冷柜结霜是困扰大家的一个重要问题,那么当冷柜结霜的时候我们为什么要进行除霜呢?

冷柜进行制冷的时候,里面的水分就会蒸发然后凝结成霜,而且这层霜会附着在蒸发器表面阻碍热交换,最终影响制冷效果,而且霜层越厚制冷效果越差。

霜层如果越来越厚还会影响到压缩机开停次数和增加运转时间,导致耗电量越来越大。所以说当蒸发器上的霜层厚度大于5毫米的时候我们就要及时除霜,冷柜除霜后能大大延长使用寿命。

五、冷柜主要的除霜方式

(1) 关闭冷柜自然化霜。将冷柜的电源断掉,接着默默等待霜化,由于冷柜有一定的保温效果,所以霜化的时间有些长,须耐心等待。

(2) 使用开水融冰。把开水放置在一个容器里,然后关闭冷柜,通过慢慢地增加热量来融化冰霜。

(3) 使用热毛巾贴敷。将热毛巾敷在冰霜上,能够快速使冰层脱落,可以配合软木铲轻轻铲去剩余的冰霜。

(4) 使用塑料薄膜。在冷柜内壁上贴上一层塑料薄膜,在除冰的时候只需揭下薄膜即可。

(5) 金属饭盒除霜。将金属饭盒或者传热较快的器皿放满开水,放在冷柜里面,关门。20~30分钟更换一次水,直到大部分冰霜脱落或者融化。

资料来源:易同人冷柜.https://mp.weixin.qq.com/s/LJ8G1FS08yU0_zPOoP1eqA,有改动

4.4 冷链加工与包装设备管理

4.4.1 冷链包装的概念及分类

1. 冷链包装的概念

包装是指采用适当的包装材料、容器和包装技术,把商品包裹起来,以使商品在运输和储藏过程中保持其价值与原有的状态。包装是否科学合理会影响商品的质量可靠性及能否以完美的状态传达到消费者手中,包装的设计和装帧水平直接影响商品本身的市场竞争力乃至品牌、企业的形象。

据了解,冷链物流的包装与普通包装相比有一些比较特殊的要求:包装容器耐低温性能优越,很多产品要求在-18 ℃的环境下运输储存,更有些肉制品以及药品需要在-35 ℃的深冷库储存,普通材质无法耐受;食品级材料要求,因为有些包装需要直接接触或者间接接触食品与药品,所以对包装容器的材质要求也比较严格,一般要求达到食品级;部分容器为网目型,以利于空气流通、生鲜品呼吸作用顺利进行等。近年来,我国在冷链物流包装方面虽然不断改进,并取得长足的进步,但还存在不少问题:包装的破损问题有待改进,每年因此造成的产品损失巨大;一些不法商贩利用包装制假扰乱市场,造成严重的资源浪费;我国传统的商品包装式样单调,只注重保护商品,忽视了宣传美化商品的作用。

2. 冷链包装的分类

1) 按包装在流通中的作用分类

按包装在流通中的作用可将包装分为以下两类。

(1) 运输包装。运输包装是指用于安全运输、保护商品的较大单元的包装形式,又称外包装或大包装。

(2) 销售包装。销售包装的特点一般是包装件小,对包装的技术要求是美观、安全、卫生、新颖,易于携带,印刷装潢要求较高。

2) 按包装的材料分类

按包装的材料,包装有以下几种分类。

(1) 纸制包装。

(2) 木制包装。

(3) 金属包装。

(4) 塑料包装。

(5) 玻璃与陶瓷包装。

(6) 纤维织品包装。

(7) 复合材料包装。

(8) 其他材料包装。

4.4.2 冷链包装材料要求及典型包装容器

1. 冷链包装材料的要求

冷冻条件下,包装材料的性能同常温下的性能有很大的不同,因此正确选用合适的包装材料就成为冷藏和冷冻包装取得良好包装效果的重要一环。用于冷冻食品的包装材料需耐低温、耐高温、具气密性、耐油、能印刷等。因冷冻商品一般要经过冷却、冻结、冻藏、解冻等程序,所以包装材料必须具备以下特点。

(1) 耐温性。最能耐低温的是铝箔纸,在 $-30\ ℃$ 还能维持柔软性。塑料一般在 $-30\ ℃$ 还能维持柔软性,但遇超低温加液氮 $-196\ ℃$,则材料要脆化。耐高温件一般以能耐 $100\ ℃$ 沸水 30 分钟就可。

(2) 透气性。商品包装有充气包装和真空包装两类。这两类包装必须采用透气性低的材料,因为低透气性材料能保持特殊香气及防止干燥。包装材料经长期储藏或流通,材料会老化,为防止老化,可在材料中加防氧化剂或紫外线吸收剂,一般仅加防氧化剂。

(3) 耐水性。包装材料需能防止水分渗透。但不透水的包装材料容易由于环境温度的改变,在材料上凝结雾珠,使透明度降低,故使用这种材料时还须环境温度配合。

(4) 耐光性。放在冷藏陈列柜内的包装食品受荧光灯照射后,材料的色彩会恶化,色彩的恶化会使商品价值下降,故包装材料及印刷颜料必须耐光。冷冻食品常用包装材料包括薄膜类、塑料类和纸类。

2. 典型的包装容器

1) 包装袋及其种类

包装袋属于软包装技术,其所采用的挠性材料具有较高的韧性、拉伸强度和耐磨性。包装袋能够适用于多种产品的运输包装、商业包装、内包装和外包装,用途较为广泛。

(1) 集装袋。一种大容积的运输包装袋,盛装重量在 1 吨以上。集装袋的顶部一般装有金属吊架或吊环等,便于铲车或起重机的吊装、搬运。卸货时可打开袋底的卸货孔,即行卸货,非常方便。适于装运颗粒状、粉状的物品。集装袋一般多用聚丙烯、聚乙烯等聚酯纤维纺织而成。由于集装袋装卸物品、搬运都很方便,装卸效率明显提高,近年来发展很快。

(2) 一般运输包装袋。盛装重量在 0.5~100 千克范围的包装袋,大部分是由植物纤维或合成树脂纤维纺织而成的织物袋,或者由几层挠性材料构成的多层材料包装袋。例如麻袋、草袋、水泥袋等,主要包装粉状、粒状和个体小的物品。

(3) 普通包装袋。盛装重量较少的包装袋,通常用单层材料或双层材料制成。对某些具有特殊要求的包装袋也有用多层不同材料复合而成的。包装范围较广,液状、粉状、块状和异形物等都可采用这种包装。

上述几种包装袋中,集装袋适于运输包装,一般运输包装袋适于外包装及运输包装,小型包装袋适于内装、个装及商业包装。

2) 包装盒、罐

包装盒、罐是介于刚性包装和柔性包装之间的包装技术,其包装材料具有一定的挠性和抗压强度。

(1) 纸盒、罐。纸盒、罐结构造型多变,是纸包装容器中重要的一种。

(2) 金属盒、罐。金属盒、罐类容器装量较少,刚性一般,外观多种,多用于食品、药品和香烟的包装。

(3) 塑料盒、罐。塑料盒、罐类容器是指塑料材质的广口销售包装容器,有塑料盒、杯、盘、罐等包装形式。

3) 包装箱

包装箱是刚性包装技术中的重要一类,其包装材料为刚性或半刚性材料,有较高强度且不易变形。包装箱容装量较大,适合做运输包装和外包装。

(1) 瓦楞纸箱。瓦楞纸箱是用瓦楞纸板制成的刚性纸质容器,以其优越的使用性能和良好的加工性能普遍地应用于运输包装。瓦楞纸箱如图 4-13 所示。

(2) 塑料周转箱。塑料周转箱是一种适合长期重复使用的运输包装,包括矩形、方形、梯形和其他形状,一般为敞开品式,另设箱盖。根据需要箱内可设置隔板,箱壁采用加强筋加强。塑料周转箱主要用于食品、饮料、啤酒等瓶装和袋装产品或车间内半成品和零部件的短途周转运输。塑料周转箱如图 4-14 所示。

图 4-13 瓦楞纸箱

图 4-14 塑料周转箱

(3) 包装桶。包装桶是材料强度高、整体抗变能力强、容装量较大的刚性包装容器,在物流过程中常被用作运输包装或外包装。

4.4.3 常见的包装机械设备

1. 填充机械

1) 容积式充填机

容积式充填机是将精确容积的物料装进每一个容器,而不考虑物料密度或重量,常用于那些比重相对不变的物料,或用于那些体积要求比质量要求更重要的物料。根据计量原理不同有固定量杯式、螺杆式、计量泵式等多种。我们重点介绍固定量杯式充填机。固定量杯式充填机的定量装置,如图 4-15 所示。

2) 连续式称量充填机

连续式称量充填机是应用连续称量检测和自动调节技术,确保在连续运转的输送机上得到稳定的质量流率,然后进行等分截取,以得到各个相同的定量。连续式称量充填机如图 4-16 所示。

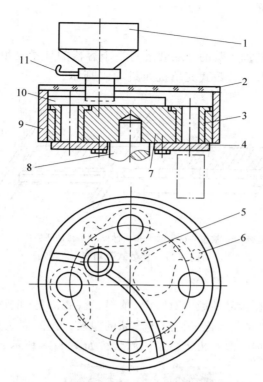

1—料斗；2—外罩；3—量杯；4—活门底盖；5—闭合圆销；6—开启圆销；7—圆盘；8—转盘主轴；9—壳体；10—刮板；11—下料闸门

图 4-15　固定量杯式充填机的定量装置

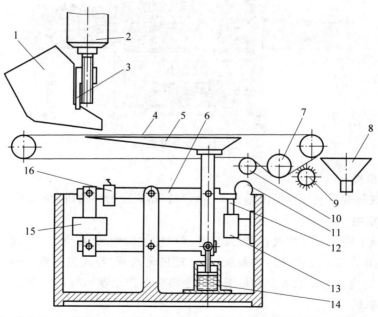

1—料斗；2—电动机；3—闸门；4—输送带；5—秤盘；6—主秤杆；7—张紧轮；8—秤斗；9—刷轮；10—导轮；11—弹簧；12—变压器铁芯；13—传感器；14—阻尼器；15—砝码；16—配重

图 4-16　连续式称量充填机

3）计数式充填机

计数式充填机是把精确个数的产品装进每一个容器的计量充填机械，多用于被包装物呈规则排列的产品包装。计数式充填机如图 4-17 所示。

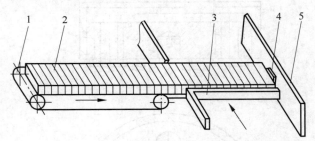

1—输送带；2—被包装物品；3—横向推板；4—微动开关；5—挡板

图 4-17　计数式充填机

2. 灌装机械

灌装机械主要用于在食品领域中对啤酒、饮料、乳品、酒类、植物油和调味品的包装，还包括洗涤剂、矿物油和农药等化工类液体产品的包装。按照灌装产品的工艺可分为常压灌装机、真空灌装机、加压灌装机等。常压灌装机如图 4-18 所示。

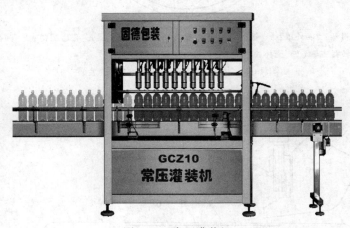

图 4-18　常压灌装机

3. 封口机械

封口机械是指在包装容器内盛装产品后对容器进行封口的机器，如图 4-19 所示。

4. 包裹机械

包裹机械是用薄型挠性材料（如玻璃纸、塑料膜、拉伸膜、收缩膜等）裹包产品的包装设备，按包裹方式可分为折叠式包裹机、接缝式包裹机、覆盖式包裹机、贴体式包裹机、拉伸式包裹机、缠绕式包裹机等。转塔折叠式包裹机工作原理如图 4-20 所示。

5. 捆扎机械

捆扎机械通常是指直接将单个或数个包装物用绳、钢带、塑料带等捆紧扎牢以便于运输、保管和装卸的一种包装作业机器设备。它是包装的最后一道工序。机械式自动捆扎

第 4 章 冷链物流装备管理

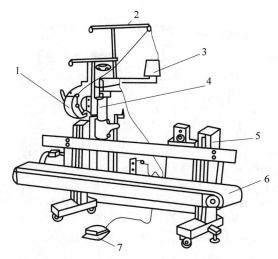

1—缝纫机头；2—线挑；3—缝纫线；4—机头支架；5—备用支架；6—输送带；7—脚踏开关

图 4-19　封口机械

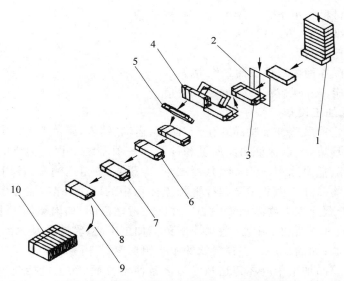

1—包装物被依次推出；2—包装材料切下；3—端侧面短边折叠；4—长侧边折叠加热；5—长侧边加热封口；6—端侧面折上边；7—端侧面折下边；8,10—端侧面热封；9—包装物回转集合

图 4-20　转塔折叠式包裹机工作原理

机工作原理如图 4-21 所示。

4.4.4　冷链加工设备管理

1. 流通加工的概念

流通加工(distribution processing)是商品在从生产者向消费者流通过程中，为了增加附加值，满足客户需求，促进销售而进行简单的组装、剪切、套裁、贴标签、刷标志、分类、检量、弯管、打孔等加工作业。

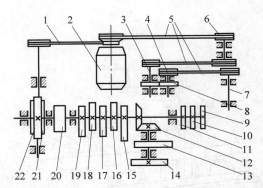

1,5—三角带；2—电机；3—送带轮轴；4——次收紧轮轴；6—过桥轴；7—预送带轮轴；8—齿轮；9,10,11—电器控制凸轮；12—圆锥齿轮；13—二次收紧凸轮；14—手轮；15—舌头面板凸轮；16—压头凸轮；17—三压头凸轮；18—二压头凸轮；19—电热板凸轮；20—离合器；21—蜗杆；22—涡轮

图 4-21　机械式自动捆扎机工作原理

流通加工机械通过对流通中的商品进行加工，改变或完善商品的原有形态来发挥生产与消费的"桥梁和纽带"作用。利用流通加工机械进行流通加工的主要优点表现在以下方面。

（1）提高原材料利用率。

（2）进行初级加工，方便用户。

（3）提高加工效率。

（4）充分发挥各种输送手段的最高效率。

（5）改变功能，提高收益。

2．冷链流通加工设备

冷链物流泛指冷藏冷冻类物品在生产、储藏、运输、销售，到消费前的各个环节中始终处于规定的低温环境下，以保证物品质量和性能的一项系统工程。主要的冷链设备有低温冷库、常温冷库、低温冰箱、普通冰箱、冷藏车、冷藏箱、疫苗运输车、备用冰排等。

冷藏冷冻类物品加工中心是全程冷链物流体系中的一个环节，在考虑全程冷链物流时，通常会将冷藏冷冻类物品加工中心一并纳入考虑范围，如肉类加工中心（包括猪肉、牛羊肉、禽肉类）、水产品加工中心、蔬果净配菜类加工中心、乳制品及冰品类加工中心、烘焙类产品加工中心（如面包厂）、连锁餐饮的中央厨房等。

冷藏冷冻类物品加工中心在建造技术与设备使用方面，除了包括前述冷链物流中心的全部设备外，还有食品加工类设备及食品包装类设备、清洁类设备、灭菌消毒类设备、洁净类设备等。冷链加工中心如图4-22所示。

图 4-22　冷链加工中心

超范围添加被罚：包装、冷链设备让果蔬保鲜更安全

当下，正值马铃薯、芋头、地瓜收获季节。不过，这些农产品采摘之后，需要进行保鲜处理，否则极易腐坏变质。而在诸多保鲜方法中，企业不要非法使用添加剂，而应借用冷库、预冷机、包装设备、冷链运输等让果蔬保鲜更安全。

2018年11月初，为了节省马铃薯、芋头等蔬菜防腐、保鲜成本，有人铤而走险，对其进行二次加工，并加入白色粉末添加剂（焦亚硫酸钠），而且没有使用称量器具，更没有比例考究，使用量多少仅凭人员操作经验。后经相关部门检测，其中二氧化硫残留0.011 8g/kg，属于超范围使用添加剂，且不符合食品安全国家标准和食品添加剂使用标准的规定，属于不合格产品。之后，相关部门对有关人员提起公诉。

众所周知，诸多水果、蔬菜采摘、收购、储存、加工、出厂、运输等极易受微生物污染，且不易保鲜，像马铃薯、芋头也是一样。为了消除果蔬采摘后的微生物污染问题，食用果蔬类经营者需要对其进行防腐、保鲜处理。其实，目前食用果蔬类防腐、保鲜方法有很多，像上文非法超范围使用食品添加剂的方法不可取。那么，还有哪些合理的食用果蔬类防腐、保鲜方式呢？

首先，冷却、冷藏储藏。因为采摘后的果蔬仍需要通过呼吸作用获得必需的物质和能量，其间也会加快果蔬腐坏、变质，所以果蔬采摘后必须进行预冷处理，这就很好地为果蔬延长保鲜期创造了条件。据相关人员介绍，果蔬采摘后进行预冷处理，一方面可以利用真空预冷机，通过水力喷射真空技术让水分汽化时吸热而使果蔬快速冷却降温；另一方面通过冷库、冷藏设施，利用制冷系统使库内保持恒定的低温。

其次，真空贴体包装。主要通过食品贴体包装机让薄膜贴在产品上，构建一个类似隔绝真空的环境，而无缝的贴合避免果蔬营养成分的流失，相比普通包装，保鲜效果明显。笔者了解到，贴体包装是一种新颖的包装技术，不仅可以用托盘包装，也可用膜直接包装，操作十分方便，用户可根据自己产品的实际情况来决定。

目前，这种贴体包装在生鲜产品市场应用较为广泛。据悉，某生鲜物流公司配送的一大批澳大利亚进口牛肉，主要是应用了"贴体包装"技术，达到隔绝空气和隔菌的效果，可以确保肉类在0～4℃的环境下防腐、新鲜保存长达20天，这使进口牛肉能够以冷鲜肉的形式到达消费者手中。有业内人士称，未来在果蔬生鲜食品中，贴体包装的使用范围将越来越广。

最后，冷链运输。在消费升级的带动下，生鲜市场呈现出井喷式的发展，进而推动了冷链物流业的快速发展。就像上述提到的一样，可以通过冷库、真空预冷机、包装设备等把好采摘、存储、包装环节等果蔬防腐、保鲜安全关。但是，果蔬产品最终目的是用来销售，这就少不了运输，尤其是冷链运输。由于传统果蔬没有完善的保温、恒温运输设施，所以运输过程中产品腐坏、变质时有发生，进而造成果蔬的浪费。

不过，值得庆幸的是，随着冷链物流业的快速发展，不少果蔬类产品基本实现冷链配送。与此同时，相关部门联合印发《关于复制推广农产品冷链流通标准化示范典型经验模式的通知》,通过支持企业按照冷链物流全程温控的要求,进行冷链物流监控和冷链物流信息化系统的升级改造,加快农产品冷链流通标准化建设,切实保障从田间地头到消费者手中的瓜果蔬菜质量安全。

综上,各行业食品经营者切不能存在侥幸心理,为了贪图蝇头小利链而走险,否则一定会受到相应的惩罚。换句话来说,食品经营者应该利用专业的冷库、预冷机、包装设备、冷链运输来实现果蔬防腐、保鲜的效果,保障产品食用安全。

资料来源:餐饮工业博览会. https://mp.weixin.qq.com/s/HcNL_wTKbAfSvXiq_rUdIw,有改动

冷链如何为生鲜电商插上提速和保鲜的翅膀

中商产业研究院发布的《2018—2023年中国生鲜电商市场前景及投融资战略研究报告》数据显示,2017年,我国生鲜市场交易规模达17 897亿元,整个农产品市场在生鲜领域预计将占比50%,而作为农产品电商的重中之重,2017年生鲜电商的规模为1 418亿元,线上市场渗透率也持续提升,达到了7.9%。要知道,2016年生鲜电商的线上渗透率还不足3%。

伴随"消费升级、'一带一路'"等时代背景的到来,生鲜电商发展势头迅猛。然而,物流短板始终是制约生鲜电商发展的阿喀琉斯之踵,生鲜电商配送急需"提速"和"保鲜"。根据中关村绿色冷链物流产业联盟原创文章《冷库保有量将奔6 000万吨?!真风口别错过!》相关论述,未来2~3年,我国冷库保有量将奔6 000万吨。

目前,"产地仓、销地仓、前置仓、无人仓"等冷链仓储设施相继规划和建设,为生鲜电商平台实现标准化的"当日达、次日达",以及各种"快速达"产品提供了基础设施保障。同时,商家也不必再担心不稳定的配送时效造成的过高损耗,还可以不同程度地降低物流成本。另外,冷链配送也是生鲜电商重要的"蓄能环节"。

最后就是,"无人机器人、无人机"等人工智能产品在"最后一公里"方面的不断突破,也让冷链这个"技术熔炉"逐渐成为生鲜电商的左膀右臂,为其保驾护航赋予了重要能量。因此,类似广州市民买增城的荔枝3天才到的案例,恐将成为历史。

资料来源:中冷联盟. https://mp.weixin.qq.com/s/D6dPGVSDStLt9SQleBKN7A,有改动

思考并回答:

1. 我国生鲜电商发展势头迅猛,为什么说生鲜电商的智能化冷链技术研发投入是各大生鲜电商平台的重中之重?

2. "无人机器人、无人机"等人工智能产品在"最后一公里"方面不断突破,对于生鲜电商而言,未来其冷链物流发展趋势有哪些?

【本章小结】

冷链运输:是指在运输全过程中,无论是装卸搬运、变更运输方式还是更换包装设备等环节,都使所运输货物始终保持一定温度的运输。冷链运输是食品冷链流通的主过程,连接生产与消费之间的桥梁,产与销的纽带,只有通过运输才能将产品从产地运到市场或

储藏库内。冷链运输方式可以是公路运输、水路运输、铁路运输、航空运输,也可以是多种运输方式组成的综合运输方式。冷链运输是冷链物流的一个重要环节,冷链运输成本高,而且包含较复杂的移动制冷技术和保温箱制造技术,冷链运输管理包含更多的风险和不确定性。

冷链运输装备的产生与发展:①20世纪初,已经开始生产冷链运输工具;②第二次世界大战前铁路运输在易腐货物运输中占主要地位;③20世纪50年代出现冷藏保温汽车;④20世纪60年代出现冷藏船舶;⑤20世纪70年代有了冷藏集装箱。

冷链运输装备的技术要求:①具有良好的制冷、通风及必要的加热设备,以保证食品运输条件。②运输冷冻、冷却食品的车、箱体应具有良好的隔热性能,以减少外界环境对运输过程条件的"干扰"。③冷链运输的车、船、箱等,应具有一定的通风换气设备,并配备一定的装卸器具,以实现合理装卸,保证良好的储运环境。④冷链运输设备应配有可靠、准确且方便操作的检测、监视、记录设备,并进行故障预报和事故报警。⑤冷链运输设备应具有承重大、有效容积大、自重小的特点,以及良好的适用性。

冷链运输装备的分类:①公路运输:冷藏汽车、拖车、冷藏集装箱;②铁路运输:铁路冷藏火车车厢、铁路冷藏集装箱;③水运:冷藏集装箱、冷藏船;④空运:冷藏集装器、新型 RKNe1 系列温控集装箱。

常用冷链设备:冷链专用箱、冷链运输冰袋、干冰式冷藏箱、温/湿度记录仪。

冷链储存设备:经营冷藏、冷冻药品的,应当配备以下设施设备:①与其经营规模和品种相适应的冷库,经营疫苗的应当配备两个以上独立冷库;②用于冷库温度自动监测、显示、记录、调控、报警的设备;③冷库制冷设备的备用发电机组或双回路供电系统;④对有特殊低温要求的药品,应当配备符合其储存要求的设施设备。

冷链仓储设备:冷库制冷机组、备用发电机组、冷库温度调控、冷库温度监测。

包装:是指采用适当的包装材料、容器和包装技术,把商品包裹起来,以使商品在运输和储藏过程中保持其价值与原有的状态。据了解,冷链物流的包装与普通包装相比有一些比较特殊的要求:包装容器耐低温性能优越,很多产品要求在-18 ℃的环境下运输储存,更有些肉制品以及药品需要在-35 ℃的深冷库储存,普通材质无法耐受;食品级材料要求,因为有些包装需要直接接触或者间接接触食品与药品,所以对包装容器的材质要求也比较严格,一般要求达到食品级;部分容器为网目型,以利于空气流通、生鲜品呼吸作用顺利进行等。

包装的分类:①按包装在流通中的作用分类:运输包装、销售包装。②按包装的材料分类:纸制包装、木制包装、金属包装、塑料包装、玻璃与陶瓷包装、纤维织品包装、复合材料包装、其他材料包装。

冷链包装材料的要求:耐温性、透气性、耐水性、耐光性。

典型的包装容器:①包装袋及其种类:集装袋、一般运输包装袋、普通包装袋;②包装盒、罐:纸盒、罐,金属盒、罐,塑料盒、罐;③包装箱:瓦楞纸箱、塑料周转箱、包装桶。

常见的包装机械设备:①填充机械:容积式充填机、连续式称量充填机、计数式充填机;②灌装机械;③封口机械;④包裹机械;⑤捆扎机械。

流通加工(distribution processing)的概念:流通加工是商品在从生产者向消费者流

通过程中，为了增加附加值，满足客户需求，促进销售而进行简单的组装、剪切、套裁、贴标签、刷标志、分类、检量、弯管、打孔等加工作业。

冷链物流：泛指冷藏冷冻类物品在生产、储藏、运输、销售，到消费前的各个环节中始终处于规定的低温环境下，以保证物品质量和性能的一项系统工程。主要的冷链设备有：低温冷库、常温冷库、低温冰箱、普通冰箱、冷藏车、冷藏箱、疫苗运输车、备用冰排等。

冷藏冷冻类物品加工中心：是全程冷链物流体系中的一个环节，在考虑全程冷链物流时，通常也会将冷藏冷冻类物品加工中心一并纳入考虑范围，如肉类加工中心（包括猪肉、牛羊肉、禽肉类）、水产品加工中心、蔬果净配菜类加工中心、乳制品及冰品类加工中心、烘焙类产品加工中心（如面包厂）、连锁餐饮的中央厨房等。冷藏冷冻类物品加工中心在建造技术与设备使用方面，除了包括前述冷链物流中心的全部设备外，还有食品加工类设备及食品包装类设备、清洁类设备、灭菌消毒类设备、洁净类设备等。

第 4 章习题

第 5 章

冷链物流配送管理

5.1 冷链物流配送管理概述
5.2 冷链配送概述
5.3 冷链配送中心管理
5.4 存货控制与理货配送管理
5.5 冷链物流配送路线规划及配送模式

【本章导航】

本章主要介绍冷链物流配送管理概念及特点；冷链配送中心管理；存货控制管理与理货配送管理；冷链物流配送路线规划及配送模式。

"海底捞"冷链知多少

说到火锅，大部分人应该都会想到海底捞。海底捞，一个以"好火锅自己会说话"作为唯一广告词的火锅店。消费者最常说的好评就是"服务好"。那它究竟为什么这么受欢迎呢？

作为火锅连锁餐饮店，海底捞的食材原料非常复杂，蔬菜、海鲜、肉类、副食等种类繁多，并且净菜生鲜度要求高，要保证这些原料的新鲜与口感，最好的办法莫过于冷链。而且，是全程冷链。下面一起了解它们的整个冷链过程。

（1）采购。每天下午从协议农户处收购来的蔬菜都会先经过专业品控检验，合格的进入冷库，不合格的则拒收。

（2）清洗。第二天早晨这些蔬菜会经过第二步检验进入全自动化的清洗床、甩干机，并在装箱前进行第三道检验，不合格的需要返工重洗。

（3）细菌检测。随后专门的检验室会对这些成品进行细菌含量等检验，需要加工的食材，在 1~4 ℃ 的加工区进行流水线加工，并采用食品保鲜技术进行包装，以降低产品损耗。

（4）运输配送。根据各个门店需求装箱进入冷库，在食材装车前，配送车辆会先被打冷，以保障食材在合适冷链环境下进行运输配送，之后由专门的消毒保鲜车送到各个分店。配送到门店时，接受门店的测温验收。

（5）海底捞的冷链物流体系。海底捞在全国建立了多个物流中心＋中央厨房，其核心是集中统一的冷链物流配送,而且海底捞的物流配送门店是亲自到楼下取货,而不是物流企业送进店,这样可以保障不"断链"。

有这样的层层冷链,海底捞的食材原料品质才得以保障。

资料来源:冷链包装. https://mp.weixin.qq.com/s/yK-dwdODPq8BRsIjiXnpNA,有改动

5.1 冷链物流配送管理概述

5.1.1 冷链物流的含义与发展趋势分析

1. 冷链物流的含义

冷链物流可以定义为:生鲜品从供应地向接收地的实体流动过程中,根据实际需要,将冷冻冷藏运输、储存、装卸、搬运、包装、流通加工、配送、信息处理等功能有机结合,并保持生鲜品始终处于维持其品质所必需的可控温度环境下,从而满足用户要求的过程[①]。具体来说,是指如冷鲜肉、速冻米面、乳制品等易腐食品和鲜活农产品在加工、储藏、运输、分销、零售直到消费者的各个环节中,始终处于产品所必需的低温环境,以保证产品质量安全、减少损耗、防止污染的特殊供应链系统。

2. 冷链物流的分类

冷链物流覆盖多种冷链产品,不同的冷链产品要求不同。

(1) 按照产品对冷链物流服务的技术特性要求,可以将冷链物流分为三类,即食品冷链物流、药品冷链物流和其他产品冷链物流。

(2) 按照物流行业标准中对冷藏和冷冻分类标准与食品工业分类标准,可将易腐品分为三类:一是初级农产品,包括蔬菜、水果、肉、禽、蛋、奶、水产品等;二是加工农副产品,包括屠宰及肉类加工、水产品加工、蛋品加工、蔬菜和水果加工;三是制造食品,包括液体乳及乳制品、罐头、冷冻食品及食用冰、速冻食品、软饮料、焙烤食品等。

(3) 从温度适用范围角度,按照温度从低到高,可以将主要冷链生鲜品分为五种具体温度范围,如表 5-1 所示。

表 5-1 主要冷链生鲜品配送温度范围

物流分类	适用温度范围	食品名称
超低温物流	−50 ℃以下	如金枪鱼等
冷冻物流	−18 ℃以下	如速冻食品、冷却畜肉、水产品等
低温物流	−2~2 ℃	如畜肉品、禽肉品、鲜鱼、贝类等
冷藏物流	0~10 ℃	如生鲜蔬菜、果汁、禽蛋类等
控制常温物流	10~25 ℃	如酸奶、巧克力等

3. 冷链物流发展趋势分析

1) 冷链物流发展趋势

随着制冷工艺技术的进步和人们饮食结构的调整,冷链物流已在发达国家得到广泛

---

① 兰洪杰. 食品冷链物流系统协同对象与过程研究[J]. 中国流通经济, 2009(2): 20-23.

应用。美国、日本等发达国家的冷链流通率(冷链物流各环节实行全程低温控制的商品流通量占需要冷链服务商品总量的比率)达到 85%,东欧国家达到 50%左右。国际冷链物流发展主要呈现以下趋势。

(1) 冷链物流向一体化、系统化发展。为满足用户不断提高的物流服务需求,国外冷链物流企业已经完成由单环节的低温运输、仓储向一体化冷链物流企业转型,通过构建跨部门、跨行业、跨地域的综合冷链服务网络,为客户提供采购、运输、仓储、管理、信息和流通加工等一体化物流服务。

(2) 冷链物流由企业自营向社会第三方转型。从原来供应商或销售商单独建立冷链物流中心,逐步转变为由独立投资者建立社会化的第三方冷链物流中心,实施共同配送、集约化经营,降低了物流费用,提高了社会化程度,促进生产要素的优化配置。

(3) 行业集中度不断提高。据国际冷藏库协会公布的数据,美、日两国冷库总量占到世界冷库总量的近 40%。美国冷链物流运营前五强企业冷库容量占到美国的 63.4%,仅美国冷库公司(AmeriCold)自有的冷库总量就与我国冷库总量相当。

(4) 冷链物流的现代化程度较高。目前发达国家冷链物流企业广泛应用仓库管理系统、运输管理系统、电子数据交换、全球定位和全程温度监控、质量安全可追溯系统,普遍实行(冷)柜车(头)分离,建设新型节能冷库,使冷链物流运行质量与效率大幅提高,产品安全得到了强有力的保证。

2) 国内冷链物流发展趋势

我国低温储藏、保鲜技术起步于 20 世纪 60 年代,此后低温控制技术在生鲜农产品产后加工、储藏及运输等环节逐步得到应用。进入 21 世纪以来,我国冷链物流呈现快速发展势头,逐渐成为现代物流业中增长最快的领域之一,但与发达国家相比还有较大的差距。

(1) 冷库、冷藏汽车等冷链物流资源相对缺乏。我国现有冷库总容量 880 万吨,主要集中在经济发达或者农产品资源较为集中的区域;拥有冷藏汽车 50 000 辆,占货运汽车比例仅为 0.3%;拥有铁路冷藏车 8 000 多节,仅占全国总运行铁路车辆的 2%,大多是陈旧的机械式速冻车皮,铁路冷藏运输量仅占易腐货物运输量的 25%。

(2) 冷链流通率相对较低。目前我国综合冷链应用率仅为 19%,果蔬、肉类和水产品冷链流通率分别为 5%、15%和 23%,冷藏运输率分别为 15%、30%和 40%,产品损腐率较高,仅水果、蔬菜等农产品在采摘、运输、储存等物流环节上损失率就达 25%~30%,每年约有 1.3 亿吨的蔬菜和 1.2 亿吨的果品在运输中损失。

(3) 冷链物流的市场化、社会化程度较低。我国冷链物流业尚处于初级阶段,第三方物流比重不高。大多数第三方冷链物流企业的基础设施、节点网络、信息系统、服务质量还不能够满足工商企业的要求,工商企业外包冷链物流业务的比例较低,大部分冷链产品的物流配送仍由生产商和经销商来完成。

(4) 冷链物流市场潜力大,冷链物流企业快速发展。中外运、中粮等社会化第三方物流企业通过强化与上下游企业的战略合作与资源整合,积极拓展冷链物流业务;双汇、众品、光明乳业等食品生产企业,加快物流业务与资产重组,组建独立核算的冷链物流公司,积极完善冷链网络,逐步成为冷链物流业的主力军。

5.1.2 冷链物流配送管理

1. 冷链物流配送体系

冷链物流配送体系主要由冷库、冷藏车、冷链配送企业、冷链食品及其供应商、分销商、消费者等要素组成，各要素之间相互联系并相互作用。

2. 冷链物流配送管理的突出问题

（1）信息系统分散，冷链物流实时监控性差。目前，仅有为数不多的大型企业在冷链物流管理中全程应用了先进的一体化低温控制系统。众多企业在冷链加工车间和库房能够进行很严格的温度检测控制，却无法在冷链全程中进行信息管理系统的统一监管。且每个冷链合作企业所使用的信息系统基本都是独立的，合作部门与企业间的信息无法实时传输，导致冷链物流实时监控性差。这导致冷链物流管理效率低下，无法及时对问题食品进行追溯，加大了冷链相关企业的安全隐患。

（2）标准化程度不高，冷链物流协调性弱。冷链的时效性要求将冷链物流活动中的采购、生产、销售、运输、库存及相关的信息流动等活动打造成动态的一体化系统。中国农业的产业化程度不高，大多数中小冷链合作企业缺乏配套的冷藏物流设备和现代的冷链物流技术，无法实现标准化管理规范和全程可控的一体化冷链物流体系，导致冷链物流整体协调性较差。

（3）冷链流通率低下，生鲜品货损率高。我国冷链物流流通率远远低于发达国家，运输及配送途中耗损严重，最终导致生鲜品零售终端价格昂贵。

3. 冷链物流配送管理的对策

（1）推动产地预冷和集配中心、销地低温配送中心、冷藏运输和冷藏配送等环节的设施与第三方冷链物流平台建设。

（2）完善行业标准，健全全国统一的冷链物流行业标准，促进生鲜品包装规格化、质量等级化。

（3）构建信息共享网络，培育第三方平台，构建冷链仓配一体化网络，对供应链网络和资源进行优化与规划，提升对需求和供给预测的准确性。

（4）加强冷链领域专业人才培养。教育机构应鼓励有资源的高等院校根据市场需求，开办和设置冷链物流专业与课程，并进行技能鉴定和职称评定，做到人员持证上岗。

 5-1

生鲜配送冷链物流发展的趋势

生鲜电商的迅猛发展，必然会推动中国冷链物流的快速崛起，而冷链物流的未来也将形成以下几大趋势。

趋势一：冷链物流的温区

要保证生鲜电商的产品配送质量，就必须保证生鲜产品供应链上中下游每一个环节保持生鲜产品的"鲜"。从产地预冷、自动化冷库储藏、全程冷链运输到末端配送的冷链配送全过程中,每一个过程都要通过不同的温区保存好生鲜产品,这就需要针对不同的温区区别对待,管理也就变得越来越精细化。

此外,温区的增加,并非简单的设备增加,需要整个供应链的温层扩充,保证从采购到配送的每一个环节都在对应的温层下进行作业。

趋势二:冷链物流走向智能化

要更好地降低冷链物流配送成本,就必须借助互联网新技术的应用。仓库管理、运输管理、温控监管、定位管理等每一个过程都需要借助更为先进的信息技术,以帮助生鲜电商实现安全可追溯、质量可监控、订单信息可跟踪等。尤其是要通过大数据、物联网等技术的运用实现冷链物流的智能化,大幅提升冷链物流配送的效率,并对整个冷链物流配送进行更好的管理把控。

趋势三:从自营走向平台化

随着自建冷链物流的生鲜电商企业在冷链配送方面的优势越来越明显,它们将会在满足企业自身的业务基础之上,为第三方平台提供服务。就像今天的京东物流,已经不仅仅是服务京东商城,也为更多有物流配送需求的企业提供服务;易果生鲜背后的冷链配送安鲜达,在为易果生鲜提供生鲜产品配送的同时,目前也已经承担了整个天猫超市的生鲜配送任务,未来借助其多年积累的冷链物流优势,它们势必会为更多第三方平台提供物流配送服务。

总体看来,当前的生鲜电商市场因其巨大的市场价值正在受到越来越多资本机构的追捧,但是冷链物流却成为摆在生鲜电商平台面前的一大难题,如果不能解决这个根本性的障碍,生鲜电商也就难以成长壮大。从自建物流、第三方物流、两种物流结合以及众包物流四大冷链物流配送模式的对比来看,自建物流更能建立起自己的竞争壁垒,为用户提供更好的"鲜"品,但巨大的成本投入是当前众多生鲜电商平台不可逾越的一座大山。而在生鲜电商的快速发展推动下,未来的冷链物流将会变得越来越精细化、智能化,甚至还有可能诞生冷链物流配送行业的独角兽平台。

冷链物流作为一项系统工程,在保证食材从生产到消费的各个环节品质稳定、损耗降低方面发挥着重要作用。

资料来源:重庆冷链信息网。https://mp.weixin.qq.com/s/daUSz9d6rjfx1XwXquaN5g,有改动

5.2 冷链配送概述

5.2.1 冷链配送的特点

冷链配送物品多为新鲜的消费品,在运输、二级批发、零售等多个环节会有较大的损耗,要充分掌握生鲜品的保鲜特点,在了解冷链配送与一般货物配送不同的基础上认识冷链配送的特点以及配送模式,并了解影响冷链配送的因素,使冷链配送更加顺畅。

针对不同保温物品的特性进行合理配送在冷链物流供应中十分重要。与常温配送比较,冷链配送具有以下特征。

1. 易腐性

冷链配送的货物通常是易腐性(perishable)食品,在运送的过程中由于各种原因会使

货物品质逐渐下降。生鲜品在运送时保存环境的温度越低,品质越能保持长久。在随时间推移而变化的过程中,"温度"是影响其品质最重要的因素。

2. 时效性

时效性也可称为及时性,消费者对生鲜品的第一要求就是食品的新鲜。因此,蔬菜、水果从原产地采摘后应该及时地运送到消费者手中,这对冷链配送提出了更高要求。

3. 配送成本所占比重大

我国生鲜品的冷链物流成本在总成本中占的比重达到58%,随着燃油价格以及道路收费不断增长,物流成本比重不断加大。

5.2.2 影响冷链配送的因素

由于冷链配送模式受多方面的影响,因此应综合考虑冷链配送的构成因素及生鲜品的本身特性,影响冷链配送模式选择的主要因素有成本、环境、效率和柔性等。

1. 成本

成本是任何企业进行配送时都要考虑的重要因素,企业往往通过追求低物流成本获得较高收益,由此导致经营者采用低档装备包装新鲜的生鲜品,难以保证食品的品质和新鲜。因此,要降低物流成本可以采取其他方式,如选择恰当的配送方案、冷链设备的保养使用等。

2. 环境

在配送过程中应考虑温度、湿度、阳光、空间等环境因素。以冷链配送中的海鲜货物为例,在配送过程中应避免为减少运输成本而让海鲜货物挤在有限的空间里,导致货物在配送途中出现较大的产品损耗。因此,应提供适宜的配送环境,以减少在配送过程中的产品流失。

3. 效率

生鲜品是一种脆弱的产品,从生产地到消费地的时间越短,就越能保证其新鲜程度与品质,这就要求配送系统有较高的配送效率。

4. 柔性

柔性是指当外界环境发生变化时,能够较快地作出调整以及灵活应对变化的要求。例如小批量、多批次的生鲜配送,许多变化都无法预测,因而要求生鲜配送系统有较强的柔性。

5.2.3 冷链配送的模式

不同的冷链配送模式各有优劣。目前我国冷链配送模式主要有六类:基于批发市场的传统型配送模式(传统配送)、基于生产基地的直销型配送模式(供应商直配)、基于第二方销售商的自营型配送模式(企业自配)、基于第三方物流企业的外包型配送模式(外包配送)、基于生鲜品共同配送的合作配送模式(共同配送)、基于C2B(消费者到企业)和O2O(线上到线下)的宅配模式。各类冷链配送模式的特点及代表企业如表5-2所示。

表 5-2 各类冷链配送模式的特点及代表企业

冷链配送模式	特　　点	代表企业
传统配送	配送规模小、效率低、服务单一,市场反应慢	传统食品企业
供应商直配	可降低因中间商导致的商品提价,但较难适应连锁零售门店数量多、分散性强等特点	光明乳业,双汇冷鲜肉
企业自配	灵活可控,效率高,营销优势明显,但投资较大,资源利用率不高	沃尔玛,乐购
外包配送	专业化、标准化程度高	家乐福
共同配送	实现规模经济,降低成本,提高资源利用率,但易导致信息泄露	中外运上海冷链物流有限公司
宅配模式	掌握用户数据,了解用户心理,节约运营成本	大众点评网、糯米网

就目前我国食品冷链市场发展而言,每种配送模式并存发展,企业应根据自身特点和当地市场特色,开展多种冷链配送模式,以此来提高运输效率、增强供应链稳定性、保证生鲜品品质。

案例分析 5-2

电动三轮冷藏车:解决冷链配送"最后一公里"

随着中国城市化进程的进一步发展,大量农村人员进入城市发展,使得城市人员、车辆急剧增加,从全国新闻来看,国内几乎所有的城市都面临交通拥堵的难题。为了给城市交通减负,各地对一些大型厢式车辆的通行路段进行限制、限行等。同时,大型厢体车养车成本趋高,也提高了企业的经营成本。

此外,作为生鲜品冷藏配送,解决"最后一公里"的入户配送难题仍然是当务之急。许多企业迫切需求一种小型的冷藏车解决此难题,这些都为电动冷藏车的发展壮大提供了土壤。

冷藏车产业技术含量高,尤其是中、重型冷藏车由于其独立式制冷机组的噪声和排放的污染,发展受制。国际卫生组织明确规定,运输食品车辆的车厢内壁必须是不锈钢材料制造。可以说,冷藏车朝着减少环境与食品污染的冷藏保温车方向发展是大势所趋。

在这样的背景下,作为我国知名的制冷装备供应商、环保电动车龙头企业,澳柯玛看好我国资源紧缺和节能环保的大趋势及冷藏车产业链的美好前景,投入巨资用于发展冷藏车业务。经过不懈努力,澳柯玛成功研发了电动冷藏车,不仅可以运输鲜奶、生鲜等速冻食品,而且成本低、效率高,深受企业欢迎。

据悉,依托在制冷领域的经验积累和国家级企业技术中心的雄厚实力,澳柯玛不断在商用制冷设备中融入先进的制冷技术、物联技术、数控技术、节能环保技术,成功推出一大批深得商业用户青睐的冷柜产品,其中节能冷柜、冷藏展示柜等产品连续多年销量第一。

相比传统冷藏车,澳柯玛电动环保冷藏车具有更低的购买、运营及保养成本。电动三轮冷藏车一般载货 500 千克,按配送里程 80 千米计,每千米能耗成本仅 0.08 元。此外,电动车灵活便捷,非常适合在城市里走街串户。与此同时,澳柯玛电动冷藏配送车搭载了智慧全冷链管理系统,用户通过 App 客户端即可实现轨迹定位查询、在途物品温湿度控制等远程智能监控。

澳柯玛电动三轮冷藏车以蓄电池为驱动,搭载保温箱或直流压缩机机组蓄冷的电动冷藏配送车。采用高配置,大大提升了整车的品质。进口名牌冷藏机组,温度精准,质量可靠,厢体采用聚氨酯挤塑板保温层,用真空复合黏接而成,表面精美而平整,坚固耐用,保温性能可以达到国家 A 级标准。

在节能减排环保的大趋势下,电动冷藏车是完美解决冷链物流和环境保护的最佳方案,与国家倡导发展耗能低、无污染、高附加值的产业的政策合拍,将成为主流发展方向。笔者获悉,澳柯玛目前拟投资 6 000 万元人民币,用来拓展冷藏车业务,为用户提供更多的服务。目前,澳柯玛冷藏车即将在京东澳柯玛官方旗舰店上线,让用户购买更迅捷方便。

资料来源:专用汽车杂志. https://mp.weixin.qq.com/s/skEYzC87tS1UYxwT6f4aMw,有改动

5.3　冷链配送中心管理

5.3.1　冷链配送中心的组织结构

冷链配送中心与其他商品配送中心类似,由信息中心和仓库构成。信息中心有汇集信息并对配送中心进行管理的作用,仓库根据功能不同可分为不同的作业区。

(1) 信息中心。信息中心指挥和管理整个冷链配送中心,是配送中心的中枢神经。对外收集和汇总各种信息,对内负责协调、组织各种活动,指挥调度各部门人员,共同完成配送任务。

(2) 收货区。收货区工作人员须完成接收货物的任务和货物入库之前的准备工作,如卸货、检验等工作。主要设施有验货计算机和卸货装备。

(3) 储存区。储存区分类储存验收后的食品。一般建有专用的冷藏库(温度在 0 ℃以上)、冷冻库(温度在 -18 ℃以下),并配置各种货架、叉车、起堆机等设备。

(4) 理货区。理货区是配送中心人员进行拣货和配货作业的场所。一般有手推货车、货架等;若采用自动拣选装置,则有重力式钢架、皮带机、传送装置、自动分拣装置、升降机等。

(5) 加工区。加工区可对收进来的生鲜品进行整理加工,如对蔬菜去除老叶、清洗等,对海鲜类食品去鳞等。

(6) 配装区。有些分拣出来并配备好的货物不能立即配送,而是需要集中在某一场所等待统一发货,这一场所就是配装区。

(7) 发货区。发货区是工作人员将组配好的货物装车外运的区域。一般来说,许多企业和冷链配送中心的配货区与发货区往往可以共用。

5.3.2　冷链配送中心的功能

根据冷链配送中心的组织结构,对冷链配送中心的功能进行分析,得出冷链配送中心

有以下几个功能。

（1）集散功能。集散功能是配送中心的基本职能,配送中心将各个供应点的生鲜品集中在一起,然后运用较为先进的装卸搬运设备、分拣设备、运输工具将货物分配到各个相应的需求点。

（2）运输与配送功能。运输与配送功能是配送中心的核心功能,配送中心应拥有一定数量和规模的运输工具,根据实际需要选择适当的运输工具和配送路线,并满足货物从配送中心到客户处的总运输费用最低的要求。

（3）装卸与搬运功能。装卸与搬运功能是配送中心的必备功能,为了提高货物的流通速度和减少货物在装卸搬运环节中的损坏,配送中心必须具备专业的装载、卸载、提升、传送、码垛等装卸搬运设备,并运用于运输、配送、存储、流通加工等环节。

（4）存储功能。存储功能是配送中心必不可缺的功能,配送中心应具有一定规模的货物存储区,可以在短期或者长期储存待配送或者待销售的货物,以缓冲货物堆积对配送中心造成的压力。

（5）流通与加工功能。流通与加工功能是配送中心的增值功能,也是货物得以增值的环节,这一功能主要针对的货物是原材料或半成品,在配送中心内部经过特殊的流水线加工成价值更高的产品。

（6）包装功能。包装功能是配送中心的附加功能,将外包装完好的货物进行特殊的打包处理,通常会根据货物的类别分类包装,以提高货物流通的效率,根据货物的性质选用包装材质,以及根据货物的尺寸选择包装的大小,以防止货物在运输配送环节发生损坏。

（7）相关信息收集处理功能。相关信息收集处理功能是现代化配送中心的必备功能,使用系统软件,及时有效地将货物动态信息(货物名称、数量、属性、归属地、发往地、接收时间、配送时间等)录入系统,以便管理人员对配送中心进行科学管理,与此同时,还为客户提供准确有效的参考信息。

5.3.3 冷链配送中心的营运流程

冷链配送中心是专门从事配送活动的经济实体。它是集采购、集货、分拣、储存、理货、加工、送货、信息处理等多种功能于一身的物流节点。冷链配送中心营运流程如图 5-1 所示。

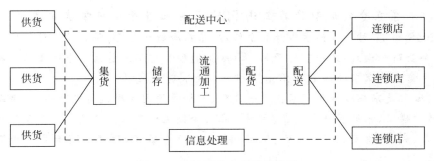

图 5-1 冷链配送中心营运流程

根据生鲜品本身的特性以及保鲜程度,可将冷链配送流程具体分为以下四类。

第一类:保质期较短或对保鲜要求较高的生鲜品,如肉制品、水产品、点心类食品,要求能够快速送货,因此这类生鲜品的配送过程中不存在储存程序,在收货工序之后紧接着分拣工序和配货等工序。保鲜程度要求较高的生鲜品配送流程如图5-2所示。

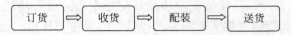

图5-2 保鲜程度要求较高的生鲜品配送流程

第二类:保质期较长的生鲜品,一般在备货后安插储存工序,有时放在冷库中储存。这类食品的配送流程与干货的配送流程差不多,如图5-3所示。

图5-3 保质期较长的生鲜品配送流程

第三类:大量需要加工的生鲜品集中到仓库后,对其进行加工,包括清洗、去根去叶、配制成半成品,构成中央厨房模式,然后再进行储存到配送的各道工序。需要加工的生鲜品配送流程如图5-4所示。

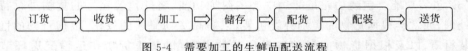

图5-4 需要加工的生鲜品配送流程

第四类:为提高某些生鲜品的周转速度和新鲜度,虽由冷链配送中心向供应商订货,但供应商不是将生鲜品发给配送中心,而是将生鲜品直接配送给门店或消费者,这是流程最短的一种生鲜品配送模式。保鲜度要求极高的生鲜品配送流程如图5-5所示。

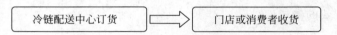

图5-5 保鲜度要求极高的生鲜品配送流程

案例分析 5-3

京东冷链城配产品上线 F2B2C 核心骨干网络搭建完成

继2018年12月底冷链卡班产品上线后,京东冷链于2019年3月1日再度上线B2B(企业对企业商业模式)又一重磅产品——冷链城配。这标志着京东冷链正式入局冷链城配市场,也意味着京东冷链F2B2C核心骨干网络搭建完成。

冷链城配是京东冷链为商家提供一体化、多场景的同城冷链运输服务,以拼车共配或整车专送的模式,满足客户点到点、点到多点的冷链运输需求。产品一期覆盖北京、上海、广州、成都、武汉、西安、沈阳、郑州、杭州、南京共10个城市,后续将随着业务开展逐步拓展更多城市。

据网经社(100EC.CN)了解,2018年全国快递业务量达505亿件,同比增长25.8%;业务收入达6 010亿元,同比增长21.2%。新增社会就业20万人以上,支撑网上零售额6.9万亿元,支撑跨境电子商务贸易超过3 500亿元。全世界年快递量约1 000亿件,中国占了一半,相当于两件快递中就有一件在中国,这是一个量的飞跃。

一、打造城配标准产品　即使1件也能送

近年来,随着消费水平的不断升级,中国冷链物流经历了从起步到跨越的发展历程。相关数据显示,2018年我国冷链物流需求总量达到1.8亿吨,冷链物流市场规模为3 035亿元。

然而在千亿市场规模背后,冷链城配市场普遍存在网络覆盖不足、标准不统一等问题,商家往往需要寻找多家冷链企业来承接不同区域、不同城市的业务,这就导致商家的管理成本高昂、运营效率低下。

京东冷链推出的冷链城配产品,最大特点就是网络化、一体化、个性化与可视化。借助京东冷链仓储网络及冷链卡班构成的B2B核心骨干网络,冷链城配一方面可以支持多城入仓,满足商家全国业务需求,并可以通过智能补货、仓间调拨,实现多城库存共享;另一方面,还可以整合供应链上下游资源,打造基于共配的标准服务产品,实现即使1件也可送货。

在运营模式上,京东冷链为商家提供同城仓配或纯配的运输服务,同时提供保价、签单返还、专属包装、分选加工、上门提货等多种增值服务,满足客户点到点、点到多点等个性化冷链运输需求。此外,冷链城配产品还依托京东冷链行业领先的订单管理系统与智能温度监控平台,实现订单全流程在线可视,确保全程温度可控、品质可控。

二、构建全场景F2B2C生鲜供应链一站式服务网络

除了打造标准化的产品之外,京东冷链也致力于构建社会化冷链协同网络,打造全流程、全场景的F2B2C生鲜供应链一站式服务网络。

很长一段时间以来,成本导向与标准化程度低,是导致中国冷链流通率低的重要原因之一。尤其是到了供应链末端的城配环节,很多企业会选择用常温代替冷链配送,以降低运输难度,节约配送成本,但产品质量无法保证。因此,在冷链行业中,尽可能地降低损耗与运营成本、提升冷链流通率就显得尤为重要。

京东冷链依托强大的商流优势,配合冷链卡班、冷链城配等标准化产品,进一步发挥供应链一体化优势,满足商家从"最后一公里"向上游延伸的运输服务需求,为食品生产、流通商贸、生鲜电商、商超便利、连锁餐饮等冷链行业客户,提供全场景的生鲜商品运输方案,真正实现了从工厂、产地到销地再到消费者(F2B2C)的一站式供应链效益最大化,助力商家降本提效。

京东冷链规划部相关负责人表示,随着冷链卡班、冷链城配等产品陆续上线,京东冷链的产品体系正在搭建完成,并逐步发展壮大成为冷链仓储网、冷链运输网、冷链宅配网"三位一体"的综合型冷链服务供应商。未来,京东物流必将以技术驱动创新,以产品化助推行业标准化,以平台化整合行业资源,通过搭建全流程、全场景的F2B2C一站式生鲜供应链服务网络,提升整个产业链条的服务品质,推动中国生鲜冷链行业提质升级。

资料来源:网经社.https://mp.weixin.qq.com/s/r5lu3I-xYHaDFapRIMMWTA,有改动

5.4 存货控制与理货配送管理

5.4.1 存货控制管理

1. 存货控制管理概述

1) 存货的定义及管理

冷链物流企业存货是指在日常活动中持有以备周转使用的材料、低值易耗品,或者将在提供劳务过程中耗用的燃料、轮胎和配件等。存货收发频繁、周转快,是冷链物流企业主要的流动资产。与其他企业一样,冷链物流企业为了确保生产经营活动连续不断地进行,购入、耗用、销售存货是不可或缺的,存货总是处于不断的流转过程中,存货在整个冷链企业的营运过程中充当极为重要的角色,同时也会耗用和积压企业大量资金,它是冷链企业流动资产的主要组成项目,在企业日常工作中,对存货的管理、控制显得极为必要。其目的就是让存货既能满足冷链企业经营需要,因为存货不足往往会造成企业开工不足或失去销售机会,又不过多占用企业资金、增加仓储保管费。因此,冷链企业应当十分重视对存货的管理与控制。

2) 存货控制的基本法则和方法

(1) 存货控制的基本法则有如下六点。

① 重量和尺寸法则——物品叠放应"上小下大、上轻下重"。

② 产品特性法则——充分照顾货物的不同存储要求。

③ 靠近出口法则——收发频繁的货物宜靠近出口或在拣货区存储。

④ 面对通道法则——面对通道,易于观察,便于清点。

⑤ 产品相关性法则——相关性高的货物就近保管。

⑥ 先进先出法则——对生鲜易变质的物品实施先进先出法则,保证配送中心存货的质量。

(2) 存货控制管理的方法。一个有效的食品冷链存货系统要在成本最低的基础上实现如下目的:保证足够的存货以应付市场波动需求,鉴别出超存物资、畅销品、滞销品、腐烂品,向冷链企业管理层提供准确、简明和适时的报告,据此,存货控制管理方法主要有ABC存货管理分类法。ABC存货管理分类法是由ABC分析法转化而来的。它最早由美国的迪克电器公司于1951年在库存管理中使用。

一般来说,冷链企业的库存物质种类繁多,每种物质的占用资金和销售量也不同。一般只有少数几种物品的需求量大,占用流动资金也较多。相对而言,种类较多的其他物品需求量较小,占用的流动资金比例也较小。冷链企业对所有库存物品给予相同程度的重视和管理是不可能的,同时也是不切实际的。因此,应对冷链企业存货进行分类,以便将管理的重点放在重要物质的存货上。进行ABC分类管理和控制,可以更加方便有效地分清主次、抓住重点、区别对待。

ABC存货管理分类法是根据需求量和流动资金的大小将存货物资分为A、B、C三类。其基本思想是采取重点管理少数价值高的物流策略,可以收到很好的效果。A类物资是指品种少、实物量少而价值高的物资,其成本金额约占70%,而实物量不超过20%。C类物资是指品种多、实物量多而价值低的物资,其成本金额约占10%,而实物量不低于50%。B类物资介于A类物资和C类物资之间。其成本金额约占20%,而实物量不超过30%。如表5-3、表5-4所示。

表5-3　存货物资ABC分级比重　　　　　　　　　　　　　　　　　　　%

级　　别	年占用金额	品种数
A类	60～80	10～20
B类	10～30	20～30
C类	5～15	50～70

表5-4　不同类型存货的管理策略

存货类型	特　　点	管　理　策　略
A类	品种数约占存货总数的15%,成本占60%～80%	进行重点管理。现场管理更加严格,放在安全的地方;为了保证存货记录的准确性,要经常进行检查和盘点;预测时需更加仔细
B类	品种数约占存货总数的30%,成本占10%～30%	进行次重点管理。现场管理不必投入比A类更多的精力;存货检查和盘点的周期比A类长些
C类	成本约占10%,但品种数是存货总数的50%～70%	进行一般管理。现场管理可以稍粗放一些,但由于品种多,差错出现的可能性比较大,因此须定期进行存货检查和盘点,周期可以比B类长些

2. 冷链物流存货管理内部控制现状及问题分析

(1) 存货管理制度不健全,内部控制薄弱。有些冷链企业虽然制定了存货管理制度,但完善情况参差不齐。或者虽然有存货管理方面的相关规定,但流于形式,而未予以认真执行。甚至有些冷链企业虽然意识到存货管理的重要性,但在存货管理中,计划、采购、保管和报废等环节存在脱节现象,各部门管理职责划分不清晰,计划、采购、仓储、物流、生产、销售、财务等各个部门信息不能及时共享,信息交流不够畅通,未能构建完善的存货管理系统与流程。

(2) 对存货管理不够重视,存货管理意识薄弱。目前,有些冷链企业在配送管理中对存货管理的认识深度还不够,没有形成一整套规范的存货管理体系,信息无法及时沟通,缺乏共享资源,导致存货大量囤积或短缺,影响正常生产。有的企业忽视存货管理制度的执行情况,没有规范的程序,导致企业存货核算不实,会计核算起不到监督作用,账实不符,占用了大量资金,增加了企业的成本费用。

(3) 存货管理标准化水平低。有些冷链企业不按规定设置保管员岗位,不按规定设置明细账,不定期进行物资盘点,进出库物资手续不够完善,单位产成品材料、人工费消耗等信息不够准确,使得会计核算不清,成本不实,会计信息失真。

(4) 存货管理信息建设落后。存货信息处理的准确性和及时性,对食品冷链配送的支撑作用意义重大。目前,有些冷链企业存货信息的收集与交换主要依靠手工进行,自动识别技术、监控技术、网络技术及卫星传输技术等方面落后。冷链食品存货种类繁多,核算的工作量比较大,造成存货核算工作效率低下,不能实时、动态地了解各种存货信息。还有一些冷链企业虽然建立了小范围的信息系统,但仍局限在部门内部或是企业内部,不能在部门间和外部上下游企业间进行信息传递与共享。

3. 加强冷链企业存货管理内部控制的对策

（1）完善存货内部控制制度,明确责任与处理制度。建立健全存货内部控制制度是冷链企业管理工作的重中之重。应逐步建立和完善内部监督制度、内部稽核制度、内部牵制制度,使内部控制制度逐渐趋于完整化、规范化、体系化。同时企业还要成立独立的内部控制组织机构。

（2）制定存货预算管理制度,实行"零库存"管理。现阶段的冷链企业虽然无法达到零库存的管理目标,但是对于其先进的管理理念应该多学习借鉴。

（3）实施数据化管理,注重对各种管理方法的运用。所谓数据化,是指对存货的控制与预测应采用定量化指标作为决策依据,取代任意主观或者是单纯依靠传统经验的单一管理方法。对于存货的管理,冷链企业可以采用一系列科学的决策分析方法：①在订货环节,采用订货点计算方法,综合降低商品的订货成本、储存成本；②在收货、验货环节,采用对商品的分类管理法,分类作业；③在日常存储管理环节,可根据存货的重要程度,将其分为A、B、C三种类型,采用ABC管理法,实施有重点的存货管理,抓住重要存货,控制一般存货,制订较为合理的存货采购计划,进而有效地控制存货库存,减少储备资金占用,加速流动资金周转,降低存储成本；④在发货出库环节,由于库存商品有保质期限,一般宜遵循先进先出原则；⑤在退货环节,可以通过计算商品周转率来分析判断该卖场的紧俏商品、一般商品、待休眠商品、滞销商品及待清场商品等。此外,商品周转率也是订货决策的重要衡量指标之一。而且,还可以采用账龄分析法来集中统一管理安排资金运作等。

4. 影响冷链配送存货控制管理决策的主要因素

保证食品安全是冷链物流最主要的目标,因此合理的存货控制是保证物流系统运转顺畅和食品安全的关键因素之一。在目前实际的冷链物流运作中,影响存货控制管理决策的主要因素有食品保质期和生产批号、市场的促销计划、季节因素、仓储储位容量的限制、产品的包装等。

（1）食品保质期和生产批号。食品保质期直接影响食品订购量的多少,货品的存货管理按照保质期实行先进先出管理。存货控制的管理人员应记录所入库货品的保质期、生产批号,以使货品具有可追溯性,加强食品的质量安全管理。

（2）市场的促销计划。在市场人员进行促销计划制订时,存货控制人员应及时了解促销计划的内容,包括促销货品的品种、促销的方式、促销的时间周期、促销的区域范围等,从而判断在促销活动期间货品的销量变化趋势,相关货品受促销货品的影响程度,做好货品的存货控制。

（3）季节因素。冷链物流中的食品存货控制同样会受到季节因素的影响,如冰激凌,在炎热的夏季,由于它是消暑的食品而广受人们欢迎,从而引起销售量的剧升。然而在寒冷的冬天,它却会受到滞销的冷遇。所以此类货品的销售会受到季节的变化而产生巨大的波动。因此,在做货品的存货控制和订单计划时,要充分考虑季节因素的变化。

（4）仓储储位容量的限制。储位管理是在把将来要使用或者要出货的商品保管好的前提下，经常对库存进行检查、控制和管理。在冷链物流中心，受储存的食品保质期和食品安全的影响，更需要注意空间运用的弹性及对存货数量的有效控制。储位容量的限制因素主要包括所存储的货品的特性、储位的空间、人员、搬运与输送设备以及储放设备等。

① 货品的特性。货品的特性包括货品的体积、重量、单位、包装、周转速度、季节性分布、温度要求等；货品的数量、品种、储位单位等。

② 储位的空间。在冷链配送中心，储位空间的管理是为便于拣货及补货而进行的储位配置。在进行储位规划时，首先要确定储位的空间，那就必须考虑空间大小、柱子排列、梁下高度、走道、机器回旋半径等基本因素，再配合其他外在因素，才能合理安排库存商品。

③ 人员。物流中心的作业人员在存、取、搬运货品时，追求的是省时、高效。因此要达到存取效率高、省时、省力的目标，作业流程则要合理化；储位配置和标示要简单、清楚，一目了然；储位上的商品要好放、好拿、好找。另外，库内储位分布要简单、统一、标准化。

④ 搬运与输送设备。在选择搬运与输送设备时，需要考虑货品的特性、货品的单位、容器、托盘等因素，以及作业流程与状况，储位空间的配置等，选择合适的搬运与输送设备。

⑤ 储放设备。选择储放设备时同选择输送设备考虑的基本内容一样，都包括货品的特性、货品的单位、容器、托盘等基本因素，然后再选择适当的设备配合使用。

（5）产品的包装。包装影响冷链物流活动的成本。存货盘存控制依赖人工或自动化识别系统的准确性，而识别系统与产品的包装密切相关。包装有三种功能：保护货物、提高效率、信息传递。包装设计应当将冷链物流需要、加工制造、市场营销以及产品设计要求结合在一起考虑。不同产品的包装单位影响着订货的数量；同时，在食品的整个冷链物流环节中，有货品受损的可能性。包装受损常起因于运输、储存和所利用的管理系统。因此，在存货控制的管理中，包装也是我们需要考虑的重要因素之一。

5.4.2 理货配送管理

1. 理货系统概述

在物流配送中，理货是物流配送中很有特点的流程要素，也是影响物流配送成败的一项重要支持性工作，更是配送区别于一般送货的重要标志。它是完善物流配送的准备性工作，也是不同物流配送企业在配送时进行市场竞争和提高自身经济效益的延伸，更是提升整个物流配送服务水平的关键要素。

理货通常包括货物分类、拣选、加工、包装、配货、粘贴货运标识、出库、补货等多种作业，理货是商户进行竞争和提高自身经济效益的重要手段，商户可以在这一过程中将货物分类存放，以方便货物吐纳和节省库存容量，为下一阶段货物的深加工做好准备。

2. 理货配送管理系统作业内容

（1）理货作业管理。理货作业是配货作业最主要的前置工作，即冷链配送中心接到配送指示后，及时组织理货作业人员，按照货物出货优先顺序、储位区域别、配送车辆趟次别、门店号、先进先出等方法和原则,把配货商品整理出来,经复核人员确认无误后,放置到暂存区,准备装货上车。

理货作业主要有两种方式:一是播种方式,二是摘果方式。

所谓播种方式,就是把所要配送的同一品种货物集中搬运到理货场所,然后按每一货位(按门店区分)所需的数量分别放置,直到配送完毕。在保管的货物较易移动、门店数量多且需要量较大时,可采用此种方法。

所谓摘果方式(挑选方式),就是搬运车辆巡回于保管场所,按理货要求取出货物,然后将配好的货物放置到配货场所指定的位置,或直接发货。在保管的商品不易移动、门店数量较少且要货比较分散的情况下,常采用此种方法。

在实际工作中,可根据具体情况来确定采用哪一种方法,有时两种方法亦可同时运用。

(2) 配送作业管理。配送作业管理包括制订配送计划、实施配送计划和评价配送计划三个阶段。

① 制订配送计划。配送计划是根据配送的要求,事先做好全局筹划并对有关职能部门的任务进行安排和布置,全局筹划主要包括制订配送中心计划、规划配送区域、规定配送服务水平等。制订具体的配送计划时应考虑以下要素:连锁企业各门店的远近及订货要求,如品种、规格、数量及送货时间、地点等;配送的性质和特点以及由此决定的运输方式、车辆种类;现有库存的保证能力;现时的交通条件。从而决定配送时间,选定配送车辆,规定装车货物的比例和最佳配送路线、配送频率。

② 实施配送计划。配送计划制订后,需要进一步组织落实,完成配送任务。

首先是做好准备工作。配送计划确定后,将到货时间、到货品种、规格、数量以及车辆型号通知各门店做好接车准备;同时向各职能部门,如仓储、分货包装、运输及财务等部门下达配送任务,各部门做好配送准备。

其次是组织配送发运。理货部门按要求将各门店所需的各种货物进行分货及配货,然后进行适当的包装并详细标明门店名称、地址、送达时间以及货物明细。按计划将各门店货物组合、装车,运输部门按指定的路线运送各门店,完成配送工作。

如果门店有退货、调货的要求,则应将退调商品随车带回,并完成有关单证手续。

③ 评价配送计划。评价配送计划是指在配送计划进入正常运转后,对计划的实施是否达到计划预期的目标进行评价,主要是分析配送计划实施状况和预期目标是否一致。定期对配送计划的执行情况进行监督检查,并对各项指标的完成进度和质量进行考评。

 5-4

盒马鲜生引进RFID库存管理改善其运营管理模式

随着新零售概念的风靡和新物种的兴起,零售商超越来越注重运营管理方式。零售商超的商品数量大、流动性高,给其管理造成较大困扰,引用新技术强化管理方式是大势所趋。

近年来,线上线下相结合的生鲜超市也逐渐涌现。它们采用"线上电商+线下门店"

的经营模式,这一模式即我们常说的 O2O 全渠道,门店承载的功能较传统零售进一步增加,融"生鲜超市＋餐饮体验＋线上业务仓储"为一体。这样的生鲜超市涌现后,大家非常关注,普遍反馈体验很好,线下客流很旺,但是也没说清楚其核心竞争力到底在哪、如何通过新技术手段提升服务质量。具体内容如下。

(1) 生鲜超市零售与餐饮结合,使所购生鲜可在餐饮区直接加工,提升转化率、提升线下体验、带动客流增长。

(2) 以全渠道经营的理念来设计门店动线,以自动化物流设备实现店内分拣。

早在 2017 年,永辉这匹零售界的黑马即率先引进 RFID 固定资产管理方案。盒马鲜生也紧随其后,引进 RFID 技术进行库存的盘点。RFID 技术正在不断推广落地,转化成生产力,在零售领域,其在时尚行业供应链的管理以及无人零售中正发挥着越来越重要的作用。在盒马鲜生的 RFID 库存管理中,可以实现实时盘点,且准确率高,从而加强了管理,大大减少周转箱丢失数量,节省了经营成本。

值得一提的是,盒马鲜生在动线设计理念上与传统超市存在较大差异,店内四通明亮:一是盒马为真正意义上的全渠道超市,每件商品都有电子标签,可通过 App 扫码获取商品信息并在线上下单,无须在线下设计复杂动线;二是店内分拣更加高效方便。由于电商业务共享了线下门店仓储配送体系,所以仓储成本更低,且通过门店配送周边客户的时效性也更强。

RFID 作为数据载体,是将来实现货品数字化的重要一环,其在零售商超的运营中也将发挥越来越重要的作用,其行业应用也将不断深入! 随着人力成本、租金成本的压力不断增大,技术发展过程中其运用成本的不断降低,RFID 技术的投资回报率将不断提高。

资料来源：鸿陆技术. https://mp.weixin.qq.com/s/Kp8lv1dVs38Ng2rLpRVKsg,有改动

5.5　冷链物流配送路线规划及配送模式

5.5.1　冷链物流配送的路线规划

1. 冷链物流配送网络

冷链物流配送网络可以看作一个由多个要素组成的复杂系统。构成冷链物流配送网络的要素主要有冷链物流中心和物流需求配送路线,如图 5-6 所示。

2. 冷链物流配送路线规划的含义

冷链物流配送路线规划是指冷链配送中心在货物的生产地(如供应商)和销售地(如需求客户)之间安排适当的行车路线,使配送冷藏车辆有序地经过这些地方,同时在满足一定的约束条件(如供货时间、车辆容量限制、行驶里程限制、货物需求量等)下,达到所需的优化目标(如配送时间最短、路程最短、成本最低、使用车辆数尽量少等)。

路线规划是指配送车辆按照某一性能指标(如距离、时间、能量等)选择一条从起始状态到目标状态的最优或次优路线。配送路线合理与否对配送速度、成本、效益影响颇大。

3. 冷链物流配送路线规划的原则

冷链物流配送路线规划应遵循以下基本原则。

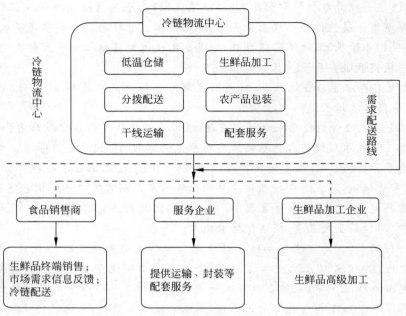

图 5-6 冷链物流配送网络

(1) 适应性原则。设计上要充分考虑市场的需求，以期做到适用于本地生鲜品配送情况，以配送区域和配送对象的具体情况作为配送路线规划的依据。

(2) 及时性原则。由于鲜活类产品易变质腐败，因此配送时要做好保鲜措施，减少生鲜品的等待时间和配送时间。规划路线时遵循及时性原则，在线路、中转点的设计上要尽量合理且能照顾到各个潜在的配送点，并且在配送流程的设计上突出效率第一，尽量减少因自身缘故造成的配送时间的拖延。

(3) 经济性原则。在保证满足广大客户的配送需求和生鲜品配送的时间要求的前提下，如何降低生鲜品配送所需的成本，就是经济性原则所体现的内容。

(4) 可操作性原则。根据实际配送点所在区域和当地基础交通设施情况确定相应的配送路线与配送方式；形成标准化配送，配送流程明确、有效，并严格按照流程进行配送，配送流程各环节应设置责任人。应用信息系统和分拣系统、人才的培养和车辆的冷链化改装等都可以提高生鲜品冷链配送模式的可操作性。

4. 冷链物流配送路线规划的影响要素

影响冷链物流配送路线规划的主要因素有低温货物、交通网络、冷链配送中心、冷藏车辆、客户、约束条件和目标函数等。

(1) 低温货物。冷链物流的低温货物主要包括初级产品、加工食品、冰激凌等，低温食品是食品冷链物流车辆配送的主要对象，在研究中将每个客户需求（或供应）的低温食品作为一批货物，每批货物均包含产品名称、货物储存的环境参数、货物的重量、体积以及要求被送到的时间和地点等属性。

低温货物的产品名称和包装是决定选用货物的配送车辆类型和决定车辆能否将其他货物放在同一个车厢内运输的关键。低温货物存储的环境参数是决定冷藏车车厢内的环境参数如温度、湿度、二氧化碳浓度等的依据。同时,低温货物的体积和重量是决定车辆装载量的重要依据,当客户需求(或供应)的低温货物的重量或体积超过车辆的最大装载重量或容积时,则需要选用多辆冷藏车进行配送。

(2) 交通网络。交通网络即冷藏车运输经过的路线。对于城市市区内的货物配送,由于上下班高峰期所造成的交通拥堵、天气变化、交通管制等因素的影响,车辆在路线上的行驶时间不是固定不变的,会随着出发时间的不同而变化。

(3) 冷链配送中心。冷链配送中心是进行集货、分货、配货、配装、送货作业的地点,是进行冷链产品装配和组织对客户送货,实现配送业务的现代化流通设施。冷链配送系统的配送中心的数量和配送中心的位置可以是确定的,也可以是不确定的。在一些配送范围广且配送网点多的情况下,可以采用多级配送中心进行配送,即通过上一级冷链配送中心配送到下一级配送中心。

(4) 冷藏车辆。冷藏车是冷链配送的主要运输工具。其中冷藏车的装载量及类型、车辆一次配送的最大距离、车辆配送前和完成任务后的停放位置等,都是影响冷链配送路线的冷藏车属性。由于生鲜品的储藏温层包括冷冻温层、冷藏温层及常温层,因此冷藏车的类型有冷藏冷冻车、常温车,对于不同温层的产品应选用不同类型的车辆进行配送。应合理分析研究所运输的低温产品的品种、数量、规格、批量和运输路线、运输距离,选用正确的冷藏车辆,以保持生鲜品的质量,降低运输成本。

(5) 客户。冷链物流配送的客户可以是批发和零售商店,也可以是各存储中心等。客户的属性包括需求货物的数量、时间及需求货物的次数。在冷链物流的配送系统中,客户需求货物的数量可能大于或小于冷藏车的最大装载量,同时该系统内全部客户的货物需求总量可能超过也可能低于全部车辆的装载量。客户对产品的需求时间即要求货物送到的时间,客户对产品配送时间的要求可分为三种情况:无时间限制;必须在指定时间将产品送达到客户处;具有时间限制,当超过一定的时间限制时给予一定的惩罚。

(6) 约束条件。冷链物流配送路线规划需要考虑的约束条件包括配送中心满足客户对产品数量、规格和品种的要求;达到客户对货物需求时间范围的要求;在时间许可范围内进行配送;配送车辆的实际装载量要小于车辆的最大装载量;车辆一次行驶的最大行驶距离小于最大允许行驶距离。

(7) 目标函数。可以有一个或多个目标函数,常用的目标函数有如下几种。

① 综合成本最低。综合成本是衡量冷链物流配送业务效益的基本标准,综合费用主要包括冷藏车辆的运输和维护费用、车辆的能源费用、车队的管理和货物的装卸费用、人员的雇佣费用等。

② 配送总距离最短。冷链物流配送的距离影响配送车辆的能耗、磨损程度、货物的生鲜度及司机的疲劳程度等,配送距离的长度直接决定了冷链物流的配送成本。在物流配送的研究中由于配送的总距离计算简便,是确定配送路线时用得最多的指标。

③ 配送时间最短。由于客户对货物的交货时间有严格要求,为了提高客户的满意度和物流的服务效率,有时将配送时间作为确定车辆出行路线的目标。

④ 劳动消耗最低。劳动消耗最低指以司机人数最少、司机工作时间最短为目标。

⑤ 运力利用合理。该目标要求使用较少的车辆完成配送任务,并使车辆的满载率最高,以充分利用车辆的装卸能力。

5.5.2 冷链物流配送模式

1. 国外冷链物流配送模式

1) 美国生鲜农产品冷链配送模式

美国冷链配送模式包括以超市为中转,将生鲜农产品从农场运送到超市,再由超市配送到客户手上的模式;农产品逐级批发,最后通过零售商店送到消费者手中的模式;由电商巨头建立网络生鲜超市和线下配送中心,将生鲜农产品先运送到配送中心,再通过电子商务手段进行线上购买、线下配送的模式;极少数生鲜农产品配送是由农场自己进行,通过签订协议的形式将生鲜农产品配送至附近的居民家中。美国生鲜农产品冷链配送模式如图 5-7 所示。

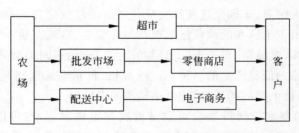

图 5-7　美国生鲜农产品冷链配送模式

美国生鲜农产品冷链配送取得成功主要有以下几个原因。

(1) 生鲜农产品配送所需的硬件支持能得到满足,如美国公路网建设完善,企业使用现代化、信息化的管理模式,严格执行冷链物流与标准化操作,等等。

(2) 生鲜农产品供应链的上下游联系紧密,从产地到加工到销售都有固定且优秀的合作伙伴,农产品物流产业化程度高。

(3) 充分利用互联网优势,积极打造网络生鲜市场。通过网络销售生鲜农产品能有效降低生鲜农产品经营成本和提高物流效率。

(4) 美国政府对农业和物流行业的积极引导也是生鲜农产品配送迅速发展的关键所在。

2) 日本生鲜农产品冷链配送模式

日本生鲜农产品冷链配送模式与美国生鲜农产品冷链配送模式大致相同,即通过批发市场将农产品从生产者转移至超市或者零售商处进行销售和配送或者由农产品生产者直接销售与配送农产品。不同在于日本的农产品配送中超市所处的地位并不高,日本的农业协会则一直处于重要的地位。日本生鲜农产品冷链配送模式如图 5-8 所示。

日本生鲜农产品冷链配送的主要特点有以下方面。

(1) 基础设施先进、完善。日本的物流配套基础设施大部分由政府进行规划和建设,目前日本各地已建成大量的预冷或冷藏库、农产品加工厂和配送中心等物流中间节点,配合日本发达的交通网、配送设施、农产品加工方法和冷链物流技术等,使得日本农产品配

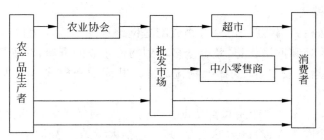

图 5-8 日本生鲜农产品冷链配送模式

送能保持高质量和高效率。

(2) 日本政府和农业协会等在农产品配送中起了重要作用。一方面，政府积极引导农业和物流业的发展，并出台了许多优惠政策；另一方面，将农产品的销售和配送全部交由农业协会负责，大大节省了农业从业者和农产品销售者的成本。

(3) 积极应用计算机网络技术，农产品配送信息化程度高。日本的信息化起步较早，计算机网络技术的广泛应用极大地提高了农产品在进货和库存周转方面的效率。

2. 国内冷链物流配送模式

1) 按照能源供给方式划分

目前，国内冷链物流配送的三种主要模式可以分为电力驱动型（冷藏车）与无源蓄能型。而无源蓄能型按照载冷剂的不同又可分为干冰载冷型和相变蓄冷材料载冷型两种。这三种模式的冷链物流配送方式都存在一定的优缺点。下面分别对这三种冷链物流配送模式予以分析[①]。

(1) 冷藏车制冷低温配送模式。有源型低温物流制冷方式就是自带制冷单元的冷藏箱，常见的是自带压缩机组的冷藏车。冷藏车制冷的优点是能保持较长时间的低温，这种低温物流制冷方式主要应用于大批量低温货物的长途配送。

(2) 以干冰作为冷源的低温配送模式。干冰曾经被广泛应用于保存温度在 0 ℃ 以下的生物制品、食品、水产品等的配送与保存，其出色的制冷效果让干冰一度成为冷链配送的宠儿。但是，干冰也难逃在冷链物流配送中被抛弃的命运，各大航空公司基于安全的角度已经明令禁止使用干冰作为制冷剂。

干冰型冰袋的使用不受航空限制，使用更加安全可靠。干冰型冰袋存在多个温度区域可供选择，满足不同温区货物配送。$-55\ ℃$、$-33\ ℃$、$-18\ ℃$、$-12\ ℃$、$-6\ ℃$、$2\sim 8\ ℃$ 的系列干冰型冰袋，在最大限度上满足了货物对温度的不同要求，持续 120 小时长时间保温性能（$-55\sim -18\ ℃$）确保生物制剂与食品的配送安全。

(3) 相变蓄冷材料的低温配送模式。以蓄冷材料（冰袋或者干冰）作为冷源的低温配送模式是利用蓄冷材料在相变过程中释放冷量来维持货物的低温，该模式非常适用于少量、多次的低温货物配送。作为一种全新的低温物流配送制冷方式，采用相变蓄冷材料的低温配送模式造价较低，无须额外的能源，使用非常方便。

---

① 李爽. 冷链低温配送的三种模式比较分析[EB/OL]. [2014-09-02]. http://www.roloo.com.cn/122/c2944.htm.

2）共同配送模式

探索共同配送模式，构建城市冷链物流配送网络体系。有实力的冷链物流企业可以充分利用自身的管理和网络优势，整合众多小型物流企业的资源，形成良好的冷链物流共同配送系统，提高运作效率，降低社会物流成本。共同配送模式可分为联合模式和整合模式。

（1）联合模式。我国农产品和食品批发市场，常常集结了大量的食品生产企业、批发企业、零售企业、冷库企业、冷链运输企业，其中包括大量的个体经营户。相关企业应该联合起来，共同建立冷链物流配送中心，实现冷链物流的共同配送。

（2）整合模式。我国冷链物流服务商大多为中小企业，可充分利用其在品牌、资金、管理和网络优势，整合各自现有资源基础上，在冷链物流项目的渠道、环节、技术及管理模式上展开多方位的合作，整合为上下游协同的第三方冷链系统，为冷链需求方提供完整的冷链共同服务。

3）冷链宅配模式

冷链宅配模式是冷链物流向"门到门"延伸后产生的一种配送服务模式，是专业快递的一种特殊递送模式。它的"快递化"有三大特征，即提供"门到门"、限时和增值服务，保持冷藏（0~10 ℃）或冷冻（-18 ℃）的条件下，将需要冷链运输的食品或者商品通过快递的方式送到住宅。

冷链宅配模式的特点主要体现在以下几个方面。

（1）需要冷链宅配的商品主要是中高端食品、进口食品、特色食品、易损及易变质食品、有机食品、天然食品、无公害食品，以及营养价值较高、附加值较高的食品。

（2）冷链宅配的季节性特点较强，夏季和秋季需要冷链处理，冬季冷链的冷藏反而需要"保温"处理。也有采取真空包装后再进行冷链处理的，以确保食品安全。

（3）冷链宅配的市场规模与消费能力呈正相关，与高收入人群聚集化的程度呈正相关。

（4）冷链宅配需求向组合型、礼品化发展。随着家庭消费的日趋时尚化，礼品化包装冷链宅配将成为家庭之间礼尚往来的新潮流。

（5）国内冷链宅配还处在初级阶段，缺乏专业化的冷链宅配公司。冷链宅配的企业主要是第三方快递企业、冷链食品销售商自建宅配物流。

（6）冷链宅配以同城化为主，跨区域化为辅。随着生鲜品消费市场的不断升级，冷链宅配借助于更多国内外生鲜品/食品的资源，以及冷链干线运输（公路、铁路、航空）网络体系，已呈现冷链全过程的高度协同，形成快捷、高效、准确地实现冷链宅配的特点。

4）生鲜电商冷链物流配送模式

随着电子商务的发展，生鲜电商兴起。为保证生鲜商品的"鲜"，对生鲜商品的配送时间、配送方式和配送要求必然很高，目前国内生鲜电商冷链物流配送的主要模式有以下四种。

（1）自建物流模式。自建物流模式是指由网站自己筹资组建物流配送系统，经营管理整个物流运作过程。从消费者网上下订单到货物最终送达消费者手中，采取的是一体化服务，没有第三者的参与。一般采用仓库与配送点相结合的方式，在网购密集地区建立仓储中心和配送点,各配送点联网接入系统,对配送进行全过程监控,根据订单地址,就近配送,缩短配送时间。

(2) 第三方物流模式。第三方物流模式是指由第三方物流企业承担企业物流活动的一种物流形态。随着信息技术的发展和经济全球化趋势的加强,越来越多的产品在世界范围内流通、生产、销售和消费,物流活动日益庞大和复杂,而第一、二方物流的组织和经营方式已不能完全满足社会需要;同时,为参与世界性竞争,企业必须确立核心竞争力,加强供应链管理,降低物流成本,把不属于核心业务的物流活动外包出去。

(3) 社区式配送模式。社区式配送模式是指消费者网上下单,企业以社区为单位集中进行物流配送的一种新物流模式,它将分散的物流网络集中化,节省人力,节省时间。如"电子菜箱"模式,电商经与社区管理者协商,上缴管理费,安装"电子菜箱",形成终端网络。配置了"电子菜箱"的小区居民可以在电商网站上下单,根据订单,分拣员进行分拣,并按照顾客所在的区域分区码放。最后按照具体区域,专人专车将商品按时送到其所在小区的"电子菜箱",全程冷链运送。顾客凭借会员卡,打开"电子菜箱"拿到商品。此外,还有企业配备基于物联网技术的具有制冷隔热保鲜功能的配送终端储物柜,不仅有效满足了生鲜商品配送的存储运输条件,存放在内的蔬菜瓜果也不会打蔫、变坏、变质,保证新鲜,很好地解决了生鲜商品的鲜度问题。

(4) "便利店+O2O"模式。随着移动互联网的发展,生鲜电商也希望以自身的流量和数据优势与传统企业合作,打造自身的O2O闭环,O2O成为目前电商企业和传统企业共同关注的模式。电商企业线下和线上融合成一个大的生态体系;而传统线下企业也在思考如何利用电商企业的流量、平台和工具,盘活自身的线上线下销售体系。

"便利店+O2O"模式是指网上商城与便利店合作,线上与线下结合,网上商城提供线上购买信息,线下的便利店为用户提供自提点,相当于便利店成了网上商城的仓储中心、配送点。利用便利店的冷柜设备,将用户网上下单的商品放到冷柜中,用户到便利店线下提货,解决了物流配送"最后一公里"的问题。更有甚者,企业直接线下开店,用户网上下单,然后用户可借助LBS(基于移动位置服务)定位,选择距离最近的便利店进行购物,没有物流成本。"便利店+O2O"模式,线上与线下交互,用户线下接触得越多体验越真实,比较容易产生信任感和忠诚度,容易提升重复购买率。另外,这种线下提货的方式,不仅能很好地控制物流配送"最后一公里"的成本,还能很好地处理退换货问题,增强用户体验,更重要的是大大节约了用户挑选的时间。

应用案例分析

生鲜:鲜度、库存、卫生、陈列精细化管理

作为以食品销售为主的中型超市,生鲜一直都是所有部门中的重中之重。生鲜部经营的好坏直接影响超市的人气、销售和口碑。

作为生鲜部负责人,我个人认为生鲜的管理应分为人的管理、商品管理、损耗管理、氛围管理和销售任务管理。

一、人的管理：供应商、促销员、员工

供应商作为超市的合作伙伴，也是超市服务的第二对象，至关重要。人的管理的最终目的就是折中利益、合作愉快达到双赢。作为郊县的超市，生鲜的供应商本土化很重，这是一个优势也是一个难点。优势在于能更好地把控市场，难点在于随意性、排外性和匪气，对共赢的目标认识不够，对超市的活动、要求不配合，不服从。对此类厂商，应采用纸质要求式软性管理。既先对某项要求、规定形成文字，宣读，张贴，工作中指正、引导、座谈，最终逐步完善。

要加大对促销员及员工关于商品的鲜度、库存、卫生、陈列的管理培训力度。培训合格，才可上岗。

二、商品管理：鲜度、库存、卫生、陈列

规格商品可以建立保质期预警记录，果蔬类商品应该定义为视觉上的购买欲，而并非什么时间送达的就一定新鲜，果蔬的新鲜与否就在于一个"水"字，只要不水灵了就要想办法。老员工都知道哪种菜会在什么时间失"水"，无论何种商品预警都一定要第一时间处理。生鲜部是顾客最容易挑毛病的地方，不新鲜不干净很容易造成顾客反感。因此在卫生上的要求只有一个：只保持不打扫。每一个在岗人员，卫生始终都是第一工作主线，培养他们随手做卫生的习惯。陈列一般要求整齐、丰满，关键在于建立健全的监督机制。

三、损耗管理：商品损失、备品损耗、设备不正常使用损耗

对于经常性亏损的商品，做阶段性的进、销、存跟踪，进行短周期的盘点比对，找出损耗原因。果蔬的损耗历来较大，可以对某个或几个损耗大的商品逐一剖析：进货数量严格称重入库——丢弃部分严格称重记录——销售人员严格监督——最终比对——查出真正的损失原因。如果丢弃部分较大，要考虑订货的准确性和存储条件是否合理，根据损失的真正原因制订相应办法。

四、氛围管理：员工间的相处氛围，卖场的环境氛围，重点商圈的宣传氛围

建立同事间和睦相处的友好氛围，使员工更有干劲儿。例如，在不忙的时候组织员工喜欢的短活动或者讲笑话缓解一下气氛。卖场客流高峰期时，叫卖人员的位置安排至关重要，考虑多点位置安排亮点商品。非客流高峰时，让员工学会交谈式推销，以延长顾客的驻足时间，达到聚客的目的。糕点房与主食加工的视觉与嗅觉活性化营造（考虑蛋糕房外扩将柱子涵盖进去，扩加展柜和二次照明。主食厨房缺少现场加工的忙碌与热气，熟食考虑增加烤箱现场烤制）。门前广场增加醒目的今、明特价宣传牌。建议对商圈内高入住率的小区同样制作简易今、明特价宣传牌，每天早上固定时间更换。

五、销售任务管理：销售任务的合理分解、促销活动的开展

根据销售任务的小类分解当日任务，作出第二日调整（增加人员贩卖、加大陈列、增加店内促销等）保证每小类任务紧跟进度。促销活动的开展遵循一个原则：十品促销让十元，不如一品促销让五元。保证"花"最红，叶也绿。

资料来源：商超传媒. https://mp.weixin.qq.com/s/4Kcu9jO5R1AGfXTmhcg4UA，有改动

思考并回答：

1. 鲜度、库存、卫生、陈列精细化管理主要体现在哪些方面？
2. 生鲜品的商品管理和损耗管理的基本内容和方法有哪些？

【本章小结】

冷链物流可以定义为：生鲜品从供应地向接收地的实体流动过程中，根据实际需要，将冷冻冷藏运输、储存、装卸、搬运、包装、流通加工、配送、信息处理等功能有机结合，并保持生鲜品始终处于维持其品质所必需的可控温度环境下，从而满足用户要求的过程。

冷链物流配送体系主要由冷库、冷藏车、冷链配送企业、冷链食品及其供应商、分销商、消费者等要素组成，各要素之间相互联系并相互作用。

冷链配送中心的功能有：集散功能、运输与配送功能、装卸与搬运功能、存储功能、流通与加工功能、包装功能、相关信息收集处理功能。

理货作业是配货作业最主要的前置工作，即冷链配送中心接到配送指示后，及时组织理货作业人员，按照货物出货优先顺序、储位区域别、配送车辆趟次别、门店号、先进先出等方法和原则，把配货商品整理出来，经复核人员确认无误后，放置到暂存区，准备装货上车。

冷链物流配送路线规划是指冷链配送中心在货物的生产地（如供应商）和销售地（如需求商）之间安排适当的行车路线，使配送冷藏车辆有序地经过这些地方，同时在满足一定的约束条件（如供货时间、车辆容量限制、行驶里程限制、货物需求量等）下达到所需的优化目标（如配送时间最短、路程最短、成本最低、使用车辆数尽量少等）。

第 5 章习题

第 6 章

冷链配送中心的规划与建设

6.1 冷链配送中心建设的特点及要求
6.2 冷链配送中心规划原则及流程
6.3 冷链配送中心选址、类型及规模
6.4 冷链配送中心冷库设计与建设
6.5 冷链配送中心设备选择

【本章导航】

本章主要介绍冷链配送中心建设的特点及要求;冷链配送中心的规划原则及流程;冷链配送中心选址、类型及规模;冷库建设需注意的事项;冷链配送中心设备的选择等。

冷链物流新模式:前置仓

前置仓是在国内被称为新零售样本的盒马鲜生所采取的仓配模式。它的每个门店都是一个中小型的仓储配送中心,这使得总部中央大仓只需对门店供货,也能够覆盖"最后一公里"。消费者下单后,商品从附近的零售店里发货,而不是从远在郊区的某个仓库发货。这便是支撑它在门店 3 千米范围内做到 30 分钟送达的重要前提。

一、现存冷链物流面临的问题

在冷链物流服务中,最难的部分就是"最后一公里"配送。先进国家和地区早有生鲜产品的配送服务,如日本和中国台湾地区采取的是"宅配"的服务模式,即生鲜产品销售方通过冷链物流(如冷藏车运输)直接将产品配送至客户家中。

由于我国市场的特殊情况,这种冷链物流服务目前并不是主流的冷链物流服务模式,主要有两个原因:第一,中国城市交通管制和停车设施等问题,使得冷藏车很难于白天在城市通行,因此很难为个人消费者提供上门配送服务;第二,中国城市人口密度大,电商规模更大,生鲜电商订单数量也远超日本和中国台湾地区,消费者对订单响应速度要求更高,这都使得这种宅配模式无法满足中国生鲜电商的发展需求。

二、前置仓模式的优势

前置仓是指更靠近消费者的小型仓储单位,一般设置在消费者集中的社区附近。其运营模式是:生鲜产品销售方利用冷链物流(冷藏车)提前将产品配送至前置仓存储待售,消费者下单后,由前置仓经营者组织完成包裹生产和"最后一公里"的上门配送。无论是订单响应速度还是配送成本,前置仓模式相比直接配送都具有很大优势。

而在现代零售环境当中,仓库的前置变得越来越重要。简单说就是把仓库设在离消费者更近的地方,可能是某个办公楼,可能是某个社区,也可能是直接对零售门店赋予仓库功能,消费者下单后,能够尽可能在最短的距离和时间内送货上门。

三、前置仓模式面临的挑战

盈利模式不清晰,依赖资本输血是前置仓模式的核心痛点。

(1)所有的到家服务必须达到临界生存密度才有商业价值,例如在单一城市将前置仓数量做到满负荷,达不到临界生存密度的低频到家服务很难盈利。

(2)任何利用小区里面"闲散人员"的力量辅助进行商业化的到家服务都是不靠谱的。"人"的成本虽然极低,但是也是最难控制的,很难规范化。这会使到家服务用户体验差,违背了消费升级的大趋势。

(3)很多看起来很美好的事情在商业化的过程中很容易变形,一些利用社区意见领袖做起来的事情本质都是很好的,但是很难商业化,如邻里团购。

四、布局前置仓

布局前置仓有几个核心要素:选址、履单、选品、数据。

(1)选址。前置仓多选在靠近小区、用户比较集中的区域,不同的企业在选址模型上有所不同。而且前置仓相当于一个不对外营业的社区店,它的选址条件比实体店铺更宽松。

(2)履单。履单是前置仓模式的核心环节之一,分为拣货和配送两部分。系统收到订单之后下达到就近的前置仓,拣货人员进行拣货并交付给配送员,由其将商品配送到消费者手中。在配送环节,根据企业自身情况不同,分为自营配送队伍和对第三方外包两种模式。

(3)选品。前置仓选品取决于两个因素:一是自身定位,二是所掌握的供应链资源。例如,每日优鲜的选品原则是以生鲜为主的 1 000 个精选单品,瞄准消费者的一日三餐;朴朴超市主打全品类概念,商品种类涉及生鲜、粮油、熟食、面点、日用清洁、母婴宠物等。

(4)数据。数据是前置仓指导网点布局、科学选品、订单分配、优化配送的关键所在。目前而言,多数尝试经营前置仓的企业仍在积累数据中,离所谓的"大数据"尚有较大差距。

资料来源:北京快行线。https://mp.weixin.qq.com/s/A-ghrM4oRlaqObzvf9iv_g,有改动

6.1 冷链配送中心建设的特点及要求

6.1.1 冷链配送中心建设的特点

冷链食品不同于其他产品,具有易腐性,即食品极易发生变质,其中的鲜活食品更会因为死亡而失去大部分或全部价值,这种情况下的冷链食品若仍被销售,则会引发重大的食品安全事故。因此,冷链食品对所处的环境有着严格的要求。另外,冷链食品中的部分生鲜产品还具有生产上的季节性和区域性,一些特殊的冷藏冷冻食品则具有消费上的时间性,如冷冻汤圆、粽子、冰激凌等。

冷链食品的上述特性,导致它的流通过程不同于工业产品和其他常温消费品。因此,冷链配送中心有别于普通配送中心,其主要特点有以下几点。

1. 资金投入高

由于冷链食品的鲜活易腐性,对储存和运输设施设备有严格的要求,因此冷链配送中心需要大量的资金购置低温和保鲜设施设备,如购置冷藏车、冷藏箱,建造冷库、保鲜库,配置温度监控系统等,甚至是成立冷链食品检测室,以检测食品的微生物含量、保质期等。而这些低温保鲜设施设备在具体运行中需要耗费大量的资金,如冷藏车、冷库的能源消耗成本、专业人员的人力成本等。因此,冷链配送中心相对于普通的配送中心,资金投入极高,相应地,行业门槛也较高。

2. 服务辐射范围有限

在冷链物流中,尽管使用了冷藏冷冻设施设备,采取了各种保鲜措施,但随着时间的推移,食品仍然会有一定的损耗,品质也会相应下降,这种下降的速度随时间增长呈指数级增长,因此,冷链配送中心往往服务于周边,其配送半径不大。而针对冷链食品中的保质期和保鲜期短的食品,其周转要求时间短、速度快,这类产品往往接近生产区域或销售区域,使得配送路径尽可能的短。综上所述,受冷链食品的特性影响,冷链配送中心的服务辐射半径较小。

3. 作业流程复杂

由于不同冷链食品对温度、湿度等环境的要求不同,因此冷链配送中心需要针对此采取不同的措施。例如,保质期短或对鲜度要求较高的食品,如水产品、肉制品、蛋糕等,要求在最短的时间内送达客户,此类产品在冷链配送中心属于通过型,一般经过收货、分拣和配送就完成了整个物流过程;保质期相对较长的食品,需要在冷库储存;而需要加工的产品,则需要进行加工作业,如果蔬类需要进行清洗、分类、包装,肉类及水产类需要进行切割、分装等。同时,由于冷链食品的易腐性,在整个作业流程中必须保证冷链的持续性和不断链,所采取的如冷库冷藏车无缝对接技术和冷藏车预冷措施,都使得冷链配送中心的作业流程更加复杂。

6.1.2 冷链配送中心建设的要求

作为连接冷链体系上、下游节点的冷链配送中心,在建设时需统筹考虑以下几个方面。

1. 与冷链体系上、下游业务模式的衔接

在此以第三方冷链配送中心码头(月台)设计为例进行说明,该配送中心上游大多为制造商,下游多为零售商店铺。上游到货车辆一般为10吨以上的大型冷藏车或冷藏集装箱车,那么进货码头设计的高度应能与大型车辆相匹配,以尽可能减少卸货的高差。下游是城市配送,送货车辆一般为5吨以下的小型冷藏车,出货码头设计的高度要与小型冷藏车相匹配。在建设时,一般用回车场区来调节大小车码头的设计高差。

2. 冷链配送中心自身功能定位

冷链配送中心的仓储服务是否是多温层仓储、配送是否是城市配送、是否回收退货等业务功能定位,均影响冷链配送中心内部的规划方案。

3. 冷链配送中心内部标准化作业流程与信息系统可实现的功能

多业主订单集单处理系统、储位管理系统、自动仓库系统、集单拣货及分拨系统、DPS（摘果式）拣货或分拨、物流计费系统、共配体系、派车系统等是否健全，会直接影响冷链配送中心规划设计时的区域、温层、面积、自动化设备的方案。

4. 综合考虑规划设计预案与工程实施的可执行性

与常温配送中心规划设计不同的是，冷链配送中心在规划时如果没有综合权衡施工工艺及施工方式，很可能施工无法执行，或者即使施工勉强执行，但在后期营运过程中，问题会陆续显现出来。例如，规划时未考虑冷桥、断热、气密方面的问题，营运中就会出现大问题，造成后期高额的营运成本及低劣的工程品质，从而大大缩短冷链配送中心的使用寿命。

5. 投资预算

在进行投资预算的考量时，应综合权衡一次性建设投资及投资对未来营运支出的影响，以避免建设成"鸡肋工程"。

 6-1

前置仓布局能否解决生鲜冷链物流"最后一公里"配送难点

冷链物流服务一直被物流行业公认为行业服务的难点之一。冷链物流比一般常温物流系统的要求更高、更复杂，建设投资也要大很多，是一个庞大的系统工程。加上国内一线城市的交通管制复杂、拥堵情况严重，中国冷链物流成本更是让很多想进军该领域的企业望而却步。据业内人士推算，生鲜食品大多需要冷链配送，成本是普通常温配送的130%，可能需要商家每单付出数十元以上的配送成本。

相对于其他行业，生鲜电商需要的冷链物流服务的技术要求更复杂、运营成本更高、市场挑战更大。而在冷链物流服务中，最难的部分就是"最后一公里"配送，因此物流企业纷纷布局前置仓，但是布局前置仓真的能解决这一难点吗？

一、收货端的重要变化

2012年至今，以互联网为代表的信息技术革命带领我国经济进入一个全新的发展时期，电子商务作为全新的销售方式和销售渠道，带动了物流行业的爆炸式发展。2012年，众多电商和快递巨头开展生鲜产品的电商销售业务，因此这一年也被国内媒体称为"中国生鲜电商元年"。当年，电商巨头淘宝、京东、亚马逊纷纷推出生鲜电商销售频道，快递巨头顺丰速递旗下电商食品商城"顺丰优选"也正式宣布上线。生鲜电商竞争的背后是冷链物流服务能力的较量。

这个阶段的特点是独立餐厅和独立零售店（小B）与个人消费者（C端）的需求上升，他们成为生鲜产品的重要收货方。这个收货端的重要变化给整个冷链物流服务甚至整个冷链产业都带来重要改变。

首先，这样的收货方采购生鲜产品主要是自用和自我消费，对产品品质要求更高、更严格。这就需要相关的物流服务环节能够提供产品品质可检测、可查询、可追溯的服务功能。而生鲜电商销售天然缺失购物前"眼见为实"这个环节，不利于消费者建立信任。为了克服这个缺点,众多生鲜电商销售平台推动线上线下全新销售模式,推进了生鲜产品新型线下销售模式;有些生鲜电商平台还定期组织消费者到生鲜产品生产源头进行访问体验,以加深消费者对产品的认识和品质的信任。

其次,个人消费者对生鲜产品的配送服务需求,促进了冷链物流"最后一公里"服务的发展。大部分冷链物流"最后一公里"配送采用的是"高标泡沫箱+低温冰袋"的方式。当然,为了提高服务质量和降低物流成本,很多新的技术和模式被应用到这个环节。例如,采用可循环利用的可蓄冷冷媒替代冰袋,可重复使用的冷藏周转箱替代一次性泡沫箱,等等。

二、探索新模式,布局前置仓

目前,我国企业普遍采用的冷链物流模式是"泡沫箱+冷袋"的模式。用"泡沫箱+冷袋"把生鲜产品打包成一个包裹,包裹内部形成适合生鲜产品保存的局部空间,包裹在物流运作时被视为普通包裹,走现有常温物流配送体系。这种模式成本较低,但是对生鲜产品的品质保护难以保证,对冷链环境要求特别高的生鲜产品无法用这种物流服务模式。

如今,有一种服务模式结合了"宅配"和"泡沫箱+冷袋"两种模式的优点,即前置仓模式。前置仓是指更靠近消费者的小型仓储单位,一般设置在消费者集中的社区附近。其运营模式是:生鲜产品销售方利用冷链物流(冷藏车)提前将产品配送至前置仓存储待售,消费者下单后,由前置仓经营者组织完成包裹生产和"最后一公里"的上门配送。无论是订单响应速度还是配送成本,前置仓模式相比直接配送都具有很大优势。

"分段运输,主干优先,分级集结,降维扩散"是所有商品种类在城际物流、同城快运、终端配送过程中实现总体成本最小化的发展趋势,只有这样才能最大限度地保证运输效率、降低成本;在成本持续降低的情况下,生鲜配送行业必然会从原来集中直配向纵向分段运输演变。

三、前置仓的建设和运营

前置仓网点往往选择设在人口密集的社区周边,理论上需要和前端销售平台合作,运用大数据分析订单密度。但由于运营前期没有数据积累,很多物流公司更多是通过商业经验,分析外围数据,如根据小区数量、小区居民数量、小区房价等分析当地的消费水平和结构,决定将前置仓网点设置在哪里。通过一段时间的运营,就可以根据大数据进行分析,对前置仓网点进行优化和调整。前置仓通常拥有一个几十平方米的小型冷库、一组冷柜和冷风柜,配送采用保温箱,这样存储生鲜产品的效率更高、效果更好、物流成本更低。

前置仓模式采用接力传递方式提供冷链物流服务,其是否能够运行良好,取决于与合作伙伴的协作,因此要做好双方的系统对接、产品品质管理等工作。为了最大限度地减少前置仓操作对生鲜产品品质的影响,前置仓通常只承担货品临时存储、包裹生产、"最后一公里"配送功能,将以前由中心仓负责的包裹生产作业放到前置仓来做,不像以前中心仓+配送站模式,配送站不做折包、拣货、打包的工作,一般都是包裹来包裹走。

前置仓的运营成本主要是房租成本和配送人员成本。目前相关公司越来越感受到成本上升带来的压力。原因有两点:第一,相比庞大的电商业务,尽管冷链物流发展很快,但是实际业务量并不大；第二，前置仓运营属于劳动密集型，需要投入大量配送人员，同时仓库与制冷系统建设属于重资产投入，成本也不低。

为了化解成本压力，物流企业也做了很多新业务模式的尝试。一方面，在配送环节，前置仓越来越依赖众包物流配送平台。因为使用众包物流配送平台的运力，相比自建配送队伍成本低很多，并且很多配送平台都提供专门的冷链配送装备（如冷链配送箱），也能给前置仓节约很大的成本。另一方面，充分挖掘前置仓的潜力，创造更多的效益，如增加前置仓的商品展示和销售功能。自提服务是前置仓的重要功能之一，因此可以在门店为上游客户做线下体验、商品展示与推广等服务。这样，前置仓不仅仅是物流的一个环节，还可以成为一个新的销售通路。

还有些前置仓进一步拓展销售业务，直接变成了生鲜O2O，对此有业内人士认为，帮客户卖产品与自己卖产品还是有很大区别的，最重要的是要有销售体系和人员。多数前置仓运营企业毕竟属于物流企业，缺少零售的基因，要做好零售，在系统建设、管理、人才储备上都要加强，这都需要投入，不是一朝一夕可以做好的。

综上所述，布局前置仓，是否真的能够解决生鲜冷链物流"最后一公里"配送难点？欢迎留言共同探讨。

资料来源：中冷联盟. https://mp.weixin.qq.com/s/QAlVe6xvoRlGR85DyhfjDw，有改动

6.2 冷链配送中心规划原则及流程

6.2.1 冷链配送中心的规划原则

冷链配送中心规划的基本原则是"立足现状、着眼未来、适度超前"，同时还须遵循以下特定原则。

1. 现代化、科学化

冷链配送中心的规划，应尽可能引用国内外先进技术，实施一个物流项目一般10年内不至于落后，而且为了适应科学技术的发展，还要留有改建和扩建的余地。项目建设的规划不可能一步到位，开始以人工作业、机械作业为主，逐步完善，滚动发展，最终达到较为现代化的水平。特别是要适应未来世界经济一体化，无论是硬件建设还是运营管理，都要注意同国际接轨，并且做到以信息为支撑。包括思维和观念一切立足于创新，但是还要克服盲目性，量力而行，务求实效。

2. 系统化、网络化

冷链配送中心的规划要符合企业的总体战略目标，符合当地的物流规划。项目实施后应满足用户不断变化的客观需求，使其具有跨部门、跨行业、跨地区、融入社会化物流系统的能力，物流系统化可以使成本最低、效益最大、服务水平最高。效益和服务作为系统规划的一个核心，必须给予应有的重视。

网络化包含两个层面：其一是指项目内部的信息系统，网络化可以让供货商、需求商利用计算机网络进行业务联系、结算、订货及物流管理，同时也可实现信息快速传递，快速反应；其二是项目内的各物流据点形成网络连接，并满足物流、商流、金融流的需要，以保

证整个项目库存商品结构最佳、库存量最低、运输路线合理等。

3. 社会化、规模化

冷链配送中心的规划设计需以"降低物流成本,提高服务水平"为宗旨,但是"成本"与"服务"是效益背反的两个因素,因此,规划冷链配送中心必须找出"成本—服务"的最佳组合。为了提高服务水平,在保证本企业内部需求的前提下尽可能做到社会化服务,为了降低成本,还需要一定的规模效益。21世纪,经济全球化的显著特点是竞争国际化、激烈化,为此需要不断提高社会服务能力,形成集约化经营,以取得规模效益。

4. 信息化、集成化

信息化主要表现在物流信息收集的代码化及数据库化,物流信息传递标准化与实时化,物流信息处理电子化。实现信息化可以提高物流管理的科学化水平及市场预测的精确性,使现代物流更加系统和合理,加强物流过程的可控制性和可预见性。信息化是实现物流网络化、国际化的基础,是物流系统的核心,信息管理技术对物流效率及效益具有决定性作用。

集成化以信息化为基础,将物流业务处于物流系统中枢的管理和控制之中,实现设施、设备、物流量、流向、职员素质、技术水平、运营管理等集成化,确保物流系统高效率运营。

5. 标准化、国际化

使现代物流设施、设备、业务流程、服务、运营管理等尽可能标准化,将复杂的物流业务及管理形成标准化的程序,并便于考核和推广。

标准化有利于实现国际化,项目建成初期以国内市场为主,随着全球经济一体化的发展,物流将逐步融入国际大市场,参与国际物流企业的竞争,发展国际市场。

6. 综合化、区域化

现代物流必须合理定位,才能获取较高经济效益,冷链配送中心除传统的储存、运输、装卸搬运、流通加工、配送等功能外,还应扩展采购、营销、市场调查和预测、订单处理等业务,其内涵在于提高物流服务质量及物流决策的科学化水平。

7. 合理性、前瞻性

"立足现状、着眼未来、适度超前"是冷链配送中心规划的基本原则,立足现状是基础,适度超前是未来,整个规划和设计以合理实用为主,但必须具有一定的前瞻性和完全的可行性,在传统的基础上发展现代化,同时以消费者为起点,功能向上游移动,最终实现供应链管理。尽可能做到投资不落后,并且不脱离实际。

6.2.2 冷链配送中心的规划流程

冷链配送中心的规划一般经过五个阶段,如图6-1所示。

1. 规划准备阶段

(1) 组建配送中心规划建设项目组,成员应来自投资方、工程设计等部门。

(2) 明确制订配送中心未来的功能与运营目标,以利于资料收集与规划需求分析。

(3) 收集所处地区有关发展资料和有关基本建设的政策、规范、标准,以及自然条件资料和交通等协作条件资料。资料收集的目的在于把握现状,掌握市场容量。

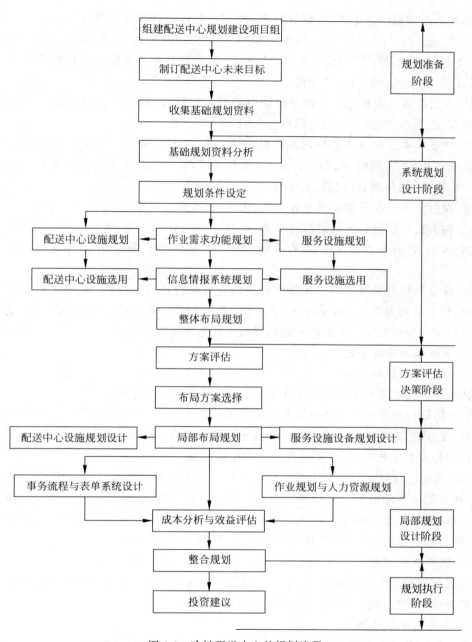

图 6-1 冷链配送中心的规划流程

基础规划资料的收集包括以下几个方面。

① 物流网络。物流网络包括服务据点(转运站、仓库、零售点)、服务水准(交货期、缺货率、送达时间)。

② 信息网络。信息网络指计算机在各物流据点的配置,各层计算机服务范围、联机(on line)、实时(real time)的程度,同时表明何处没有联机仍使用电传或电话;库存登录

及货品移送在信息网络中的登录程序；接单、紧急配送的频率及处理方式。

③ 配送工具。配送工具包括配送中心内部所使用的拖板车、堆高机、吊车、货柜、拖车、大货车、小货车等；同时也应根据个别的路线、地区分析各种配送工具的便利性、切实性、迅速性、安全性、经济性、信赖性等。

④ 人员配置。人员配置可根据配送中心的组织机构设置确定，对现有人员的职责、受教育程度、年龄、性别等应充分掌握。

⑤ 作业成本。配送中心的成本科目包括：其一，土地成本——租金、地价税；其二，建筑物——折旧费、保险费、租金；其三，设备与工具——折旧费、租金、保养；其四，其他——水电费、通信费、外包费、人事费、员工交通费等。

⑥ 投资效率。投资效率指上述土地、建物、设备等的利用率，也应充分掌握。

⑦ 物流量。物流量包括商品的种类、数量、特性、装运状态、装运尺寸、进出货频率、尖峰流量等。库存包含库存量、库存金额、周转率、库存期限、规则变动、不规则变动、季节变动等。

⑧ 作业流程与前置时间。作业流程与前置时间分析应以"顾客的观点来看交货期"为基准，作业流程及其所需时间大概可分为由请购到供货商交货、上架所需时间；顾客下单到拣货完成所需时间；上配送车辆到货品上顾客货架所需时间。

2. 系统规划设计阶段

1) 基础规划资料分析

将收集到的相关资料进行汇总分析，作为规划设计阶段的依据。

（1）物品特性分析。物品特性是货物分类的参考因素，如按货物重量可分为重物区、轻物区；按货物价值可分为贵重物品区及一般物品区等。因此仓库规划时首先需要对货物进行物品特性分析，以划分不同的储存和作业区域。

（2）储运单位（PCB）分析。储运单位分析就是考察仓库各个主要作业（进货、拣货、出货）环节的基本储运单位。仓库的储运单位包括 P（托盘）、C（箱子）和 B（单品），而不同的储运单位，其配备的储存和搬运设备也不同。因此掌握物流过程中的单位转换相当重要，需要将这些包装单位（P、C、B）进行分析，即所谓的 PCB 分析。

2) 规划条件设定

通过对现状资料的分析，可以充分了解企业或地区原有仓库网络的弱点，进而设定配送中心的规划条件，包括仓储能力、自动化程度等。

3) 作业需求功能规划

作业需求功能包括配送中心的作业流程、设备与作业场所的组合等。配送中心的作业包括入库、仓储、拣取、配货、出货、配送等，有的还有流通加工、贴标签、包装、退货等。在规划时，首先要分析每类物料的作业流程，作出作业流程表。

4) 设施需求规划与选用

一个完整的配送中心建设规划中所包含的设施需求相当广泛，可以既包括储运生产作业区的建筑物与设备规划，也包括支持配送中心运作的服务设施规划，以及办公室和员工活动场所等场地的设施规划。

5）信息情报系统规划

配送中心管理的特点是信息处理量比较大。配送中心所管理的物品种类繁多，而且由于入库单、出库单、需求单等单据发生量大、关联信息多，查询和统计需求水平很高，管理起来有一定困难。为了避免差错和简化计算机工作，需要统一各种原始单据、账目和报表的格式。程序代码应标准化，软件要统一化，确保软件的可维护性和实用性。界面尽量简单化，做到实用、方便，满足企业中不同层次员工的需要。

6）整体布局规划

估算储运作业区、服务设施大小，并依据各区域的关联性来确定各区的摆放位置。

(1) 作业流程原则(依顺序处理)。

(2) 整合原则(商品、人、设备间的整体性配合)。

(3) 弹性的原则(适合高低尖峰、季节的变化及商品调整的拣货配送作业)。

(4) 管理容易化的原则(各项作业能目视管理)。

(5) 作业区域相关分析。依各作业区域间的相互关系，经调查后得到其作业区域相互关系分析图。

(6) 物料流程分析。绘制作业区域物料流程形式图与物料流程图。

3．方案评估决策阶段

一般的规划过程均会产生多种方案，应由有关部门依原规划的基本方针和基准加以评估，选出最佳方案。

4．局部规划设计阶段

局部规划设计阶段的主要任务是在已经选定的建设地址上规划各项设施设备等的实际方位和占地面积。当局部规划的结果改变了以上系统规划的内容时，必须返回前段程序，作出必要的修正后继续进行局部规划设计。

5．规划执行阶段

当各项成本和效益评估完成以后，如果企业决定建设该配送中心，则可进入规划执行阶段，即配送中心建设阶段。

6.3 冷链配送中心选址、类型及规模

6.3.1 冷链配送中心选址

1．冷链配送中心选址的原则

物流系统中配送是重要一环，因此做好配送中心选址工作对提高整个物流系统的效益具有重要意义，因为冷链配送中心的建造属于大型系统工程，包含众多方面。例如，冷链配送中心占据较大的土地面积，而且具备众多的建筑设施以及运作机械，一旦形成就很难改变。假如选址不合理，将会给企业造成很大影响。因而，可以说冷链配送中心的选址工作是整个冷链配送中心筹建规划中极其重要的部分。选址原则包括以下几方面。

(1) 适应性原则。冷链配送中心的选址不得违背各级政府经济发展方针与政策的要求以及城市规划发展的需要。冷链配送中心的选址也要适应我国需求分布、物流资源分布、国民经济和社会发展等。

(2) 综合协调性原则。冷链配送中心在选址时应将地域物流网络纳入综合考虑范围,综合考虑社会效益与经济效益。同时,要使冷链配送中心的设施设备与加工以及配送能力、技术水平等方面保持一定的协调性。

(3) 经济性原则。筹建冷链配送中心过程中存在各种费用因素,关于选址问题的费用主要包括土地费用、构建费用、经营费用以及运输费用等。选址时应综合考虑各种费用因素,经济性原则指的就是以各项费用综合最低作为冷链配送中心选址的一个原则。

(4) 远见性原则。冷链配送中心的筹建需要巨大的投资,而且一旦形成就不易改变。因此一定要有高度的战略眼光,充分考虑大局与长远打算。将目前的实际需要与长远的打算综合考虑,应该使其具备较大的发展空间。

2. 冷链配送中心选址的影响因素

冷链配送中心选址受到很多因素的影响,因此,在选址时必须尽量满足这些因素的要求。

1) 经济环境因素

(1) 物流量。配送中心设立的根本目的是降低物流成本,如果没有足够的物流量,配送中心的规模效益便不能发挥。所以冷链配送中心的建设一定要以足够的物流量为基础条件,同时还要预测中、远期的物流量。

(2) 流向。商品流向决定配送中心的作业内容及设施设备的配备。冷链配送中心的主要职能是将商品集结、分拣、配送到连锁店铺或用户手中,因此应选择靠近用户的位置。

(3) 城建规划。必须既考虑城市建设的发展速度和方向,又考虑减少装卸次数。同时还考虑大型货车进出、专用线的使用等问题。

(4) 交通运输。冷链配送中心,必须靠近铁路货运站或高速公路及其他公路干线。设置铁路专用线,其规模应达到年吞吐量30万吨以上,否则成本太高。中心距离铁路编组站2千米以内,不仅基建、运营费用低,而且便于管理。

2) 自然环境因素

(1) 地形。一般应选择地形坡度在1°~4°。靠近海、河的地方建配送中心应注意水位的涨落。尽可能减少不必要的土方工程。同时还要选择地耐力较强、无地下水上溢的地方。

(2) 气候。详细了解当地的自然气候环境。例如,温度、湿度、降雨量、风向、风力、地震、山洪、泥石流等。

3) 政策环境因素

政策环境因素主要是政府政策支持,有助于配送中心的发展,包括土地、税务等方面的优惠政策,城市建设、地区产业发展政策等。

3. 冷链配送中心的选址程序

冷链配送中心选址,应符合城市规划以及具有良好的交通运输条件、地形、地质条件、水、电、路、通信等基础设施,应考虑大型集装箱车辆的进出条件,并充分考虑商品运输的区域化、合理化。充分分析服务对象的基本情况及发展趋势,如连锁经营企业店铺目前分布情况和将来布局的预测,以及配送区域的范围。一般情况下首先初定若干个候选地点,然后采用数值分析法和重心法,谋求配送成本最低的地点。

冷链配送中心选址应按照科学可行的方法和程序进行,如图 6-2 所示。

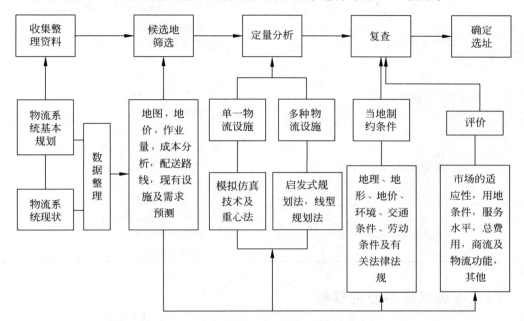

图 6-2　冷链配送中心选址方法及程序

由于城市密度越来越大,自由选择的余地越来越小,所以现实中不一定非得进行繁杂的计算,但是,在配送中心选址时,无论规模大小,以下几个程序是必不可少的。

(1) 收集整理资料。确定物流系统的基本规划,对物流系统的现状进行分析,特别是物流量、流向、供应商与需求商的相对位置,对运距、库容等资料进行收集、整理和分析。

(2) 候选地筛选。对于所有候选地址,根据地图上所处位置进行比较性分析,特别是地价、业务量、费用、配送路线、设施与设备现状的分析及需求预测。

(3) 定量分析。对于单一配送中心采用模拟仿真技术及重心法,对于多种物流设施采用启发规划法,也可以采用各种模型及线型规划法。

(4) 复查。按照制约选址条件的主要因素,如地理、地价、地形、环境、交通运输、劳动条件及相关法律条目等逐一复查。

(5) 确定选址。确定配送中心选址前进一步评价市场的适应性、购置土地的条件、服务质量、总费用、商流、物流、信息流、金融流的功能及其他。

6.3.2　冷链配送中心的类型

冷链配送中心的类型有很多,按照冷链配送中心的建立者、服务范围、投资主体、功能和配送货物的属性都可以对冷链配送中心进行分类,如表 6-1 所示。

表 6-1 冷链配送中心的类型

分类方法	冷链配送中心的类型
按建立者分类	制造商型冷链配送中心
	批发商型冷链配送中心
	零售商型冷链配送中心
	第三方专业冷链配送中心
按服务范围分类	国际冷链配送中心
	区域冷链配送中心
	城市冷链配送中心
按投资主体分类	自用型冷链配送中心
	公共型冷链配送中心
	合作型冷链配送中心
按功能分类	供应型冷链配送中心
	销售型冷链配送中心
	储存型冷链配送中心
	流通型冷链配送中心
	加工型冷链配送中心
按配送货物的属性分类	农产品冷链配送中心
	食品冷链配送中心
	药品冷链配送中心

6.3.3 冷链配送中心的规模

由于冷链配送中心具有进货、验货、库存、分拣、流通加工、信息处理等功能,因此冷链配送中心的总体规模要根据业务量、业务性质、内容、作业要求来确定。

1. 预测物流量

预测物流量,要对包括历年业务经营的大量原始数据进行分析,根据企业发展规划和目标进行预测。在确定冷链配送中心处理能力时,要考虑商品库存周转率和最大库存水平。根据商品 ABC 分析法,一般 A 类商品备齐率为 100%,B 类商品备齐率为 95%,C 类商品备齐率为 90%,以此为参考确定冷链配送中心的平均储存量和最大库存量。

2. 确定单位面积的作业量定额

根据日本的实际经验,冷链配送中心各作业区的单位面积作业量定额如表 6-2 所示。

表 6-2 冷链配送中心各作业区的单位面积作业量定额

作业区名称	单位面积作业量/(吨/平方米)
进货、验货区	0.2~0.3
分类理货区	0.2~0.3
商品储存区	0.7~1.0
流通加工区	0.2~0.3
特殊商品储存区	0.15~0.2
发货配货区	0.2~0.3

案例分析 6-2

博枫助力建设沃尔玛国内首个定制化创新冷链物流配送中心

日前,全球领先的另类资产管理公司博枫资产管理公司(Brookfield Asset Management, NYSE:BAM,TSX:BAM.A,Euronext:BAMA)与机构伙伴助力建设的沃尔玛华南生鲜配送中心(以下简称"配送中心")正式投入运营。

该配送中心是沃尔玛在中国首个定制化设计建造的配送中心,引进沃尔玛全球供应链领先的设计理念,参考国际前沿的食品安全体系标准进行日常管理,拥有行业领先的温度控制设施和管理系统,在冷链合规方面领先。

该配送中心将成为沃尔玛在华南地区主要的冷链配送中心,为其在中国生鲜业务形成竞争优势提供强有力的支持。

该配送中心坐落于广东省东莞市虎门港港口大道,仓储面积约 3.3 万平方米,将为位于广东、广西等地的 100 余家沃尔玛门店提供商品配送服务。

该配送中心采用了领先的冷链仓储设施和系统,例如:
(1) 冷藏仓库实现多温区控制(中国首例)。
(2) 环保高效的氨与二氧化碳制冷技术。
(3) 超平地坪与防水屋面卷材。
(4) 屋顶制冷设备可为高达 11 米的仓储空间有效制冷。
(5) 各温区之间安装高速提升门有效降低能耗。
(6) 智能 LED 照明系统。

博枫资产管理公司高级副总裁、亚洲地产投资主管司徒默(Stuart Mercier)表示:

我们很高兴能在中国协助沃尔玛建设这个业内领先的创新冷链仓库,为国内冷链配送网络的发展添砖加瓦。

我们希望该配送中心及其配备的前沿科技能够提升国内冷链仓储物流解决方案至一个全新水平,在惠及整个产业链发展的同时,为当地带来福祉。

该配送中心的正式启用对于博枫资产管理公司来说意义非凡,也体现着博枫资产管理公司通过投资优质战略资产创造长期价值的投资哲学。

资料来源:Brookfield 博枫. https://mp.weixin.qq.com/s/cJhyqWPME6VbrNBTxjLSNw,有改动

6.4 冷链配送中心冷库设计与建设

6.4.1 冷库建设要留有发展的余地

冷库要合理地确定规模和平面布局。库址选定要留有扩建的余地,特别在靠近码头、水陆交通枢纽位置首次建库。因为冷库运营后人流、物流和信息流都会逐步增大,发展的结果往往会超出当初建库时预期的大型分配型冷库货物的流通量,要求吞吐速度快,装卸站台及库内电梯均应能适应集中吞吐的需要。主库周围要留有足够的面积,以做停车场

和进出方便的通道,并应配备相应的变电所、机房和充电间等。不留有余地势必造成布局不合理,重复投资和浪费,冷库应有的功能也难以实现。

6.4.2 冷库冷却方式的选定

库房的冷却方式一般有自然对流冷却和强制循环冷却两种方式,我国选用自然对流式较多,而目前国内新建的或从国外引进的组合库房采用强制循环冷却的居多,但从对货物的影响来考虑,现阶段还是采用传统的自然对流式比较合理。一是因为目前国内冷库仓储的货物包装质量较差,并且裸装货物占很大比例,如果采用强制循环冷却,货物干耗较严重。二是自然对流冷却采用的排管方式存液量较大,有较强的蓄冷能力,可避免频繁开机,能较好地利用峰谷电价的政策,在低价时开机,节省电费开支。自然对流式水冷却是利用冷却水的温差所产生的水的自然对流来实现循环,即利用热水上浮、冷水下沉特性达到散热目的。与蒸发式水冷却相比,耗水量少,无须频繁加水,使用起来甚为方便。自然对流式水冷却的散热能力不及强制式水冷却的效果好。

6.4.3 冷藏间的大小

冷藏间大小的划分,要考虑生产管理和建设投资,更重要的是要考虑冷库运行经济性问题。库房温度、环境温度和单间容量对冷量消耗与总制冷费的影响中,单间容量的影响是决定性的,即单间容量减小,冷量消耗和总制冷费用增大。而单间容量大,空气的温度和相对湿度都比较容易稳定,对保证货物的冷藏质量有利。从投资的角度考虑,单间的容量大,设置的单间数量就少,冷藏箱、风幕等数量以至穿堂过道等辅助面积也相应减少,对于靠近港口的中转分配型冷库,由于容量较大,宜采用大单间,容量在3 000吨左右。

6.4.4 冷库绝热层

目前,冷库的保温多采用聚氨酯泡沫塑料现场施工的办法。其初期导热系数一般为0.02~0.036千卡/米·时·℃。从合理的热损耗来看,设计温度为-20℃左右的冷库,聚氨酯200毫米厚就足够了。由于聚氨酯本身防水性能好,一般不再设隔气层。但是冷藏库围护结构中的聚氨酯绝热层在使用过程中会逐步老化,R11气体通过气泡壁向外扩散。同时,由于冷库的库外温度终年高于库内,库外的水蒸气压力高于库内,通过围护结构的渗透终年由外向内进行。聚氨酯中的R11气体被空气和水蒸气置换,使聚氨酯受潮。日积月累,受潮越来越重,甚至出现水蒸气凝结,使导热系数增大,热阻降低,冷库内的冷量损耗增大,为避免和延缓聚氨酯受潮,延长绝热层寿命,有效的方法是在绝热层的热侧做密封处理,也就是形成隔气层。对土建框架结构的冷库而言,专门用沥青和油毡做隔气层,工期长、造价高,且施工复杂,简单的办法是对聚氨酯的现场发泡工艺作出具体的规范,利用聚氨酯现场发泡表面光滑、坚韧且密封效果好的特点,要求现场发泡时先在墙面上发出薄薄的一层,且表面光滑无孔隙,然后在此基础上分层发泡,人为地形成多个密封层,有助于延长聚氨酯寿命。实践证明,一个绝热层的成功与失败,完全取决于其隔气层是否能有效地防止水蒸气的渗入和通过。

6.5 冷链配送中心设备选择

6.5.1 主要建筑结构形式

1. 土建式冷库

目前国内在建的数万吨以上的大型冷库，基本采用的都是土建式冷库，其建筑一般是多楼层，钢筋混凝土结构，在结构内部再用 PU 夹芯冷库板组装冷库，或使用 PU 喷漆四周的方式建造。这种使用 PU 喷漆的建设方式在国内已有 40 多年历史。

2. 装配式冷库

前几年，装配式冷库在国内一般用于小型拼装冷库，近几年随着钢结构在许多大型建筑中广泛使用，大型的钢结构装配式冷库也在陆续建设。大型钢结构冷库柱网跨度大、柱子较小、施工周期短，更适合内部物流设备设施的规划，如货架布局、码头设备规划、内部叉车物流动线规划等。

3. 库架合一结构

随着货架系统在物流中心的广泛使用，国外一些大量存储的自动仓储冷库、多层高位货架冷库在 20～30 年前已大量采用库架合一结构进行建设。同时，在非货架区域配合采用 PU 夹芯库板拼装在钢结构外侧的施工方式，整体建成室外型冷库。目前在国内，由于其施工水平、工程细节及精准程度要求较高，在冷库建设方面此种结构方式使用较少。库架合一结构由于冷链物流中心内部没有柱网，可以达到单位面积存量最大化及物流动线最顺畅化。

6.5.2 制冷系统

1. 制冷系统的冷媒应用

制冷系统在冷链配送中心的投资中占有较大比重。在冷媒的选择方面，国内主要使用的是氨系列或氟系列的冷媒。另外，在较高温层，如 12 ℃作业区，还可规划使用二次冷媒，如冰水或乙二醇。

2. 制冷系统的组成与配套装置

制冷系统由一系列的设备依统筹设计组装、安装而来。一般可区分为制冷主机（主要包括机头、压力容器、油分离器、阀件等）、制冷风机（由不同的布局方式及数量、除霜设计方式进行不同的选择配置，如电热除霜、水除霜、热气除霜）、控制系统（由一系列的阀件、感应装置、自控装置及控制软件等组成）、管路与阀件系统（一般依设计配置）。与制冷系统配套的还有压力平衡装置、温度感应装置、温度记录装置、电器设备等。

6.5.3 存储及相关设备

与常温配送中心不同，冷链配送中心内部存储同样需要各型货架或自动化立体仓库系统（AS/RS）。在国外，食品类商品不允许直接堆叠在地面，必须使用塑料托盘，放于货架存储。各型货架从自动仓库使用的 20 多米的高位货架,到拆零拣货使用的流力架,在冷链配送中心均有大量使用。与常温货架不同的是,低温库内使用的货架对钢材的材质、荷重、货架的跨度设计均有特殊要求。

为配合存储,满足生鲜品的特殊要求,冷链配送中心的仓储库内会配置臭氧发生器、加湿器、新风机、二氧化碳发生器、其他特殊气体发生器等配套设备。

6.5.4 冷库用专业门组及库板工程

(1) 各型门组在冷链配送中心起着至关重要的作用,对冷链配送中心的能耗影响较大。例如,冷冻库使用的电动平移门、封闭式低温月台区使用的滑升门、人员进出门等,都需要足够的保温性能与气密性。此类门组属于低温专业用门。

(2) 与门组配套的各型防撞杆。

(3) 冷冻、冷藏库建设使用的聚氨酯库板也是冷链配送中心建设的关键材料。

6.5.5 冷链物流月台设备设施

冷链物流月台设备设施主要包括月台各型门罩或门封、月台调节板(电动、手动)、月台防撞设施、月台车辆尾门机坑。

6.5.6 搬运设备

冷链配送中心内部的搬运设备主要有各型叉车,如高位货架库内的前移式叉车、步行式叉车、电动托盘车、油压托盘车,以及自动仓库内的堆垛机等。一般情况下,这些搬运设备需是耐低温的专用型设备。

与自动仓库及物流动线配合的皮带式或滚轮式的流水线也属于冷链配送中心内部的搬运设备。

6.5.7 物流容器

冷链物流的目标商品一般是食品类和药品类商品,一般需要使用塑料托盘。

除塑料托盘外,冷链物流容器还有蓄冷箱、物流箱、笼车、物流筐、台车及与商品特性要求相符的物流容器。

6.5.8 分拣设备

分拣设备包括自动分拣机、DPS(摘取式)电子标签拣货系统、RF 拣选系统、自动台车等,常温配送中心使用的设备在低温中心同样需要使用,对这些设备同样有低温环境适用性方面的要求。

除了上述硬件设备设施外,同常温配送中心一样,冷链配送中心还需要物流管理软件,如 WMS 等。

应用案例分析

沃尔玛的"新鲜计"：生鲜物流配送中心冷库建造

据了解，沃尔玛中国400多家门店所售蔬菜在2019年7月底前将全部由生鲜配送中心进行全程冷链配送。为更好地从源头把控蔬菜品质，保障鲜食商品的新鲜安全与快速供应，沃尔玛已在中国开设11个生鲜配送中心。目前，全国门店正搭建起蔬菜冷链配送体系，搭建完成后将不再由农产品供应商直接送货到店，而是由供应商送到沃尔玛的生鲜物流配送中心，经该配送中心统一抽检合格后再收货，然后送达中国400余家门店。

已为多家生鲜物流配送中心设计冷库建造方案的库华制冷在与生鲜物流配送中心负责人深入沟通时，对低温冷链设施带来的生鲜商品价值保障和生鲜经济价值提高持肯定态度。这是因为，采后的生鲜品若在常温下任意堆垛仓储、运输流转，则因自身呼吸作用等代谢和外界微生物影响而加速腐败变质的过程，难以实现优销、远销和外销等，生鲜品的经济收益就得不到保障。相对于普通物流配送中心等对蔬菜的仓储、运输、配送等，带有物流冷库等物流低温冷链设施的生鲜配送中心的运营成本也会更高，那为何沃尔玛敢率先实现蔬菜的全程冷链配送？

业内人士认为，作为全球顶级企业之一的沃尔玛，在整个供应链管理体系上有着非常丰富的经验，如在采购价格、线路优化、车型匹配、运距计算、车辆装载率上都会根据不同商品的销售量设定不同的参数、不同的配送频率等，从而最大限度地降低整体冷链物流的运营成本。

同时，为保障生鲜品的新鲜安全与快速供应，沃尔玛在中国开设的11个生鲜物流配送中心将拥有完善的管理和领先的物流系统，如所有冷链配送车辆都配备实时恒温监测系统，实现可视化的冷链配送温度控制。

沃尔玛从供应商源头、物流运输到门店运营的食品安全全链条的严格管控，也是库华制冷协助企业设计建造物流冷库始终遵循的指引，以优良环保的制冷设备配置实现蔬菜等生鲜品的新鲜流通。

资料来源：库华制冷．https://mp.weixin.qq.com/s/y-IEHJYlE-gW7SlwH79Tbw，有改动

思考并回答：

1. 沃尔玛中国如何保证全国400多家门店所售生鲜品的配送？
2. 沃尔玛中国在全国各地开设的11个生鲜物流配送中心如何建立科学合理快捷的配送体系？

【本章小结】

冷链配送中心建设的特点：资金投入高、服务辐射范围有限、作业流程复杂。

冷链配送中心建设的要求：与冷链体系上、下游业务模式的衔接，冷链配送中心自身功能定位，冷链配送中心内部标准化作业流程与信息系统可实现的功能，综合考虑规划设

计预案与工程实施的可执行性,投资预算。

冷链配送中心的规划原则:①现代化、科学化。②系统化、网络化。③社会化、规模化。④信息化、集成化。⑤标准化、国际化。⑥综合化、区域化。⑦合理性、前瞻性。

冷链配送中心的规划流程包括规划准备阶段、系统规划设计阶段、方案评估决策阶段、局部规划设计阶段和规划执行阶段。

冷链配送中心选址的原则:①适应性原则。②综合协调性原则。③经济性原则。④远见性原则。

冷链配送中心选址的影响因素:①经济环境因素。物流量、流向、城建规划、交通运输。②自然环境因素。地形、气候。③政策环境因素。

冷链配送中心的选址程序一般包括收集整理资料、候选地筛选、定量分析、复查、确定选址五个程序。

冷链配送中心的类型有很多,按照冷链配送中心的建立者、服务范围、投资主体、功能和货物属性的不同都可以对冷链配送中心进行分类。

冷链配送中心的总体规模要根据业务量、业务性质、内容、作业要求来确定。

冷库的设计与建设:冷库建设要留有发展的余地、冷库冷却方式的选定、冷藏间的大小、冷库绝热层。

冷链配送中心设备选择:①主要建筑结构形式。土建式冷库、装配式冷库、库架合一结构。②制冷系统。③存储及相关设备。④冷库用专业门组及库板工程。⑤冷链物流月台设备设施。⑥搬运设备。⑦物流容器。⑧分拣设备。

第 6 章习题

第 7 章

冷链物流代理与网点布局

7.1　冷链物流代理概述
7.2　冷链物流代理的类型与运营模式
7.3　冷链物流规划设计的原则与依据
7.4　冷链物流网点布局与规划方法

【本章导航】

本章主要介绍冷链物流代理的含义；类型与运营模式；冷链物流网点规划设计的原则与依据；冷链物流网点布局与规划方法等。

中国冷链物流市场将迎升级转变

随着新零售的深入发展，消费者对冷链流通物品的需求也越来越大，冷链物流也愈加专业与细分：在专业仓储到运输的各环节中，第三方冷链服务、供应链服务以及其他代理服务等都在不断使行业快速发展并趋向成熟。

全球领先的房地产专业服务公司仲量联行于 2019 年 1 月初正式发布最新研究报告《扩容提质促蝶变：中国冷链物流市场的现状与展望》。对于中国的冷链物流市场现状，该报告指出，中国的消费规模不断扩大、消费结构趋于升级，对于冷链流通商品的需求也在持续增加。

其数据显示，中国冷链仓储总量已由 2008 年的人均 0.01 立方米增加到 2018 年的人均 0.16 立方米，预计未来三年内，人均冷库容量即可赶超世界平均水平 0.20 立方米。

一、四大机遇有望推动中国冷链物流市场进一步发展

冷链物流市场虽然最近几年发展较好，但是仍存在冷链设施供不应求、地理分布不均衡的问题。冷链用户的升级需求十分迫切。

据仲量联行预测，将有更多冷链设施服务代理商改造现有项目，并建立新的设施标准以满足新的市场需求，这些新气象将迎来冷链物流市场的升级转变。

2018 年上半年全国冷库租赁量突破 150 万平方米，同比增长 14.9%。其中，冷链第三方物流的需求量最大，其次是特许经营餐厅、零售连锁店和生鲜电商。冷链第三方物流的份额提升、集中度提升等因素刺激冷链物流保持较快增长。

同时，中国的冷链物流市场有很大的整合和技术改进空间。最新的冷链技术，如自动

化立体仓储系统(ASRS)、自动导引车系统(AGV)以及集合了仓储管理系统、运输管理系统、订单管理系统和计费管理系统(BMS)的智慧物流综合系统等,预计将会得到广泛应用及成熟发展。

从国家层面来看,随着冷链物流市场的快速发展,政府也对其高度重视。从2010年以来已陆续发布政策新规扶持发展,如2010年《农产品冷链物流发展规划》、2013年改变冷库电费以匹配工业项目而非商业项目、2015年修订版《中华人民共和国食品安全法》等。这一积极信号的释放,也预示着冷链物流市场具有巨大潜力。

二、七大评估标准明确中国冷链设施项目规范

仲量联行认为,评估冷链设施项目是否具有较强的投资价值或是否符合用户要求时,应考虑的七大因素包括位置、规模和布局、运营成本、技术应用、制冷系统、可调整性和设施结构。

随着中国消费者的生活质量不断提升,大众对于冷链流通商品的需求也在增加,由此加速了冷链物流行业的发展。七大评估标准,涉及第一公里到"最后一公里",冷链的各个环节和内外部因素使其比传统物流优化的难度更大。所幸的是政府、投资者、运营商及服务供应商都在积极地推动冷链物流市场朝着代理制方向发展。

据了解,仲量联行作为独家代理成功助力万科物流完成首次重大冷链资产收购,该交易是中国有史以来最大规模的冷链资产包交易之一。这次交易的成功反映了投资者对冷链物流市场的信心。

资料来源:天天化工网.https://mp.weixin.qq.com/s/KRRvVanzDanAwwj8e6d9IA,有改动

7.1 冷链物流代理概述

7.1.1 物流代理相关理论基础

1. 交易费用理论

交易费用的概念最早由英国著名经济学家科斯(Ronald H. Coase)在1937年发表的《厂商的性质》一文中提出[1]。他指出,交易费用就是利用价格机制的费用,或者说是利用市场的交换手段进行交易的费用,包括搜寻信息的费用、谈判与签订合约的费用以及监督合约执行的费用。

目前学界广为接受的是马修斯对交易费用的定义[2]:交易费用包括事前为达成一项合同而发生的成本和事后监督、贯彻该合同而发生的费用。在现实生活中,主要包括信息费用、谈判费用、合同费用、实施费用、监督费用、仲裁费用和垄断费用。

对物流需求企业来说,选择委托代理不仅可以大大降低采购成本,还可以更好地控制和降低各种交易费用。从交易的全过程来看,企业通过委托代理能避免交易中的盲目性,减少搜寻信息的成本;物流外包能减少讨价还价的成本;能有效节约交易中的监督执行

---

[1] COASE R H. The nature of the firm [J]. Economica,1937:6-405.

[2] MATTHEWS R C O. The economics of institution and the sources of growth [J]. Economic journal,1986:903-910.

成本，并减少因机会主义行为而发生的成本；有利于提高双方对不确定性环境的应变能力，降低由此带来的交易风险。同时，物流外包企业与外部企业之间的合作竞争关系，又有利于激发第三方物流企业更好地提高物流效率和市场效率，否则，企业有可能在将来更换合作伙伴，甚至实施物流自营。

然而，需要注意的是，随着资产专用性的提高、服务复杂性的提高，市场交换的交易费用也会上升。但只有当资产的专用性、服务的复杂性或市场的不确定性达到相当高的程度时，选择委托代理（第三方物流）的交易费用才会高于内部组织的交易费用（组织成本）。

对服务的复杂性低但资产的专用性高的物流运作，如所需服务需采用冷藏车或其他专门车辆等，企业应采用资产租赁与物流外包相结合的"三方规制"形式。资产的专用性高，如果企业自己投资，由于规模效率等原因，效率成本会很高。如果是第三方物流企业投资，由于担心投资发生沉没，有可能提高投标价格。在这种情况下，企业自己投资专用性资产，但不从事物流自营，而将专用性资产租赁给外部企业，并由其来运作物流将是最好的选择，以提高资产效率并进而降低成本。然而，资产的租赁也能产生机会主义行为，包括承租人过分使用或不当使用资产等。因此，此种形式的外包，不仅涉及与物流服务自身有关的正式合同，还要涉及资产的租赁合同。为此，企业要制定详尽的合同规范，包括资产的合理使用和维修条款等。

2. 委托—代理理论

委托—代理理论兴起于20世纪60年代末70年代初。该理论研究的是委托人与代理人之间的行为关系以及委托人如何通过代理关系设计来保证代理人实现其目标的问题。

Jensen 和 Meckling[①] 将委托—代理关系定义为：契约下，一个人或一些人（委托人）授权另一个人（代理人）为实现委托人的效用目标最大化而从事的某种活动。

从委托代理的角度来看，物流需求企业将其物流功能的部分或全部外包给第三方物流供应商，与物流供应商之间形成一种联盟关系，在联盟期内双方是共担风险、共享收益的利益共同体，同时它们也是不同的利益主体。物流需求企业为集中核心业务，将物流业务交给专业的第三方物流企业来完成，以提高服务水平、减少费用投入、降低投资风险，从而形成典型的委托—代理关系。

从代理费用的角度来看，物流需求企业通过与第三方物流企业建立长期的合作关系，有助于代理费用的降低。从第三方物流企业的角度来看，接受物流需求企业的委托，成为物流需求企业的稳定伙伴，可以获得稳定的业务；为保证业务的持续性，第三方物流企业不仅要提高物流服务质量并降低物流成本以提高自身的获利能力，还要积极满足物流需求企业的要求。

在实施物流外包的过程中，物流需求企业需要采取有效的激励措施，以获得费用效率。例如在确定外包价格时，明确地给予第三方物流企业获利余地，开创激励支付机制，以强化合作伙伴关系并谋求双赢。在激励支付机制下，当代理人为委托人带来更多价值

---

① JENSEN M C, MECKLING W H. Theory of the firm: managerial behavior, agency costs and ownership stricture [J]. Journal of financial economics, 1976, 3(4): 305-360.

时,委托人就给予代理人更多的收入。在这一机制下,双方的价值和收入都可能得到提高。

3. 业务外包理论

在市场环境相对稳定的情况下,企业利用"纵向一体化"实现对资源的直接控制,通过实现规模效益而得到发展。随着世界经济一体化和全球化的发展,顾客需求趋于多样化和个性化,迫使企业必须对个性化的客户需求作出快速反应,这样传统的对"原材料—制造—分销—销售"全过程控制的管理模式已经不再具有吸引力。在这样一个竞争环境中,企业欲获得竞争优势,必须从企业所处的环境特点出发,培育自己的核心竞争力。企业把内部的知识、资源和主要精力集中放在企业的核心业务上,充分发挥其优势,同时与全球范围的企业建立战略合作关系,将非核心业务交由公司以外的合作企业去做,形成所谓的"业务外包"。

业务外包的主要方式有如下几种。

(1) 研究与开发(R & D)外包。企业虽具有领先的技术水平,但缺乏相关的资金、人力,因此将企业的研究与开发业务进行外包。例如,IBM 为推出第一台计算机,早期将一些关键业务如研发进行外包。但这种外包方式具有很大的风险,企业必须具有很强的控制外包风险的能力,否则容易失去市场地位。

(2) 人力资源外包。现在许多企业开始将员工的培训、福利管理进行外包。欧美许多国家出现的快速人员服务公司,都属于为企业提供人力资源管理服务的外包公司。

(3) 信息技术外包。1989 年,从 Kodak 外包其公司信息技术的主要模块开始,信息技术外包得到了飞速发展。信息技术外包是指企业将信息、系统或信息、功能的整体或部分移交给外部的服务商来完成。

(4) 虚拟制造。企业只保留研发与营销业务,而将产品制造通过虚拟工厂外包给其他制造企业,如东软的 CT 扫描仪就是采取虚拟制造的形式。

(5) 营销外包。营销外包指将企业的产品营销业务外包给专业的营销推广公司来完成。

(6) 物流外包。生产经营企业将物流服务的部分或全部交给专业的物流服务提供商(第三方物流企业)来完成。

其他的还有文件服务外包、应收账款外包等。一般而言,企业都是将核心竞争力之外的其他业务部分进行外包,而且外包范围遍及全球,寻找最强有力的合作对象,提高企业的竞争力。一般而言,冷链物流外包集成模型如图 7-1 所示。

7.1.2 冷链物流代理的含义

物流代理(third party logistics)是指物流渠道中的专业化物流中间人,以签订合同的方式,在一定期间内,为其他公司提供的所有或某些方面的物流业务服务。从广义的角度以及物流运行的角度来看,物流代理包括一切物流活动,以及发货人可以从专业物流代理商处得到的其他一些价值增值服务。提供这一服务是以发货人和物流代理商之间的正式合同为条件的。这一合同明确规定了服务费用、期限及相互责任等事项。狭义的物流代理专指本身没有固定资产但仍承接物流业务,借助外界力量,负责代替发货人完成整个物流过程的一种物流管理方式。物流代理公司承接了仓储、运输代理后,为减少费用的支出,同时又要使生产企业觉得有利可图,就必须在整体上尽可能地加以统筹规划,使物流合理化。

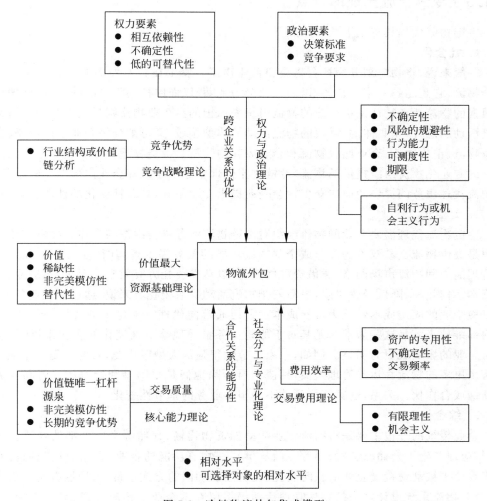

图 7-1　冷链物流外包集成模型

冷链物流代理是冷链物流需求方(冷链产品的制造商、经销商、农户等)以降低物流成本、提高冷链产品物流水平为目的,将冷链物流业务整体或部分委托给冷链物流代理机构,代理机构以其专业优势对冷链产品进行运输、仓储、装卸搬运、流通加工、包装、配送等基础物流活动,并提供信息协调、资源调配、技能培训、项目设计、物流金融、供应链解决方案等一系列增值服务。

冷链物流是随着科学技术进步,以冷冻工艺学为基础、以制冷技术为手段的低温物流过程,主要针对冷藏冷冻类产品,在生产、储藏运输、销售到消费前的各个环节始终将这类产品处于规定的低温环境下,以保证产品质量、减少损耗的一项复杂的系统工程。冷链物流对设施设备和技术手段的要求比较高,相应的管理和资金方面的投入也比普通的常温物流大得多。其特殊性决定了在物流代理过程中对代理商的要求、代理模式的选择、代理网点的布局、代理运营机制等方面需要更加审慎。

7.1.3　冷链物流代理的特点

冷链物流代理具有以下几个特点。

1. 社会化

一般来说,将物流划分为社会物流和企业物流。发生在企业外部的物流活动总称为社会物流,它是超越一家一户的、以一个社会为范畴、以面向社会为目的的物流,这种社会性很强的物流活动往往是由专业的物流组织来承担的。企业物流则是发生在企业内部的物流活动的总称,是具体的、微观的物流活动的典型领域,又可细分为企业生产物流、企业供应物流、销售物流、企业回收物流和企业废弃物流。冷链物流代理是企业生产和销售之外的专业化物流组织提供的物流,冷链物流代理服务不是某一企业内部专享的服务,冷链物流代理服务的提供商面向众多社会企业提供专业服务,具有社会化的性质。

2. 专业化

冷链物流代理需要专业的物流组织对冷链物流业务进行组织与运作。冷链物流代理组织是提供物流交易双方的部分或全部物流功能的服务提供者,其往往具有更成熟的冷链管理能力和物流市场网络,凭借资源优势,可以帮助委托方有效整合资源、拓展业务,提高资本运作效率,降低经营风险,灵活安排物流活动。对委托方来说,通过物流业务外包,可以使企业的固定成本转化为可变成本。公司通常向代理方支付服务费用,而不需要自己内部维持来满足这些需求。尤其对于那些业务量呈现季节性变化的企业来讲,外包物流对企业的影响就更为明显。例如,一家季节性很强的大型零售商,若要年复一年地在旺季聘用更多的物流和运输管理人员,到淡季再开除他们是很困难和低效的。若和物流代理商结成合作伙伴关系,这家零售商就不必担心业务的季节性变化。

3. 综合化

企业传统的外包主要是将物流作业活动如货物运输、存储等交由外部的物流公司去做,相应地产生了仓储、运输公司等专门从事某一物流功能的企业,它们通过利用自有的物流设施来被动地接受企业的临时委托,以费用加利润的方式定价,收取服务费。而像库存管理、物流系统设计之类的物流管理活动仍保留在本企业。物流代理(第三方物流)往往根据合同条款规定的要求,而不是临时需要提供多能甚至全方位的物流服务。一般来说,第三方冷链物流公司能提供冷链物流方案设计、冷链运输管理、订单处理、产品回收、搬运装卸、物流信息系统等近 30 种物流服务。依照国际惯例,服务提供者在合同期内按提供的物流成本加上毛利润的 20% 收费。可见,物流代理(第三方物流)是以合同为导向的系列化、综合化服务。

 7-1

苏宁易购吃指龙虾节承诺:24小时航空冷链直达

2019 年 5 月 7 日,苏宁易购举办了一场别开生面的小龙虾发布会。与以往的发布会不同,这场小龙虾发布会一切向"高科技"看齐,颇有些手机发布会的味道。这场名为"苏宁易购吮指龙虾节"的发布会,可能是全球首场专门为"新款"小龙虾量身定制的发布会。

在谈到举办这场发布会的初衷时,本次苏宁易购吮指龙虾节负责人华波说:"自从苹果乔布斯开启手机发布会先河后,这种直接与消费者面对面介绍新品的方式被国内手机厂商广泛采用,效果非常好。既然手机可以,为什么小龙虾不可以?用充满科技感的方式呈现小龙虾,本身也是一种'恶搞',给消费者带来不一样的购物体验,观众在轻松看发布会的同时,就把龙虾买了。"

其实在几天前,苏宁就开始在网上为小龙虾发布会预热了。苏宁在官方微博上曝光了一张写有"跑分""跑分""颠覆外观"字样的海报,海报成功"误导"了网友,大家纷纷猜测苏宁要进军手机行业了,更有人直接对标小米,把苏宁"手机"命名为"小虾"。结果小虾是真虾,手机成了烟幕弹。

一、24小时航空冷链直达

在发布会上,产品经理莫茜首先将观众视角拉回了苏宁易购吮指小龙虾的产地——湖北荆州。号称"百湖之市"的荆州,地处北纬30度,有28%的植被覆盖率,气候条件极易适合饲养小龙虾,荆州的小龙虾产量占全国的30%,消费者餐桌上每三只小龙虾就有一只来自这里。早在2019年3月12日,苏宁便与荆州市签约达成战略合作,在当地落下第15座"拼基地",专为苏宁用户提供优质的小龙虾。

为了让消费者买到最新鲜的小龙虾,苏宁选择并启用了全国各地的46个冷链仓代理商,直接辐射城市达179座,专业冷链仓面积达20万平方米,采用航空运输——线上下单最快半天到达,线下下单最快半小时到达。

为了彻底打消消费者的后顾之忧,苏宁还公布了小龙虾的"三赔"原则:死虾包赔、重量包赔、坏虾包赔。在活虾方面,苏宁每盒多放三只虾,每只小龙虾的重量不足就可发起双倍赔付;在熟制虾方面,更是承诺如有质量问题48小时内联系客服即可获得赔付。

同时,消费者可以通过"线下小店+线上超市"组合和"前置仓+即时配"组合的社区服务新模式,满足全场景购物需求。

二、线上预售19.8元/斤

至于消费者最为关心的小龙虾价格问题,苏宁的价格比市面上普遍要低25%~40%。如4~6钱的熟制虾:苏宁价29.8元/斤,而市面上要卖到37元/斤,便宜将近四分之一;6~8钱的熟制虾:苏宁价36.8元/斤,市面上则要卖到58元/斤,便宜将近一半。以前购买一斤小龙虾的价格,在苏宁易购不仅可以买到更多,还能买得更好。

发布会最后,产品经理莫茜还给观看直播的观众送上了一份大礼——线上小龙虾预售直降10元,50万斤正宗洪湖小龙虾只需19.8元/斤即可尝鲜。

此次的小龙虾发布会,标志着"苏宁易购吮指龙虾节"正式揭开帷幕,未来两个月的时间里,还有更多小龙虾活动公布。

资料来源:农业食品分会. https://mp.weixin.qq.com/s/eiF3s8pR1TH3B4AC77lVyQ,有改动

7.2 冷链物流代理的类型与运营模式

7.2.1 冷链物流代理的类型

冷链物流代理的类型按照不同的标准,可以有不同的分类。具体介绍如下。

1. 按照冷链物流代理的范围或内容划分

按照冷链物流代理的范围或内容,可将冷链物流代理分为如下类型。

(1) 整体代理。整体代理即将整个冷链物流环节委托给代理商形成委托—代理关系,那么该类型的冷链代理商可以为委托方提供全面的冷链物流外包服务。一般情况下,这种代理商是实力雄厚的第三方冷链物流企业。

(2) 局部代理。局部代理是将冷链物流业务中的运输、仓储、加工、包装、配送等某个局部或个别环节的业务委托给冷链物流服务代理商。

2. 按照冷链资源整合的方式划分

无论是采用哪种形式的代理制,企业的目的都是追求冷链物流环节的低成本、高效率以及服务的最优化,企业通过这种内外资源的优化整合,达到营销物流在速度、柔性、质量、获利能力、创新主动性方面的竞争优势。

从资源整合的方式来看,冷链物流代理企业主要有两种:一种是不拥有固定资产,依靠企业协调外部资源进行运作的"非资产型";另一种是投资购买各种设备并建立自己物流网点的"资产型"。

(1) 非资产型代理企业仅拥有少数必要的设施设备,基本上不进行大规模的固定资产投资,它们主要通过整合社会资源提供物流服务。由于不需要大量的资金投入,运行风险较小。采用这种方式需要有一个成熟的底层物流市场,同时企业自身也要有先进的技术手段和一定的运作能力做支撑。

(2) 资产型代理企业采取的方式是自行投资建设网点和购买设备,除此之外,还可以通过兼并重组或者建立战略联盟的方式来获得或利用资源。这种方式虽然需要较大的投入,但拥有自己的网络与设备有利于更好地控制冷链物流服务过程,使冷链物流服务质量更有保证。同时雄厚的资产也能展示企业的实力,有利于同客户建立信任关系,对品牌推广和市场拓展具有重要作用。

3. 按照冷链范围和职能要素划分[①]

按照冷链范围和职能要素,可将冷链物流代理分为冷链运输代理、冷链仓储代理、冷链流通加工及包装代理、冷链配送代理、综合型冷链物流代理以及冷链第三方信息平台的资讯代理,具体如下。

(1) 冷链运输代理。冷链运输是指在运输全过程中,无论是装卸搬运、变更运输方式还是更换包装设备等环节,都使所运输货物始终保持一定温度的运输。冷链运输代理就是代理方按照客户的要求揽取货物,从为客户节约成本(经济成本和时间成本)和提升服务水平的角度出发,采用适当的冷链运输设施设备,在客户指定的时间内将货物运达目

---

① 李学工,王学军,等. 营销物流管理[M]. 北京:北京大学出版社,2011:281-283.

地，并按照客户指定的交货方式完成与收货方的货物交接。

(2) 冷链仓储代理。冷链仓储是指在货物冷藏/冻的全过程中，无论是入库、出库及储存和保管的管理等环节，还是对货物实施监管和监控方面始终采用持续低温的仓储措施。冷链仓储代理就是代理方按照委托方（客户）的要求保管和养护货物，为委托方降低成本和费用，采用适当的冷链仓储设施和设备从而创造时间价值的商业活动。

(3) 冷链流通加工及包装代理。冷链流通加工及包装代理，就是在冷链仓储条件下，对在指定的冷藏或冷冻场所的储存物品进行流通加工和包装的行为活动。冷链仓储代理除提供低温仓储服务外，还可适当提供延伸性的流通加工及包装服务，如果蔬的分级、肉类的切块及去骨、水产品的分类拣选、禽蛋的计量及包装等代理业务。

(4) 冷链配送代理。首先是同城共同化协同配送模式。冷链协同配送是指在同一城市中，为使冷链物流合理化，在几个有定期运货需求企业的合作下，由一个卡车运输业者使用一个运输系统进行的配送。冷链协同配送也就是把过去按不同货主、不同冷链货物分别进行的配送，改为不区分货主和商品集中运货的货物及配送的集约化。其次是冷链外包配送模式。外包配送也就是社会化、专业化的物流配送模式，通过为一定市场范围的企业提供冷链物流配送服务而获取盈利的冷链物流配送组织形式。

(5) 综合型冷链物流代理。从事多种物流服务业务，可以为客户提供运输、货运代理、仓储、配送等多种物流服务，具备一定规模；根据客户的需求，为客户制订整合冷链物流资源的运作方案，为客户提供契约性的综合冷链物流服务；按照业务要求，企业自有或租用必要的运输设备、冷藏盒冷冻设施及装备；企业具有一定运营范围的货物集散、分拨网络；企业具备网络化信息服务功能，应用信息系统可对冷链服务全过程进行状态查询和监控。城市公共配送信息服务系统如图 7-2 所示。

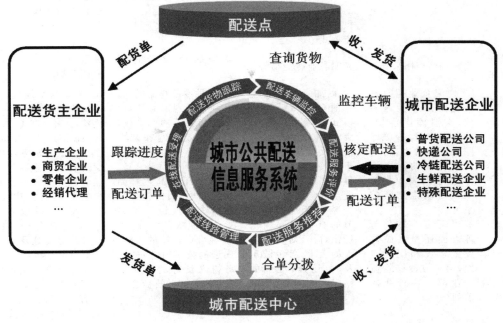

图 7-2　城市公共配送信息服务系统

总之,综合型冷链物流代理服务除可以向委托方企业提供基本的冷链物流功能服务外,还可以提供冷链物流技术指导、冷链物流技能培训、冷链物流管理咨询、冷链物流信息资源整合、供应链整体解决方案等多种增值服务,综合化是未来冷链物流代理乃至整个物流服务行业发展的必然趋势。

(6) 冷链第三方信息平台的资讯代理。冷链物流业务的技术和信息含量很高,各类冷链行业投入资金量大、冷链物流行业门槛极高,自身建设与运营信息平台的成本高而利用率低,致使行业中专门从事冷链物流信息服务的运营商出现,提供专业化的冷链物流信息服务,向市场提供冷链信息服务代理业务。

7.2.2 冷链物流代理的运营模式

冷链物流代理的运营模式是指冷链物流企业以何种方式对冷链货物、运输工具、参与企业进行管理。冷链物流代理企业要根据自身的实际情况,选择有利于自身可持续发展的经营模式。冷链物流代理运营模式对比如表 7-1 所示。

表 7-1 冷链物流代理运营模式对比

运营模式	以第三方冷链物流企业为主导的冷链物流模式	以加工企业为主导的冷链物流模式	以大型连锁经营企业为主导的冷链物流模式	依托批发市场型冷链物流模式
运营机制	物流企业通过全程监控冷链物流、整合冷链产品供应链的方式,为冷链物流需求方提供高效完善的冷链方案	物流公司整合自有物流资源,建立多家便利店以控制销售终端,进而建设物流配送中心,实现冷链物流向原料供应商的延伸,形成"产销供一体化"的冷链物流模式	物流企业通过小批量、多批次、多品种配送,确保生鲜品的质量安全,形成了大型零售商独自兼营以配送环节为主的冷链物流模式	冷链食品有限公司通过与农产品大市场连成一体,形成产品生产、收购、加工、储运、配送和提供市场信息化服务等一体化的冷链物流运作模式
代表企业	夏晖物流有限公司	光明乳业冷链物流	联华超市股份有限公司	武汉白沙洲冷链食品有限公司
优势	① 物流企业拥有现代化的冷库配送系统,常温库库容量、冷库库容量、冷藏库库容量非常大,自备有大吨位的温控汽车,能够开发出食品全程自动检测监控系统。 ② 无论是在软件管理方面还是在硬件设施建设和配套方面,第三方冷链物流企业都走在行业的前列	① 以加工企业为主导的自营冷链物流模式效率高、环节少、市场灵敏度高、信息反馈及时,有利于对冷链物流的全程控制,实现对质量安全的全程跟踪。 ② 有利于冷链各环节的有效沟通和信息化对接,对市场需求的变化能够做出及时、迅速、准确的反应	① 这种冷链物流模式,有利于实现产品质量、加工和管理的标准化,能够有效控制和减少店铺的存货与损耗,具有规模、质量优势。 ② 有利于提高生鲜品物流效率,确保生鲜品在整个供应链上始终处于低温状态。 ③ 企业以便捷的运输、先进的技术、优质的服务树立良好的企业形象,产生很好的社会效益和经济效益	① 企业拥有规模、资金优势,毗邻批发市场而建,又有区位优势。 ② 拥有公路、铁路、水运、航空等绝佳的交通优势,能够有效整合农产品资源和生鲜农产品物流功能,显著提高运输效率。 ③ 企业拥有先进的冷冻冷藏设施及运输工具,对生鲜农产品的储存保鲜专业化程度高,利用规模优势可有效控制销售终端,为消费者提供新鲜、安全的农产品

续表

运营模式	以第三方冷链物流企业为主导的冷链物流模式	以加工企业为主导的冷链物流模式	以大型连锁经营企业为主导的冷链物流模式	依托批发市场型冷链物流模式
劣势	①短期内无法提高操作和组织水平,品牌影响作用较小,基础设施建设和业务开展受制于生产商,企业长期发展不利。②第三方冷链物流企业的整合能力不足,在业务能力方面还有待进一步提高	以加工企业为主导的自营冷链物流属于"产供销一体化"物流模式,适用范围较窄,低温生鲜品易发生变质,物流辐射半径特别是配送半径相对较小	生鲜加工配送中心的冷链物流,并非连锁经营集团的主营业务,仅仅是连锁经营配送中心内众多品类中的一部分。在该业务中物流、销售、采购易形成各自为政、条块分割的局面,供应链节点企业之间时常出现竞争大于合作的情况,造成物流交易费用上升、冷链部分环节脱节等问题	此物流模式服务目标客户群数量多,需求各异,业务规模参差不齐,上游采购及下游销售线路分散,物流业务处于零散不稳定状态,难以与市场多方客户达成"合约式仓储、一体化运输"的合作业态,不利于企业整体效能的发挥和潜能的发掘
发展策略	利用现有的物流资源优势,第三方冷链物流企业可以与更多的跨行业大客户合作开展业务,提升自己的市场定位,突破对单一餐饮业提供服务的限制,向零售业和加工业等行业延伸	这种模式不利于企业的长期发展,应该向第三方物流企业方向转变,尽早实现从企业物流向物流企业的转换	冷链物流企业需完善管理上的配套制度和设施,将冷链管理直接反映在每个生产环节中。在提高自营冷链物流运作效率的同时,也要考虑向第三方冷链物流企业发展,在完成企业内部物流作业的基础上,开展第三方业务为企业带来更多的经济效益	对于重点经营冷库和批发市场租赁业务的冷链物流企业来说,很难像专业物流机构一样,通过大规模投入建设全国货站网络。为此,冷链物流企业可采用"建立物流产业园,引进第三方物流"的模式来配套网络的发展

冷链物流代理模式

在中国生鲜消费需求逐年增加和中国消费者对食物的质量要求越来越高的大背景下,近年来中国冷链物流市场发展迅猛。据统计,2018年中国冷链物流市场整体规模冲破2 500亿元,2022年将达到4 500亿元。

在快速发展的冷链物流市场中,以电商、快递和初创企业为代表的公司纷纷选择加码冷链物流。企业并购十分活跃,业务额逐年上涨。2017年,中国冷链物流市场并购业务金额达到80亿元。但与此同时,当局对冷链物流行业进行监管,严格实行国度尺度政策,对冷链物流企业提出了诸多挑战。

鉴于当前冷链物流行业的成长趋势，冷链物流企业应围绕"范围""科技""平台"三个焦点要素，螺旋迭代成长，最终形成营业额的快速增长。

首先，巧抓城配成长的机遇，物流企业可以在区域内形成规模效益。其次，在营业范围基础上充分利用物流科技，提升运营效率，并形成尺度化运营管理的技术能力。最后，在技术基础上，引入社会冷链物流资源，拓展发展范围。

一、扩大范围巧抓城配成长机遇

城配市场客户需求具有区域集中特点，冷链企业抢占区域市场的客户后，可以基于规模建立成本及服务标准优势，形成竞争壁垒，使得企业在该区域内保持持久领先地位。因此，抓住城配成长机遇的焦点在于构建规模，并借助规模实现运营领先，产生在此区域内的核心竞争力。

二、引领科技，打造尺度与管理能力

冷链企业应结合当下冷链物流科技发展近况，充分应用仓内运营、运输管理以及管理增效技术。在实行中，企业需充分思量借力外部赋能企业，保证投入产出比高的成熟技术可以快速实行，如车辆管控技术。对于投资较高、周期较长的技术，如OMS/WMS/TMS体系，则可自建与外部合作相结合的定制开发，如希杰荣庆自行开发物流体系。

三、搭建平台，引入社会资源

例如，京东与广东茂名建辉实业合作的冷库项目中，京东负责库内操作体系、运营监控、尺度拟定、库内规划设计及客户获取职能，而合作商负责库房资源与装备及库内工人团队等职能。九曳也同样在部分三线城市接入冷链运输资源，提供城配服务。正是平台模式的应用帮忙两家企业拓展了服务的范围。

借助社会闲散资源，冷链物流企业不仅可以拓展对现有客户的服务范围，还可以持续为更大规模的客户服务。但正如京东的实践，平台模式的焦点在于拟定统一的服务尺度、赋能合作方、还能把控服务质量，形成可持续的服务能力。

资料来源：物联云仓. https://mp.weixin.qq.com/s/wy4MT3neBl2tLV75gX80kg，有改动

7.3 冷链物流规划设计的原则与依据

冷链物流系统是一个覆盖领域非常广的综合系统，涉及交通运输、货运代理、仓储管理、流通加工、配送、信息服务、营销策划等。冷链物流系统又是一个开放的复杂系统，影响其发展的内外部因素多且变化快，其所依托的外部环境也有很大的不确定性。因此，科学的规划方法对冷链物流运作至关重要，尤其是对冷链物流系统运作效率及稳定性起到关键影响作用的网点规划，更要慎重对待。

物流网点规划是物流系统规划中的重要内容，是落实物流战略目标的设施保障，是推进物流发展的基础与目标，是物流企业从事物流业务和服务的场所保证。物流网点规划是指对城市与区域物流节点进行空间布局、用地确定、规模计算、功能布置等以及对物流节点经营管理模式进行设计的过程。

7.3.1 物流节点的作用和分类

物流节点[①]是城市各类物流设施集中地区的统称。物流节点融多种设施为一体,是大规模、集约化物流设施的集中地和物流线路的交汇点,是以仓储、运输场站、流通加工等设施为主,同时还包括一定的与之配套的信息、咨询、维修、综合服务等设施的集中地。

1. 物流节点的作用

1)集约作用

物流节点的集约作用主要表现在以下四个方面。

(1)技术的集约。物流技术设施集中,能提高设施的利用率。

(2)物流业务的集约。将多处分散的货物处理集约在一处,能提高作业的方便程度。

(3)管理的集约。物流管理人才集约,可以利用现代化手段把资源集中起来进行有效的组织和管理。

(4)物流用地的集约。将多个货站、场集约在一处,能够提高土地的使用效率。

2)节约作用

物流节点的节约作用主要表现在缩短了物流时间,提高了物流速度;减少了装卸、储存环节;提高了服务水平,减少了物流损失,降低了物流能耗;降低了物流成本从而降低了企业的生产成本,进一步促进了城市经济的发展。

3)协调作用

物流节点的协调作用主要表现在减少了线路、货站、货场、相关设施在城市内的占地,协调了城市布局的冲突,改善和提升了城市形象。

4)缓解作用

物流节点通过改变城市货运交通的运输次数和时空分布,可大大缓解城市货运交通的压力。物流节点的缓解作用表现在把物流集散地从市中心区转移到交通压力相对较小的地方,可在一定程度上改变城市交通需求的空间分布;减少车辆出行次数及运输车辆数目,缓解交通拥挤,降低对城市道路的交通压力;集中进行车辆出行前的清洁处理,减少噪声、尾气和货物对城市环境的污染。

2. 物流节点的分类

在各个物流网络中,由于系统目标以及技术标准不同,物流节点可以分为不同的类型。

1)按照性质与规模分类

按照性质与规模,物流节点可以分为物流园区[②]、物流中心[③]和配送中心[④]。

(1)物流园区。物流园区是物流企业和物流设施在空间上集中布局的场所,是具有一定规模和综合服务功能的物流节点。物流园区作为综合型的物流集中作业区,主要承担大规模的、大范围的、高频率和高强度的物流交换活动,是整个物流服务体系的核心,它

---

① 姚宏.场地设计[M].沈阳:辽宁科学技术出版社,2000:74.
② 王斌义.现代物流实务[M].北京:对外经济贸易大学出版社,2003:117-118.
③ 李旭宏,胡文友,毛海军.区域物流中心规划方法[J].交通运输工程学报,2002(1):85-87,109.
④ 王战权,杨东援.物流园区规划初探[J].系统工程,2001(1):79-83.

具备多方式、多品类的物流服务功能。物流园区是城市物流产业集聚发展的地区,在对外物流和对内物流上都起着强大的交接与辐射作用,因此需要设在综合运输枢纽的汇集地,同时要求有非常大的用地发展空间。

(2)物流中心。物流中心是针对物流园区大规模、大范围的物流处理提出来的较小规模和范围的物流节点。物流中心主要依托单一的运输方式,如只依托公路运输方式进行物流。物流中心需要有足够的建设和扩展的用地空间。

(3)配送中心。配送中心是从事货物配备和组织对用户的送货,以高水平实现销售和供应服务的物流节点。它是在城市中为有物流需要,但服务量未达到一定规模的地点建立的物流设施,这种物流设施可以只承担单一的物流功能或单一物资品种的物流功能,也可以只承担多品种、小批量的物流配送功能,主要为特定范围的用户服务,规模较小。

我国的物流节点分类是按照 GB/T 18354—2006《物流术语》确定的,它们的对比情况如表 7-2 所示。

表 7-2 三类物流节点之间的对比

名 称	主要特点	主要服务对象	主要服务区域
物流园区	• 一般是至少两种运输方式的转换处 • 巨大的物流吞吐量和辐射范围 • 可利用的用地空间很大	是城市对内外物流活动的接口,具有综合的物流服务功能	以市域范围为核心,向全国范围形成外向型辐射,常与保税区、国际工业区、边贸口岸、航空港等相邻或结合
物流中心	• 主要依托单一运输方式 • 有足够可利用的用地空间	针对特定运输方式货运的理想半径范围进行的中、短途配送的综合物流服务	主要覆盖整个城市内部及周边地区,常常布置在城市的周边
配送中心	• 有便利的交通条件 • 有一定的物流需求,但用地受限	针对特定市场、商贸和制造企业提供物流服务	主要向市内的物流服务需求形成辐射,常常与大型制造企业、大型专业市场等相邻

在德国,根据物流节点性质和规模,可将物流节点分为物流园区、物流中心、物流服务站[①]。

在日本,根据物流节点的规模,可将物流节点分为物流市街用地、物流基地、配送中心。

在我国台湾,根据物流节点在供应链的位置,可将物流节点分为后方物流节点、前方物流节点、通过式物流节点。

2) 按照衔接的运输方式分类

按照衔接的运输方式,物流节点可以分为铁路物流节点、航空物流节点、港口物流节点、集装箱物流节点和邮政物流节点。

(1) 铁路物流节点。铁路物流节点是铁路运输方式与其他运输方式的转换和中转节

---

① 云俊,崔绍先.航空物流园区规划及设施布局研究[J].武汉理工大学学报(社会科学版),2002(3):236-239.

点,一般设在铁路货物运输办理站一旁,或在物流节点内部布置铁路装卸作业线路,便于发挥铁路的优势。

(2) 航空物流节点。航空物流节点是连接空运和陆运的节点,一般设在机场附近,便于利用航空运输快捷便利的优势。

(3) 港口物流节点。港口物流节点是连接海运与陆运的节点,一般设在港口码头附近,便于船舶的装卸作业。

(4) 集装箱物流节点。集装箱物流节点是指进行集装箱相关作业的物流节点。

(5) 邮政物流节点。邮政物流节点是指依托邮政网络进行物流服务的节点,服务对象一般是高附加值、小体积、小重量、多批次、高时效的物品,同时也服务诸如农村配送这样的客户分布广、时效性较高的物品,如邮件、农资、农副产品等。

3) 按照物流的功能特征分类

按照物流的功能特征,物流节点可以分为转运型节点、储存型节点、流通型节点、加工型节点和综合型节点。

(1) 转运型节点。转运型节点是以连接不同运输方式为主要职能的节点。节点一般设于运输枢纽,以中转为主。货物在这种节点上的停滞时间比较短。

(2) 储存型节点。储存型节点是以存放货物为主要职能的节点。节点主要对货物进行保管,以解决生产和消费的不均衡。货物在这种节点上的停滞时间比较长。

(3) 流通型节点。流通型节点是以组织物资在系统中流通为主要职能的节点,节点具有周转快、附加值高、时间性强的特点,减少在连接生产和消费的流通过程中商品因停滞而花费的费用。

(4) 加工型节点。加工型节点是以流通加工和包装为主要职能的节点,为了弥补生产过程中加工程度的不足,适应高附加值流通而进行的一系列辅助加工活动,具有加工量大、工艺简单、流程短等特点。

(5) 综合型节点。综合型节点将若干功能有机结合于一体,又称集约型节点。这种节点适应物流大量化和复杂化的特点,拥有完善的设施、协调的工艺等。

4) 按照温度层次的不同分类

按照温度层次的不同,物流节点可以分为常温物流节点和低温物流节点。

(1) 常温物流节点。室温储存的物流节点,储存的大部分货物是干货,如日用品、电子电器、书籍、服饰、鞋帽、汽车零配件、建材、家具等。

(2) 低温物流节点。低温物流节点主要有 15~25 ℃的冷气物流;2~10 ℃的冷藏物流;小于 0 ℃的冷冻物流(−55~−45 ℃的为超低温物流)。

7.3.2 冷链物流节点的功能[①]

1. 冷链物流节点的基本功能

1) 储存功能

物流节点设有各种堆放、储存物品的仓储设施,为了尽可能减少库存占压的资金,减

[①] 张锦.物流规划原理与方法[M].西安:西安交通大学出版社,2009:217-218.

少储存成本,保证生产、流通、消费需要,物流节点应当配备高效率的分拣、传送、储存及搬运设备。

2) 物流信息处理功能

物流节点是信息的交汇点,也是信息处理和管理中心所在地。物流节点中的信息系统应具备物流状态查询、物流过程跟踪、物流要素信息记录与分析、物流客户关系管理,以及结算、报关、退税等功能,以提高工作准确性与效率。

3) 流通加工功能

为了方便生产、销售与消费,物流节点必须具备一定的加工功能,如粘贴标签、粘贴信息条码、剪截弯压、拆拼等不改变物品化学性质及提高使用属性的作业。

4) 装卸搬运功能

为了保证物品在物流节点的流通速度,物流节点应该配备专业化的装载、卸载、提升、运送、码垛等装卸搬运机械,以提高装卸搬运作业效率。

5) 包装功能

物流节点包装作业的目的不是要改变物品的商品包装,而在于通过对已包装的物品进行组合、拼配、加固,形成适于物流作业和配送要求的组合包装单元。

6) 衔接运输功能

物流节点是多种运输方式的端点,它不一定从属某个运输系统,但可以提供与运输有关的各种作业,特别是装卸车和节点内的车辆调度与管理作业。所以物流节点常设有多种运输方式转运的设施设备。

7) 停车功能

物流节点不仅为企业和客户提供停车服务,同时为货运车辆提供专业的停车、维修保养等服务。

8) 物业管理功能

一般来讲,物流节点均具有完善的物业管理功能,为客户提供方便、完备的管理与生活服务,并创造和谐、自然、安全的工作和生活环境。

2. 冷链物流节点的其他增值功能

从一些发达国家的物流节点实际和我国先进物流节点的实践来看,物流节点还具有一些增值功能。

1) 金融服务功能

物流节点提供和应用各种金融产品与金融服务,有效地组织和调剂物流领域中资金和信用的运作,达到信息流、物流和资金流的有机统一。这些资金和信用的运动包括发生在物流过程中的各种贷款、投资、信托、租赁、抵押、贴现、保险、结算、有价证券的发行与交易,收购兼并与资产重组、咨询、担保以及金融机构所办理的各类涉及物流业的中间业务等。提供金融服务能有力地支持社会商品的流通,提高供应链整体绩效和客户的经营与资本运作效率,增加全社会的福利,等等。

2) 检验、检测功能

物流节点可以对到达及在库的原材料、零部件、设备进行检验、测试、调试等作业,以满足用户的各种需要。

3) 逆向处理功能

通常情况下,物流节点都有处理因诸如货损、包装损坏、过期、失效、失灵等原因而退回的物品的功能。一些物流节点还有处理包装材料的功能。随着经济社会发展与生活环境质量要求的提升,对一些特殊废弃物的回收再利用,也成为物流节点的功能之一,当然也是增值渠道之一。

4) 物流咨询与代理功能

物流节点可以依托丰富的客户资源和强大的信息资源,提供全球、跨地区的物流解决方案,并办理代理订舱、租船、包机、报关等业务,成为第四方物流服务基地。

7.3.3 冷链物流网点规划的原则

冷链物流网点规划就是指在具有若干供应点和需求点的经济区域内选择具体的地址设置冷链物流节点的布局过程。冷链物流节点规划主要包括节点选址和节点布局。节点选址考虑的是根据费用或者其他选择标准寻找节点的最佳地址,节点选址受土地利用和建设费用、地方税收和保险、劳动力成本和可达性或到其他节点的运输费用的影响较大,更受城市规划中用地功能布局的深刻影响。节点布局主要是建立一个等级、规模、水平、空间均合理的节点体系,来保证冷链物流目标的实现。网点规划时须遵循以下原则。

1. 整体性原则

整体性原则要求在冷链物流网点规划过程中从物流网络的整体出发考虑各种相关问题。在供应链环境下,物流网络包含情况不同的各种成员企业,在确定网络目标时要从全局利益出发,才更容易达成广泛的一致性。

2. 协作性原则

企业之间的相互协作是整体性原则的延伸。在进行冷链物流网点规划时,可以通过成立专门的业务小组负责规划工作,而小组成员由各企业的代表组成。这样从规划开始就可以协调企业间的关系,并了解其他企业对自身和网络的期望。同时也可以制定一些利于协作的合约与运作流程(如信息传递方式与渠道、信息共享范围等)。

3. 整合性原则

由于冷链物流网点涉及范围广,遇到的问题也更加复杂,因此在规划中必须充分发挥创新精神,大胆引进整合思想,才能产生更好的效果。冷链物流网点非常强调整合性,例如,以前的物流网点规划只在单个企业内进行,现在的物流网点扩展到冷链物流服务整个供应链的范围,因此,可以整合更多的资源,采取更多的资产处理方式优化整个网络;原来只需要周转自己的商品,现在结合返货、退货可以更好地组织物流活动;等等。

4. 收益最大原则

收益最大原则是物流网点规划永恒不变的原则。在物流网点规划的分析过程中,企业应注意某项的成本增加能否带来相应的收益,如果不能,就不应采取该方案。这时还应注意整体性原则,如果局部成本的增加小于其带来的整体利益的增加,该方案就是可行的。

5. 统一规划、综合协调

物流节点的建设与运营,涉及政策保障、社会支撑、市场运作、资源配置、产业协调、部门管理等方方面面的因素,在规划中应立足于深入翔实的调查,以经济发展、土地利用和城市发展为依托与目标,打破地区、行业和部门之间的界限,协调好地方利益、行业利益、企业与社会利益,做到统一规划、科学布局、资源整合、优势互补、滚动发展。

6. 科学选址、整体布局

选址与布局就是选择物流节点的数目与分布位置。物流节点选址与布局直接影响整个物流系统的有效运作。物流节点的合理选址与布局能够减少货物流通费用,从而大大降低物流运营成本。物流节点的位置及容量直接关系到物流成本和客户服务水平。物流节点的选址与布局越来越引起政府、企业和社会的关注。

物流节点的选址和布局过程应与国家以及省市的经济发展方针、政策相适应,与国家、地区的物流资源和需求分布相适应,与国民经济和社会发展相适应。应将物流网点作为一个大系统来考虑,使物流节点的设施设备在地域分布、物流作业生产力、技术水平等方面相互协调,应以总费用最低为目标。

7. 柔性功能、滚动发展

由于物流节点的建设周期长、投资大、基础性强、建设风险大,因此应注重功能的多样化和通用性,应确立规划的阶段性目标,按照物流需求的发展变化规律分阶段进行建设和使用,建立规划实施过程中的阶段性评估检查制度,以保证整个规划的最终实现。

 7-3

苏宁易购:苏宁冷链库增至 17 座,加快区域冷链布局

苏宁正通过完善冷链物流基础设施,满足消费者对生鲜品质、配送时效的高要求。2018 年 5 月 16 日,苏宁宣布,计划 6 月底新增徐州、天津两大冷链仓,至此,苏宁冷链仓数量将达到 17 座。不只是苏宁,顺丰日前也宣布将与中铁快运联手,提升运输生鲜品的时效性。供应商、平台商以及消费者对生鲜品的需求日益提高,如何解决冷链物流基础设施不健全的问题成为行业关注的焦点。

苏宁冷链仓除为苏宁超市中的生鲜品提供仓储外,还会为苏宁小店、苏鲜生等众多苏宁新业态提供仓储和配送。进入 2018 年,苏宁在全国范围内快速落地冷链仓。2018 年 2 月,苏宁在全国范围内陆续投入 8 座冷链仓,覆盖北京、上海、广州、南京、武汉、成都、沈阳、西安及周边城市。5 月,苏宁在杭州、重庆、深圳、武汉、合肥、福州建成并投入使用 7 座冷链仓。

据悉,苏宁冷链仓可与冷链车实现无缝接轨,保证商品全程处于低温状态。同时,苏宁将冷链配送的时效不断提升,南京、北京、沈阳等 8 座城市可实现半日送达以及次日达,服务范围内的 75 个三、四线城市可实现次日达和隔日达。

资料来源:小鸭零售. https://mp.weixin.qq.com/s/inzY1RsJXEcqs7a0oZBCAQ,有改动

7.4 冷链物流网点布局与规划方法

7.4.1 冷链物流网点布局与规划需考虑的因素

通常来说,冷链物流网点布局与规划涉及许多方面的内容,企业必须考虑多种因素的影响,包括战略因素、服务范围与市场定位、物流需求及其分布,以及运营成本因素、竞争对手因素等。事实上,这些因素都不会单独起决定作用,常常是所有因素一起共同影响选址。所以选址的结果常常是矛盾调和的结果。

1. 战略因素

企业战略对企业冷链物流网点规划具有指导作用。在不同的战略指向下,会有不同的网点规划结果。基于成本战略的企业,尽量考虑降低企业的运营成本,其设施选址首要考虑的因素是地价和劳动力,并使它们达到最低。基于客户战略的企业,一般认为使客户享受最满意的服务、在最短的时间内响应客户需求是企业战略的根本。这类公司会把设施选在最方便到达客户的地方,即便这意味着代价较高的租金。基于混合型战略的企业,可能在某些地区以成本战略为指导,而在另外一些地区则采用客户战略。

2. 服务范围与市场定位

冷链物流节点具有集聚效应,具有符合市场需要的特定的服务领域和服务空间。物流节点的选址就必须清楚其面向的市场领域和辐射的空间范围,这样有利于在可选择的点位上寻求更符合要求、有利于功能形成和长远发展的位置。一般来讲,服务范围越大可选位置越多,全场面向越小可选位置越少。

3. 物流需求及其分布

企业服务市场的客户特点是冷链物流网点规划的决定因素之一。客户对物流服务质量、服务价格、服务半径、响应速度等方面的需求直接影响了企业物流网点的布局与规划。物流节点以及节点之间的线网构成的物流服务网络应尽可能地适应物流需求及其分布。一般来讲,应在需求集中且量大的区域考虑物流节点的布置。

4. 运营成本因素

伴随冷链物流网络的重新架构,一些设施的角色、选址、分配能力都要发生改变,这样会减少一些非优化成本,同时增加一部分新支出。冷链物流网络规划需要综合考虑各类成本变化,重新设计的目的一般是使总的运营成本降低。冷链物流运营成本的两个重要来源是运营成本和设施相关成本。

运营成本主要包括库存成本和运输成本,它们包含劳动力使用、能源消耗、原材料消耗、公用设施使用的费用,以及以基础设施建设、技术设备购置为代表的固定成本。对于某些产品,仓储的特点是整批运入、分批运出,如快餐原料等,这类产品的仓储设备一般选在目标市场附近,尽管加长了产品运入仓库的距离从而增加了运入成本,但缩短了配送商品到终端客户的距离,降低了商品的运出成本,综合效应是降低了成本。还有一些产品是整批运入、整批运出,如钢铁、煤炭等,这类产品的仓储设备一般设在原材料产地,邻近生产加工厂,仓库输入成本低、输出成本高,综合效应还是降低了成本。

设施相关成本包括设施新建成本、设施日常运营成本等,从根本上可以把这类成本分为两类:固定成本和可变成本。固定成本具有一次性投入、数额巨大、长期返本的特点,如新建设施购买的土地、厂房、机器等成本;可变成本是伴随产品的每一个流动周期发生的生产、加工、包装、售后服务等成本,具有反复性投入、数额较小、短期返本的特点。对设施相关成本的评估一定要有长远的眼光,并全面考虑投入产出比。一般来讲,在一定范围内固定成本相对稳定且差异大,但可变成本既不稳定且差异大,在分析计算时应准确把握。在我国现阶段,各个交通运输系统的运费不仅是由千米的费率来计算构成的,还常常包括各种各样的杂费,也应予以充分考虑。

5. 竞争对手因素

企业在规划冷链物流网点时必须考虑竞争对手的战略、规模和设施布局。如果市场竞争的氛围是倡导共赢,那么企业会把设施建在竞争对手的附近。中国商业联合会石油流通专业委员会的统计显示,截至 2007 年底,全国共有成品油批发企业 2 505 家,其中,中石油、中石化全资和控股批发企业 1 682 家,占总数的 67%。在全国近 10 万座加油站中,中石油、中石化两家旗下就有 46 000 多家,占总数的 50% 左右。有趣的是,在天津、北京等成品油销售竞争激烈的地方,中石油、中石化的加油站油库配送中心也相距不远,主要考虑是两者之间的竞争因素。

7.4.2 冷链物流网点规划的步骤

冷链物流网点规划是以物流系统和社会经济效益最大为目标,运用系统分析的思想和物流现代化的方法,综合考虑物流的供需状况、用地条件、运输费用、自然环境等因素,对物流节点的位置、规模、服务范围等进行研究和设计,以达到成本最小、能力最大、服务最优的目标。冷链物流网点规划步骤如图 7-3 所示。

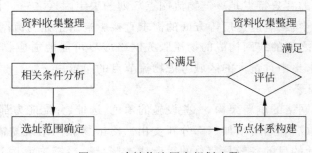

图 7-3 冷链物流网点规划步骤

1. 资料收集整理

收集整理与规划相关的资料,主要有物流企业分布、物流客户产品特征及生产经营状况、物流量、综合交通运输、工业园区、商业网点分布、物流节点建设成本、市场容量、客户对时效性的要求、土地利用等资料。

2. 相关条件分析

冷链物流网点规划的目的就是系统总成本达到最小,但是在规划设计时又面临不同的约束条件,主要包括:①资金约束,因为不同的区位价格差异较大;②综合运输条件,由于受到运输方式的限制,在选址时就应侧重于综合交通枢纽附近或场站、码头、港口附近;③能源条件,供电等能源系统是物流节点赖以生存的基础;④周边软环境约束,税收、关税等与物流节点布局决策直接相关。

3. 选址范围确定

在明确上述约束条件后,就可以初步确定选址范围,这一过程也称为选位。一般需要划分冷链物流节点的服务区域并排定选位顺序,即设立冷链物流节点的优先级。选位的目标是在投入产出效益最佳的情况下保证冷链物流节点的服务能力和水平,满足客户期望。可以采用的分析方法包括按行政区划分析、客户距离聚类分析、AHP(层次分析法)、Delphi(德尔菲)法及其他分析方法。但应特别重视国土规划、城市土地利用规划、城市总体规划中给出的可能位置,这常常是选址的刚性约束条件。

4. 节点体系确定

在初步选位的基础上,根据物流发展的需要和相关情况,综合考虑物流量的空间分布形态、运输方式构成、冷链物流量的规模分布,确定包括物流园区、物流中心、配送中心以及诸如物流枢纽、物流基地在内的各类物流节点的构成,并明确其相应的覆盖范围、领域、主体功能等。

5. 评估

通过对构建的冷链物流节点体系是否适应冷链物流发展战略的需要,节点的分布是否符合物流需求分布的需要,物流节点的规模是否符合物流处理量的需要,物流节点选址是否适应土地利用和城市发展的需要,冷链物流节点的功能是否满足市场的需要等的定性和定量分析,确定冷链物流节点规划的科学性、合理性和可行性。

7.4.3 冷链物流网点布局与规划建模方法[①]

在冷链物流系统网络规划的过程中,收集的数据和信息是分散的,只有通过有效的分析工具和分析模型,才能将这些数据和信息综合起来。物流网络规划建模工作就是将这些已收集的数据信息进行综合分析与优化的过程。建模要解决的问题是用数学建模的方法对物流网络结构的问题(主要是指使用的固定设施的数量、位置和规模)进行数学分析,以及对物流网络结构的规划流程进行分析,从而为企业物流网络结构设计与优化提供可行的设施选址和网络优化解决方案。

物流网络最优化设计是比较复杂的,通常要借助数学模型和计算机来实现。随着应用数学和计算机技术的发展,物流网络中的优化已形成了多种方法,通常使用的方法可分为以下五种。

1. 图表技术

图表技术泛指大量的直观方法。虽然这类技术不需要深奥的数学分析,但能够综合反映各种现实的约束条件,其分析结果并不是低质量的。支持这种分析的方法大量存在并被广泛应用,如统计图表、加权评分法、电子表格等。借助这些方法,加上分析人员的经验、洞察力以及对冷链物流网络规划的良好理解,往往能得到满意的规划方案。

---

① 冯耕中,刘伟华. 物流与供应链管理[M]. 北京:中国人民大学出版社,2010:210-211.

对于不是特别复杂的冷链物流网络规划,通常可以用图表进行一般基础性的表达,让研究者一目了然地得出结论。

2. 仿真模拟模型

仿真技术在物流规划中十分重要,并有广泛应用,其优点在于能方便地处理随机性的变量要素,并能对现实问题进行比较全面的描述。物流网络的模拟对成本、运输方式与运输批量、库存容量与周转等要素赋予合理的数量关系并加以描述,通过编制计算机程序进行物流网络的模拟运行。通过对模拟结果的评估分析,选出最优的网络设计方案。仿真技术的可视化和动画界面提供了不可替代的沟通方式。企业管理者可以通过仿真模拟模型,直观、具体、无误地向其他人员表达对系统的理解和对未来的设想。

供应链和物流管理是仿真技术应用最广泛、产生经济效益最大的领域之一。正因为仿真技术的可试验性、可量化性和快速性,使得仿真技术有着比其他分析工具更强的说服力和直观性。目前,常用的仿真软件包括 FlexSim、RaLC(乐龙)、Witness(SDX)、AutoMod、ShowFlow、SIMAnimation、Arena、Supply chain guru、Classwarehouse 等,这些仿真软件各有特色,企业可根据实际情况选用。

3. 优化模型

优化模型通过精确的运筹学方法求出决策问题的最优解。在提供了假设前提和足够的数据后,优化模型能够保证求出最优解。许多复杂的模型借助计算机程序已经可以方便地求解。优化模型的主要缺点在于:一个数学模型往往无法包含现实问题中所有的约束条件与影响因素,使用者必须在运算能力限制与假设条件个数之间进行权衡。

4. 启发式模型

启发式模型在建模上介于仿真模拟模型与优化模型之间,能对现实问题进行较为全面的描述,但并不保证得到最优解。启发式模型追求的是满意解,而不是最优解,在解决物流管理中一些最困难的决策问题时,该方法具有很强的可操作性。

5. 专家系统模型

专家系统,也称人工智能系统,是将人们以往在解决问题中积累的经验、方法与专长转化为计算机程序,把专家的知识与解决问题的逻辑思维以程序的方式"传授"给计算机,借助其强大的计算能力解决实际问题。开发专家系统模型的最大阻碍在于如何识别、获取专家的智慧与知识,并将之转化成计算机程序。

五种物流网络规划建模方法的比较如表 7-3 所示。

表 7-3 五种物流网络规划建模方法的比较

方法	优势	劣势	适用范围
图表技术	图表表达直观、易懂	不能进行大规模的网络规划,应用范围受限	简单的、低精度的物流网络规划
仿真模拟模型	能方便地处理随机性的变量要素,并能对现实问题进行比较全面的描述	仿真的前提是需要建立系统的数学模型,有些因素和变量不易进行处理,且仿真算法也有困难	设计结果和精度要求较高的大型物流网络规划

续表

方法	优势	劣势	适用范围
优化模型	求解结果非常精确	模型中无法包含现实问题中所有的约束条件与影响因素	复杂条件下的大规模物流网络规划
启发式模型	求解迅速、操作方便，可以得到满意解	可能无法得到最优解	复杂条件下的大规模物流网络规划
专家系统模型	定性与定量相结合，集成了专家智慧	将专家智慧转化成计算机程序仍存在困难	需要建立一个专门的专家系统，然后再进行物流网络规划

7.4.4 冷链物流节点选址方法

关于冷链物流节点选址问题，目前在理论研究上已形成了多种方法，常用的方法一般有总量控制法、重心法、数学规划法、仿真技术等。但是在实际选址过程当中，由于受需求的分布、用地条件的限制等因素制约，采用较多的是总量控制法。

1. 总量控制法

1) 物流节点的处理量与规模

物流节点的规模主要受全社会物流处理量、进入物流节点的物流量与全社会物流量的比例系数、单位处理量的用地参数等的影响，若每年的作业天数按 365 天计，则物流节点规模的计算公式为

$$S = L \times i \times \alpha / 365 \qquad (7-1)$$

式中：S——物流节点总面积（10^4 m²）；

L——预测规划目标年份的全社会物流总量（10^4 t）；

i——规划目标年份进入物流节点处理的物流量占全社会物流量的比例，可根据不同情况取值 0.35~0.45；

α——单位处理量的用地参数（m²/t）值。日本东京物流园区单位处理量的用地参数 α 为 40~60 m²/t，德国物流园区规模与物流处理量计算参数为 25~60 m²/t，考虑到中国城市的经济发展水平及总量比不上日本、德国等国家，同时考虑到物流节点规模确定的适度超前的原则，中国进行物流节点规划建设时 α 的取值范围在 40~60 m²/t[1]。在估算后，预留一定的变化弹性，以估计的有效面积乘以安全系数，便能得到各个区域的面积。这是为了适应高峰期的高运转量要求。一般取安全系数为 1.1~1.25，比值取得太高，将造成投资费用浪费。

另外，$L \times i$ 的值表示的是规划目标年份通过物流节点处理的物流量，可称其为"有效物流量"。

---

[1] 张锦. 物流规划原理与方法[M]. 西安：西安交通大学出版社，2009：222-223.

2) 总量控制法下物流节点选址

它是根据需求预测的物流总量和主要分布特征,计算物流节点的总规模,然后根据可能的选址位置初步定出节点的位置。可按以下四个阶段进行物流节点选址。

(1) 计算总量。按照物流节点规模确定的方法,计算物流节点总规模。

(2) 分区布置。通过计算各区域的物流分布量,确定物流分布量较为集中的区域和物流节点的数量,分区域地布置物流节点。

(3) 总量平衡。根据物流节点之间物流通道的分布,将邻近通道其他区域的物流量集中的区域进行聚集,节点的物流处理总量不能超过各方向上物流通道的最大负荷,以达到物流处理量的平衡。

(4) 调整布局。根据城市与区域社会经济发展、物流运输通道分布以及用地条件等再对物流节点的布局进行调整。

2. 重心法

重心法是选址问题中最常用的一种方法,可用来解决连续区域直线距离的单点选址问题。利用重心法进行选址时,有以下两个基本假设。

(1) 运输费用只与物流中心和需求点的直线距离有关,不考虑城市交通状况。

(2) 选择物流中心时,不考虑物流中心所处地理位置的用地价格。

运输费用计算方法简述如下:设有 n 个需求点,分布在不同的坐标点(x_j, y_j)上,现假设物流中心设置在(x_0, y_0)处。总运输费用 H 可表示为

$$H = \sum_{j=1}^{n} a_j \omega_j d_j \tag{7-2}$$

式中:a_j——物流中心到需求点 j 每单位重量、单位距离所需运输费;

ω_j——物流中心到需求点 j 的运输量;

d_j——物流中心到顾客 j 的直线距离,其计算公式为

$$d_j = \sqrt{(x_0 - x_j)^2 + (y_0 - y_j)^2}$$

物流中心在选址时,应当保证总运输费用最小,即 H 最小。

可得重心坐标:$x_0 = \sum_{j=1}^{n} a_j \omega_j x_j / \sum_{j=1}^{n} a_j \omega_j$

$$y_0 = \sum_{j=1}^{n} a_j \omega_j y_j / \sum_{j=1}^{n} a_j \omega_j \tag{7-3}$$

由式(7-3)得到的坐标点(x_0, y_0)即为物流中心坐标,且该点到各需求点的距离最近。

3. 数学规划法

在选址问题上,包含线性规划方法、运输方法、混合整数规划方法等在内的数学方法,统称为数学规划法。数学规划方法在选址问题应用中,较为经典的是 1984 年 Sherali 和 Adams 建立的位置—配置模型。

该模型不仅要确定新设施数量及其位置,而且要确定新设施为哪些现有设施服务最优。它通常应用在物流网络的设计中,主要包括确定仓库的位置和服务工厂或商店的仓库的分配,其数学模型如下。

$$\min Z = \sum_{j=1}^{n}\sum_{l=1}^{p} f_{jl} Y_{jl} + \sum_{j=1}^{n}\sum_{k=1}^{m}\sum_{l=1}^{p} C_{kjl} Y_{jl} X_{kj}$$

$$\text{s.t.} \begin{cases} \sum_{l=1}^{p} Y_{jl} = 1, \forall j \\ \sum_{j=1}^{n} Y_{jl} = 1, \forall l \\ \sum_{k=1}^{m} X_{kj} \leqslant S_j, \forall j \\ \sum_{j=1}^{n} X_{kj} = d_k, \forall k \\ Y_{jl} \in \{0,1\}, \forall j,l \\ X_{kj} \geqslant 0, \forall k,j \end{cases}$$

式中：m——顾客总数；

n——备选新设施数目；

p——备选地点的数目；

C_{kjl}——在 l 点建的设施 j 满足顾客 k 需求的单位费用；

d_k——顾客 k 的年需求量；

f_{jl}——在 l 点建设设施 j 的费用；

S_j——设施 j 的能力；

X_{kj}——决策变量，从设施 j 到顾客 k 的运输总量；

Y_{jl}——如果在地址 l 建设施 j，其值为 1，否则为 0。

上述目标函数是使修建设施的费用和满足顾客需求的费用之和最小。右边第一项表示修建设施的固定费用，包括每年的土地使用费用、设施建设和运营费用，第二项表示满足顾客需求的总变动费用。第一个约束保证一个设施只能在一个地址修建，第二个约束保证每个地址只建一个设施，第三个约束为设施的能力约束，第四个约束为顾客需求约束，剩下的两个约束分别为变量的 0-1 约束和非负约束。此模型可用 1964 年 Cooper 提出的迭代算法求解。

4. 仿真技术

仿真技术是设计一种真实系统模型的程序，并在一系列系统运行准则的约束中，对以了解系统行为或评价各种战略为目的的模型进行实验。当被用来帮助确认最佳的物流网络时，在仿真中典型的程序必然包括所有可能的物流节点的坐落位置。客户目的地根据最低总物流成本被分配到最佳的物流节点上。

亨氏公司为解决基本的仓库选址问题（仓库数量、地点、仓库的需求分配等），开发了一个经典的选址模拟模型，该模拟模型可以涉及多达 4 000 个客户、40 个仓库、10～15 个工厂。与许多算术模型相比，该模拟模型的适用范围广，主要包括以下参数。

（1）客户。其包括客户的位置和年需求量、客户购买产品的类型和订单大小的分布。

（2）仓库。其包括公司对自有仓库的固定投资，年固定运营和管理成本，存储、搬运、库存周转和数据处理方面的可变成本。

（3）工厂。其包括工厂的选址和各工厂的产品供应能力。

（4）运输成本。

（5）配送成本。

在运行模拟模型时，输入数据的处理过程分为两部分：①预处理程序把通过仓库就能履行的客户订单与那些货量足够大、由工厂履行更经济的订单分开来。②测试程序计算出从客户到仓库和工厂到仓库的距离。

选择向客户供货的指定仓库时，需要先检验最近的 5 家仓库，然后选择从仓库到客户的配送成本、仓库的搬运和储存成本、工厂到仓库的运输成本最低的仓库。接着，在仓库系统产品流向已知、测试程序读入地理信息的条件下，用计算机运行必要的计算来评估待定的仓库布局方案，还要利用线性规划法求解工厂生产能力的限制。需要评估多少个仓库布局方案，就需要重复进行多少次的测试。

京东冷链多元化布局　　行业竞争持续升级

2019 年 4 月初，京东首个平台化产品冷链整车产品正式上线。在此之前，京东冷链已经相继发布了冷链卡班、冷链城配两大标准 B2B 产品，并且完成了 F2B2C 核心骨干网络的搭建。

与冷链卡班多批次、小批量的运输不同的是，冷链整车则是致力于以平台化的模式，通过整合上游货主、中游物流企业与下游货车司机多方资源，根据客户指定的时间和地点，提供点到点、点到多点的冷链整车直送服务。据透露，该产品推出后，除了京东自建的冷链物流车可以承接业务外，平台还将引入一些有冷链运输资质的物流企业，货主在提交信息时可以自行选择采用京东自营车辆还是第三方车辆。

近年来，在生鲜品需求快速增长的驱动下，冷链物流也迎来了重大的发展机遇。同时，随着顺丰、京东、阿里等明星企业的入局，冷链物流开始受到更广泛的关注。数据显示，2018 年我国冷链物流需求总量达到了 1.8 亿吨，冷链物流市场规模为 3 035 亿元；预计到 2022 年，市场规模有望达到 4 700 亿元，年复合增速超过 20%。

据了解，京东在 2014 年开始进军冷链物流领域，并在接下来的几年内一直致力于自身冷链体系的完善。2019 年 1 月，京东物流武汉亚洲一号生鲜仓就正式投入使用了一套大型冷库旋转货架系统。2 月，京东物流还联合沙县小吃推出了个冷链自提柜品牌"鲸鲨"，并上线了两款鲸鲨冷链提货柜产品。

随后 3 月，除了上线冷链城配外，京东物流还在樱桃冷链运输方面进行了进一步的布局，与近 200 家烟台当地企业和合作社合作，计划在樱桃仓、运、配等环节提供冷链全供应链服务。

作为京东物流最有力的竞争对手之一，顺丰更是在 2018 年宣布与拥有 50 多年历史的美国夏晖达成合作，重新布局冷链运输行业。同时，顺丰也紧跟京东之后加入 2019 年的"樱桃大战"，开拓生鲜冷链市场。顺丰速运与大连市现代农业生产发展服务中心签订协议,并提出樱桃全产业链解决方案。

此外,阿里、苏宁物流的冷链物流版图仍在持续扩建当中,通达系等其他主流快递企业也相继推出了一些冷链产品。还有美团、饿了么等互联网平台也开始在短途冷链进行布局。

不过,与相对已经完善的物流体系相比,冷链物流建设仍比较落后,行业发展与产品需求并不成正比。目前,市场上大部分的农产品仍是常温流通,受技术、资金等多方面影响,产品流通中还是会有"断链"现象的出现。

更何况当下冷链市场上除了大热的生鲜品运输外,万亿级的医药流通市场也开始崭露头角,从而对冷链物流提出了更多更高的要求。总体说来,我国的冷链物流水平仅处于初级阶段,行业仍然存在成本高、集中度低、监管不完善等诸多痛点,发展路上还需要更多的资金以及时间的投入。

资料来源:物流百晓青年. https://mp.weixin.qq.com/s/fiD-6OHACoR_S-AAWmQhPw,有改动

思考并回答:

1. 京东冷链多元化布局所搭建 F2B2C 核心骨干网络是如何运作并实现京东生鲜电商的线上销售的?

2. 京东物流武汉亚洲一号生鲜仓和搭建 F2B2C 核心骨干网络之间体现出什么样的竞争力?

【本章小结】

冷链物流代理是冷链物流需求方(冷链产品的制造商、经销商、农户等)以降低物流成本、提高冷链产品物流水平为目的,将冷链物流业务整体或部分委托给冷链物流代理机构,代理机构以其专业优势对冷链产品进行运输、仓储、装卸搬运、流通加工、包装、配送等基础物流活动,并提供信息协调、资源调配、技能培训、项目设计、物流金融、供应链解决方案等一系列增值服务。

按照冷链范围和职能要素划分,冷链物流代理的类型有冷链运输代理、冷链仓储代理、冷链流通加工及包装代理、冷链配送代理、综合型冷链物流代理、冷链第三方信息平台的资讯代理。

冷链物流代理的运营模式是指冷链物流企业以何种方式对冷链货物、运输工具、参与企业进行管理。冷链物流代理企业要根据自身的实际情况,选择有利于自身可持续发展的经营模式。冷链物流代理的运营模式主要有:以第三方冷链物流企业为主导的冷链物流模式、以加工企业为主导的冷链物流模式、以大型连锁经营企业为主导的冷链物流模式、依托批发市场型冷链物流模式。

冷链物流节点的基本功能:储存功能、物流信息处理功能、流通加工功能、装卸搬运功能、包装功能、衔接运输功能、停车功能、物业管理功能。

冷链物流网点规划的原则:整体性原则,协作性原则,整合性原则,收益最大原则,统一规划、综合协调,科学选址、整体布局,柔性功能、滚动发展。

冷链物流网点布局与规划涉及许多方面的内容,企业必须考虑多种因素的作用,包括战略因素、服务范围与市场定位、物流需求及其分布,以及运营成本因素、竞争对手因

素等。

五种物流网点布局与规划建模方法包括图表技术、仿真模拟模型、优化模型、启发式模型、专家系统模型。

常用的冷链物流节点选址方法：总量控制法、重心法、数学规划法、仿真技术等。

第 7 章习题

第 8 章

专业冷链物流管理

8.1 农产品冷链物流管理
8.2 食品冷链物流管理
8.3 药品冷链物流管理
8.4 生物制品冷链物流管理

【本章导航】

本章主要介绍农产品、食品、药品、生物制品冷链物流市场及冷链物流原理。通过了解农产品、食品、药品、生物制品四类行业冷链物流服务对象,了解各行业冷链物流市场需求前景,掌握各行业冷链物流操作要点。灵活运用所学知识分析案例,具备运用所学知识和原理来分析与解决实际问题的基本技能。

供给侧-需求侧下的生鲜农产品冷链的转型与升级

我国农产品的供给相对而言没有变,但是需求变了,质量和品种要求跟不上消费领域的变化,导致消费能力严重外流。

因而,从需求侧出发,对农产品提出更高的要求,引导农业结构调整,激励供给侧生产出更多安全优质有营养的农产品,从而推进消费者食物与营养提升计划,引导健康生活方式,就必须深入系统地分析和研究需求侧的变化趋势。

一、农产品需求侧分析

——粮食需求侧分析。首先,我国粮食需求已从总量不足转变为结构性矛盾。玉米、普通小麦、稻谷过剩,而大豆、强筋粉、弱筋粉严重不足;其次,粮食加工、流通方式比较粗放,无法适应个性化、小众化需求的新变化。粮食深加工比例偏低。最后,从田间到餐桌的质量安全体系建设很不健全。因此,要推动信息技术在粮食收购、仓储、物流、加工、供应、质量监测监管等领域的广泛应用。

——蔬菜需求侧分析。我国蔬菜早已告别了数量及品种短缺的时代,但达到绿色或有机的比例偏低,且高质量的蔬菜供应数量总体不足,部分品种无法保证四季供应,不能满足市场需求。消费者对新鲜蔬菜的需求不但没有降低,反而随着消费升级对品种和品质的需求不断增长。一方面,人们对膳食结构与健康安全提出更高的要求,增加对新鲜蔬菜摄入量;另一方面,围绕蔬菜产业的休闲观光、采摘、餐饮等旅游开发项目,使蔬菜生产、加工、销售、餐饮、休闲与其他服务业之间紧密衔接。

——水果需求侧分析。目前我国优质果率仅占40%左右,普通果为45%,劣质果占15%,水果产业发展长期存在着不均衡现象。一方面,消费者对安全、优质、特色水果的需求急剧增长;另一方面,水果流通方式的剧变顺应消费领域的需求,如贴近消费者社区的连锁超市、专业水果店,以及电子商务新兴流通业态成为消费者购买的主要途径。此外,将新鲜水果、高档水果及有机水果逐步纳入中央厨房、休闲观光和田园体验等混合业态中,使得水果的需求呈现出综合消费与融合消费的特色。

——肉禽蛋需求侧分析。数据显示,2017年肉禽蛋农产品价格比上年同期下降15.78%,水产品价格上涨2.7%,粮食价格上涨0.5%。可见肉禽蛋类产品的消费需求从吃好向吃得健康、保健及养生等需求转变。此外,肉禽蛋"低价时代"的结束,预示着消费结构的升级、消费标准的提高,发展特色肉禽蛋产品是满足消费者个性化需求的主要途径。

——水产品需求侧分析。2016年农产品价格上涨较快的就是水产品。从食品营养角度,除蔬菜外,水产品蛋白质含量高、脂肪含量低、热量低、容易消化、健脑。水产品生产者要以消费需求为导向,不断优化水产品的品种与品质结构。

二、农产品消费需求的升级与走向

首先,由基础性向功能性消费需求转变,如"充饥型"粮食消费向"品质生活型"粮食消费转变;其次,向营养保健消费需求转变;再次,向有机或高品质消费需求转变;最后,向定制化的品牌农产品消费需求转变。总之,对生产者而言必须密切关注市场需求变化,探究市场潜在需求,利用互联网思维和大数据深入洞悉消费者行为的深层次需求。

三、冷链物流需求侧的变化及其服务诉求

首先,以消费需求侧为导向的冷链物流"模块化"服务体系需求:冷链物流上下游各环节的资源整合,降低冷链运营成本;实现冷链网络信息化与装备智能化的需求;冷链物流跨界的协同与融合需求;积极推进冷链物流区块链的构建。

其次,原产地"最先一公里"冷链体系的需求:农产品产地采摘预冷、分级、加工、包装及仓储等环节的冷链需求;强化农产品"最先一公里"的重要性,加强产地冷链基础设施的建设,并依托农产品批发市场、专业合作社、农业龙头企业、基地园区、农协及农村市场中介等组织打造"最先一公里"的协作链。

再次,解决冷链物流"最后一公里"瓶颈的需求:生鲜农产品冷链需尝试如何离消费者更近,如何使消费者更便捷、更轻松地买到生鲜农产品;随着生鲜电商的发展,不断探索出诸如冷链宅配服务、生鲜O2O网点自提、社区布局自提柜及便利店负责配送的生鲜电商冷链配送模式,为农产品冷链"最后一公里"在信息、技术、装备、标准等方面积累了丰富的经验和做出了大胆的尝试。

最后,冷链物流实现"全程N公里"的多环节无缝对接的需求:面对城乡消费升级及消费的差异化、个性化和多元化需求侧变化,冷链亟须从全产业链各环节适时适应需求侧定制化趋势。

四、冷链物流的转型与升级

消费需求侧的渐变,促使冷链物流行业经营模式多样化,运营管理高效化,供应链协作体系集约化和协同化,冷链物流将在效应溢出、产业边界、附加值衍生、服务延伸、价值

链延展、业态细分等方面呈现出前所未有的发展态势,释放出巨大的服务供给能量,从而全面实现行业的转型与升级。

1. 冷链供应链金融"模块化"服务体系

农产品冷链物流金融服务就是针对生鲜农产品冷链全过程运作中,行业的市场中介组织落后和短缺问题,构建旨在以解决问题为导向的诸如包装、加工、分级分拣及储运等环节的模块化服务体系。提供一站式供应链金融物流服务,获取更多盈利点,不仅解决了冷链上下游客户资金短缺的问题,而且有助于实现冷链物流的流程畅通、信息贯通、技术沟通、运营联通的倍增效应、范围效应和规模效应。

2. 生鲜电商智能社区冷链物流系统

打造线上线下全端覆盖的生鲜电商平台;智慧型社区的生鲜农产品终端服务体系;基于体验式的实体店综合服务;市域型或社区型中央厨房服务系统;社区生鲜农产品智能自提箱服务系统。

3. 冷链物流"最先一公里"的运作体系

专业合作社(或合作联社)的冷链运作系统;农业龙头企业涵盖冷链物流的加工生产、经贸商贸流通、科技研发等一体化运作体系;农协+农产品经纪人的冷链外包协作体系;农产品基地或园区的第三方冷链物流体系;农村市场中介组织的跨界冷链协作体系。

4. 大数据下的冷链物流集成化平台

融创新型供应链管理和资源整合服务为一体的第四方冷链物流平台,属统一多级互通物流信息系统,在行业内构筑区域性或全国乃至全球性的快捷、透明、协同、高性价比的集约型冷链物流网络服务系统,为客户提供基于线上和线下具有解决供应链集成化方案的冷链物流管理平台。

总之,我国冷链物流将迎来农业供给侧结构性改革下的发展良机,冷链物流作为全社会的"后勤保障系统",不仅要完成农产品在空间和时间上的增值,还要在"最先一公里""中间 N 公里"及"最后一公里"等环节上,真正完成技术集成化、信息系统化、装备智能化、运作集约化的转型与升级。

资料来源:李学工. https://mp.weixin.qq.com/s/9UDTiUTALhlRLyfoBNOt1g,有改动

8.1 农产品冷链物流管理

农产品冷链物流是指以水果、蔬菜、肉、禽、鱼、蛋等为代表的生鲜农产品从产地采购、加工、储藏、运输、销售直到消费的各个环节都处于低温环境中,以保证农产品的质量,减少农产品的损耗,防止农产品的变质和污染[①]。其包括的冷冻加工、冷冻储藏、冷藏运输及配送、冷冻销售四个环节都要求按照农产品物流的特性需要,保证农产品的原料品质和耐藏性,保证保鲜储运工具设备的数量与质量,保证处理工艺水平高、包装条件优和清洁卫生好,保证现代化管理和快速作业,最终保证农产品冷链物流协调、有序、高效地运转。

---

① 孙红菊. 农产品冷链物流浅析[J]. 物流技术,2009(3):158-159.

8.1.1 果蔬类农产品冷链物流管理

我国果蔬产量及储藏量均居世界首位,但我国农产品冷链物流发展还存在很多突出问题,果蔬冷链流通率低就是其中之一。相比于欧洲、美国、加拿大、日本等发达国家和地区果蔬冷链流通率已达 95% 以上,我国仅有 5%,由此造成我国每年约 1 200 万吨水果、1.3 万吨蔬菜浪费,造成损失额度达 1 000 亿元以上。

1. 果蔬冷链物流概况

1) 果蔬冷链物流服务对象

果蔬冷链物流,即水果蔬菜低温物流。面向果蔬生产、批发及销售市场,通过田间采摘使果蔬类产品可以一直处于产后生理需要的低温状态,采取采后预冷、初加工、储存保鲜和低温冷藏技术,形成一条冷链:田间采后预冷—冷库—冷藏车运输—批发站冷库—超市冷柜—消费者。

2) 果蔬冷链物流需求分析

2018 年全国蔬菜产量 7.03 亿吨,同比增长 1.7%,我国蔬菜产量随着播种面积的扩张,保持平稳的增长趋势,2013—2018 年全国蔬菜产量复合增长率 2.17%;2018 年我国水果总产量约 2.61 亿吨,同比增长 3.4%,其中园林水果产量约 1.91 亿吨。果园面积约为 1 116.8 万公顷,同比增长 0.29%,其中瓜类播种面积约 300.1 万公顷,同比增长 1.3%。

2. 果蔬冷链物流操作

1) 预冷

预冷是指果蔬采摘后从初始温度(25～30 ℃)迅速降至所需要的冷藏温度(0～15 ℃)的过程。通过迅速排除果蔬田间热,有效抑制其呼吸作用,从而保持水果蔬菜的鲜度,以延长其储藏期。常见的预冷方式有差压预冷、真空预冷和冷水预冷。

2) 分级包装

果蔬分级包装是提升产品档次和市场竞争力的重要商品化处理手段。在低温环境下,果蔬采后应用机械进行商品化处理或人工挑选分级。

由于果蔬包装缺乏严格的统一标准,一般来讲,外包装用筐、木箱、纸板箱、塑料箱等;内包装用如植物材料(像叶子这类植物材料内包装,主要是用于衬垫)、纸(用于水果内包装很普遍)、塑料(泡沫塑料等)等。出口产品包装方法按国际相关标准和客户要求制作。例如,高档果品普遍采用纸箱包装,有的内衬发泡网、纸浆托盘;蔬菜包装以周转箱、尼龙网捆扎散装、竹筐、编织袋等为主。

3) 机械冷藏和气调储藏

机械冷藏是通过机械制冷系统的作用,控制库内的温度与湿度,使果蔬延长储藏寿命的一种储藏方式。

气调储藏是在冷藏的基础上,把果蔬放在特殊的密封库房内,同时改变储藏环境的气体成分的一种储藏方法。在果蔬储藏中降低温度、减少氧气含量、提高二氧化碳浓度,可以大幅度降低果蔬的呼吸强度和自我消耗、抑制催熟激素乙烯的生成、减少病害的发生、延缓果蔬的衰老进程,从而达到长期储藏保鲜的目的。

4）冷藏运输

果蔬运输是动态储藏，是果蔬采后最活跃的环节之一。温度是运输过程中的重要环境条件之一，采用低温流通措施对保持果蔬的新鲜度和品质以及降低运输损耗是十分重要的。目前国外果蔬运输所用的运输工具主要是冷藏汽车和普通卡车，国际运输主要用冷藏集装箱。

此外，运输中一定要做好包装，以减少空气在产品周围的流动；要达到快装快运、轻装轻卸，在夏季要防热、在冬季要防寒，对于长途运输的商品一定要有合适的包装，以防其失去水分。

8.1.2 水产品冷链物流管理

随着人们经济生活水平的提高，居民对水产品的消费能力增强，水产养殖业迅速发展。我国的水产品产量一直保持高速增长趋势，水产品冷链物流呈现出快速发展的势头。

1. 水产品冷链物流概况

1）水产品冷链物流服务对象

水产品种类可大致分为鲜活水产品和干制水产品。水产品流通过程中，除活鱼运输外，要用物理或化学方法延缓或抑制其腐败变质，保持它的新鲜状态和品质。

水产品冷链物流是由多个环节组合而成的，从生产第一线开始，到船上保鲜、码头起卸、挑选加工、冻结入库、运输中转、市场销售都涉及冷链保障。确保各个环节中产品的质量安全就成了水产品冷链物流系统的核心。

2）水产品冷链物流需求分析

我国冷链物流起步较晚，远未形成完整的水产品冷链物流体系。目前约80％的水产品基本上还处在没有冷链保证的情况下运输销售，冷链水产品的品质保障薄弱，水产品流通腐损率达15％，腐烂率非常高，经济损失严重。

2. 水产品冷链物流操作

水产品冷链物流的操作是指首先将捕捞出的水产品清洗整理，在冷藏船上速冻，短暂储藏，在低温环境下运送到工厂进行深度加工与速冻，再经过运输运送到地方的配送中心进行冷藏储存，最后配送至各超市冷柜、宾馆、饭店小冷柜，直到销售给消费者。在整个过程中还需要有信息系统来控制信息流的传递，利用物流技术对整条链条的产品质量进行监控保障。如图8-1所示。

1）水产品的包装

活鲜水产品要求在较短时间内就能送达消费者手中，以保证水产品的鲜度，因此活鲜水产品不需要特殊的包装方法或微生物控制。但是，活鲜水产品的包装还是应达到一定的水平才能保证其品质。

包装的设计原则是尽量保证鲜味及新鲜度，防止水分的蒸发和细菌的二次污染，尽量减少水产品脂肪的氧化变质，防止产品滴汁及气味污染等。

从包装技术与包装材料的设计入手，根据不同水产品对包装技术的要求不同，选用不同的包装材料。例如，通常在超级市场买到的新鲜鱼、贝类食品，许多是装在盘中后用氯乙烯塑料、聚乙烯、聚苯乙烯、聚丁二烯的弹力拉伸薄膜包装的；高级虾、干贝类食品，是

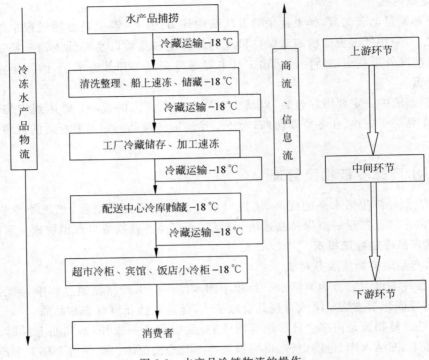

图 8-1 水产品冷链物流的操作

放在泡沫容器中,用高聚物的薄膜密封包装的;沙丁鱼和鳅刀鱼之类的鲜鱼则是放在盘中,用氯乙烯塑料的弹力拉伸薄膜包装的。

2)水产品的储藏

通过撒冰法或水冰法对鲜活水产品在保藏运输中进行冰冷却。水产品冻结完成后,应立即出冻、脱盘、包装,送入冻藏间冻藏。

3)水产品的运输

鲜活水产品的运输方法要因地制宜地设计,以干法和湿法两类为主,归纳起来有以下几种,可从以下方法中选其一或组合搭配使用。

(1)干运。干运又称无水运输法,它是将水冷却到使鱼虾暂停生命活动的温度,然后脱水运输,到达目的地后,再将鱼虾放入水中,它们会重新苏醒过来。这种运输方法不仅使鱼虾的鲜活度大大提高,而且可以节省运费,是一种比较理想的运输方法。

(2)淋水运输。适用于贻贝、扇贝、文蛤、牡蛎、青蟹等运输,运输途中需要定时观察并喷淋海水。

(3)帆布桶运输。采用粗帆布缝制成帆布桶,其底部多数为正方形,少数为圆形,其长度及高度可根据运输数量与车船体积而定。装运水产品的数量可依据鱼虾个体大小、水温高低、运输时间长短等条件而定。

(4)塑料袋包装运输。先将水产品消毒,在塑料袋中装入配备好的水,再按水产品的大小装入,然后挤掉袋中的空气,并装入适量的氧气,用橡皮圈束紧袋口。然后将塑料袋装入纸皮箱中,每箱可装1~2袋,最好用泡沫箱装。

(5) 冷冻运输。冷冻运输指采用专用冷冻运输箱装运活鱼。

8.1.3 肉禽蛋冷链物流管理

1. 肉类冷链物流管理

肉类(猪、牛、羊、鸡、鸭、鹅)冷链包括冷冻加工、冷冻储藏、冷藏运输、冷藏销售四个重要环节。在这四个环节中最不容易做好的就是温度控制,肉的中心温度应保持在-15 ℃以下。

2. 禽蛋冷链物流管理

禽蛋冷链就是利用低温来抑制微生物的生长繁殖和蛋内酶的活性,延缓蛋内的生化变化,使鲜蛋在较长时间内能较好地保持原有的品质,从而达到保鲜的目的。冷链法是目前国内外广泛使用的一种储藏保鲜方法。

1) 冷藏前的准备

鲜蛋入库前,冷藏库应预先打扫净、消毒和通风,以消灭库内残存的微生物和害虫。消毒的方法,可采用漂白粉溶液喷雾消毒法或乳酸熏蒸消毒法。放蛋的冷库内,严禁存放其他带有异味的物品,以免影响蛋的品质。

冷藏的鲜蛋,必须经过严格的感官检验和灯光透视,选择符合质量要求的鲜蛋入库。选好的蛋在入冷藏库前,必须经过预冷。如果不经过预冷而直接入库,会由于蛋的温度高,使库温上升,水蒸气会在蛋壳上凝结成水珠,有利于霉菌的生长。因此,鲜蛋在放入冷库前,要有一个冷却过程(预冷)。预冷的温度一般为 0~2 ℃,相对湿度为 80%~85%,约经 24 小时,蛋温逐渐下降便可入库储藏。

2) 入库后的管理

鲜蛋入库要按蛋的品种分别堆垛,并顺冷空气循流方向堆垛,整齐排列。蛋箱不要靠墙,蛋箱之间要有一定空隙,各堆垛之间要留有空隔,地面上要有垫板或垫木。冷库内的温度、湿度要保持稳定,不要忽高忽低。冷库内储藏鲜蛋的温度为-1.5~-1 ℃,不应低于-2.5 ℃,否则会使蛋内水分冻结,导致蛋壳破裂。库内相对湿度为 88%左右,湿度过高,霉菌易于繁殖;湿度过低,则会加速蛋内水分的蒸发,增加自然干耗。要定期检查鲜蛋质量,以便了解鲜蛋在储存期间的质量变化,更好地确定以后储存的时间。

3) 出库时升温

经冷藏的蛋,因室内外温差较大,出库时应将蛋放在特设的房间,使蛋的温度逐渐回升,当蛋温升到比外界温度低 3~4 ℃时,便可出库。如果未经过升温而直接出库,由于蛋温较低,外界温度较高,鲜蛋突然遇热,蛋壳表面就会凝结水珠(俗称"出汗"),容易造成微生物的繁殖而导致蛋变坏。

 8-1

昆明将重点打造六大物流工程,花卉冷链成特色

2019 年 6 月印发的《昆明市建设区域性国际物流枢纽行动计划(2019—2035)》(以下

简称《行动计划》)表示,昆明正构建"37916"物流业空间规划体系,重点打造六大物流工程,增强物流与交通、制造、商贸等产业联动交融,到2035年,全面建成区域性国际物流枢纽城市。

一、2022年建成陆港型国度物流枢纽

《行动计划》提出三阶段施行目的,即第一阶段(2019—2020年),根本建成全省跨境物流枢纽城市,成为承接国内、辐射南亚东南亚的物流产业中心区。第二阶段(2021—2025年),根本完成国度物流枢纽建立任务,根本建成区域性国际物流枢纽城市,进入全国物流强市行列。第三阶段(2026—2035年),全面建成区域性国际物流枢纽城市。

依据昆明实践状况,《行动计划》以战略交通线为物流通道,以战略口岸、经济走廊沿线城市为物流支点,建立构成"3大国度枢纽+7大集聚区+9个城配中心+16条物流通道"的"37916"物流业空间规划体系。同时,以腾俊国际陆港、安宁南亚陆港为重要中心节点,整合晋宁中谊村—安宁桃花村—安宁读书铺铁路枢纽带,争取到2022年建成陆港型国度物流枢纽;以王家营铁路枢纽为中心,整合周边宝象物流中心、中铁集装箱中心站、滇中海关监管区等物流资源,争取到2024年建成商贸效劳型国度物流枢纽;对接长水国际机场综合交通枢纽建立规划,以空港物流集聚区为中心,以昆钢宝象临空物流园(昆焦物流转型片区)、昆明综合保税区物流功用拓展区和空港航空物流园为主要节点,打造航空物流、保税物流、跨境电商、冷链中心等业务板块,到2028年建成空港型国度物流枢纽;以寻甸县天生桥为中心,完善铁路专用线及多式联运设备建立,引导物流集聚开展,到2030年根本建成昆明东部物流中心集聚区。

二、15个重点物流园区建立提速

《行动计划》提出,将施行重点物流产业园区建立、整合县级物流集散中心建立、展开城市物流配送试点、增强冷链物流根底设备建立、打造跨境物流企业集团等15项重点工作任务。

在物流园区建立上,将加快推进安宁市桃花村物流集聚区、经开区王家营物流集聚区、云南空港物流集聚区、昆明综合保税区物流集聚区、晋宁区腾俊陆港物流集聚区、嵩明杨林物流集聚区和寻甸天生桥物流集聚区建立,引导不契合规划的物流项目完成转型晋级;提速王家营物流中心、安宁南亚国际陆港、西山长坡泛亚国际物流园区等15个省级重点物流园区建立,重点支持云南腾俊国际陆港、昆明王家营宝象物流中心、云南东盟国际冷链物流中心等省级示范物流园区建立,以物流产业范围化、集约化、高端化开展为导向,明白各产业功用定位、开展途径和时间表。

另外,创新城市配送形式,展开创新试点,鼎力开展统一配送、集中配送、共同配送等多种方式的集约化配送,加快开展共享物流、聪慧供给链等新业态。完善城市配送和供给链体系,加快王家营消费生活日用品配送中心、昆明粮油配送中心等9个城市(城际)配送中心建立。鼓舞运用新能源规范化配送车辆,放宽对配送车辆的通行和停放限制;对生活必需品、药品、鲜活农产品和冷藏保鲜产品配送车辆,统筹优化交通平安和通行管控措施。

《行动计划》鼓舞和支持昆明有实力的物流企业采取合资、协作等方式,在南亚东南亚国度及其他与云南省经贸协作亲密的国度和地域设立境外跨境物流公司,建立货物集散中心等境外物流效劳网络。支持省、市龙头物流企业采取国有资产重组、并购、参股等方式，牵头整合云南省在境外设立的跨境物流公司，组建大型跨国物流企业集团，打造统一运输组织、统一全程价钱、统一效劳规范、统一调度平台的国际物流效劳品牌。

三、重点打造六大物流工程

《行动计划》提出重点打造物流枢纽、多式联运、冷链物流、跨境物流、电商物流、风险品物流六大物流工程。其中，物流枢纽工程将充分发挥省级示范物流园区的示范带头作用，依托蔬菜、花卉、水果、医药等优势产业，重点培育一批具有冷链、多式联运功用的综合效劳型物流园区，有效提升物流园区对昆明市物流业开展的支撑作用。同时，在推进城市共同配送中心建立的根底上，进一步研讨制定城市集中配送车辆的统一技术规范，有效缓解中心城区交通压力。

作为高原山区地貌地形，昆明将开展多式联运作为物流业完成逾越式发展的关键性工程，鼎力开展以公铁联运为主、陆空及陆水为辅的多式联运。其中，公铁联运主要依托八大铁路支撑节点展开；陆空联运主要依托空港型国度物流枢纽展开；在稳定并逐渐扩展昆明—沿边口岸—中南半岛的铁水联运业务范围，展开铁水联运集装箱业务的根底上，依托东川港展开公水联运。

冷链物流建立将着力在花卉、果蔬、肉类、水产品、海产品、药品等流通范畴开展冷链物流。展开以肉类、海产品为重点的冷链物流试点，支持试点物流企业置办平安、节能、可追溯冷链运输车辆，建立冷冻、冷藏和保鲜仓库或配送中心，鼓舞多温共配形式的开展，推进冷链物流效劳由根底效劳向增值效劳延伸，重点打造云南东盟国际冷链物流中心、昆明宝象万吨冷链港、云南腾俊冷链仓储中心示范工程，以及条件成熟的冷链物流示范工程。

跨境物流工程加快推进昆明综合保税区、保税物流中心（B型）等建立，逐渐拓展综合保税区保税加工、进出口贸易和国际中转等业务，完成保税物流快捷、高效运作。推进昆明铁路口岸申报及建立工作，申报国度批准设立昆明铁路口岸联检机构，为昆明铁路口岸开放建立提供必备条件，完善跨境电商物流效劳体系。

资料来源：冷链(Coldchain). https://mp.weixin.qq.com/s/_p8Smicdcl5_OwLOFQbqmg，有改动

8.2 食品冷链物流管理

本书冷链物流所适用的食品除初级农产品（蔬菜、水果、水产品，肉、禽、蛋）外，主要指加工食品，如速冻食品、乳制品、包装熟食、快餐原料、冷饮制品等。

8.2.1 食品冷链物流的服务对象

加工食品冷链物流系统工程，即食品冷链物流。在生产、仓储或运输和销售，一直到消费前的各个环节中，始终处于加工食品规定的最佳低温环境下，才能保证食品质量，减少食品损耗。根据食品生产加工销售过程运输、仓储各环节温度控制，把加工食品分为冷冻食品和冷藏食品。常见食品冷链的主要类别如表8-1所示。

表 8-1　常见食品冷链的主要类别

种　类	温度要求	常见食品类别
冷冻食品	－18 ℃及以下	速冻水饺、冰激凌、快餐原料等
冷藏食品	4 ℃以下,冷冻点以上	包装熟食、乳制品等

8.2.2　食品冷链物流管理的要求

食品在运输、仓储、销售过程中化了又冻,冻了又化,在此过程中不可避免会造成细菌的加速繁殖。因此,我们应加大对食品的冷链物流监管。

1. 冷冻食品冷链名义基准温度

冷冻食品运输使用的冷藏车装载货物前,车厢内温度应预冷到－10 ℃以下;在运输过程中温度的回升限度为－15 ℃,并要求尽快降至－18 ℃。

服务冷冻食品的冷库应建有 15 ℃以下的封闭式站台,冷库昼夜温度波动不超过±1 ℃。

拒收运输至冷库时温度超过－12 ℃的冷冻食品。冷冻食品销售过程中上货冷冻陈列柜后要保持－15 ℃以下,短时间温度回升不得高于－12 ℃。

2. 冷藏食品冷链名义基准温度

冷藏食品在运输、商品交接过程中食品品温回升温度限度均为 7 ℃;冷藏陈列柜短时间温度回升不得高于 10 ℃。

3. 冷冻与冷藏食品预包装环境温度

冷冻与冷藏食品预包装环境温度实际情况在 15 ℃以下为宜;冷藏陈列柜外部空气温度不超过 24 ℃和 55％RH(相对湿度)。

8.2.3　食品冷链物流管理的其他注意事项

食品冷链各环节均需投入必备的设施和设备作为基础保证,加以先进的技术支撑和严格有效的管理制度,冷链各环节共同密切配合,才能把握冷链整个运营系统,保证冷冻冷藏食品的品质,否则难以达到预期效果。实际操作中,要注意以下三个环节的管理注意事项。

1. 冷藏运输

冷藏运输环节必备各种冷藏运输工具,如冷藏车、测温/湿度记录仪、清洁消毒器具等;必要的车辆保养维修制度、装卸货规定和交接手续以及车辆调度制度等。

2. 冷藏储存

冷藏储存环节必备冷库及封闭式站台、温度记录仪、装卸运货车辆等;必要的冷库清洁、除霜和维修制度,交接验货手续,食品储期管理规定等。

3. 销售终端

销售终端环节必备各种冷藏陈列柜、小型商超暂存冷库等;必要的上货装载规定、环境温度调节管理等。

案例分析 8-2

全程温控,用心呵护:中凯智慧冷链物流园您生鲜品的服务专家

一、中凯智慧冷链物流园

潍坊,地扼山东内陆腹地通往半岛地区的咽喉,是山东半岛的交通枢纽。位于潍坊寒亭区最具发展潜力的黄金地段的国家综试区核心区的中国食品谷·中凯智慧冷链物流园（以下简称"中凯"），总占地面积1 120亩，与港口、高铁、高速公路、机场距离较近，地理位置优越，交通便利。园区建设万吨级容量冷库群、食品物流中心、东亚畜牧交易所、大型农产品（食品）交易市场，可为食品生产商、生鲜电商、酒店餐饮、进口贸易商等提供多温带仓储、冷链物流、供应链金融、线上线下交易等服务。依托智能化管理系统，运用标准化的温控仓储及丰富的冷藏车资源，致力于为生鲜食品提供温控供应链服务解决方案。

二、多温带——智能温控系统

拥有3座楼层式冷库，储容量20万吨（冷冻库18万吨，冷藏库2万吨），总面积为85 200平方米（71 000个垛位）。地上六层冷冻库，库温−23～−18℃，面积76 200平方米（64 500个垛位）；地下一层是冷藏库，库温0～5℃，面积9 000平方米（6 500个垛位）。冷库空间宽敞，配有可移动组合式货架，冷库利用率达到90%。中凯冷库严格遵循食材要求，把温区分为常温、冷藏、冷冻三类，满足水产、禽畜肉类、果蔬、乳制品、速冻品等多种食材的温度需求。除此之外，中凯配有开放式发货月台、便捷林德电驱动叉车、电动托盘车、自动化物流梯、可升降装卸平台及仓库管理系统。

三、全链条——冷链物流运输

整合千余辆冷链物流车，开通了20余条骨干线路、10余条短途支线网、3条专业冷链班列线路，形成了干、支与铁路多条主要对流精品线路，每个区域配置城配短驳车进行集货分拨配送，提供门到门冷链配送服务，所有车辆装有GPS、温度传感器，实现了对车辆的定位服务，对车内温度、湿度、车辆运行状态适时监控，确保运单的全程可视化。

服务项目：

(1) 铁路冷链班列：潍坊—贵阳—昆明；潍坊—乌鲁木齐。

(2) 干线运输：全国主要城市。

(3) 支线运输：覆盖山东范围内主要城市。

(4) 零担专线：潍坊—济南、潍坊—青岛、潍坊—临沂、潍坊—诸城。

(5) 城际配送：中凯200千米范围内城际配送。

资料来源：山东中凯. https://mp.weixin.qq.com/s/336H2tsyDY1RHMXlsPJUpw，有改动

8.3 药品冷链物流管理

目前，中国医药流通行业的监管与物流运营水平大大落后于欧美发达国家，药品冷链物流存在的问题更多。许多需要冷藏、阴凉条件保管的药品从出厂一直到患者使用的整个链条上，常常出现"断链"现象，尤其是在流通过程中温度超标问题，已经严重影响药品的内在质量，用药安全存在很大的隐患。如何进行有针对性的管理，确保在流通过程中的物流服务质量，保证药品质量，已成为药品冷链物流研究的重大课题。

8.3.1 药品冷链物流的定义

冷藏药品是指对储藏、运输条件有冷藏或冷冻等温度要求的药品，具有批量小、批次

多、安全条件要求苛刻的特点。冷藏药品对温度具有敏感性,从生产企业成品库到使用前的整个储存、流通过程都必须处于规定的温度环境(控温系统)下。

因此,冷藏药品在生产企业、经营企业、物流企业和使用单位等相关企业间采用专用设施,使冷藏药品从生产企业成品库到使用单位药品库的温度始终控制在规定范围内的物流过程,即被称为药品冷链物流。

8.3.2 药品冷链物流的服务对象

我国药品流通过程中涉及两大冷链问题:一是药品在制药企业、批发药企、零售药店、医院终端四大环节的冷链管理;二是药品在第三方物流过程中的冷链管理。

可见,药品冷链物流包括冷藏药品的低温生产、低温运输与配送、低温储存、低温销售四个环节。因此在药厂生产出药品后,就已经开始进入冷链流程,经仓储节点、流通渠道运到销售终端,最后卖给消费者。

8.3.3 药品冷链物流的基本要求

1. 药品冷链物流的运作条件

冷藏药品对储藏、运输条件有冷藏($2\sim10\ ℃$)或冷冻($-25\sim-10\ ℃$)等温度的要求。冷库内温度自动监测布点应经过验证,符合药品冷藏要求。对冷藏药品应进行 24 小时连续、自动的温度记录和监控,温度记录间隔时间设置不得超过 30 分钟。自动温度记录设备的温度监测数据可读取存档,记录至少保存 3 年。

冷藏车在运输途中要使用自动监测、自动调控、自动记录及报警装置,对运输过程中的温度进行实时监测并记录,温度记录时间间隔设置不得超过 10 分钟,数据可读取。温度记录应当随药品移交收货方。采用保温箱运输时,根据保温箱的性能验证结果,在保温箱支持的、符合药品储藏条件的保温时间内送达。

应按规定对自动温度记录、温度自动监控及报警装置等设备进行校验,保持准确完好。温度报警装置应能在临界状态下报警,应有专人及时处置,并做好温度超标报警情况的记录。

2. 药品冷链物流的操作流程

1) 冷藏药品的储藏、养护

冷藏药品储藏的温度应符合冷藏药品说明书上规定的储藏温度要求,并按冷藏药品的品种、批号分类码放。按《药品经营质量管理规范》(2016 年修订)规定进行在库养护检查并记录,发现质量异常,应先行隔离、暂停发货、做好记录,及时送检验部门检验,并根据检验结果处理。养护记录应保存至超过冷藏药品有效期 1 年以备查,记录至少保留 3 年。

2) 冷藏药品的发货

冷藏药品生产企业、经营企业、物流企业应指定符合条件的人员负责冷藏药品的发货、拼箱、装车工作,并选择适合的运输方式。冷藏药品的发货、装载区应设置在阴凉处,不允许置于阳光直射、热源设备附近或其他可能会提升周围环境温度的位置。冷藏药品由库区转移到符合配送要求的运输设备的时间,冷藏药品应在 30 分钟内,冷冻药品应在 15 分钟内。拆零拼箱应在冷藏药品规定的储藏温度下进行。装载冷藏药品时,冷藏车或保温箱应预冷至符合药品储藏运输的温度。

特别注意的是，需要委托运输冷藏药品的单位应与受托方签订合同，明确药品在储藏运输和配送过程中的温度要求。

3) 冷藏药品的运输

冷藏药品生产企业、经营企业、物流企业应制定符合冷藏药品运输管理的规章制度和发运程序，配备有确保冷藏药品温度要求的设施、设备和运输工具。

（1）冷藏药品发运程序内容包括出运前通知、出运方式、线路、联系人、异常处理方案等。

（2）采用冷藏车运输冷藏药品时，应根据冷藏车标准装载药品。采用保温箱运输冷藏药品时，保温箱上应注明储藏条件、启运时间、保温时限、特殊注意事项或运输警告。

（3）运输人员出行前应对冷藏车及冷藏车的制冷设备、温度记录显示仪进行检查，要确保所有的设施设备正常并符合温度要求。在运输过程中，要及时查看温度记录显示仪，如出现温度异常情况，应及时报告并处置。

（4）冷藏药品的收货、验收。冷藏药品收货时，收货方应索取运输交接单（表8-2），做好实时温度记录，并签字确认。有多个交接环节时，每个交接环节的收货方都要签收交接单。

表 8-2 冷藏药品运输交接单

日期： 年 月 日

供货单位 （发运单位）					
购货单位 （接收单位）					
药品简要信息（应与所附销售随货同行联相对应）	序号	药品名称/规格/生产企业/生产批号		数量	备注
	1				
	2				
温度控制要求			温度控制设备		
运输方式			运输工具		
启运时间			启运时温度		
保温时限			随货同行联编号		
发货人员签字			运输人员签字		
备注					
以上信息发运时填写 以下信息收货时填写					
到达时间			在途温度		
到达时温度			接收人员签字		
备注					

收货时收货方应检查药品运输途中的实时温度记录,并用温度探测器检测其温度。对验收合格的药品,应迅速将其转到说明书规定的储藏环境中。对退回的药品,接收企业应视同收货,严格按流程操作,并做好记录,必要时送检验部门检验。冷藏药品的收货、验收记录应保存至超过冷藏药品有效期1年以备查,记录至少保留3年。

 8-3

医药冷链运营管理三要素

无论是药品生产、经营还是物流企业,凡是涉及医药冷链运营业务,运营管理人员都要主要思考是否具备以下三方面能力:首先,质量运营管理体系建设能力;其次,运营执行能力;最后,持续改进能力。

1. 质量运营管理体系建设能力

没有相对完善的质量运营体系保障,成功运作医药冷链是无法完成的使命。如大家所知,医药生产、经营企业需要符合药品生产质量管理规范(GMP)和药品经营质量管理规范(GSP)的管理要求。同时,ISO质量标准体系也是适用于不同企业管理的国际标准。这些管理整体公司运营的标准体系的搭建,对于医药冷链企业来讲是基础框架。在这些基础框架之上,作为医药冷链运营,应考虑搭建全面医药冷链管理体系。全面医药冷链管理体系是笔者根据GMP、GSP对于医药管理要求,并结合实际运作人、机、料、法、环关键要素组合而成的。为相关企业快速搭建冷链管理体系、管理和评估冷链管理能力创建的管理工具。全面医药冷链管理体系这个冷链体系搭建管理工具已经在众多企业实施应用,包括外资企业和国企,充分体现出快速提高企业医药冷链管理能力的效果。而且事实证明,一旦企业冷链基础搭建完成,对企业长期运营能够起到非常关键的核心作用。

2. 运营执行能力

在质量运营体系搭建起来后,企业各关键职能部门的执行能力则是冷链管理运营结果的保障。执行能力是每个企业都在讨论的问题,那么到底是什么关键因素会对企业的执行力有影响呢?为什么同样规模的企业,同样的设备设施,在一些企业里没法保障冷链运营结果,而在另外一些企业能够出色完成任务?医药冷链管理体系的执行能力关键因素可以从企业领导文化、质量管理文化和评估考核方法三个层面加以分析。首先,企业领导文化,也就是"领头羊"的作用。当一个企业领导特别关注执行,并用行动践行执行,通常这个公司就是有执行文化的。这样的领导意识再加上适当的管理工具,一定会形成一个全员执行的文化。其次,对于医药管理来讲,文化也是确保GMP、GSP管理体系落地实施的关键。如果质量负责人没有关注执行、挑战执行的意识,再完美的质量体系也是无法保障和实施的。所以医药冷链管理能力一定是在对质量充分理解,并严格监控执行下才能取得预期结果。最后就是评估考核。与冷链相关岗位、流程都应该严格设定考核要求和标准。及时地考核、评估,科学地设定考核指标是保障冷链过程管理的关键要素。

3. 持续改进能力

有了体系,并保障执行是不是就可以了?还不够。还需要在现有基础上的持续改进。谈到持续改进很多人会觉得是老生常谈。但是在医药冷链管理上,不断的新技术、新法规和社会新资源的产生,都从客观环境上要求进行持续改进。持续改进完全可以根据本公司情况设置为常规工作方法,如特别项目改进小组、全员持续改进项目、外部咨询团队诊断等管理方法。持续改进可以聚焦在成本、质量和冷链风险等不同目标。

综上所述,医药冷链管理是个系统工程,需要从质量运营体系到执行过程和不断的流程优化来做好基础工作,才能保障交付过程的稳定。医药冷链人只有踏实修炼内功,才能真正为企业创造应用的价值。

资料来源:供应链俱乐部. https://mp.weixin.qq.com/s/W0EeIy4kXNgiJJVUVEiKUA,有改动

8.4 生物制品冷链物流管理

生物制品是特殊的药品。与药品冷链相同,它在运输、储存等环节也有严格的冷藏保温要求。

8.4.1 生物制品冷链物流的概念

生物制品是通过刺激机体免疫系统而产生免疫物质(如抗体)在人体内出现体液免疫、细胞免疫或细胞介导免疫,用于人类疾病预防、治疗和诊断的药品制剂;主要应用普通的或以生物技术获得的微生物、细胞及各种动物和人源的组织与液体等生物材料制备而成。

生物制品冷链物流指生物制品类生产企业、经营企业、物流企业和使用单位采用冷藏专用设备,使冷藏生物制品从生产企业成品库到使用单位制品库的温度始终控制在规定范围内的物流过程。

8.4.2 生物制品管理制度

1. 疫苗实际需求

根据现行的免疫程序,本辖区的总人口数、出生率、各年龄组人口数及疫苗的损耗系数等制订疫苗计划,每个月底前将下一个月的计划免疫用苗数量报县疾控中心。

2. 疫苗专门管理

疫苗实行一个窗口专人管理,供给渠道严格执行:省—市—县—乡(镇)—接种门诊(接种点)。

3. 疫苗登记管理

建立疫苗领发台账,做好疫苗出入库登记及相关记录,账物相符。登记时必须有疫苗名称、进出数量、生产厂名、批号、失效期、结余数量、领取人、备注等信息。

8.4.3 生物制品冷链物流管理中需注意的问题

1. 疫苗的运输、储存和使用要严格按照有关的温度要求进行

疫苗箱(盒)之间,与冰箱、冰柜壁之间均应留有冷气循环通道。按照疫苗的品种、批号分类存放。分发使用疫苗按照"先短效期、后长效期"和同批疫苗按"先入库,先出库"的原则,存放要整齐,包装标志要明显。

2. 冷链装备管理

冷链装备要有专室或固定房间存放,冷链装备做到专人治理,专物专用,不得挪作他用,建立领发手续和登记制度,做到账物相符,建档建账:设备名称、数量、型号、户地、说明书、有关技术资料、使用和损坏情况等,定期保养,建立维修记录。

3. 疫苗冷链装备保养与管理

由专人负责疫苗冷链装备保养、管理,冰箱内放置温度计,每天定时记录温度两次,并妥善保存温度登记本,做好停电、发电、停机、故障维修记录,发生故障及时抢修,并把疫苗转移到其他冰箱。管理员因故外出不能进行日常监测时要做好交接班。结霜厚度超过4毫米要及时除霜,冷藏箱和冷藏背包每次使用后,及时取出冰排,擦干净,保持内外干燥清洁。坚持每季度清扫一次冷凝器散热板,每月进行转动机械加油,冰箱内蒸发管道结冰超过5毫米时要及时除霜。保证冰箱使用安全,开门装置完好,有防火防漏设施。

4. 冷链冰箱和冰柜的使用事项

冷链冰箱和冰柜应安放在干燥、通风、避免阳光直射、远离热源的地方,底部要垫搁架,电源线路与插座应专线专用。

医药冷链"断链"会造成多大影响

医药产品属于特殊产品,其生产、储藏、运输等流转环节都需置于严格限制的环境下,这样才能保证医药产品的有效期和药效不受损失。

例如,医院使用量较大的血液制品、各种胰岛素、抗生素等都需要存放于不间断低温、恒温状态的环境,确保此类需要冷藏、冷冻的医药产品在出厂、转运、交接期间的物流和使用过程中符合规定的冷藏、冷冻环节而不"断链"。

中科希望物联网络提醒,医药全程冷链不容忽视,任一环节的流转单位都需要严格遵循国家规范。

由于疫苗、药品对温度敏感,疫苗、药品从制造到使用的现场,每一个环节都可能因温度不符合规定要求而失效,在储运过程中,一旦温度超出 2~8 ℃,疫苗就要被销毁。因为疫苗的特殊性,所以对储运条件要求很高,配送储存都必须在适宜的温度下进行,一条完整的冷链不能"断链"。如果疫苗、药品在运输、保存过程中存在偏差,将导致疫苗变性、失效,不能发挥应有的作用。

对于企业来说,无论是疫苗还是药品如因温控不合格被查出问题,承担的责任无法想象,长春长生就是最鲜明的例子。

长春长生疫苗事件已经过去,各项处理结果已向社会公布!国家食品药品监督管理局也正式公布,长春长生违法事实已查清,将没收违法生产的疫苗、违法所得 18.9 亿元,处以违法生产、销售货值金额三倍罚款 72.1 亿元,罚没款共计 91 亿元!涉案的高俊芳等 14 名责任人,被终身禁入市场,并依法追究刑事责任。

我们应该都清楚,疫苗及药品并不一定造假才会造成失效,若未严格按照疫苗保存要求保存所导致的超温同样会使疫苗失效。

那么,如何对疫苗、药品存储及运输进行温湿度实时监测?

专用于冷链疫苗、药品生产、运输、交付、仓储一体化管理的实时温湿度监控管理系统,采用超高精度的传感芯片、精细化产品设计,设备采集精度超越国家标准;融先进的数据采集技术、通信传输技术及大数据云平台为一体,满足疫苗、药品仓储、运输过程中的温湿度实时监控。系统完全符合最新修订的《疫苗流通和预防接种管理条例》《疫苗储存和运输管理规范》《药品经营质量管理规范》及 GSP 相关规定,保障疫苗、药品冷链全程管理,确保疫苗、药品在整个冷链过程中的质量安全。

通过冷链设备监控软件自动监控技术和数据通信技术,实现对疫苗、药品的储存、运输等环节的无缝温度监测,克服了以往温度记录不及时、数据不真实、监管脱节的问题,最终实现对疫苗储运温度的实时监管,达到出现异常温度能够及时发现、及时处置的目的,保障疫苗和药品储存、运输和使用安全。

资料来源:中科希望物联网络. https://mp.weixin.qq.com/s/okCPqcJKiQnbK07iyhrywg,有改动

思考并回答:
1. 医药产品冷链物流主要包括哪类医药品?医药品冷链物流主要关注哪些方面?
2. 为什么要对疫苗、药品存储及运输进行温湿度实时监测?

【本章小结】

农产品冷链物流是指以水果、蔬菜、肉、禽、鱼、蛋等为代表的生鲜农产品,按照其特性需要冷冻加工、冷冻储藏、冷藏运输及配送、冷冻销售的环节。

加工食品冷链物流系统工程,即食品冷链物流。在生产、仓储或运输和销售,一直到消费前的各个环节中,始终处于加工食品规定的最佳低温环境下,才能保证食品质量,减少食品损耗。

药品冷链物流包括冷藏药品的低温生产、低温运输与配送、低温储存、低温销售四个环节。

生物制品冷链物流指生物制品类生产企业、经营企业、物流企业和使用单位采用冷藏专用设备,使冷藏生物制品从生产企业成品库到使用单位制品库的温度始终控制在规定范围内的物流过程。

第 8 章习题

第 9 章 冷链物流项目的运作管理

9.1 批发市场冷链物流管理
9.2 电商冷链物流管理
9.3 中央厨房冷链物流管理

【本章导航】

本章主要介绍批发市场冷链物流管理；电商冷链物流管理；中央厨房冷链物流管理等。

澳柯玛智慧全冷链全新亮相 AWE

2019年3月14日，主题为"AI上·智慧生活"的2019年中国家电及消费电子博览会（AWE2019），在上海新国际博览中心盛大举行。作为全球三大家电及消费电子展会之一，该展会为消费者带来一场盛况空前的家电科技盛宴。本届展会，澳柯玛携智慧冷链、智慧家电、智慧家居三大系统解决方案的近百款新品亮相，全面展现了智能物联科技赋能下的美好生活蓝图。

AI智慧冷链：推出全冷链整体解决方案。作为"互联网＋全冷链"创领者，本届展会，澳柯玛以"AI＋IoT"（人工智能＋物联网）为核心技术，打造全冷链产品矩阵，推出全新智慧全冷链系统解决方案。

在冷链无人零售终端方面，澳柯玛展出了以 AI 售卖展示柜、刷脸支付售货机等为代表的 AI 新零售解决方案。

AI智能展示柜。本届展会，澳柯玛集中展出了图像识别、重力识别及射频识别等多款智能展示柜。其中图像识别展示柜，通过独创的 AI 图像识别技术，商品识别准确率达到 99.8%，可适用于生鲜、零食、酒水等几乎所有主流零售品类。在用户购物体验方面，用户通过刷脸识别、手机扫描二维码等方式，即可自助购买商品及自动扣费。

人脸识别自助售货机。通过刷脸绑定个人信息后，只要站在柜前，把脸对着售卖机上的小屏幕即可完成支付结算。与传统支付相比，顾客无须掏出手机或零钱结账，不仅节约了时间，更提升了体验。作为人工智能主要细分领域，"刷脸"这种个人身份识别的生物技术，与指纹识别、虹膜识别等方式相比，更具自然性、不被察觉性等优势，将是今后的主流识别技术。

这些新零售终端,通过并入澳柯玛新零售系统,还可实现对产品温度、位置、库存、零售数据等的实时监控,为消费者打造生鲜到家的"社区生活场景",为商用客户打造无人值守的"商圈园区场景"及 24 小时营业的"无人便利店场景"。

资料来源:AUCMA澳柯玛.https://mp.weixin.qq.com/s/WLcJBAkkXEvConl0_upHPg,有改动

9.1 批发市场冷链物流管理

9.1.1 批发市场的含义及形式

1. 批发市场的含义

对批发市场有两种不同的理解:第一种是场所论,即认为批发市场是商品经营者专门从事商品批量交易的场所,其批发的对象主要是企事业机构,而不是最终消费者;第二种是组织论,即认为批发市场是一种流通中介组织,这一中介组织专门为商品批量交易活动的双方提供服务。

以上两种解释从不同角度对批发市场的概念进行了探析。从市场演进历史来看,先有批发市场场所,而后政府为了规范交易行为,专门鼓励投资建立商品批发市场的经济组织,这样,新的流通中介服务组织又促进了批发市场作为一种交易场所的发展。在社会化大流通的情况下,批发市场组织既有政府兴办的,也有企业兴办的,但无论投资主体是谁,都十分重视其经济效益。

2. 批发市场的形式

根据批发市场形成的条件及原因不同,可将批发市场分为以下几种形式。

1)以传统经商习惯和经商人才优势为依托形成的批发市场

唐、明、清时期就有经商传统,人们为了生计,利用农闲季节外出做些小本买卖,赚点钱养家糊口,成为区域性的商人群体,如晋商、徽商。它是一个年代、一个时期的产物,批发市场也是如此。中华人民共和国成立后,原区域经济条件较差,自然资源贫乏,被生活所迫的人们,在计划经济条件下,陆续外出搞副业。改革开放政策一出台,尤其是农村土地承包责任制的落实,有传统经商习惯的人们利用当地的集贸市场摆摊开店,很快在当地形成了一定规模的批发市场。如浙江义乌的中国小商品城、台州路桥的日用品商城、山东临沂的小商品市场等都是在当地人的传统经商习惯下形成的。

2)以旅游胜地为依托形成的批发市场

中国有许多自然的和人造的旅游资源,尤其是大城市的人造旅游胜地,如上海的城隍庙、南京的夫子庙、南昌的万寿宫、河南洛阳的关林等,都依托旅游胜地人流相对较多的优势发展形成了批发市场。这些市场虽然起步较早,但由于受城市建设和交通要道限制,1992 年后发展缓慢,有的已经搬迁到城郊接合部。

3)以产业为依托创办的批发市场

生产和流通是密不可分的两个环节。党的十一届三中全会以来,随着乡镇企业的迅猛崛起,一村一品、一镇一品的支柱产业,为了拓展市场,加速产品的流通,在家门口办起了批发市场。如浙江永嘉桥头的纽扣市场、浙江绍兴的中国轻纺城、江苏吴江的东方丝绸

市场、河北白沟的箱包市场、辽宁海城的西域市场、广东番禺的电器市场等,全都是依托地方产业作为支撑而创办的批发市场,市场越办越大,越办越兴旺,并具有强大的发展后劲。

4)以大中城市众多的消费对象为依托在城郊接合部创办的批发市场

这类市场发展历史较短,主要是为了弥补城市大商场的不足,加快城乡商品的流通,扩大城市的辐射功能,在城郊接合部创办批发市场。如上海的华东小商品市场、南昌的洪城大市场、沈阳的五爱市场、石家庄的南三条批发市场等,大都是依托大中城市的消费对象相对集中和城市的辐射力相对较强而创办起来的。

5)以传统的商业街为依托发展起来的批发市场

一个大中城市一般都有主要的繁华商业街,如果这些街道临近火车站或轮船码头,一旦交通和流通两个条件具备,加上当地政府政策引导,容易形成大型批发市场,如西安康复路、长春黑水路、贵阳市西路、天津大胡同、武汉汉正街等工业品批发市场,大都是依托商业优势,在政府的培育、引导下形成的批发市场。但这类市场由于1998年后受车流、物流、人流不畅通的制约逐步开始走下坡路,若再不搬迁还会继续滑坡,甚至由批发市场逐步变为零售市场。

6)以临街旧厂房为依托形成的批发市场

一些企业,尤其是临街的大纺织品和木材加工生产企业的大框架式厂房,由于企业生产不景气而开辟成批发市场,如广东江门市富盛工业区的旧厂房升级改造为江门市白沙江南蔬菜禽畜批发市场,上海利用旧厂房建筑改造形成上海副食品交易批发市场,山东烟台市改造旧厂房而建成的烟台农贸城和红利水产批发市场,都是利用旧厂房改建或原有的高楼大厦改造而形成的农产品大型批发市场。

9.1.2 批发市场的特点及类型

1. 批发市场的特点

根据数据分析我国批发市场的特点可以归结为如下几点[①]:①经营结构多样,综合市场是农产品批发市场的主力军;②市场交易规模大幅提升,集散功能突出;③政府大力支持农产品批发市场,市场逐步承担社会责任;④配套设施建设发展迅速,升级改造进程加快;⑤市场现代化水平提升,品牌化经营已现雏形;⑥农产品批发市场行业发展集中度加强;⑦市场发展更加注重功能提升;⑧市场积极探索电子商务,搭建跨境贸易新平台。

2. 批发市场的类型

为了更清晰地认识、了解批发市场,下面从不同的考察角度,将特征、功能或服务相似的批发市场进行划分归类。

1)根据批发市场的发展阶段划分

根据批发市场的发展阶段,批发市场可分为初级批发市场、中级批发市场和高级批发市场。

(1)初级批发市场。初级批发市场是指交易方式较为传统、管理方式较为落后、基础

---

① 曹文昊,胡尊龙.中国农产品批发市场特点分析[J].安徽农业科学,2015,43(27):303-304.

设施不齐全、经营环境较差的批发市场。我国一些起步较早、在旧的集贸市场基础上发展起来的批发市场目前大多数仍属于初级批发市场。

（2）中级批发市场。中级批发市场是由初级向高级规范化、组织化市场过渡的市场。基础设施较为完善，市场配套较为齐全，但管理不够严密规范，缺乏完整的管理体系。

（3）高级批发市场。高级批发市场是指具有高度的组织性，采用现代交易方式，管理制度健全，拥有先进的通信设备和信息系统、必要的仓储系统、严密的安全保卫措施及规范的运行规则，具有物资集散、形成价格、信息中心、产品质量检测、市场促销功能且整体形象较好的批发市场。高级形态的批发市场是逐渐发育成熟的、规范化的并具有现代化特征的市场组织形式。比较典型的是一些现代化的、大型的、辐射全国的中心批发市场。

2）根据批发市场内经营的商品范围划分

根据批发市场内经营的商品范围，批发市场可分为综合批发市场和专业批发市场。

（1）综合批发市场。综合批发市场是指市场内经营多种商品品种，各种商品品种关联不大的批发市场。如北京新发地农产品批发市场，商品品种包括蔬菜、果品、种子、粮油、肉类、水产、副食、调料、禽蛋、茶叶等农副产品。

（2）专业批发市场。专业批发市场是指专门经营一种商品及相关商品的批发市场。专业批发市场是为了满足生产的专业化发展需要而出现的，是目前主要的批发市场类型，也是批发市场发展的一个主要方向。如农产品专业批发市场可具体分为蔬果批发市场、花卉批发市场、茶叶批发市场、粮食批发市场、水产品批发市场等。

3）根据批发市场所服务的地域特点划分

根据批发市场所服务的地域特点，批发市场可分为产地型批发市场、集散地型批发市场和销地型批发市场。

（1）产地型批发市场。产地型批发市场位于某地区某特色产品的主要产区，主要起着向外扩散、辐射的作用。进入批发市场的主要是农户、生产商、合作经济组织和中间批发商。产地型批发市场如图 9-1 所示。

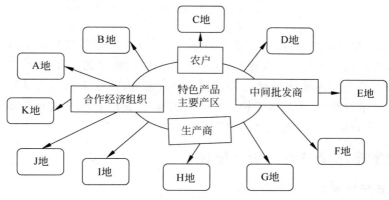

图 9-1　产地型批发市场

（2）集散地型批发市场。集散地型批发市场多处于交通枢纽地或传统的集散中心，起着连接产地和销地的中转站作用，往往受区位、交通运输、仓储设施等条件影响。进入市场的主要是长途贩运者和产地、销地的批发商、代理商。集散地型批发市场如图 9-2 所示。

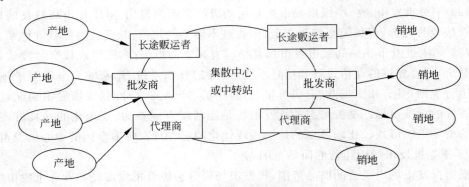

图 9-2　集散地型批发市场

（3）销地型批发市场。销地型批发市场是与消费者最接近的市场，多位于城市边缘或城市内部，可视作城市居民的生活配套设施之一，其产生的前提是该地区对某类商品有大量需求。进入市场的主要是长途贩运者、批发商、零售商和消费者。销地型批发市场如图 9-3 所示。

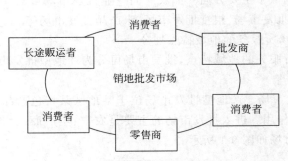

图 9-3　销地型批发市场

需要指出的是，以上三种批发市场之间往往随着功能的延伸相互转化，如山东寿光蔬菜批发市场，本来属于产地型批发市场，但随着市场辐射范围的不断扩大，现已成为全国蔬菜交易中心，外地产品所占比例已经超过 60%，因此，其集散地型性质更为明显。再如，北京新发地批发市场，本来属于销地型批发市场，但是随着市场辐射范围的扩大，目前已经成为我国北方地区重要的农产品集散地。

9.1.3　批发市场冷链物流管理概述

1. 批发市场冷链物流管理的特点

批发市场冷链物流物流的特点主要有如下几个方面。

（1）温度控制。冷链运作全程低温，温度控制要求高。

（2）运作成本。冷链物流投资大，运营维护成本高。

（3）设备。冷链物流装卸设备要求特殊，专用化程度高。

批发市场冷链物流一般运作组织模式如图 9-4 所示。

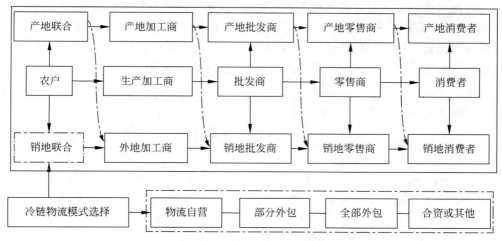

图 9-4　批发市场冷链物流一般运作组织模式

批发市场冷链物流运作组织模式因类别不同而有所不同。中间需要生产加工、流通加工或简单处理，产地与农户有关的果蔬类、花卉类、部分家畜禽等初级农（副）产品的冷链物流管理如图 9-5～图 9-7 所示。

2. 批发市场不同类别冷链物流管理

1）批发市场果蔬类冷链物流管理

以果蔬类为例。果蔬类产品通过产地储藏（或销地储藏）后，经过流通加工和运输环节进入批发市场，然后通过分销商自提或批发商配送的方式进入超市门面、个体商贩零售终端，消费者通过到超市、菜市场等方式购置回家。在这一流程中，运输与仓储是整个冷链物流运作的关键，通过商流与物流环节，最终完成了从田间到餐桌的过程。批发市场果蔬类冷链物流管理如图 9-5 所示。

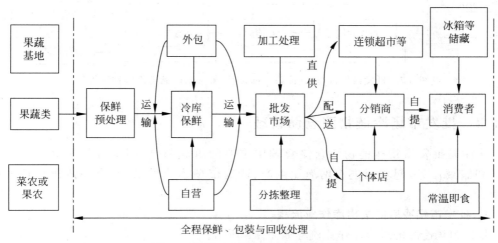

图 9-5　批发市场果蔬类冷链物流管理

2) 批发市场花卉类冷链物流管理

一般花卉生产基地经过简单加工和运输包装,通过保鲜与快速运输把花卉运输至批发市场,批发市场的商流把花卉卖给专业用户、花店等销售终端。在此过程中,其冷链物流过程包括保鲜运输、仓储、流通加工、配送等环节。其物流业务可以是自营的,也可以外包给第三方物流。批发市场花卉类冷链物流管理如图9-6所示。

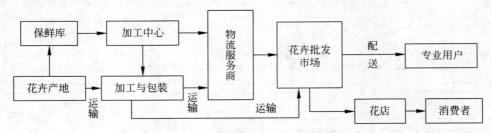

图9-6　批发市场花卉类冷链物流管理

3) 批发市场畜禽肉、冷藏冷冻食品、鲜活水产品类冷链物流管理

根据批发市场的设置不同,形成了多种运作模式。根据调查,目前多数屠宰厂和冷藏冷冻食品、水产品加工企业都有自己的冷藏冷冻库,以平衡供应、生产与销售各环节。批发市场畜禽肉、冷藏冷冻食品、鲜活水产品类冷链物流管理如图9-7所示。

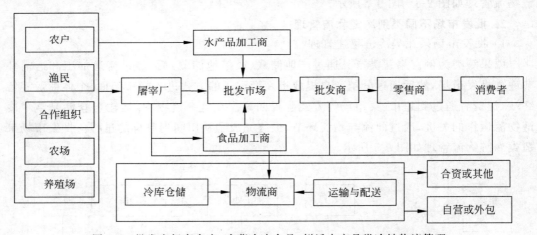

图9-7　批发市场畜禽肉、冷藏冷冻食品、鲜活水产品类冷链物流管理

9.1.4　批发市场冷链物流仓储管理

冷库是批发市场冷链物流仓储管理中重要的组成部分,担负着易腐食品的冷冻加工和储藏任务,起着促进农副渔业生产、调剂市场季节供求、配合完成出口任务的作用。

1. 批发市场冷库的进出库作业流程

批发市场冷库的进出库作业流程如图9-8所示。

2. 仓储管理

仓储管理主要是对商品流通过程中货物储存环节的经营管理,其管理的内容有技术的,也有经济的,主要包括以下几个方面。

(1) 仓库选址与布点。仓库选址与布点包括仓库选址应遵循的基本原则、仓库选址时应考虑的基本因素以及仓库选址的技术方法,多点布置时还要考虑网络中仓库的数量和规模大小、相对位置和服务的客户等问题。

(2) 仓库规模的确定和内部合理布局。仓库规模的确定和内部合理布局包括仓库库区面积及建筑物面积的确定,库内道路和作业区的平面及竖向布置,库房内部各作业区域的划分和作业通道布置的方式。

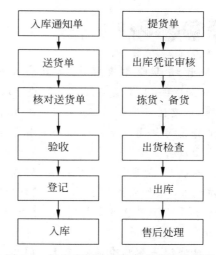

图 9-8 批发市场冷库的进出库作业流程

(3) 仓储设施和设备的选择与配备。仓储设施和设备的选择与配备包括如何根据仓库作业的特点和储存商品的种类与理化特性,合理地选择和配备仓库设施、作业机械以及如何合理使用和管理。

(4) 仓储资源的获得。仓储资源的获得指企业通过什么方式来获得仓储资源。通常,一个企业获得资源的方式包括使用自有资金、使用银行借贷资金、发行企业债券、向企业内部职工或社会公众募股等。归结起来包括两种途径:一是企业内部资金,二是企业外部资金。不同的资源获得方式其成本不同。

(5) 仓储作业活动管理。仓储作业活动随着作业范围和功能的不同其复杂程度也不尽相同,仓储作业活动管理是仓储管理的重要内容,它涉及仓储作业组织的结构与岗位分工、作业流程的设计、仓储作业中的技术方法和作业手段,还包括仓储活动中的信息处理等。

(6) 库存控制。库存是仓储最基本的功能,企业为了能及时满足客户的需求,就必须经常保持一定数量的商品库存,存货不足会造成供应断档,存货过多会造成商品积压、仓储成本上升。库存控制是仓储管理中最为复杂的内容,是仓储管理从传统的存货管理向高级的存货系统动态控制发展的重要标志。

(7) 仓储经营管理。从管理学的角度来看,经营管理更加注重企业与外部环境的和谐,仓储经营管理是企业运用先进的管理方式和科学的管理方法,对企业的经营活动进行计划、组织、指挥、协调和控制,其目的是获得最大的经营效果。

(8) 仓储人力资源管理。人在社会生活中是最具有主观能动性的,任何一个企业的发展和壮大都离不开人的参与,仓储企业也不例外。仓储人力资源管理主要涉及人才的选拔和合理使用、人才的培养和激励、分配制度的确立等。此外,仓储管理还涉及仓储安全管理、信息技术的应用、仓储成本管理和仓储经营效果评价等方面的内容。

诸城渤海智慧冷链物流产业园入选"山东省现代服务业集聚示范区"

2018年,山东省发改委和财政厅联合组织了2019年度山东省现代服务业集聚(产业集群)示范区评选认定工作,经过申报推荐、资格审查、竞争性评审和社会公示等环节,潍坊滨海旅游集团旗下的诸城渤海智慧冷链物流产业园凭借较高的市场占有率和过硬的企业实力成为7家"山东省现代服务业集聚(产业集群)示范区"单位之一。

入选"示范区"后,省发改委、财政厅将在园区公共服务平台建设与运营、品牌和联盟标准的推广、加大关键共性技术研发、提升协同配套能力、规划编制、龙头企业的培育与发展等方面给予财政资金扶持,对进一步优化集团产业结构、加速水产板块发展等方面有积极的推动作用。

诸城渤海智慧冷链物流产业园总占地面积658亩,是滨海旅游集团旗下融冷链仓储、批发交易、冷链物流、水产品加工、国际贸易为一体的大型综合水产品批发市场。

在做大做强国内水产业务的基础上,诸城渤海智慧冷链物流产业园还同俄罗斯、美国、马来西亚、阿根廷、印度、巴西等十几个国家建立了密切的业务合作关系,是江北地区最大的水产品交易中心、冷链物流集散中心,在业内享有"旱地码头"的美誉。先后获得"山东省标准化农产品批发市场""山东半岛蓝色经济区重点建设项目"等荣誉称号。

诸城渤海智慧冷链物流有限公司将认真做好集聚(产业集群)示范区的推进工作,确保示范工作取得实效,积极发挥现代服务业集聚(产业集群)示范区的集聚、示范、引领、带动作用,为集团产业结构优化布局、提档升级、扩大规模作出贡献,为加快山东潍坊新旧动能转换发挥积极作用。

资料来源:冷链物流产业. https://mp.weixin.qq.com/s/aiRaBv1TXtp5Kd1QIA3vkA,有改动

9.2 电商冷链物流管理

9.2.1 电子商务的概念

电子商务是经济发展和信息技术发展且相互作用的必然产物。但是电子商务作为一种新兴的商业模式,至今仍然没有一个较为全面的且能为大多数人接受的定义[①]。国际组织对电子商务的定义为:电子商务是发生在开放网络上的包含企业之间、企业和消费者之间的商业交易。世界著名的电子商务公司对电子商务的定义为:通过电子化的手段来完成商品的交易,使我们能够以电子交易为手段完成商品和服务的交换,是联系商家和客户之间的纽带。

9.2.2 电商冷链物流的发展

21世纪初,随着网络泡沫的破灭,无论是国内还是国外,电子商务乃至网络经济都有

---

① 方磊.电子商务物流管理[M].北京:清华大学出版社,2011:1-2.

了实质性的发展。在国内,从外来的易趣到本土的淘宝,把C2C(消费者对消费者)模式演绎得如火如荼;阿里巴巴、慧聪、中国制造等B2B专业网站也搞得有声有色,伴随着中国外贸额的飞跃式发展迅速地成长壮大;B2C模式也不甘寂寞,除了风头正劲的阿里商城、京东商城等专业平台之外,一些制造企业也纷纷在自己的网站上增加了商务功能以图实现与戴尔类似的直营电子商务模式。这些可喜的发展对于电子商务来说也可以算是一种浴火重生。但是,从以上发展的实践来看,我们不难发现,三种模式中发展稍显不足的却是B2C这种最早出现的模式。这其中一个最主要的原因在于B2C模式对物流的依赖远大于其他模式。

以现代微电子技术和网络通信技术为基础构建的电子商务体系的商流、物流、信息流和资金流"四位一体"之中,除了物流活动外,其余的都能被且大多已被电子化了,物流实际上已经成为电子商务发展的最大"瓶颈"。物流的电子化,以及对电子物流的流程、模式等的研究和应用,势必成为未来电子商务发展的重点。从技术上看,现有的网络及信息技术已经完全能够支持物流与其他几个"流"的联动,但物流所涉及的空间、时间和参与者的广泛性,使这种联动的效果大打折扣。要实现物流对电子商务的有力支持,关键是物流全程实现电子化,并在电子商务中实现实时联动。实现这一目的的核心其实是建立相应的商务模式,这就必然涉及价值联盟的概念,只有在价值链的基础上运用供应链管理的思想才能使电子商务环境下的物流管理真正达到电子商务的要求。

生鲜电商的含义。生鲜电商是指用电商的手段在互联网上直接销售生鲜类产品,如新鲜果蔬、生鲜肉类等。2014年被视为生鲜电商发展的元年。而生鲜电商冷链物流则是支持生鲜电商销售平台的生鲜品全程冷链物流体系以及从产地源头到最终客户或消费者的冷链供应链系统。

9.2.3 电商冷链物流的特点[①]

电子商务所独具的电子化、信息化、自动化等特点,以及高速、廉价、灵活等诸多好处,使得电子商务物流在运作特点和需求方面也有别于一般物流。电子商务时代的来临,给全球物流带来了新的发展,使物流具备了一系列新特点。这些特点包括以下几个方面。

1. 信息化

电子商务时代,物流信息化是电子商务的必然要求。物流信息化表现为物流信息的商品化、物流信息收集的数据库化和代码化、物流信息处理的电子化和计算机化、物流信息传递的标准化和适时化以及物流信息存储的数字化等。没有物流的信息化,任何先进的技术设备都不可能应用于物流领域,信息技术及计算机技术在物流中的应用将会彻底改变世界物流的面貌。

2. 自动化

自动化的基础是信息化,核心是机电一体化,外在表现是无人化,效果是省力化,另外还可以增强物流作业能力、提高劳动生产率以及减少物流作业的差错等。

---

① 张铎,周建勤.电子商务物流管理[M].北京:高等教育出版社,2002:11-12.

物流自动化的设施非常多，如条形码、语音、射频自动识别系统、自动分拣系统、自动存取系统、自动导向车以及货物自动跟踪系统等。这些设施在发达国家已普遍用于物流作业流程中，而在我国由于物流业起步晚、发展水平低，自动化技术的普及还需要相当长的时间。

3. 网络化

物流领域网络化的基础也是信息化，这里的网络化有两层含义：一是物流配送系统的计算机通信网络，包括物流配送中心与供应商或制造商的联系要通过计算机网络，与下游顾客之间的联系也要通过计算机网络；二是组织的网络化，即所谓的内联网（intranet）。物流的网络化是物流信息化的必然，是电子商务物流活动的主要特征之一。基于 Internet 的全球网络资源的可用性及网络技术的普及为物流的网络化提供了良好的外部环境。

4. 智能化

智能化是物流自动化、信息化的一种高层次应用。物流作业过程中大量的运筹和决策，如库存水平的确定、运输（搬运）路径的选择、自动导向车的运行轨迹和作业控制、自动分拣机的运行以及物流配送中心经营管理的决策支持等问题都需要借助大量的知识才能解决。在物流自动化的进程中，物流智能化已成为电子商务物流发展的一个新趋势，需要通过专家系统、机器人等相关技术来解决。

5. 柔性化

柔性化的物流正是适应生产、流通与消费的需求而发展起来的一种新型物流模式。这就要求物流配送中心根据消费者需求"多品种、小批量、多批次、短周期"的特点，灵活组织和实施物流作业。

另外，物流设施、商品包装的标准化，物流的社会化、共同化也都是电子商务环境下物流模式的新特点。

9.2.4 电商冷链物流管理的目标

电商冷链物流管理具有如下五个目标。

1. 良好的服务

物流系统是流通系统的一部分，它连接着生产与消费两个环节，因此，要求物流系统具有很强的服务性。这种服务处于从属地位，这就要求始终以用户为中心，并树立"用户第一"观念。物流系统采取送货、配送等形式是其服务性的具体体现。在技术方面，"准时供货""柔性供货"等，正是为了提供良好的服务。

2. 准时性

准时性不但是服务性的延伸，也是用户对物流提出的较为严格的要求，由于准时性不能容忍在物流过程中的时间和空间的浪费，因此，物流速度问题不仅是用户提出的要求，而且也是社会发展进步的要求。快速、准时既是一个传统目标，更是一个现代目标。随着社会大生产的发展，这一要求变得更加强烈。追求准时性，促使人们在物流领域采取了诸如直达物流、多式联运、高速公路系统等一系列管理和技术。

3. 经济性

节约是经济领域的重要规律,在物流领域中除流通时间的节约外,由于流通过程消耗大而又基本上不增加商品使用价值,所以依靠节约来降低投入,是提高相对产出的重要手段。因此,物流过程作为"第三利润源"就是依靠节约成本来实现的。在物流领域推行的集约化方式,提高单位物流的能力,采取的各种节约、省力、降耗措施,正是经济性的体现。

4. 规模化

以物流规模作为物流系统的目标,目的是追求"规模效益"。规模效益问题在物流领域如在流通领域一样,是人们追求的目标,但是由于物流系统比生产系统的稳定性差,往往难以形成规模化的要求。当前大量出现的所谓"第三方物流"正是物流走集约化道路的结果。

5. 库存调节

库存调节是物流系统本身调控的要求,当然,也涉及物流系统的效益。物流系统是通过本身库存起到对社会物流需求的保证作用,从而创造一个良好的社会外部环境。在物流领域中正确确定库存方式、库存数量、库存结构和库存分布就是这一目标的体现。

电子商务的仓储物流已经成为电商发展过程中不可或缺甚至影响发展规模的环节,长三角领导型的智工厂仓储物流企业就是在这样一个市场行业背景下异军突起的例子。其所服务的企业就是针对电子商务品牌商,从专业度和服务范畴上彻底解决了电商在仓储物流配送环节的任务,甚至降低了电商成本和提高了货品管控的运营能力。

9.2.5 跨境生鲜电商冷链物流管理

1. 跨境生鲜电商的概念

跨境生鲜产品电商主要是采用电子商务手段,在互联网上售卖新鲜的水果蔬菜、生鲜肉禽等产品,并通过跨境物流完成交易的一种国际商业活动。

跨境电子商务的全球性、便利性、即时性等优势,使其逐渐成为一种新的外贸渠道,从而带动多种类细分产品跨境电商的发展,生鲜品就是其中之一。中国电子商务研究中心发布的报告显示,2013—2017年中国生鲜电商市场交易额年均增长率在50%以上,对于生鲜品,由于其保质期短、易损耗、易变质、配送难等特点,在跨境电商交易中存在着更多风险,这就需要我国的出入境监管机构采取多种监管措施,在保证进口生鲜品在跨境电商交易中安全性与及时性的条件下,促进我国居民消费、保障居民的食品安全。

2. 跨境生鲜电商的运营模式

国内现有的代表性跨境生鲜电商及其运营模式与主要优势如表9-1所示。

3. 跨境生鲜电商冷链物流系统

1)跨境生鲜电商业务流程

(1)准入流程。跨境生鲜电商通过数字化系统的网关接口对接跨境冷链电商平台获取进口生鲜采购企业的历史及增量贸易数据,同时接入外源工商数据、征信数据等,通过内嵌的电商平台风控模型对买方企业进行准入评分。并与银行共同设计针对进口食品行业买方的额度测算模型,对准入企业进行评测并自动得出授信额度和年化利率。

表 9-1　国内现有的代表性跨境生鲜电商及其运营模式与主要优势

运营模式	代表性跨境生鲜电商	主要优势
超市跨境生鲜电商	联华洋东西、华润e万家等	进口生鲜品作为超市网上售卖品类之一,依靠企业多年的品牌积累赢取消费者
平台型跨境电商模式	天猫、京东商城、亚马逊、一号店等	依靠平台积累的流量优势,以及忠实用户的网购消费习惯
垂直型跨境电商模式	优鲜码头、易果网、我买网、沱沱工社等	以生鲜为主要经营产品,企业要么是垂直平台,要么是农场直销或供应商
O2O模式	天天果园、优鲜码头、聚优澳品等	主打个人消费者,实现从个人网上预订、商品选购、物流配送的一体化服务
B2B模式	极鲜网、易网聚鲜、海上鲜等	建立线上生鲜批发交易平台,实现供应商与中小零售商的在线互联,并提供物流配送服务

(2) 融资流程。跨境生鲜电商提取订单信息,生鲜食品买方在其平台勾选欲申请放款的订单并传输至金融机构后台审批系统。金融机构基于授信和放款条件,人工或机器审批可否放款给进口商、采购方客户。金融机构放款审批结果实时对接海平线平台。审批成功后融资款以70%比例发放至买方企业监管账户。跨境生鲜供应商收到货款后安排生鲜自冷链仓库发运至受金融机构监管的物流仓库,采购方分批或整批偿还金融机构贷款、申请赎货,物流仓库按照金融机构的放货通知分批或整批放货。

2) 跨境生鲜电商风险控制途径

(1) 多方监控。跨境生鲜电商平台提供实时动态业务;电商平台实施数据推送和预警分析;银行端风控流程与跨境生鲜电商风控系统无缝链接。

(2) 全程在线业务流程。跟单操作,核心卖方确保采购订单的真实性;定向支付,做到专款专用,降低了贷款被挪用的风险。

(3) 跨境生鲜电商平台承担调剂销售、回购、返利补偿责任;担保发货模式下,电商平台或供应商须采用金融机构认可的冷链物流仓储服务商,并承担回购的责任。

(4) 跨境生鲜电商平台对贷款逾期违约的经销商或采购客户,控制返利账户、终止经销权、停止发货、停止接受订单下达;买方客户实际控制人连带责任保证。

3) 跨境生鲜电商冷链模式

(1) 精准的社区化或微信朋友圈营销。随着移动智能手机的快速普及,根据生鲜品的目标消费群体分散与小众的特点,跨境生鲜电商卖家在前期销售阶段可以采用社区式和朋友圈众筹食品的方式,相当于预售加团购的模式,部分产品在通关验放后,可以通过落地配直接送到消费者手中,不通过保税仓仓储的环节,有利于快速获得订单、提高消费者的购买体验和信任度,资金回流也更快速。

(2) 海外直采模式。全球买手海外直采模式,可消除跨国代理商、各级分销商环节,价格优势显著,达到减少各级流通环节的目的。全球采购要选择最优最适合的生鲜供应商,从货源上掌控供应链,保障货源的质量安全和稳定持续性。海外直采对电商平台的要求很高,要能在海外商品的品质控制、跨境物流及国际运输、海外招商合作、仓储、高效配送、周转快速等方面具备很强的能力,特别是有些商品的冷藏要求等级高,需要在整个运输过程中有精细严密的全程冷链系统。

(3) 优化供应链及提升用户体验。跨境生鲜电商平台要注重规划供应链和物流体系,尤其是上游生鲜产品的标准化、售后服务标准化精准化的核心问题,建立与企业自身相适应、相匹配的供应链和冷链管理体系。例如,让消费者能看到或能查询跟踪产品从海外采摘到空运或海运国际运输到保税仓库再包装再加工的温湿度数据、路线进展等,从而提升用户的购买体验。对于"最后一公里"的配送问题,跨境生鲜电商可以选择与本地大型农贸市场或超市合作,通过其影响辐射周边的客户,提高用户黏性和忠诚度。

(4) 自营或充分利用第三方供应链保税生鲜仓。提升用户体验,保障消费者权益,跨境生鲜电商会在海外自营或借助第三方跨境保税仓,实现再跨境保税仓的仓储、分装、再次加工包装、贴标等,更好地优化供应链流程,使海外直采更快捷高效,而且产品质量更有保障。随着信息化的快速发展,跨境生鲜电商的全程冷链既可由跨境生鲜电商自建的冷链系统控制,也可借助国内外第三方冷链物流企业,最大限度地发挥保税生鲜品境外仓综合服务功能的作用。

 9-2

每日优鲜牵手腾讯的"千亿"目标真有着落了吗

生鲜的市场规模有 5 万多亿元,庞大的市场和流量入口吸引了一个又一个跟风者,虽然前赴后继,但是仍然没有出现一种成熟的生态。

2019 年 6 月 13 日,每日优鲜宣布与腾讯达成战略合作,正式启动"智鲜千亿计划",旨在牵手腾讯智慧零售,在 2021 年实现千亿元规模的 GMV(成交总额)。我们先看一组数据就能更好地理解这"千亿"一数字。

新零售的领导者盒马鲜生 2018 年的销售业绩为 140 亿元,按生鲜 5 万亿元规模算,也就是说新零售还没有出现占比 1% 的公司。每日优鲜凭借前置仓及生鲜到家的模式,目前销售规模达到 100 多亿元,虽然落后于盒马鲜生,但是可以算作生鲜领域的头部选手。再看看 2018 年中国快速消费品(超市/便利店)百强榜单(部分)(表 9-2)。

表 9-2   2018 年中国快速消费品(超市/便利店)百强榜单(部分)

排名	企业	销售额/亿元	门店数/家	店均销售/亿元
1	华润万家	1 012.5	3 192	0.32
2	大润发	959	407	2.36
3	沃尔玛	804.9	441	1.83
4	永辉超市	767.7	1 275	0.60
6	联华超市	492.3	3 371	0.15
7	家乐福	474.6	302	1.57
8	物美	376.5	876	0.43
11	家家悦	227.8	584	0.39
12	步步高	225	576	0.39
13	中百仓储	220.5	183	1.20

续表

排名	企业	销售额/亿元	门店数/家	店均销售/亿元
14	麦德龙	213	94	2.27
18	盒马鲜生	140	109	1.28
19	卜蜂莲花	137.3	116	1.18
20	华联综超	135.7	160	0.85

注：表中剔除了便利店（易捷、昆仑好客、美宜佳等）、专卖店（屈臣氏）业态

资料来源：CCFA　制表：零售圈

把线下大型超市算上，销售额过1 000亿元的只有华润万家，所以每日优鲜要在2021年成长为千亿规模的生鲜零售平台，就意味着在未来三年内，每日优鲜将实现10倍幅度的大规模跨越。这是一个任重而道远的事情。

每日优鲜设定这样的目标，也有其特有的优势。每日优鲜建立了"城市分选中心＋社区前置仓"的极速冷链物流体系，由此形成了半径1~3千米的覆盖网，极大提高了生鲜电商的效率，并降低了货品的损耗率。损耗率对于生鲜的重要性不言而喻。目前每日优鲜在全国拥有1 500多个前置仓，覆盖近20座城市。

2019年5月，在生鲜赛道上，每日优鲜以"App＋小程序"2 500万的月活领先，在第一季度，它吸引了生鲜电商市场近一半（49.2%）的新增用户，这或许也是腾讯看重的地方。

有了腾讯的支持，每日优鲜依托腾讯智慧零售进行"线下触点、线上触点、社交触点、商业触点"的全触点管理，从而提高获客效率、降低获客成本，短期内迅速提升小程序GMV（成交总额）；事实上，每日优鲜在初创阶段就和腾讯在微信支付、流量获取、社交广告等多方面达成紧密合作，每日优鲜进行了8轮融资，腾讯就参与了4次。

每日优鲜与腾讯站队，有了流量的支持，但是"千亿"目标是否有着落，还有待观察，每日优鲜能否成为首个千亿的新零售公司更需要市场的检验。

资料来源：微客巴巴商学院．https://mp.weixin.qq.com/s/TikM2U2PnvPbXkiTQKRCRw，有改动

9.3　中央厨房冷链物流管理

9.3.1　中央厨房的概念

按照国家食品药品监督管理局制定的《中央厨房许可审查规范》，中央厨房的定义为：中央厨房是指由餐饮连锁企业建立的，具有独立场所及设施设备，集中完成食品成品或半成品加工制作，并直接配送给餐饮服务单位的单位[1]。其本质就是，对全部直营店实行统一采购、选菜、切菜、调料，然后将搭配好的食材和料包制作成半成品用冷藏车配送到各个餐饮服务单位，餐饮服务单位对这些成品或半成品只需做一些简单的加工或预热即可[2]。

---

[1] 国家食品药品监督管理局．2011年5月17日印发《中央厨房许可审查规范》．

[2] 张媛，李学工．"互联网＋中央厨房"的流程设计与品控策略[J]．物流技术与应用，2015(10)：192-194．

9.3.2 中央厨房的主要功能

中央厨房有三个方面的优势：一是克服生产成本居高不下，使大规模降低成本的愿望成为可能；二是使成品在质量、口味上的统一性更为明显，这样的快餐配送在概念上更接近标准化范畴；三是可以把"中央大厨房"作为主要投资与技改方向，使分散的连锁店、小快餐店不再分流有限的财力和物力，这样就简化了科技投入的运作过程，使"好钢用在刀刃上"。其主要功能体现在如下几个方面[①]。

1. 集中采购功能

中央厨房汇集各连锁门店的要货计划后，结合中心库和市场供应部制订采购计划，统一向市场采购原辅材料。

2. 生产加工功能

中央厨房要按照统一的品种规格和质量要求，将大批量采购来的原辅材料加工成成品或半成品。

3. 检验功能

中央厨房要对采购的原辅材料和制成的成品或半成品进行质量检验，做到不符合原辅材料不进入生产加工过程，不符合的成品或半成品不出中央厨房。

4. 统一包装功能

在中央厨房内，根据连锁企业共同包装形象的要求，对各种成品或半成品进行一定程度的统一包装。

5. 冷冻储藏功能

中心厨房需配有冷冻储藏设备：一是储藏加工前的原材料；二是储藏生产包装完毕但尚未送到连锁店的成品或半成品。

6. 运输功能

中央厨房要配备运输车辆，根据各店的要货计划，按时按量将产品送到连锁门店。

7. 信息处理功能

中央厨房和各连锁店之间有电脑网络，可以及时了解各店的要货计划，根据计划来组织各类产品的生产加工。

9.3.3 中央厨房的设计规范[②]

中央厨房的设计规范包含以下几点。

1. 选址

中央厨房的选址要遵循以下原则：地势干燥；有给排水条件；电力供应充足(200千瓦以上)；距离粪坑、污水池、暴露垃圾场(站)、旱厕等污染源25米以上；在粉尘、有害气体、放射性物质和其他扩散性污染源的影响范围之外；应同时符合规划、环保和消防等有关要求。

---

① 辛松林.我国中央厨房产业发展现状与发展趋势[J].食品研究与开发，2014,35(6)：119-122.
② 郭顺堂，刘贺.中央厨房——中国食品产业新的增长极[J].食品科技，2013,38(3)：290-293.

2. 场所设置、布局、分隔、面积要求

中央厨房的场所设置、布局、面积要求也要符合一定的规范性,具体要求如下。

(1) 设置具有与供应品种、数量相适应的粗加工、切配、烹调、面点制作、食品冷却、食品包装、待配送食品储存、工用具清洗消毒等加工操作场所,以及食品库房、更衣室、清洁工具存放场所等。

(2) 食品处理区分为一般操作区、准清洁区、清洁区,各食品处理区均应设置在室内,且独立分隔。

(3) 配制凉菜以及待配送食品储存的,应分别设置食品加工专间;食品冷却、包装应设置食品加工专间或专用设施。

(4) 各加工操作场所按照原料进入、原料处理、半成品加工、食品分装及待配送食品储存的顺序合理布局,并能防止食品在存放、操作中产生交叉污染。

(5) 接触原料、半成品、成品的工具、用具和容器,要有明显的区分标识,且分区域存放;接触动物性和植物性食品的工具、用具和容器也应有明显的区分标识,且分区域存放。

(6) 食品加工操作和储存场所面积原则上不小于 300 平方米,应当与加工食品的品种和数量相适应。

(7) 切配烹饪场所面积不小于食品处理区面积的 15%;清洗消毒区面积不小于食品处理区面积的 10%。

(8) 凉菜专间面积不小于 10 平方米。

(9) 厂区道路采用混凝土、沥青等便于清洗的硬质材料铺设,有良好的排水系统。

(10) 加工制作场所内无圈养、宰杀活的禽畜类动物的区域(或距离 25 米以上)。

3. 食品处理区要求

从食品安全的角度出发,中央厨房对于食品处理区的要求要十分的严格才能保证食品的质量。我们从以下几个方面进行统一的规范。

(1) 地面用无毒、无异味、不透水、不易积垢的材料铺设,且平整、无裂缝。

(2) 粗加工、切配、加工用具清洗消毒和烹调等需经常冲洗场所、易潮湿场所的地面要易于清洗并防滑,并有排水系统。

(3) 地面和排水沟有排水坡度(不小于 1.5°),排水的流向由高清洁操作区流向低清洁操作区。

(4) 排水沟出口有网眼孔径小于 6 毫米的金属隔栅或网罩。

(5) 墙角、柱脚、侧面、底面的结合处有一定的弧度。

(6) 墙壁采用无毒、无异味、不透水、平滑、不易积垢的浅色材料涂覆或装修。

(7) 粗加工、切配、烹调和工用具清洗消毒等场所应有 1.5 米以上的光滑、不吸水、浅色、耐用和易清洗的材料制成的墙裙,食品加工专间内应铺设到顶。

(8) 内窗台下斜 45°以上或采用无窗台结构。

(9) 门、窗装配严密,与外界直接相通的门和可开启的窗设有易于拆下清洗不生锈的纱网或空气幕,与外界直接相通的门和各类专间的门能自动关闭。

(10) 粗加工、切配、烹调、工用具清洗消毒等场所、食品包装间的门采用易清洗、不吸水的坚固材料制作。

(11) 天花板用无毒、无异味、不吸水、表面光洁、耐腐蚀、耐温、浅色材料涂覆或装修。

(12) 半成品、即食食品暴露场所屋顶若为不平整的结构或有管道通过，加设平整易于清洁的吊顶（吊顶间缝隙应严密封闭）。

(13) 水蒸气较多的场所的天花板有适当的坡度（斜坡或拱形均可）。

4．洗手消毒设施要求

(1) 食品处理区内设置足够数量的洗手设施，其位置设置在方便员工的区域。

(2) 洗手池的材质为不透水材料，结构不易积垢并易于清洗。

(3) 洗手消毒设施旁设有相应的清洗、消毒用品和干手设施，员工专用洗手消毒设施附近有洗手消毒方法标识。

5．加工设备、保洁设施要求

(1) 根据加工食品的品种，配备能正常运转的清洗、消毒、保洁设备设施。

(2) 采用有效的物理消毒或化学消毒方法。

(3) 各类清洗消毒方式设专用水池的最低数量：采用化学消毒的，至少设有3个专用水池或容器。采用热力消毒的，可设置两个专用水池或容器。各类水池或容器以明显标识标明其用途。

(4) 接触直接入口食品的工具、容器清洗消毒水池专用，与食品原料、清洁用具及接触非直接入口食品的工具、容器清洗水池分开。

(5) 工用具清洗消毒水池使用不锈钢或陶瓷等不透水材料，不易积垢并易于清洗。

(6) 设专供存放消毒后工用具的保洁设施，标记明显，易于清洁。

(7) 清洗、消毒、保洁设备设施的大小和数量能满足需要。

6．食品原料、清洁工具清洗水池要求

(1) 粗加工操作场所分别设动物性食品、植物性食品、水产品三类食品原料的清洗水池，水池数量或容量与加工食品的数量相适应。各类水池以明显标识标明其用途。

(2) 加工场所内设专用于拖把等清洁工具、用具的清洗水池，其位置不会污染食品及其加工操作过程。

7．加工食品设备、工具和容器要求

(1) 食品烹调后以冷冻（藏）方式保存的，应根据加工食品的品种和数量，配备相应数量的食品快速冷却设备。

(2) 应根据待配送食品的品种、数量、配送方式，配备相应的食品包装设备。

(3) 接触食品的设备、工具、容器、包装材料等符合食品安全标准或要求。

(4) 接触食品的设备、工具和容器易于清洗消毒。

(5) 所有食品设备、工具和容器不使用木质材料，因工艺要求必须使用的除外。

(6) 食品容器、工具和设备与食品的接触面平滑、无凹陷或裂缝（因工艺要求除外）。

8．通风排烟、采光照明设施要求

(1) 食品烹调场所采用机械排风。产生油烟或大量蒸汽的设备上部，加设附有机械排风及油烟过滤的排气装置，过滤器便于清洗和更换。

(2) 排气口装有网眼孔径小于6毫米的金属隔栅或网罩。

(3) 加工经营场所光源不改变所观察食品的天然颜色。
(4) 安装在食品暴露正上方的照明设施使用防护罩。冷冻(藏)库房使用防爆灯。

9. 废弃物暂存设施要求

(1) 食品处理区设存放废弃物或垃圾的容器,废弃物容器与加工用容器有明显区分的标识。
(2) 废弃物容器配有盖子,以坚固及不透水的材料制造,内壁光滑便于清洗,专间内的废弃物容器盖子为非手动开启式。

10. 库房和食品储存场所要求

(1) 食品和非食品(不会导致食品污染的食品容器、包装材料、工用具等物品除外)库房分开设置。
(2) 冷藏、冷冻柜(库)数量和结构能使原料、半成品和成品分开存放,有明显区分标识。
(3) 除冷库外的库房有良好的通风、防潮、防鼠(如设防鼠板或木质门下方以金属包覆)设施。
(4) 冷藏、冷冻库设可正确指示库内温度的温度计。
(5) 库房及冷藏、冷冻库内应设置数量足够的物品存放架,能使储存的食品离地离墙存放。

11. 专用间要求

(1) 专用间内无明沟,地漏带水封,专间墙裙铺设到顶。
(2) 专用间只设一扇门,采用易清洗、不吸水的坚固材质,能够自动关闭。窗户封闭。
(3) 需要直接接触成品的用水,应加装水净化设施。
(4) 专用间内设符合餐饮服务食品安全管理规范要求的空调设施、空气消毒设施、流动水源、工具清洗消毒设施;小菜间、分餐包装间设专用冷冻(藏)设施。
(5) 专用间入口处设置有洗手、消毒、更衣设施的通过式预进间,洗手消毒设施除符合前述(4)的规定外,应当为非手触动式。

12. 更衣室要求

更衣场所应与加工经营场所处于同一建筑物内,有足够大小的空间、足够数量的更衣设施和适当的照明。

13. 运输设备要求

配备与加工食品品种、数量以及储存要求相适应的封闭式专用运输冷藏车辆,车辆内部结构平整,易清洗。

14. 食品检验和留样设施设备及人员要求

(1) 设置与加工制作的食品品种相适应的检验室。
(2) 配备与检验项目相适应的检验设施和检验人员。
(3) 配备留样专用容器和冷藏设施,以及留样管理人员。

9.3.4 中央厨房冷链物流基本流程

根据时间和工作性质的不同可将中央厨房运作流程划分为中央厨房运作的前端、中端、末端三部分,如图 9-9 所示。

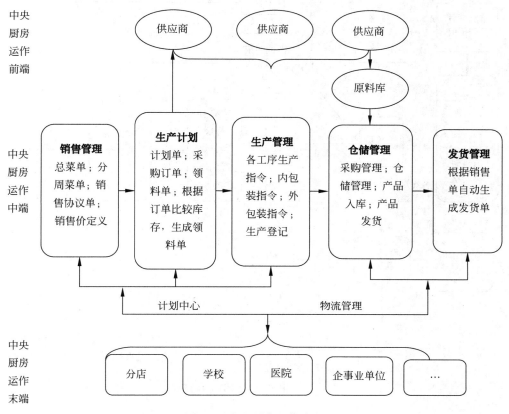

图 9-9 中央厨房运作流程

1. 中央厨房运作前端

中央厨房运作前端主要由原材料供应商组成,其主要功能是对中央厨房食材原料的供应。在选择适当的供应商时,食材的质量、价格、品种、冷链配送等是中央厨房运营商关注的重点。

2. 中央厨房运作中端

中央厨房运作中端是中央厨房运营的核心部分。其主要涉及销售管理、生产计划、生产管理、仓储管理、发货管理等。在内部生产环节中,食品安全、营养配餐、食材采购管理、成品半成品加工、成品半成品配送等是工作的重点。其具体的内部操作流程如图 9-10 所示。

3. 中央厨房运作末端

中央厨房运作末端主要由各个餐饮服务单位组成。在中央厨房运作中端加工包装后的成品、半成品被配送到各个餐饮服务单位,最终由它们向消费者进行销售,所以中央厨房运行的最后一步就落在了末端。

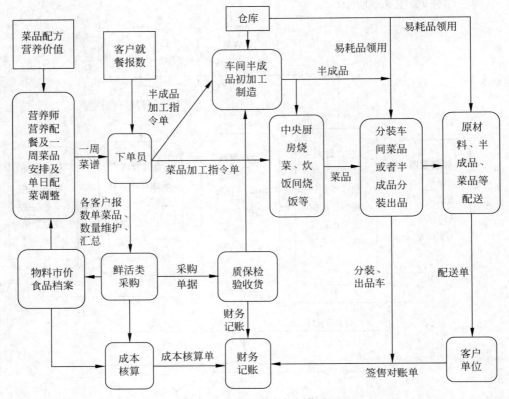

图 9-10　中央厨房内部操作流程

9.3.5　中央厨房冷链物流的运营管理

1. 中央厨房的市场定位

中央厨房的市场定位可根据以下因素来确定。

(1) 受益因素。根据产品用户需求、用户规模等来确定目标市场。

(2) 行为因素。根据消费者的行为体验、消费时机、消费者使用率、消费者品牌忠诚度等来确定目标市场。

(3) 心理因素。根据消费者的个性、价值观、生活方式等来确定目标市场。

(4) 人口因素。根据消费者的年龄、性别、经济收入、职业等来确定目标市场。

(5) 地域因素。根据地理位置、气候条件的不同来确定目标市场。利用互联网资源整合优化的功能,抓住各个市场的特征与定位,可形成自己独特的竞争方式。

2. 中央厨房的经营计划

中央厨房项目的日常运营,需要建立较为广泛的用户群,如图 9-11 所示。

根据不同地区中央厨房的定位可开展不同的业务,如月饼、特产等礼品盒加工,合作代加工,网络店铺销售,早餐车+外卖,大学食堂、企业职工食堂原料配送,大型自助餐成品、半成品加工,家庭餐桌,菜馆连锁,饺子馆连锁,快餐店连锁,大众火锅店连锁等。

对于这些业务,可采取的配送方式有全热链配送、全冷链配送、冷热链混合配送。

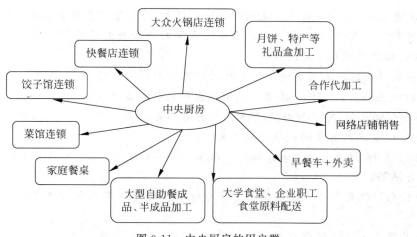

图 9-11 中央厨房的用户群

应用案例分析

中央厨房+全程冷链+区块链追溯打造最安全订餐App

2018年1月初,国内领先的智能售饭机运营商饭美美宣布引入区块链技术,加持其食品安全追溯服务,正式形成了一套中央厨房+全程冷链+区块链追溯体系,打造最安全订餐App。

据悉,国内领先的智能售饭机运营商饭美美与暴风新影达成区块链技术服务合作,暴风新影将基于BFC区块链技术为饭美美App提供全程食品安全追溯服务,饭美美(fmeimei.com)也成为全球首家将区块链引入全程食品安全追溯领域的订餐平台。

饭美美品牌隶属饭美美网络科技(北京)有限公司,是中国首家将人工智能引入中餐标准化研发及制作的新型餐饮平台。饭美美联手各大餐饮集团、名厨私房,通过中央厨房标准化加工,全程冷链保鲜配送,以智能自动售卖终端、各大外卖平台、物业配餐、公司订餐等方式,进行全程互联网远程操控,满足消费者品质用餐需求。

此次合作达成后,借助暴风新影提供的区块链技术平台服务,未来饭美美旗下通过饭饱宝智能自动售卖终端、各大外卖平台、物业配餐、公司订餐等渠道销售的全部餐饮食品的溯源数据查询将全部基于区块链技术,从各类食材的采购、运输和仓储到中央厨房的完整加工过程,直至抵达终端的全程冷链运输和上架销售,每盒配餐的全部流程节点及相关责任单位(人)将基于时间顺序实时记录在区块链上,无法篡改且随时可进行开放查询,此举将极大提升饭美美App追溯数据的真实性和可信任性。

区块链去中心化的属性不仅能够保证更稳定的服务,更重要的是其不可篡改的属性可以极大强化品牌的天然信任度和认同感。饭美美创始人郝景振也说道:"我们过去也做了非常完善的追溯系统,但所有数据毕竟还是在我们自己的服务器上,而采用区块链技术之后,我们所有的追溯数据在生成的一瞬间就全部被写到区块链上了,每件产品的每个流程节点都可以追溯到责任人,而且这些数据任何人都改不了,这对我们和客户来说都太棒了,客户获得了更多的安全,我们获得了更多的信任。"

饭美美也表示，后期还会更多地采用区块链技术，将部分智能售饭机的销售数据放到区块链上开放给加盟方，加盟方可以在区块链上实时公开查看这些智能售饭机的销售数据，解决新进加盟方的信任度问题。

此次提供供应链技术服务的合作方北京暴风新影科技有限公司，是暴风集团进军区块链领域的先头部队，其 BFC 播酷云一经推出即获得极高关注，预约人数超过 50 万，其 BCN 服务为全球首创，可以帮助区块链业务快速部署海量全节点。目前，暴风影音拥有超过两亿用户，是名副其实的视频门户巨头。

资料来源：国际餐饮博览会. https://mp.weixin.qq.com/s/QFZpX2_MO6OqE5xzD6gP4g，有改动

思考并回答：

1. 为什么说饭美美的中央厨房＋全程冷链＋区块链追溯体系打造了一个最安全订餐 App？

2. 饭美美是如何搭载中央厨房＋全程冷链＋区块链追溯体系，并联手各大餐饮集团、名厨私房及中央厨房等实现跨界融合和互利共赢的？

【本章小结】

批发市场的含义。对批发市场有两种不同的理解：第一种是场所论，即认为批发市场是商品经营者专门从事商品批量交易的场所，其批发的对象主要是企事业机构，而不是最终消费者；第二种是组织论，即认为批发市场是一种流通中介组织，这一中介组织专门为商品批量交易活动的双方提供服务。

生鲜电商的概念。生鲜电商是指用电商的手段在互联网上直接销售生鲜类产品，如新鲜果蔬、生鲜肉类等。2012 年被视为生鲜电商发展的元年。而生鲜电商冷链物流则是支持生鲜电商销售平台的生鲜品全程冷链物流体系以及从产地源头到最终客户或消费者的冷链供应链系统。

跨境生鲜电商的概念。跨境生鲜产品电商主要是采用电子商务手段，在互联网上售卖新鲜的水果蔬菜、生鲜肉禽等产品，并通过跨境物流完成交易的一种国际商业活动。

中央厨房的概念。中央厨房是指由餐饮连锁企业建立的，具有独立场所及设施设备，集中完成食品成品或半成品加工制作，并直接配送给餐饮服务单位的单位。其本质就是，对全部直营店实行统一采购、选菜、切菜、调料，然后将搭配好的食材和料包制作成半成品用冷藏车配送到各个餐饮服务单位，餐饮服务单位对这些成品或半成品只需做一些简单的加工或预热即可。

第 9 章习题

第 10 章

冷链物流园区规划、建设与管理

10.1 冷链物流园区功能定位
10.2 冷链物流园区战略制定规则
10.3 冷链物流园区战略实施

【本章导航】

本章主要介绍冷链物流园区内外部资源能力分析；冷链物流园区战略制定及市场定位；冷链物流园区综合功能区划分及战略实施过程。

共享型中央厨房正在兴起，餐饮冷链如何顺势而为

餐饮冷链物流体系建设进入升级发展阶段，新型模式正在涌现，自建中央厨房确实能够保证连锁餐饮企业的食材供应全程冷链不断链，但是这种规模并不适合所有的企业，对于中小型连锁餐饮企业来说，自建中央厨房耗费资金众多，需要更多的人力、物力用于管理和运营上，势必会造成一定的负担，影响核心业务的发展。在此背景下，共享型中央厨房正在悄然兴起。

共享型中央厨房一般是以冷链物流园区为依托，由冷链物流园区负责建设和经营，连锁餐饮企业只需要以租赁的形式获取中央厨房的使用权即可。从前端的原材料采购，到中央厨房内部的收货、存储、拣货、配送一系列操作，均可委托冷链物流园区完成，当然餐饮企业也可以选择仅仅租赁场地自行管理。针对连锁餐饮企业较为核心或保密的食品加工部分，在中央厨房租赁一定区域进行加工即可。在该区域，冷链物流园区在规划和设计时已经按照餐饮加工标准进行了基础设施建设，餐饮企业仅需在此区域布局加工设备进行生产即可。这种模式下，餐饮企业完全能够实现集中采购、规模管理、统一配送，高度实现资源共享，并享受到更为专业的第三方冷链物流服务，实现冷链物流轻资产运营，同时还能够保证自身核心技术的私密性。

未来，连锁餐饮企业的冷链物流体系建设将更加趋向"共享"模式，专业的全方位冷链物流服务商将会出现，为连锁餐饮企业提供全程冷链物流服务；同时，随着连锁餐饮企业规模的扩大，冷链物流集中采购、规模处理、共同配送的程度逐步加深，先进的自动化物流装备也会被大量应用；此外，围绕连锁餐饮企业冷链物流管理的信息系统建设也会得到重视，并不断完善和提升，实现供应商、第三方物流服务商、餐饮企业总部和门店、消费者的信息共享,促进供应链协同发展。

除共享中央厨房外,自建中央厨房的调整、整合和食材产地预冷也是值得关注的餐饮冷链发展方向。

总体来看,我国餐饮企业冷链物流体系建设尚处于探索前进阶段,大多数餐饮企业将对冷链物流体系的关注点放在了"中央厨房"加工能力建设上,部分连锁餐饮企业的中央厨房除了满足自身需求外还有很大的能力闲置,为了实现规模生产、快速盈利,也愿意向社会开放中央厨房,共享生产、物流、管理等功能。但有些餐饮企业在对外提供服务时,却往往发现自身的前端和后端管理能力较弱,导致中央厨房无法提供社会化服务。如何调整和整合自建中央厨房业务,将是一些餐饮企业积极思考的方向。我们在这里呼吁,连锁餐饮企业在建设冷链物流体系时应多从产业链整体需要考虑,谨慎布局,与上下游企业高效衔接,协同发展。

此外,我国农产品供应链前端的产地预冷技术与发达国家相比还十分落后,这不仅影响了农产品的品质,也造成大量损耗。如何参与并解决食材在产地预冷的问题,也将是连锁餐饮企业关注的重点之一。对此,中关村绿色冷链物流产业联盟专家委员/北京启达乔泰咨询有限公司总经理霍青梅建议,可以采用"移动集装箱预冷"技术实现产地预冷,因为冷藏集装箱带有制冷功能,相对于冷库来说,建设成本更低,也节省时间。农产品在田间地头采摘后可以马上放入集装箱实现预冷,同时集装箱也方便移动到需要的地方,可以由公路、铁路运输到冷链物流园区或直接配送到餐饮门店。

资料来源:北京盛华宏林.https://mp.weixin.qq.com/s/7XPFZdG4CjBPaxwMHh_e3A,有改动

10.1 冷链物流园区功能定位

10.1.1 冷链物流园区的含义及功能定位

1. 冷链物流园区的含义

物流园区是指在物流作业集中的地区,利用多种运输方式,将多种物流设施和不同类型的物流企业在空间上集中布局的场所,也是一个有一定规模的和具有多种服务功能的物流企业的集结点。而冷链物流园区要求所使用的各种物流设施设备为冷藏、冷冻设备。

2. 冷链物流园区的功能定位

物流园区的功能具体包含八个方面:综合功能、集约功能、信息交易功能、集中仓储功能、配送加工功能、多式联运功能、辅助服务功能、停车场功能。其中,综合功能的内容为:具有综合各种物流方式和物流形态的作用,可以全面处理储存、包装、装卸、流通加工、配送等作业方式以及不同作业方式之间的相互转换[①]。

10.1.2 冷链物流园区内外部资源环境

1. 冷链物流园区内部资源环境概述

所谓园区内部资源,是指物流园区在提供产品或服务的过程中能够实现企业运营战

---

① 白世贞,曲志华.冷链物流[M].北京:中国财富出版社,2012:120.

略目标的各种要素组合。物流园区的发展需要由多种资源作为支撑,为其提供空间、资金、基础设施、人力等诸多必要资源。为了使物流园区充分发挥其物流功能,并且满足社会对物流园区的需求,要对物流园区内部资源进行合理的分配和优化,为园区未来的发展提供保障。通常而言,物流园区的存在和发展需要以下五种资源要素。

1)土地资源

土地规模是物流园区最重要的概念之一,它是物流园区发展所需的重要资源,是物流园区的承载者,其规模大小将决定物流园区所能够承载的设施、功能与服务。物流园区要求具有一定的规模,既为实现物流园区的规模效应,也为园区未来发展提供足够的预留空间。我国的人均占有耕地是世界人均占有量的一半,基本建设对耕地的占用和土地资源利用率较低,土地浪费严重,人地矛盾尖锐化不断扩大。由于物流园区的建设对于土地资源的需求巨大,未来土地资源的缺少将是物流园区发展的"瓶颈",因此合理设计物流园区的位置、内部结构,节省园区占地面积,将成为物流企业长久发展亟须解决的问题。

2)设施设备资源

冷链物流园区必须具备完善的基础设施,主要包括冷库、制冷系统、存储设备、冷库用门组及库板工程、冷链物流月台设备设施、搬运设备、物流容器及分拣设备等。这些设施设备的建设投入,将极大地促进园区功能和业务快速发展,合理分配设施设备资源将是园区均衡发展的必要条件。

3)人力资源

人力资源是物流园区发展的关键,人力资源是物流企业发展最重要的战略资源,企业的竞争归根到底是人才的竞争。现代企业要想在激烈的市场竞争中生存,使得投资建设的物流园区能够可持续发展,就必须有完备的人力资源体系。物流园区人才的储备不仅包括搬运、装卸、运输等操作层面的技术人员,也包括更高层面的物流园区设计规划人才、运营管理人才,这样才能满足园区的战略发展需要。同时,人力资源对于企业的自我完善与进步、增强企业活力、提高企业经济效益、主导物流园区未来的发展方向都有着重要的意义。

4)企业资源

物流园区的规划与设计不能只停留在功能上,必须对物流园区未来的发展方向有明确的定义,依据市场需求,设计物流园区的服务范围和模式,有计划地吸引物流企业入驻园区,提升园区物流服务水平。物流企业作为一种资源存在于物流园区中,园区内入驻物流企业的类型、规模、服务水平将影响物流园区的商业运作模式。与此同时,我国虽然物流企业众多,但是大型高水平物流企业却相对较少。目前,大型高水平物流企业有:运输型物流企业华宇、佳吉等,仓储型物流企业中集、中床等,综合型物流企业中远、中外运等。这些企业资源十分宝贵,物流园区应根据自身的发展需要适当地对于不同类型的物流企业进行吸纳入驻,实现园区的仓储、运输、配送、流通加工等多项物流业务,进而提高物流园区的服务水平,增强园区的竞争力。

5)战略资源

为了精心设计以资源为基础的战略,物流园区首先必须识别和评价它所拥有的资源,以找出那些可以作为未来发展或竞争优势的资源。这一过程包括确定物流园区所拥有的资源,然后检验确定哪些资源真正有价值。在物流园区拥有的众多资源中,那些具有稀缺性或不可模仿性的资源,通常会给物流园区带来基于资源的优势,是物流园区发展和竞争的战略基础,我们称为战略资源。由于战略资源具有长期的稀缺性,不会轻易地被竞争对手模仿,因而是物流园区可持续竞争的源泉。

2. 冷链物流园区外部资源环境概述

物流园区的外部环境是指对于物流园区规划、建设及发展产生深远影响的园区外部环境。物流园区作为社会大环境的组成部分,与其所在的区位、交通、市场等诸多条件息息相关。经过分析,我国物流园区规划的外部环境主要包括经济环境、区位环境、客户及需求环境、政策环境等。这些外部因素的存在,将对物流园区的发展起到决定性的作用。

1) 经济环境

我国经济社会持续 40 多年快速发展,居民生活水平不断提高,必然对食品安全、健康、品质、便捷提出更高的要求,这是冷链物流加快发展的需求拉动。由于冷链物流的初期投资和运营成本相对较高,因而必然以一定的经济发展水平为前提。2013 年,我国人均 GDP 已达到 6 000 多美元,超越了温饱的水平,正在向全面建成小康社会的目标迈进,冷链物流进入加速发展期顺理成章、水到渠成。2010 年,国家发改委发布《农产品冷链物流园区建设规划》,显示我国冷链物流作为重点行业进入发展快车道。统计数据显示,近几年每年建成投产的冷库达到 200 多万吨,年增长率超过 10%。2013 年,我国冷库总规模已达到 2 411 万吨,成为仅次于美国的世界第二冷库大国。但是我国人均冷库拥有量只有不到 18 千克,而日本为 102 千克,是我国的 5 倍多,说明我国冷链物流总体水平还很低。如果我国人均冷库拥有量以日本一半的水平(50 千克)估算,冷库总规模应达到 7 000 万吨左右,比 2013 年的 2 411 万吨增加约 4 600 万吨,增长近 2 倍。当然,如此大规模的冷库增长不可能在短时间内实现。虽然目前我国经济社会面临复杂矛盾,但由于总体发展水平还比较低,东中西部发展不平衡,从全局来看还有比较大的发展空间,相信未来我国能够保持中速稳定增长,冷链物流也将继续保持增长趋势,可能从近几年的高速增长逐步向稳定增长回归。以在 15～20 年的时间内达到预期规模测算,每年增加冷库规模约 250 万吨,年增长率将从目前的 10% 以上逐步降低到 3%～5% 的水平。这个发展速度与美国、日本的发展速度是比较吻合的,应该是可能实现的。我国是农产品生产和消费大国,很多品种的产量都是世界第一,而且在世界总产量中占有相当大的比重。2013 年,我国蔬菜、水果、水产品、肉类、奶类等主要农产品的产量合计达到 11.7 亿吨。按照《农产品冷链物流园区建设规划》制订的目标,到 2015 年,果蔬、水产品和肉类的冷链流通率分别达到 20%、36% 和 30%,冷藏运输率分别达到 30%、65% 和 50%。据此估算,需要采用冷链方式流通的初级农产品物流量应达到 3 亿吨以上,到 2020 年可能达到 5 亿吨以上的规模。如此巨大的冷链物流需求,必然需要相应的冷库和冷链物流设施来支撑,其巨大的发展空间不言而喻。

2) 区位环境

物流园区的区位环境分析主要是对物流园区所在的位置和所处环境有一个清晰的认识,包括园区周边的自然地理、交通环境及辐射范围等。为物流园区的战略定位和发展目标提供科学的分析依据。首先,明确物流园区所处的地理位置和所在区域所发挥的重要作用。自然地理位置的明确包括物流园区所在的周边地理环境、交通网络、区域中心等。其次,对于物流园区的交通环境进行分析。物流园区的交通环境主要包括交通道路网络、交通设施及物流园区与外部交通的衔接部分。道路网络是指连接物流节点的货运交通系统,其包含多种运输方式的线路和中转等重点交通设施。而物流园区与外部交通的衔接通过道路交通完成,衔接处通常是园区周围交通的"瓶颈"所在,故处理好内外交通衔接关系是保证物流园区交通系统高效运行的重要环节。物流园区的交通环境因素既有利于园区的初始建设和发展,也会成为未来园区发展的"瓶颈"。最后,通过物流园区地理位置和交通条件分析,确定物流园区未来辐射的范围和经济腹地,制订未来的战略目标和发展方向。因此区位环境分析对于物流园区的整体发展有着重要的指导意义。

3) 客户及需求环境

重点客户的需求是对物流园区发展影响最大的因素。冷链物流行业作为服务行业的集合体,所面向的是对冷链物流服务有不同需求的客户及消费群体。只有满足这些消费者的需求,达到其期望的服务标准才是一个物流园区存在与发展的动力源泉。而对于客户及需求环境分析,主要体现在两个方面:一方面要分析哪些需求者是我们的重点客户;另一方面是分析这些重点客户的物流需求和所需物流量的大小。通过以上两方面的分析,物流园区规划建设才具有针对性,满足自身功能实现的同时,贴近客户需求,使得物流园区能够在与客户协同配合过程中持续地成长壮大。

4) 政策环境

物流园区作为现代物流发展的一种新形态,在其发展过程中政府应通过提供优惠政策给予支持和鼓励。在企业的发展过程中软环境有时要比硬环境更重要。物流园区能否具有长久的生命力和对企业具有吸引力,取决于政府政策对它的认知程度和支持力度。首先,物流园区的规划建设要了解政府对于整个区域的物流行业的发展规划,应积极配合政府工作,合理建设物流园区,实现物流园区建设的社会效益和经济效益。其次,在物流园区规划建设的初期,得到国家和地方政府的支持,并有相应的支持导向政策,加快物流园区的发展。

10.1.3 冷链物流园区的综合功能区规划

冷链物流园区的综合功能区规划主要包含三个方面的内容:一是冷链物流园区的布局规划;二是冷链物流园区的信息系统规划;三是冷链物流园区的运作模式规划。其中,冷链物流园区的布局规划包括园区宏观空间布局规划和园区内部各功能区的微观布局规划。冷链物流园区的宏观空间布局规划是指对城市区域物流用地进行宏观空间布局,包括区域内冷链物流园区数量确定、选址确定、规模确定及业态确定等;冷链物流园区的内部微观布局规划主要是指对园区内部的功能区进行微观设计和定位。

冷链物流园区内部功能区规划主要是对服务功能的微观设计和定位,包含三个步骤:首先,需要进行客户需求与系统分析,根据目标需求,结合冷链物流园区辐射区域的实际情况,细分市场,划分功能类型。其次,进行功能定位和功能区域规划,即通过把各个单一的服务功能向冷链物流园区归并和整合来确定园区的功能区域数目和类型,是进行园区功能区域系统布置的依据。最后,对规划方案进行评价。

1. 客户需求与系统分析

客户需求与系统分析是物流园区进行功能定位和功能区域划分不可或缺的前提条件，其内容主要是通过市场调研，如现场调查、集中访谈、表格问卷调查等方式，掌握主要客户的物流需求，包括物流服务需求功能种类、物流需求量、物流流向等基本数据。在此基础上，对所获取的数据进行相应的系统分析，以便整理出规划所需要的信息。由于物流园区需要依托一定的市场来规划建设，在物流园区规划建设前期的可行性论证中，其服务对象应已明确，因此，客户需求分析的主要对象应是物流园区物流服务辐射范围内的各类工商企业。在各种调研内容中，物流需求量和流向以及在此基础上的预测数据是确定物流园区规模与建设地点的重要依据，而物流服务需求功能的调查是确定物流园区中所需服务功能区的重要依据。物流服务需求功能的调查可采用表格形式，被调查企业可根据自身的需求在空格中选择。在选择调查企业对象时，物流园区辐射范围内的大型制造企业和大型商贸企业将是调研的主要对象。在物流服务需求功能的调查中，可事先设计好各种服务功能，且列出的服务功能应力争全面，并应留有足够的空格以便被调查对象选择或根据自身服务需要进行相应的补充。同时，由于物流园区的建设通常呈现出阶段性的特点，因此，服务功能需求还应区分时间阶段，如近期、中期和远期等。对各种被调查的物流服务功能需求进行汇总后，可总结出各阶段物流服务功能设置进程表，其中近期、中期和远期的确定以所有被调查对象中所选最大比例数据为依据。

2. 功能定位和服务功能区域确定

1) 功能定位

冷链物流园区的功能定位是其战略定位和市场定位的外在体现，是按照战略定位和市场定位对冷链物流园区的物流服务能力进行规划设计，主要是为了满足目标市场客户的物流需求。为此，冷链物流园区的功能定位主要应确定两方面的内容：一是园区在不同规划阶段内应具有的冷链物流服务功能；二是根据确定的冷链物流服务功能进行空间分配，即划分若干冷链物流功能区域。一般来说，通过对辐射范围内潜在目标客户的调查分析，可了解物流园区的客户物流服务功能需求类型和层次。但是调查本身通常存在一定的局限性，主要表现在：一方面，调查样本的广泛代表性受到一定制约，不可能对所有客户进行调查；另一方面，抽样调查以现有的客户为主，对潜在物流客户的调查通常不足。因此，冷链物流园区的功能定位在调查结果分析的基础上，还应结合专家的相关经验与知识，同时还要体现四个原则：①前瞻性原则，即园区的功能定位既应满足现在客户的需求，又要满足未来客户的需求。②综合性原则，即园区的功能定位应综合调查的结果、物流产业的发展趋势、经济结构的调整及外来竞争压力等许多因素来确定。③阶段性原则，即园区的功能应体现不同规划阶段的特点，能根据不同阶段内的需求变化进行扩展。④层次性原则，即园区的功能应体现出层次性，在发展建设初期应以物流基础性的服务功能为主，而在发展成熟期应逐步拓宽到增值服务层次的功能。

2) 服务功能区域确定

从目前国内冷链物流园区的规划情况来看，其功能区通常包括冷藏/冻仓储中转区、集散配送区、流通加工区、商务办公区、生产服务区、生活服务区等，但一个特定的冷链物流园区究竟需要规划哪些物流服务功能区，应该以其服务辐射的范围内市场需求分析为基础,以周边主要集散农产品的大类为依据。例如,寿光农产品冷链物流园区以寿光蔬菜产业、蔬菜农产品生产组织、蔬菜产品生产加工企业、蔬菜产品外贸企业等具有鲜明特色与优势的产业集群为依托。所以,应以冷链物流园区所在地现有的物流资源和设施的整合与优化为依托,在明确其物流服务对象、服务内容及服务方式的基础上,通过调查所需的物流服务需求功能,结合一定的原则来确定物流服务功能区。服务功能区域的确定对冷链物流园区的规划具有决定性意义。一方面,确定功能区域也就大体确定了物流园区的内部总体结构;另一方面,功能区域是冷链物流园区内部布局的基本空间单元。确定功能区域主要涉及三个方面的内容:一是确定功能区域的数目;二是确定功能区域的类型、承担功能、主要服务对象;三是确定功能区域内部的细部组成和相互关系等。

3) 功能区域系统布置

冷链物流园区的功能区域系统布置就是在体现园区整体运作效率最大化的前提下,将所确定的所有物流功能区域进行系统布局。目前,应用传统设施布置的方法大致可分为两类:一类是计算机化布置方法,即采用计算机辅助求解的布置方法,如 CRAFT (computerized relative allocation of facilities technique,定量布置程序)法、CORELAP (computerized relationship layout planning,计算机化关系布置规划)法、ALDEP (automated layout design procedure,自动布置设计程序)法及 MultiPLE (multi-floor plant layout evaluation,多层仓库定量布置程序)法等;另一类是定性与定量相结合的经典方法,如 SLP(systematic layout planning,系统布置设计)法。冷链物流园区内部功能区布局规划涉及较多的定性因素,因此,应用单纯的数学模型求解难以达到理想的效果,而 SLP 法结合了定性和定量分析,较适用于园区内部功能区域的系统布置。对上述规划方案,采用系统评价方法,最后选择最优的系统布置方案。

青岛培育水产品冷链物流基地

2018 年 4 月初,青岛市政府办公厅印发《青岛市加快发展冷链物流保障食品安全促进消费升级实施方案》(以下简称《方案》),加快构建"布局合理、链条完整、设施先进、标准统一、服务高效"的现代化冷链物流体系。

按照《方案》,青岛将重点完善主要品种冷链物流体系,优化基础设施网络,提升冷链物流信息化、标准化水平,培育市场创新发展。到 2020 年,青岛将基本形成布局合理、设施先进、衔接顺畅、功能完善、管理规范、标准健全的商贸冷链物流服务体系;培育壮大 40 家左右具有较强资源整合能力和国际竞争力的商贸冷链物流龙头企业,并发挥其示范带头作用;果蔬、肉类、水产品等主要冷藏冷冻类食品冷链流通率分别提高 30% 以上,冷链运输率提高 25% 以上,市区共同配送站点覆盖率达到 45% 以上。

一、完善主要品种冷链物流体系

《方案》提出,要按照"系统筹划,重点突破"的原则,综合考虑居民消费水平、消费习惯以及交通区位等条件,选择消费安全影响大的肉类、水产品、果蔬等冷链物流重点领域大胆探索,优化基础设施网络。

(1) 完善主要品种冷链物流体系。推动肉类冷链物流发展,建立生产、储存、运输及销售全程"无断链"的肉类冷链物流体系,着力完善平度、莱西高端禽肉产品出口加工区,胶州、即墨良种猪繁育基地,青岛西海岸新区肉兔高效产销示范区功能。加快推进水产品冷链物流发展,进一步完善水产品超低温储藏、运输、包装和加工体系,做好水产品冷链物流基地培育工作,推动青岛西海岸新区和即墨、城阳区的水产品冷链物流体系与高效基地建设。推进果蔬冷链物流发展,在产地建设低温储藏保鲜设施,选择部分特色果蔬,推广产后预冷、初加工、储存、保鲜和低温运输技术,依托东方鼎信、城阳蔬菜批发市场等大型市场,推动跨区域反季节蔬菜、特色果品的冷链物流体系建设。

(2) 优化基础设施网络。支持冷链物流基础设施网络项目建设,加快推进董家口北方冷链物流基地、胶州铁路物流基地二期冷链物流项目建设,打造集冷链物流、水产品深加工、水产品交易等多功能于一身的综合性冷链物流集聚区。依托大型农产品批发市场,规划建设一批物流冷藏设施;依托大型商贸超市,规划建设一批生鲜农产品低温配送和处理中心。完善与冷链物流相配套的查验与检测基础设施,推广应用快速准确的检测设备和试剂。支持城市末端配送渠道建设,引导末端配送快递企业通过与电子商务企业、各类社区便利店合作,整合线上线下资源,缓解"最后一公里"配送困难。依托生鲜及冷冻商品口岸,建设冷链查验与储存一体化设施。

(3) 健全标准化体系。梳理和修订完善现行冷链物流标准,出台冷链物流配送服务质量规范等地方标准。鼓励有条件的冷链物流企业参与各级标准制定修订工作,发展团体标准,开展联盟标准工作。推荐企业申报国家和省标准化试点示范项目,指导企业完善适合自身发展的标准体系。加快推进各类生鲜农产品原料处理、分选加工与包装、冷却冷冻、冷库储藏、包装标识、冷藏运输、批发配送、分销零售等环节的标准化进程,大力推广果蔬标准周转箱和标准化托盘的循环共用,建立健全生鲜农产品质量全程监控和质量追溯制度,建成一批商贸冷链物流示范园区。

(4) 提升信息化、智能化水平。建立冷链物流信息平台,优化配置冷链物流信息资源,提升冷链物流资源利用效率。支持企业加快信息化建设,加强市场信息、客户服务、库存控制和仓储管理、运输管理和交易管理等应用系统软件开发,全面提升冷链物流业务管理的信息化水平。推广条形码、全球定位系统、传感器、移动物流信息、电子标签等技术应用,建立区域性的生鲜农产品质量安全全程监控系统平台,实现全程可追溯。进一步做好供应链体系建设试点工作,推动物流企业与供应链上下游企业间信息标准统一和系统对接。

(5) 推动装备与技术升级。加强高性能冷却、冷冻设备,自动化分拣、清洗和加工包装设备,陈列销售设备等冷链物流装备的推广应用。鼓励冷链物流企业配套冷藏设施,购置节能环保的新能源冷链运输车辆,完善全程温湿度自动测控系统和控制设备,促进企业提档升级。推动冷链运输企业利用冷链物流全程监控追溯系统,通过 GPS 追踪、温度监控、驾驶员管理等措施,确保生鲜农产品在运输过程中始终处于低温状态。

二、培育市场创新发展

《方案》提出,要按照"企业主导,政府引导"原则,强化市场主体地位,激发企业主动性和创造性,同时发挥政府在资源配置、监管服务、政策支持等方面的作用,为冷链物流发展创造良好环境。

培育市场创新发展。培育一批经济实力雄厚、经营理念和管理方式先进、核心竞争力强的大型冷链物流企业。鼓励大型生鲜农产品生产企业从生产源头实现低温控制,积极发展冷链运输和低温销售,建立以生产企业为核心的冷链物流体系。鼓励企业在产地、销地建设低温保鲜设施,实现产地市场和销地市场冷链物流的高效对接。鼓励大型商贸零售企业加快生鲜品配送中心建设,在做好内部配送的基础上逐步发展为为社会提供公共服务的第三方冷链物流中心。推进开展冷链物流多式联运,推动"青凭越"等国际冷链物流铁路班列发展,促进铁路与公路冷链物流协同发展。支持冷链物流企业资产重组、业务融合,壮大企业规模和实力,引导企业增强与资本市场合作的意识和能力,推动企业上市。

行业监管方面,推动建立行政执法、行业自律、公众监督相结合的冷链物流市场监管体系和冷链物流企业服务评价与信用评价体系,推动冷链物流领域食品安全水平提升,规范冷藏运输车辆准入和退出机制,等等。深化"放管服"改革,继续深化商事制度改革,实行住所(经营场所)申报承诺制,鼓励开展集中配送、共同配送、夜间配送,继续落实鲜活农产品运输车辆"不扣车、不罚款、不卸载"和"优先放行、优先通过"等优惠政策,通过"绿色通道"引导运输车辆优先快速通行。政策扶持方面,拓宽冷链物流企业投融资渠道,引导金融机构对符合条件的企业加大投融资支持,创新配套金融服务;将冷链物流企业纳入重点信贷支持企业名单,依托"山东省融资服务网络平台",建立常态化融资对接机制;研究冷链物流企业在用水、用电、用气等方面与工业企业同价政策等。

资料来源:冷链物流产业。https://mp.weixin.qq.com/s/rAdzSRZhXyuyuz3GzBezMw,有改动

10.2 冷链物流园区战略制定规划

10.2.1 冷链物流园区战略规划及过程

1. 冷链物流园区战略规划概述

冷链物流园区战略,是指对冷链物流园区进行比较全面的、长远的发展计划,是对未来整体性、长期性、基本性问题的思考、考量和设计未来整套行动方案。冷链物流园区战略规划有别于国家与区域物流发展规划,又不同于工业与房地产业园区的规划。物流园区战略规划更偏重于在较大规模的地域范围内,土地布局与功能布局结合的科学性,更偏重于园区建设发展的基础条件规划,更突出物流产业的特点以及相关产业发展的协调等要素规划。

2. 冷链物流园区战略规划过程

1)战略定位阶段

冷链物流园区的战略定位非常重要,园区战略定位包括市场细分、目标市场选择、市场定位,园区的选址、运营模式和规模大小等内容的设计。

2)园区规划阶段

冷链物流园区规划阶段是将园区战略定位落实到图纸上的过程。此阶段的主要工作

应包括园区整体布局分析、园区内道路及停车区域及路线分析、建筑内功能布置及路线分析、建筑形式选择对比方案、节能环保方案，等等。有些冷链物流园区功能较复杂，包括多温区冷库、配送中心、交易大厅、展示厅、产品加工车间、普通库房、办公建筑，等等。要将园区建设成布局合理、功能完备、适合运作的设施，需要负责总体规划的人员具备一定的物流经验、冷库建设常识、建筑结构经验和我国特有的批发市场运作理念。

3）园区建设阶段

冷链园区建设阶段不但要有建筑施工的工程监理负责工地施工监督，同时也要对关键施工阶段和关键点实施有效监督，包括冷库的保温、管道铺设等环节。冷库在开始使用时出现的跑冷、库板出汗、地面开裂等现象都是在施工阶段没有进行有效控制造成的。

4）园区运营阶段

冷链物流园区从建设到运营一般会经过试运行、验收、招商等过程。如果投资商没有物流园区或批发市场管理经验，应聘请有经验的团队做初期培训，并逐步建立自己的各种管理流程和规章制度。物流业是生产性服务行业，冷链物流园区的经营就应该以服务商户交易、服务物流运作为经营宗旨。

10.2.2 冷链物流园区未来发展趋势

冷链物流园区的发展在我国方兴未艾，正处在快速发展的上升阶段。冷链物流园区由于其附属流通产业的性质，发展趋势必然受到经济发展阶段和冷产品流通模式变化的影响。具体分析冷链物流园区的发展有以下几方面特点。

1. 冷链物流园区细分化

随着商品流通的精细化，配套的物流硬件设施也要求定制化设计。生产型、储存型和交易型冷链物流园区对园区的布局与建筑物的选择有较大不同。建在产地的物流园区、流转中枢的物流园区和靠近消费地的物流园区也有区别。运作的产品不同，如蔬菜水果、肉制品或是水产品对冷库的要求各有其特殊性。所以园区建设和冷库的细分化，既可以节约投资成本，又为物流运作提供了方便。

2. 冷库建设在流通链两端发展

目前我国冷产品的流通环节太多，从田间地头、河湖池塘到百姓餐桌要经过六七个环节甚至更多。随着商业流通体系的逐步精细化，中间环节会减少。农产品加强前期预冷处理对后续流通过程中的质量影响是非常大的，而我国目前靠近田间地头的蔬菜水果预冷处理设施严重不足。农业产业整合是发展大农业、订单化生产的基础。伴随着农产品生产模式的改变，贴近生产种植端的预冷处理和冷库储存设施会有较大需求。

3. 冷链 B2C 模式快速发展

冷产品的 B2C 模式需要冷链支撑，且对运作要求较高，配送成本比一般货品的配送成本也高出很多。所以京东商城、1号店等电商将冷产品宅配放在最后来发展。但随着百姓消费水平的提高，冷链宅配将面临很大的需求。现阶段电商多数靠外包冷链物流，但外包产品组配包装的形式将不具有竞争力。自建适合电商冷产品运作的冷库设施，将是电商下一步应该考虑的方向。

4. 冷链物流园区的智能化

随着互联网技术的广泛应用,越来越多的新技术被运用到冷链物流领域,如云计算、大数据、移动互联网、物联网、人工智能及区块链等技术赋能冷链物流,冷链物流园区作为混合型冷链业态愈加朝着智能化方向发展。特别是 5G 技术具有"高速率、大容量、低时延"的特点,仅低时延的网络传输技术,让物流运作相关的信息更迅捷地触达设备端、作业端、管理端,让端到端无缝连接,为智能化冷链物流园区的建设注入强大的发展动力。5G 技术加速了物联网技术质的飞跃,将推动冷链物流行业实现基于"物联网+人工智能"的智慧物流模式转型,冷链的车、货、仓真正实现互联互通互动。物联网技术的大跨越将改变冷链物流的信息都是碎片化的弊端,冷链各环节的信息被获取,形成了更具有应用价值的"数据链"。5G 技术为冷链物流带来的变化:一是冷链设备和设施的智能化应用的普及,无人车、无人机、仓储机器人等更多地应用,把人从低端劳动中释放出来;二是人与车、货、仓的互联互通互动,物联网和 AI 技术将车、货、仓拟人化并与人沟通联动,实现更高效的互动;三是服务的动态化、透明化和智能化。运用 5G、区块链、物联网技术,我们可以轻松地掌控冷链物流全链条的动作和工序,通过场景互联打造智慧冷链园区、无人仓库、无人运输、"最后一公里"无人配送,以及冷链物流等专业的细分物流领域。

总之,智能物流园区首先体现在移动制冷技术,包括制冷剂、制冷系统、温控系统及干冰、冰块等辅助保冷措施;其次是保温技术,包括冷藏集装箱、保温箱、保温袋、冷藏箱及各类保温包装手段及密封措施等;最后是智能监控系统,主要用于对冷链储存、运输过程进行监控与管理,包括温湿度传感器、RFID、GPS 及软件管理系统。

10.2.3 冷链物流园区发展的综合定位

物流园区是物流节点集中组织和管理的场所,其依托规模化的物流设施设备,对物流活动进行综合处理,从而达到降低物流运营成本、提高物流运作效率和水平的基本目的,是具有产业发展性质的经济功能区。物流园区从空间上积聚了产业链上下游企业,从功能上涉及生产、加工、销售、配送等供应链各个环节,通过合理的空间布局、有机的功能组合、优化的资源配置以及信息系统整合发挥其系统整体优势。物流园区的功能主要可以分为两个方面:首先是社会功能,其次是业务功能。社会功能主要包括促进区域经济发展、完善城市功能、整合区域资源及提升产业竞争力等。业务功能主要包括运输、仓储、包装、装卸、搬运、流通加工、配送、信息与咨询服务等。

10.2.4 冷链物流园区竞争力分析、产业组合及产品组合设计

1. 冷链物流园区竞争力分析

1) 加快冷链物流园区建设是适应农产品大规模流通的客观需要

经过改革开放 40 多年的发展,我国农业结构调整取得显著成效,区域和品种布局日益优化,使农产品流通呈现出了大规模、长距离、反季节的特点,对农产品物流服务规模和效率提出了更高的要求。一是随着农产品区域生产布局的细化,农业特色产区加快发展,生鲜农产品的区域规模化产出,迫切需要加快发展农产品跨地区保鲜运输;二是农产品

反季节销售加快发展,急需进一步提高低温储藏保鲜水平。从今后一段时期农业结构加快调整优化的需要来看,加快发展农产品冷链物流也是适应我国生鲜农产品大规模流通的客观需要。

2) 加快冷链物流园区建设是满足居民消费的必要保证

随着城乡居民消费水平和消费能力的不断提高,我国生鲜农产品的消费规模快速增长,居民对农产品的多样化、新鲜度和营养性等方面提出了更高要求,特别是对食品安全的关注程度不断提高。加快发展农产品冷链物流已经成为提升农产品消费品质、减少营养流失、保证食品安全的必要手段,是满足居民消费需求的必要保证。

3) 加快冷链物流园区建设是促进农民增收的重要途径

长期以来,我国农产品产后损失严重,果蔬、肉类、水产品流通腐损率分别达到20%～30%、12%、15%,仅果蔬一类每年损失就达到1 000亿元以上;同时,受到生鲜农产品集中上市后保鲜储运能力制约,农产品"卖难"和价格季节性波动的矛盾突出,农民增产不增收的情况时有发生。发展农产品冷链物流,既是减少农产品产后损失、间接节约耕地等农业资源、促进农业可持续发展的重要举措,也是带动农产品跨季节均衡销售、促进农民稳定增收的重要途径。

4) 加快冷链物流园区建设是提高我国农产品国际竞争力的重要举措

我国生鲜农产品生产具有较强的比较优势,但是由于冷链发展滞后,我国蔬菜、水果出口量仅占总产量的1%～2%,且其中80%是初级产品,在国际市场上缺乏竞争力。特别是近年来欧盟、日本、美国等发达国家和组织不断提高进口农产品准入标准,相关质量、技术和绿色壁垒已经成为制约我国农产品出口的重要障碍。加快发展农产品冷链物流,已经成为提高出口农产品质量、突破贸易壁垒、增强国际竞争力的重要举措。

2. 冷链物流园区产业组合及产品组合设计

一般来说,冷链物流园区的产业组合包括冷链物流的存储、运输、装卸、搬运、包装、流通加工、分拣以及信息服务产业构成等,同时还包括与之配套的办公、金融、生活、油料供给服务、餐饮住宿及其他综合服务等功能。

(1) 冷藏/冻库的存储服务。物流园区的发展要求配备一定的储存设施和设备。由于物流园区中所涉及的很多作业环节如运输、配送等都要与仓储活动相联系,所以存储的职能是必不可少的,它保证了物流活动的开展,具有支撑作用。

(2) 冷链运输与配送服务。对于城际的货物运输,物流园区应能提供多式联运服务以达到最佳运输模式组合、最高效率、最短路径、最少时间、最低费用的要求。对于市内货物配送,主要是能满足生产商与销售商之间的配送、生产商或销售商与超市门店之间的配送、供应商与生产企业之间的配送、电子商务环境下的物流配送服务等,物流园区应能提供给客户不同的配送路线和价格服务,以满足不同层次客户各自的需求。

(3) 装卸、搬运服务。物流园区应配备专业化的装卸、提升、运送、码垛等装卸搬运机械,提高装卸搬运作业效率,减少作业可能对商品造成的损毁。

(4) 低温包装服务。在物流园区内的包装作业不仅要负责商品的组合、拼装、加固,形成适于物流和配送的组合包装单元,必要时还要根据客户的需要对商品进行商业包装。

(5) 低温流通加工服务。为了方便客户,物流园区应为战略合作伙伴如制造商和分销商提供必要的流通、加工服务。

（6）低温配载服务。从提高作业效率和降低成本出发，应改进传统的无序、不安全、高费用和低效率的人工配载，逐步实现计算机优化配载。

（7）拼箱与拆箱服务。实现集装箱的集零化整，提高集装箱的装载率；实现集装箱的化整为零，货物分拣后进行零担配送。

（8）低温分拣服务。当供应商的货物以大包装、粗包装进库时，根据物流需要，在物流园区进行分拣和小包装加工，优化外包装，提高商品附加值。

10.2.5 冷链物流园区的发展战略、指导思想及基本原则

1. 冷链物流园区的发展战略

冷链物流园区的战略定位非常重要，园区应该做什么、不应该做什么，园区的选址、运营模式和规模大小等在此阶段要明晰。园区战略定位不能靠简单的参观考察，也不能靠短期的政策引导。战略定位必须基于当地市场信息，基于行业发展特点，基于国家发展方向和企业的总体战略作出综合分析。

2. 冷链物流园区发展的指导思想

按照加快转变经济发展方式、促进产业结构调整的要求，以市场需求为导向，以促进物流要素聚集、提升物流运行效率和服务水平、节约集约利用土地资源为目标，以物流基础设施的整合和建设为重点，加强统筹规划和管理，加大规范和扶持力度，优化空间布局，完善经营管理体制和服务功能，促进我国物流园区健康有序发展，为经济社会发展提供物流服务保障。

3. 冷链物流园区发展的基本原则

（1）科学规划，合理布局。根据国家重点产业布局和区域发展战略，立足经济发展水平和实际物流需求，依托区位交通优势，符合城市总体规划和土地利用总体规划，注重与行业规划相衔接，科学规划、合理布局物流园区，避免盲目投资和重复建设。

（2）整合资源，集约发展。优先整合利用现有物流设施资源，充分发挥存量物流设施的功能。按照规模适度、用地节约的原则，制定物流园区规划、建设标准，合理确定物流园区规模，促进物流园区集约发展，吸引企业向园区集聚。

（3）完善功能，提升服务。促进物流园区设施建设配套衔接，完善物流园区的基本服务功能。注重运用现代物流和供应链管理理念，创新运营管理机制，拓展增值服务，提升物流园区的运作和服务水平。

（4）市场运作，政府监管。充分发挥市场机制的作用，坚持投资主体多元化、经营管理企业化、运作方式市场化。积极发挥政府的规划、协调作用，规范物流园区建设管理制度，制定和完善支持物流园区发展的各项政策，推动物流园区有序建设、健康发展。

10.2.6 冷链产业集群的发展战略规划

1. 推动冷链物流园区资源整合

打破地区和行业界限，充分整合现有物流园区及物流基础设施，提高设施、土地等资源利用效率。一是整合需求不足和同质化竞争明显的物流园区。引导需求不足的园区转

型,对于同质化竞争明显的园区,通过明确功能定位和分工,推动整合升级。二是整合依托交通枢纽建设的物流园区。加强枢纽规划之间的衔接,统筹铁路、公路、水运、民航等多种交通运输枢纽和周边的物流园区建设,大力发展多式联运,形成综合交通枢纽,促进多种运输方式之间的顺畅衔接和高效中转。三是整合分散的物流设施资源。发挥物流园区设施集约和统一管理的优势,引导分散、自用的各类工业和商业仓储配送资源向物流园区集聚,有效整合制造业分离外包的物流设施资源。大力推广共同配送、集中配送等先进配送组织模式,为第三方物流服务企业搭建基础平台。

2. 合理布局冷链物流园区

物流园区布局城市应综合考虑本区域的物流需求规模及增长潜力,并结合现有物流园区布局情况及设施能力,合理规划本地区物流园区。现有设施能力不足的地区,应基于当地产业结构和区位条件及选址要求,布局新建规模适当、功能完善的物流园区,充分发挥园区的集聚效应和辐射带动作用,服务当地经济发展和产业转型升级。

3. 加强冷链物流园区基础设施建设

优化物流园区所在地区控制性详细规划,加强物流园区详细规划编制工作,科学指导园区水、电、路、通信等设施建设,强化与城市道路、交通枢纽的衔接。大力推进园区铁水联运、公铁联运、公水联运、空地联运等多式联运设施建设,注重引入铁路专用线,完善物流园区的公路、铁路周边通道。提高仓储、中转设施建设水平,改造装卸搬运、调度指挥等配套设备,统一铁路、公路、水运、民航各种运输方式一体化运输相关基础设施和运输装备的标准。推广甩挂运输方式、集装技术和托盘化单元装载技术。推广使用自动识别、电子数据交换、可视化、货物跟踪、智能交通、物联网等先进技术的物流设施和装备。

4. 推动冷链物流园区信息化建设

加强物流园区信息基础设施建设,整合物流园区现有信息资源,提升物流园区信息服务能力。研究制定统一的物流信息平台接口规范,建立物流园区的信息采集、交换和共享机制,促进入驻企业、园区管理和服务机构、相关政府部门之间信息互联互通和有序交换,创新园区管理和服务。

5. 完善冷链物流园区服务功能

结合货运枢纽、生产服务、商贸服务、口岸服务和综合服务等不同类型物流园区的特点,有针对性地提升服务功能,为入驻企业提供专业化服务。鼓励园区在具备仓储、运输、配送、转运、货运代理、加工等基本物流服务以及物业、停车、维修、加油等配套服务的基础上,进一步提供市场监督管理、税务、报关、报检等政务服务和供应链设计、管理咨询、金融、保险、贸易会展、法律等商务服务。

6. 聚集和培育冷链物流企业

充分发挥物流园区的设施优势和集聚效应,引导物流企业向园区集中,实现园区内企业的功能互补和资源共享,提高物流组织效率。优化园区服务环境,培育物流企业,打造以园区物流企业为龙头的产业链,提升冷链物流企业的核心竞争力。支持运输企业向综合物流服务商和全球物流经营人转变。按照提升重点行业物流企业专业配套能力的要求,有针对性地发展专业型的冷链物流园区,为诸如水果蔬菜、肉禽蛋、海产品、水产品、保鲜食品等农产品大类的冷链物流集聚发展创造有利条件。

 10-2

天津拟建中国北方冷链物流基地 服务京津冀及"一带一路"建设

2018年4月14日,从天津市商务委获悉,依据天津市规划,天津到2025年将基本建成"全链条、网络化、严标准、可追溯、新模式、高效率"服务京津冀的现代冷链物流体系,初步建成中国北方冷链物流基地。

官方透露,截至2017年7月,天津市冷库容量位居全国第五,人均冷库保有量位居全国第二,冷链物流标准化居全国前列。

目前,由天津市商务委编制的《天津市冷链物流发展规划(2018—2025年)》已正式发布。根据天津市冷链物流现有基础,该市将规划建成"一基地、一中心、三走廊、七通道、多节点"的冷链物流网络。

其中,天津市将以滨海新区的东疆、北疆港区和中心渔港为基础,建成中国北方国际冷链物流基地,形成贸易、储运、加工、分拨、配送、金融支持和冷链装备制造的基地。借助天津自贸试验区优势,集成水海、肉类等产品的市场价格、动态交易信息、商品展示、仓储、配送、查验等功能,建设环渤海国际冻品交易中心。

同时,沿京津走廊、津保走廊和以天津自贸试验区为核心向两翼拓展的沿海走廊,规划布局与建设发展相关的冷链物流产业,形成三条冷链物流发展带。

按照规划,到2025年,天津市农产品冷链物流和医药冷链物流水平都位居全国前列,初步建成中国北方冷链物流基地、环渤海地区的国际冻品交易中心、高效配置全球冻品资源的东北亚枢纽,以及"一带一路"建设重要的冷链物流核心。

资料来源:物流园区专家.https://mp.weixin.qq.com/s/yZ7lJ-u3c61a2hpToh8yQA,有改动

10.3 冷链物流园区战略实施

10.3.1 冷链物流园区综合业务发展目标的确立

实施冷链物流园区战略,首要工作就是确定园区内综合业务发展目标,为园区的总体发展提供指南,随着现代化冷链作业的发展,物流园区的发展目标主要有以下五个方面。

1. 网络化:物流园区发展的基本要求

物流园区的网络化是物流园区实现整体发展的基本要求和目标,网络化建设主要集中在两个方面:一是物流园区关键点的选择,有效发挥关键点的辐射作用,为园区内入驻企业提供综合化服务;二是关注整个物流园区内部的产业资源整合,最终形成一个产业化网络布局,改变原始物流园区点状分布、点状运营、信息孤岛的发展特点。

2. 综合化:物流园区功能的完善需要

物流园区作为物流中心或配送中心集中布局的场所,是多种物流设施和不同类型物

流企业在空间上集中布局的场所，成为具有一定规模和综合服务功能的物流集结点。物流园区的综合化具体体现在物流园区物流功能、服务功能、运行管理体系等多方面的综合，充分体现物流园区现代化、多功能、社会化、大规模的特点。

3. 集聚化：实现物流园区的规模化效益

物流园区的集聚化旨在推进物流集群化发展，加快物流产业规模化。其实现主要以重大项目为载体，加快中小物流园区建设，以打造建设"千万平方米"物流园区为发展建设目标，同时，引进国际或国内高水平的规划团队，编制物流中心规划，获取物流园区规模化效益。

4. 专业化：物流园区发展新趋势

在客户重大需求发生改变的形势下，物流园区专业化服务的提升将成为未来重点发展方向。服务综合成本更低、配送效率更高、更加贴近客户需求的要求将推动物流园区向更专业化领域渗透，园区内部服务一体化和便捷化必将成为园区发展的新方向。

5. 平台化：物流园区功能的多样性

物流园区的平台化主要指信息平台的建设，园区内部可以进行各种数据的采集、整理、传输、储存、统计和分析，实现物流信息资源共享，充分调用园区的优势，高速传递信息，合理调度车辆，为车主和货主提供有效的信息，快速交易，以提高配货效率和节约成本。

10.3.2 冷链物流园区的业务发展与市场计划制订

1. 冷链物流园区的业务发展计划制订

冷链物流园区的业务发展计划制订，要以客户需求为导向，以提高物流企业的运营效率为重点，以土地资源的集约利用为目标，以物流基础设施的整合建设为导向，按照科学规划、合理布局、整合资源、集约发展的建设原则，实现物流园区的健康有序发展，从而为经济社会的良好发展提供物流服务保障。

2. 冷链物流园区的地产招商与商户入驻计划制订

（1）扩大招商范围，由传统对现有城区已有经营户招商转为重点发展外围、发展外市、发展全国知名物流企业，进而形成市场名牌效应与集群效应后，带动本区域市场招商。

（2）参照较为成熟的冷链物流园的实践经验，以仓储为主导产业，以可带动人流的专线物流市场、酒店为辅助产业，确定综合型商贸物流中心的市场定位。

10.3.3 冷链物流园区项目的内部规划与建设

1. 冷链物流园区项目的内部规划

冷链物流园区项目的内部规划与外部的道路、桥梁、站场网络，与高速公路、城市环路、国道主干线、铁路、机场等要有方便的接口，按照规划面积的要求规划道路；设计和安装明确的交通标志；必须实现铺设完善的宽带电信网络；按照规划面积的要求规划绿地；给水、排水、电力、供热、燃气、环保、防灾、安全保卫等网络设施一次总体规划，统一施工。

2. 冷链物流园区项目的建设

冷链物流园区项目的建设主要包括轻钢结构仓库、普通平房库、露天仓库、集装箱堆场、停车场、冷藏库、冷冻库、危险品仓库等物流基础设施。建设完善的辅助及配套设施，如停车场、加油站、洗车、汽车修理以及生活、办公、商品展示等设施，同时设立邮政、快递、银行、保险、税务、质检等的营业机构。此外，冷链物流园区项目建设还应注意以下两点。

（1）冷链物流园区项目的自动化装备。园区项目使用自动化的装卸、搬运、传送和分拣设备、标准托盘、高架立体仓库、巷道堆垛机、计算机控制系统、数字识别系统、EDI（电子数据交换）系统、全球卫星定位系统、地理信息系统等，目的是要建设成工业化、数字化的物流园区项目。

（2）冷链物流园区项目需要建立公共信息平台。先进的指挥调度与监控系统和公共物流信息网络平台，有利于建立物流资源网、设立平台物流运价指数、建立物流资源招投标与拍卖系统，从而促进物流园区的发展。

10.3.4 招商技能培训、资料制作、政策制定及渠道确立

1. 招商技能培训

招商技能是实现物流园区盈利的重要步骤，也是实现物流园区理想业种组合的前提。所以必须确立一个明确的招商思路，贯穿始终。筹备初期，应着重项目整体形象宣传，再针对商家宣传商场经营理念、功能规划、经营优势和投资前景。

（1）明确销售与招商的关系。招商与销售的紧密互动，一方面可以保障项目未来的良性发展和经营；另一方面也可以通过知名品牌企业的招商成功带动销售，将商铺推向市场，又可以保证资金链顺畅，实现合适利润最大化。

（2）因时利势，因势利导。前期对租赁模式和招商模式不做固定而是做最优准备和多方面选择，全面了解、掌控、收集重点目标客户信息加以整理，在后期根据实际情况再做最终决定。

（3）形象先行，造市先造势。先塑造区域化和高端化的市场形象差异，引起市场高度关注，通过政府、媒介和形象三方面的造势，以求达到树立市场形象标杆和引领市场升级换代的目的，进而引起区域业内轰动。

（4）严格把关，先紧后松。商家经营能力直接影响项目的生命力，不加以甄别而使大量辐射区域小、经营能力不强商家进驻，不仅难以保证项目经营收益实现，一旦被市场淘汰，势必使整个项目陷入困境。

（5）"放水养鱼"。商场经营具有长期性特点，采用合理租金与优质服务，先将整个市场造旺，然后根据运营状态，适当稳步地调整租金，让经营商家看到本项目的发展前景是大有空间的。这样，开发商与商户才能一同成长，实现共赢。"放水养鱼"的原则就是商家"先做人气，再做生意"的战略体现。

2. 招商资料制作

1）现场物资准备

① 效果图（项目主体及分析剖面）；②招商手册（包括项目简介及各项目内部结构及

功能图);③招商单页;④现场 VI(印有园区视觉识别系统的手提袋、便笺纸、水杯、小礼品等);⑤招商细则(商户准入标准、条件及其他规则);⑥招商流程;⑦招商合同(租赁意向书、委托书、登记表、相关协议等);⑧商业管理守则;⑨工作人员工作牌。

2) 相关文件准备

① 土地使用权证;②建设用地规划许可证;③建设工程规划许可证;④开工许可证;⑤租赁资格许可证;⑥产权清晰,无抵押、债权、债务关系。

3. 招商政策制定

任何新兴冷链物流园区开业,并逐步达到合理的租金水平,均需要一定的时间来进行培育,培育时间的长短根据市场所处的位置、商业环境、竞争环境等的不同而有所差异。若不给予市场一定的培育期,一步到位地直接以理想的租金对商户招商,对市场而言无异于"杀鸡取卵",但由于商户经营成本过大造成装修投入不足及经营模式太小,难以形成良好的购物环境,加之市场人气、客源短期内难以形成,市场不温不火,老商户不愿支撑、新商户不敢进场,造成恶性循环。为此,我们提出"放水养鱼"的招商政策,从以下三个方面对市场进行培育。

(1) 合理的业态规则。有选择性地引入有一定经营能力的多样化的业态商家。

(2) 租金优惠及免租期。开业前1~2年给予商户不同程度的租金优惠,同时对签订长期租赁合同的商户提供一定的免租期。

(3) 后期市场的经营管理。俗话说"甩手掌柜不成事",我们不仅要把商户招进来,还要让商户"进得来、有发展、赚到钱",市场的后期经营管理也是商户十分关心的问题,市场的经营管理不仅需要专业的人才,还需要一定的宣传推广费用的投入。培育市场期间,应预留出一定份额的资金,帮助进场商户进行宣传推广,如有能力,可以组建一支队伍,帮助进场企业进行业务拓展。

4. 招商渠道确立

招商渠道是指产品进入市场的渠道,应用到物流园区就是保证物流园区最大限度地被市场了解和认可,从而在市场占据一席之地。物流园区的招商渠道有以下几种。

(1) 利用招商人员对现有物流和配送点进行摸排、调研,发送 DM 单和宣传手册,因为招商人员最清楚客户的意向,可利用他们宣传市场定位、优惠政策和未来发展深挖本地客源。

(2) 联系地区内的主要物流公司和配货中心,发布招商信息,吸引有实力的物流公司和配货中心入驻园区,收发落地货。

(3) 开展本地物流招商洽谈会议,举行各类招商活动。

10.3.5 商业运作模式规划设计

根据国内外与冷链物流园区功能相同或相当的物流基础设施开发建设的经验,同时分析我国现有冷链物流园区商业运作模式可知,我国经济中心城市物流园区在商业运作模式上可能的选择有四种,即经济开发区模式、主体企业引导模式、冷链物流地产商模式和综合运作模式。

1. 经济开发区模式

经济中心城市物流园区的经济开发区模式,从发展政策的角度来看,应是在特定的开发规划、开发政策和设立专门的开发部门的组织下进行的经济开发项目。由于物流园区具有物流组织管理功能和经济开发功能的双重特性,因此,建立在经济开发区模式基础上的物流园区建设项目,实际上就是在新的经济发展背景下的全新的经济开发区项目,而且以现代物流的发展特点、趋势和周期经济发展中的地位与作用,物流园区无疑是构筑高效率和转变经济增长方式与增长质量的新的经济发展体系的重要组成部分。这实际上是一种政府出资扶持,企业兴建、运营管理的模式。这种模式是政府负责物流园区规划,政府财政拿出一部分资金用于物流园区重大基础设施建设,而园区的其他配套建设及经营和管理则完全由企业来完成,政府所扮演的只是物流园区建设投资者的角色,并不参与园区经营。园区的日常经营活动及各项管理都由企业来完成。这种模式比较适合我国现阶段的国情,我国目前的许多物流园区都采取了这种模式。以此模式进行的物流园区开发,实际上是建立在复合产业概念下的"物流经济开发区"。经济开发区模式的显著优势在于将整个规划中的物流园区紧密地定位在一个现代化的物流园区的概念上,整个物流园区是在具有现代化物流理念的专业物流企业以及物流企业团体以现代物流为主要经济发展立足点的服务园区,所以整个物流园区具有高度的整体性与物流业务经营的专业性。由于近几年经济开发区贪大求洋地盲目发展以及其开发效率的下降,国家对经济发展潜力和前景不明确的一些经济开发区项目的控制较为严格,如何使开发区健康发展已成为经济发展进程中必须解决的问题之一,而物流园区将物流自身的发展前景和对工业、商业经济的有力支持紧密结合,将有可能成为既有经济类开发区和物流与产业经济结合的新的经济开发区的发展方向。因此,物流园区的经济开发区模式要求开发者按照现代物流的特点和发展规律要求,在充分总结既有经济类开发区项目建设和发展经验的基础上,通过导入现代物流的理念,创新运作方式和管理制度,达到为经济中心城市寻求新的经济增长点和带动区域经济发展的目的,实现发展物流和发展经济的双重目标。但是,这种经济开发区模式通常是由政府主导规划建设和管理的,在我国现有的经济体制模式下,我国物流园区的规划建设政府必须支持,但政府不能包办。政府包办往往会带来事与愿违的结果,因为,政府在建成物流园区后还要靠入驻物流园区的物流企业去经营运作,经营成功与否,关键在于该物流园区是否按现代物流发展需求以及是否符合物流需求市场的规律来管理、经营和运作,同时,由政府包办较易产生"规划与需求难以统一"和"公益性与营利性"的矛盾,即客户希望通过物流园区内物流服务来降低成本,而物流园区内的物流企业则希望通过入驻物流园区获得尽可能高的利润,两者间的利益矛盾是必然的。入驻物流园区的现代物流企业,追求的并非公益性的社会和环境效益而是企业利润。因此,采用此类开发模式时,政府的角色定位非常重要,政府应当避免过多的行政干预,为入驻物流园区的各类企业提供一个公开、公平和公正的竞争平台。

2. 主体企业引导模式

从市场经济发展的角度,从物流资源和产业资源合理有效配置的角度,利用物流技术进行企业经营和企业供应链中具有优势的企业,由其率先在园区内开发和发展,并在宏观政策的合理引导下,逐步实现在园区范围内的物流产业的聚集和依托物流环境引进或吸引工商企业在园区所在区域进行发展,达到物流园区开发和建设的目的,这就是主体企业引导下的物流园区开发模式。这实际上是一种多元投资、企业化运作模式,这种模式是市场化程度较高的地区或经济较为发达地区所能采用的一种较好的模式。物流园区的开发建设完全是企业行为,吸纳各方面投资,无论是国有、集体还是民营、私有还是上市公司、社会个人都可以投资,成立园区开发建设股份有限公司,负责园区开发建设,并负责园区经营管理或成立专门的园区运营股份有限公司来负责经营。

主体企业引导的物流园区开发模式,要求在城市经济管理体制和管理机制等方面作出较大的改革与创新,要求能从经济中心城市发展和区域经济发展的战略高度,培育物流园区发展所需要的具有很强实力的工商企业和物流企业以及良好的物流市场经营环境,否则,这种主体企业引导模式将很难实现。

主体企业引导模式使得整个物流园区由一个主导企业或企业协作团体来规划,无疑在整体的功能定位与统筹方面较前一种模式好,不会造成整个园区功能上的单一与重合,同时在这个单一功能上过分竞争的局面,整个前期规划、开发建设过程、营运过程具有企业的有效性优势,较能适应物流市场的需求规律。单独的一个企业或企业团体能够在整体规划、功能定位与最后实现等诸多方面具有政府规划无法具备的洞察力与实际效率。但是同时也产生了一个更值得探讨的问题:这个从规划开发到建设、营运都占主导地位的企业或企业协作团体可能会凭借自身的先入优势过分限制后入园区的物流相关企业的发展。我国物流园区的开发和建设,目的在于建立一个良好的物流运作与管理环境,为工商企业降低物流成本创造良好的条件,为物流企业创造一个公平竞争的环境,而物流园区建设自身不是为了某个企业或企业团体的盈利,政府之所以对于物流园区投入如此大的热情并给予如此大的优惠政策,也正是着眼于物流园区发展中形成的整体经济规模的扩大和整个城市经济运作效率与效益的提高,从而从整体上提高涉及物流领域流通环节的企业竞争力且从整体上培植我国自己的有一定专业素质和行业竞争力的物流企业,以便应付将来物流行业正式对外开放后我国整体物流行业面临的巨大竞争压力,同时也从各个侧面提高作为一个有机整体的城市的综合竞争力。因此,为了避免先入企业或企业团体的垄断行为,政府应为符合入驻物流园区条件的各类物流企业进驻物流园区创造一个相对宽松的环境。

3. 冷链物流地产商模式

冷链物流地产是指房地产开发商及投资商专门投资开发冷链物流设施,如冷链物流园区、冷链物流中心、冷链配送中心和冷链物流仓储设施等。冷链物流地产商开发以后一般不自营物流,而是出租给物流公司运作。物流地产商目前既有国外投资商,也有国内投资商,它们的优势是有资金,熟悉供应链。冷链物流园区开发的物流地产商模式,是指将冷链物流园区作为物流地产项目,政府给予开发园区的物流地产商适宜的项目开发土地政策、税收政策和优惠的市政配套等综合性配套政策,由物流地产商主持进行物流园区的道路、仓库和其他物流基础设施及基础性装备的建设与投资,然后以租赁、转让等方式进行物流园区相关设施的经营和管理。目前,经济发达国家,如澳大利亚、美国、德国等均有此种开发模式的范例。例如,总部位于美国科罗拉多州丹佛市的普洛斯公司就是专注于物流地产租赁服务的一家物流地产商,它的经营模式是在全球投资建设优质高效的物流仓储设施,租赁给客户并为其提供物流管理服务,但不参与客户的日常业务经营。其实质是一家地产开发商而非物流公司,其收益来源于物流设施租金与管理费。之所以会出现物流园区的物流地产商开发模式,其理论基础是物流园区的开发和建设,目的在于建立良好的物流运作与管理环境,为工商企业以及物流经营企业创造提高物流效率和降低物流成本的条件,园区建设自身更注重社会效益和环境效益,城市及政府的收益主要来自整体经济规模的扩大和经济效率与效益的提高。物流园区采用物流地产商开发模式要求政府确立物流业对国民经济的贡献,同时,管理部门具有较强的宏观基础支持地位,并在土地和建设投资上给予资助调控与较为高效的工作效率以及良好的经济管理与运行制度体系做保障;物流地产商要求具有较强的投资能力和融资能力,保证按照政府对物流园区的规划进行开发和建设。

冷链物流地产商模式,从某种程度上说是前面两种开发模式的优势综合,融合了政府参与物流园区开发的思想,特别是对于主体企业开发模式的不足之处,提出了很好的针对性解决方法,即由政府来为园区开发者提供土地政策、税收政策和优惠的市政配套等综合性配套政策,由物流地产商来主持进行包括物流园区的道路、仓库和其他物流基础设施及基础性装备的建设与投资,而不是由一个有相对物流竞争优势的大型物流相关企业根据企业自身的扩张需要来规划和构建自己的大规模仓储中心、配送中心,从而达到行业垄断的目的。在整个物流园区基础建设前期开发结束后,同时也针对有入驻需求的企业各自需要进行综合的规划。最后入驻园区的所有企业都站在同一竞争的起跑线上,同时又有一定的专业分工和适当的专业竞争。这样,事实上就限制了主体企业开发模式中一个先进入物流园区开发的主导企业或企业协作团体对整个物流园区的行业垄断性控制。

4. 综合运作模式

冷链物流园区项目一般具有较大的建设规模和涉及经营范围较广的特点,既要求在土地、税收等政策上的有力支持,也需要在投资方面能跟上开发建设的步伐,还要求具备园区的经营运作能力。因此,单纯采用上述一种开发模式,往往很难达到使园区建设顺利推进的目的,政府在现代物流园区内的规划、开发、营运、管理中的参与程度正在加大。政府不但立足于整个物流产业的发展,提高产业整体竞争实力和城市整体竞争力,还要扮演好一个实在的园区的统筹规划建设者的角色,扮演好一个维护进入物流园区的多方利益的协调人角色。综合运作模式是指对上述的经济开发区模式、主体企业引导模式和冷链物流地产商模式进行混合运用的物流园区开发模式。鉴于各种开发模式均有相应的开发制度及运作机制,采用综合开发模式对园区整体制度的设计和建设期的管理要求较高,而且,还会带来相关政策的协调问题,以及对物流园区开发建设的承担者的综合能力提出了较大的挑战。所以,即使采用综合开发模式,也往往会以一种模式为主,而对物流园区的一些特殊开发项目,有选择地辅助其他开发模式,以保证物流园区建设的顺利进行。

10.3.6 冷链物流园区综合服务的营销策划方案实施

冷链物流园区综合服务可以使生产经营企业集中精力搞好主业,把原来属于自己处理的物流活动，委托给专业冷链物流园区服务企业，通过信息系统与物流服务企业保持密切联系，以达到对物流全程的管理和控制。不仅能够提供冷藏运输、冷藏仓储、冷藏加工等服务，还能为冷链物流需求方提供高效率和完备的冷链物流解决方案，实现冷链物流的全程监控，具备整合冷链物流供应链的能力。

冷链物流园区综合服务通过整合冷链物流资源，形成规模效应，形成独立完整的现代冷链物流链，提升冷链物流核心企业的系统运筹能力和竞争力，实现冷链物流园区规模化和网络化，以满足冷链物流市场发展的需要；冷链物流园区还可以通过纵向整合供、销商客户资源，横向水平一体化地整合冷链物流企业各自的专长和优势资源，为客户提供一站式或一体化的综合物流服务，从而实现整合效应，推动冷链物流业的发展。因此，冷链物流园区的综合服务营销策划方案实施如下。

1. 设计规划冷链物流园区综合服务营销战略和指导思想

1）冷链物流园区综合服务营销的战略

(1) 园区服务产品市场细分。

(2) 寻找市场机会。

(3) 确定服务产品的目标市场。

(4) 综合服务产品的市场定位。

2）冷链物流园区综合服务营销的指导思想

(1) 综合服务营销的理念设计。

(2) 综合服务营销的战略思路。

2. 冷链物流园区综合服务产品营销策略

(1) 综合服务产品策略。

(2) 综合服务价格策略。

(3) 综合服务品牌策略。

(4) 综合服务促销策略。

(5) 综合服务有形展示策略。

(6) 综合服务提供的流程及人员策略。

3. 市场推广计划实施

(1) 制定开业筹备时间表、开业及活动预算。

(2) 策划宣传推广活动。

(3) 制定一年间推广活动时间表。

(4) 建立商户档案系统。

(5) 协调当地有关领导单位及推广部，以推动开业宣传，提升知名度与影响力。

4. 市场监督管理、税务及保险等"一站式"综合服务

冷链物流园区整体装修完毕达到入驻条件后，在开业前，安排两三天时间，邀请市场监督管理、税务等有关职能部门在现场集中统一办理客户运营所需手续，并争取享受一定的税费减免，为冷链物流园区能在计划时间顺利开业提供有利条件。

应用案例分析

新疆广汇汇领鲜冷链物流基地

广汇旗下冷链物流,立足"一带一路"核心区域优势,以前瞻眼光稳步推进传统物流向现代物流转型,构建智慧冷链物流服务平台。乌鲁木齐北站汇领鲜综合物流基地,采用国际先进的冷藏技术和智慧化管理运营模式,依托广汇集团在区域内丰富的线下资源,打造功能完善的智慧化城市生鲜配送平台。

未来,广汇物流将在疆内主要农畜产品产地进行冷链布局,完善冷链物流配送体系,充分发挥冷链技术优势,降低损耗,延长销售周期,实现新疆优质农畜果产品高品质"走出去",最大限度地挖掘新疆优质农畜果产品附加价值,帮助产地农户增产增收,实现企业效益和社会效益的双提升;同时,利用"汇领鲜"智慧化物流平台实现中亚、西亚及南亚等国外特色冷链产品"引进来",更好地服务"一带一路"建设,加快冷链物流产业化发展,打造全疆第一、国内领先的高品质综合物流平台。

汇领鲜冷链物流基地于2019年9月投入运营,项目将打破传统市场定义,以现代化物流综合服务平台呈现。汇领鲜北站项目作为广汇集团冷链物流行业的支点,向供应链金融、综合贸易服务平台这个新趋势逐步发展。

一、建设规模

汇领鲜冷链物流基地位于北站东路和北站一路交叉口,西临规划路,北临北站二路,南临盐湖路。

总用地面积为198 987.7平方米,现场呈南高北低,交易中心以双首层形式呈现。该项目进行统一规划,分期建设。其中,交易中心总面积42 938.9平方米,共500间商铺;冷库设计容量13.5万吨。

二、交通分析

距离乌鲁木齐北站仅1.5千米,北侧距地窝堡国际机场3千米,东侧与城市西环北路连接,西侧与连霍高速连接,距离乌奎高速入口仅5千米。场地内部有铁路专线,年吞吐量562吨。

汇领鲜物流基地形成了以公路运输为主导,结合铁路、航空的多维立体物流系统,用地区位优势明显,交通位置极佳。

汇领鲜冷链物流基地业态规划及商铺布局以完善现有市场品类结构、优化冷链市场购物环境和服务提升为依据,为品牌合作商户提供更高品质的服务平台,为消费者营造更舒适的购物环境,打造环境一流、品质保证、服务贴心、实力雄厚的"一站式"冷链交易市场。

汇领鲜冷链物流基地采用国际先进的制冷技术和设备,规范化的园区管理,同时设立了中央厨房、食品检验中心、生鲜加工中心等配套设施,满足商户和消费者需求的同时,优化了现有市场的行业标准,为新疆冷链行业良性发展起到领先作用。

三、三大业务板块

汇领鲜冷链物流基地的三大业务板块如图10-1所示。

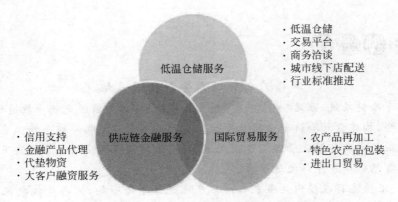

图 10-1　汇领鲜冷链物流基地的三大业务板块

四、五大功能中心

汇领鲜冷链物流基地的五大功能中心如图 10-2 所示。

图 10-2　汇领鲜冷链物流基地的五大功能中心

资料来源：乌鲁木齐汇领鲜．https://mp.weixin.qq.com/s/Y7B2dyXrGlMmN-r-yilYVA，有改动

思考并回答：

1. 新疆广汇汇领鲜冷链物流基地，与国内外的冷链物流园区相比主要在哪些方面有所不同？如何体现其独特的区位优势？

2. 分别分析新疆广汇汇领鲜冷链物流基地的三大业务板块和五大功能中心的优势和不足。

【本章小结】

冷链物流园区的含义：物流园区是指在物流作业集中的地区，利用多种运输方式，将多种物流设施和不同类型的物流企业在空间上集中布局的场所，也是一个有一定规模的和具有多种服务功能的物流企业的集结点。而冷链物流园区要求所使用的各种物流设施设备为冷藏、冷冻设备。

冷链物流园区内部资源：物流园区在提供产品或服务的过程中能够实现企业运营战

略目标的各种要素组合。

冷链物流园区外部资源：对于物流园区规划、建设及发展产生深远影响的园区外部环境。我国物流园区规划的外部环境主要包括经济环境、区位环境、客户及需求环境、政策环境等。

物流园区综合功能区规划设计步骤：客户需求与系统分析→细分市场，划分功能类型→进行功能定位和功能区域规划→对规划方案进行评价。

第 10 章习题

第 11 章

冷链物流标准化管理

11.1　冷链物流标准化管理概述
11.2　冷链储运的标准化管理
11.3　冷链加工与包装的标准化管理
11.4　冷链配送的标准化管理
11.5　冷链物流行业及组织的标准化管理

【本章导航】

本章主要介绍冷链运输、冷库与仓储、冷链加工与包装、冷链配送与冷链物流行业及组织等的标准化管理。

京津冀冷链物流标准出台

为贯彻落实《京津冀协同发展规划纲要》《环首都1小时鲜活农产品流通圈规划》等要求,天津市商务委员会、天津市市场和质量监督管理委员会,联合北京市商务委员会、河北省商务厅、北京市质量技术监督局、河北省质量技术监督局共同组织制定8项京津冀冷链物流区域协同地方标准,2018年4月12日京津冀三地共同发布,6月1日在京津冀区域内实施。

据悉,为配合京津冀冷链物流区域协同标准的贯彻实施,天津市商务委编制了《天津市冷链物流发展规划(2018—2025年)》,提出到2025年,天津基本建成"全链条、网络化、严标准、可追溯、新模式、高效率"服务京津冀的现代冷链物流体系,使农产品冷链物流和医药冷链物流水平都位居全国前列,初步建成中国北方冷链物流基地、环渤海地区的国际冻品交易中心、高效配置全球冻品资源的东北亚枢纽,以及"一带一路"重要的冷链物流核心,助推京津冀区域发展。

据悉,京津冀冷链物流区域协同标准围绕建设环首都一小时农产品流通圈等要求而制定,其中,《冷链物流冷　库技术规范》主要对冷库的设计、辅助设备、温控系统、安全管理和运行维护进行了规范;《冷链物流　运输车辆设备要求》主要对车厢性能、车辆装备、车体标志和运输作业进行了规范;《冷链物流　温湿度要求与测量方法》主要对冷链物流温湿度环境要求、测量方法和测量位置进行了规范;《畜禽肉冷链物流操作规程》《果蔬冷链物流操作规程》《水产品冷链物流操作规程》三个操作规程主要对畜禽肉、果蔬、水产品从包装、储存、运输到展售全过程进行了规范;《低温食品储运温控技术要求》主要对信息技术、温控技术进行了规范;《低温食品冷链物流履历追溯管理规范》主要对低温食品冷链物流的履历体系建设、履历信息、履历记录和履历保存进行了规范。这8项标准是在天津市已实施的地方标准的基础上,结合北京市、河北省实际情况进行修改完善的,是国内首批冷链物流储、运、销一体化系列标准,体现了新的理念,具有超前性和可操作性,将对冷链物流规范化、标准化发展起到重要作用。

资料来源:中国质量新闻网. https://mp.weixin.qq.com/s/YVbwBN4J_9l9nsZ327GkJQ,有改动

11.1 冷链物流标准化管理概述

近年来,随着人们生活水平的日益提高,人们对冷冻冷藏食品的消费越来越多,对冷冻冷藏食品的需求越来越大,加之生鲜电商平台如雨后春笋般快速增长,对冷链物流行业的发展起到了推波助澜的作用,因此冷链物流市场潜力巨大。但在食品冷链的运作管理过程中,存在冷链标准缺失与缺位的状况,冷链管理规范存在诸多问题,迫切需要制定农产品和食品冷链物流的相关标准,以及促进冷链技术与管理标准化体系的建立和完善。

11.1.1 冷链物流标准化的含义及标准化体系

1. 冷链物流标准化的含义

冷链物流标准化是指将冷链物流看作一个综合性的系统,制定系统内部设施装备、专用工具等的技术标准,包装、仓储、装卸、运输等各类作业标准,以及作为现代冷链物流突出特征的物流信息标准,形成全国以及和国际接轨的标准化体系,并在行业内推广实施。

具体的标准包括冷链系统的各类基础设施的技术标准(如仓库布局、规格标准)、移动设备的技术标准(如拖车载重量、叉车型号标准)、冷链单位标准化、冷链术语统一、冷链包装尺寸标准化、应用条码标准化以及服务和管理的标准化等。

2. 冷链物流标准化体系的基本内容[①]

(1) 通用规范。通用规范即规定食品生产经营过程各环节的一般原则性卫生要求,侧重通用性,是制定各产品专项规范的基础和依据。如《食品生产通用卫生规范》《食品经营过程卫生规范》和《餐饮服务通用卫生规范》等。

(2) 专项规范。专项规范或称单项规范,是在通用规范的基础上,根据某类食品及其原料、工艺、储存与运输条件等生产经营特点和产品标准,针对该类食品生产经营过程中可能存在的污染风险及其控制要求而制定的除共性要求以外的特殊性要求,如《熟肉制品生产卫生规范》等。

(3) 指导原则。指导原则是在通用规范或专项规范的基础上,参照近年来国内各部委先后颁发的标准,以及国际食品法典委员会各类指导性文件,针对食品生产经营过程中某一特定的污染因素或食品安全问题而制定的具有指导性质的文件,如《食品生产过程中

---

① 李学工,张媛. 我国农产品冷链物流标准化体系的重构[J]. 标准科学,2015(7):48-53.

铅污染控制导则》等。

就冷链物流标准化体系的基本内涵而言,该体系主要包括由冷链物流基础标准、要素标准(涵盖运输、冷藏/冻、装卸搬运、流通加工、包装及配送等标准)、技术标准、信息标准、管理标准、服务标准及专业人员技能标准七个方面构成的完整的冷链物流标准化体系。

11.1.2 冷链物流标准化管理的内涵

冷链物流标准化管理就是建立全面的农产品和食品管理体系,针对冷链物流企业具体经营管理的不同环境、环节及阶段设置专门的管理流程,采取必要的规范与防范措施,以高效率地将风险降到最低程度,且冷链标准化体系贯穿于整个冷链物流活动的全过程。在现有的冷链物流标准的基础上,通过构建相应的管理体系,根据管理要素、职能要素、环境要素等将管理环节和措施不断固化,对冷链物流管理进行规范,以促进冷链企业开发标准化管理体系,改进现有管理机制。

冷链物流标准化管理,它是在对冷链、冷冻食品、冷藏食品等术语进行科学界定的基础上,按照冷链运作流程,从包装、运输、储存、分拣与配送以及批发与零售每个环节均制定了规范的操作和管理要求。例如,包装环节有对包装材料、包装尺寸、包装标识等要求;运输环节有对运输设备、运输温度等要求;储存环节有对冷库、储存温度、验收卸货、堆码等要求;分拣与配送有对配送场地、配送车辆、分拣场地等要求;批发与零售有对陈列设备、温度等要求。总之,冷链物流标准化管理是对冷链物流活动全程的规范与标准进行组织、协调、实施及控制的过程,并不断制定、修订及完善冷链管理制度的管理行为。

11.1.3 冷链物流标准化体系的发展趋势

冷链物流标准化体系是国家政府、行业及其企业组织为促进冷链物流产业健康发展,借助标准化手段规范冷链物流行业运作的政策性文件,一般分为强制性标准和推荐性标准。所以,冷链物流标准适用于农产品/食品生产企业、冷链企业、流通企业等组织,对冷冻、冷藏食品的运输、储存、流通加工、包装、配送和销售等环节操作规范进行管理,是供应链系统中企业间冷链产品交易的参考,更是政府有关监管部门对冷链物流活动及相关企业监管的依据。推广落实标准化体系,使标准真正引导、规范行业发展,在农产品/食品的供给与品质保障方面发挥应有作用,进而促进我国农产品/食品冷链物流的健康发展。

冷链物流标准化体系是构建科学、完整、有序冷链物流体系的基础,它是一个持续渐进的过程。冷链物流标准化体系为政府制定物流行业发展政策及相关法律法规提供理论依据,是合理节约社会资源、保障冷链产品质量安全的重要参考。随着我国经济的持续发展,特别是人们生活水平的日益提高,对农产品/食品安全意识的增强,冷链物流将进入一个重要的转型升级阶段,冷链物流标准化体系必将朝着系统化、完备化、综合化和常态化的方向发展,冷链标准化体系对推进冷链物流行业快速发展、促进冷链物流设备和技术创新、增强冷链物流质量管理、提高冷链物流服务质量、提升冷链物流企业竞争力起着极其重要的作用。

11-1

医药产品冷链物流国家标准开始实施

2018年5月3日下午,《医药产品冷链物流温控设施设备验证 性能确认技术规范》(GB/T 34399—2017)国家标准新闻发布会在北京举行。据悉,本标准规定了医药产品冷链物流涉及的温控仓库、温控车辆、冷藏箱、保温箱及温度监测系统验证性能确认的内容、要求和操作要点等,已经于2018年5月1日正式实施。

全国物流标准化技术委员会常务副主任、中国物流与采购联合会副会长兼秘书长崔忠付、医药物流标准化工作组常务副组长、中物联医药物流分会执行副会长秦玉鸣,北京科园信海医药经营有限公司总经理于锐出席并发表了主题演讲。此外,来自北京科园、中冷(杭州)认证、湖北物资研究所、北京疾控、顺丰医药、盛世华人、上海思博源、安徽中科都菱的部分起草单位代表参与本次发布会。

《医药产品冷链物流温控设施设备验证 性能确认技术规范》国家标准是由全国物流标准化技术委员会提出并归口,由中国物流与采购联合会医药物流分会、北京科园信海医药经营有限公司、中冷(杭州)认证技术有限公司等14家单位共同起草。

长期以来,由于冷链部分的投入大、损耗大,且批发企业缺乏监管和追责压力,中途偷工减料现象较为普遍。据悉,和普通运输的成本相比,冷链运输的成本要高出80%,但冷链物流的利润仅为20%左右。同时,我国医药冷链物流中的温控设施设备费用等均处于较高水平。业内认为,新政加强了行业监管的力度,规范了冷链运输标准,使药品生产企业、流通企业、物流企业开始正视药品冷链物流的质量。

也有人士认为,医药冷链配送的难点在于经历多个物流环节,不同的环节使用不同的运输资源和信息系统,要实现药品流通全程的信息共享和全程温控,势必需要有统一的标准和执行标准的能力,包括医药产品冷链物流涉及的温控仓库、温控车辆、冷藏箱、保温箱及温度监测系统验证性等内容。

此外,自从事第三方药品物流业务不再需要审批后,第三方物流借此进入医药物流行业。例如,早在2016年,顺丰就成立了冷运事业部,对医药冷链和生鲜冷链进行了分离。据悉,未来3年,顺丰将计划打造6~7个医药供应链核心物流中心,实现仓储能力覆盖全国。

随着本标准规定的发布,可以预计的是,在药品冷藏需求以及要求越来越大的背景下,未来医药冷链行业的监管将更为严格,同时医药物流市场之间的竞争也愈加激烈。

资料来源:冷链产业圈. https://mp.weixin.qq.com/s/z6rQZKteHuHcbBmkIineMA,有改动

11.2 冷链储运的标准化管理

11.2.1 冷链运输的标准化

1. 冷链运输的政策、标准情况分析

1) 冷链运输的政策分析

近年来,冷链运输业规划及扶持政策和行业标准频繁出台。国家层面开始从政策、法

规标准角度推动冷链运输转型升级。根据中国物流与采购联合会冷链物流专业委员会(以下简称"中物联冷链委")的数据,我国近年来发布的有关冷链运输的政策如表11-1所示。

表11-1 冷链运输政策汇总

时间	颁发单位	政策名称和内容
2011年	交通部	《道路运输业"十二五"发展规划纲要》
2012年	中共中央、国务院	《中共中央 国务院关于加快推进农业科技创新持续增强农产品供给保障能力的若干意见》
2013年	交通运输部	发布《交通运输部关于交通运输推进物流业健康发展的指导意见》,提出到2020年,基本建成便捷高效、安全绿色的交通运输现代物流服务体系
2013年	国务院	出台《国务院批转发展改革委关于2013年深化经济体制改革重点工作意见的通知》,将冷库用电价格由商业电价调整为工业电价,进一步降低农产品冷链物流成本
2014年	国务院	印发《物流业发展中长期规划(2014—2020年)》,部署加快现代物流业发展,建立和完善现代物流服务体系,提升物流业发展水平
2015年	国务院	《国务院办公厅关于印发国家标准化体系建设发展规划(2016—2020年)的通知》
2016年	国务院	中共中央一号文件中指出要完善跨区域农产品冷链物流体系,开展冷链标准化示范,实施特色农产品产区预冷工程
2016年	国务院	中央一号文件首次提出要加快构建跨区域冷链物流体系
2017年	国务院	《国务院办公厅关于加快发展冷链物流保障食品安全促进消费升级的意见》
2017年	交通部	印发《交通运输部关于加快发展冷链物流保障食品安全促进消费升级的实施意见》,提出加快促进冷链物流健康规范发展,保障鲜活农产品和食品流通安全,支撑产业转型发展和居民消费升级
2019年	国务院	《中华人民共和国道路运输条例》(2019年修正本),规范道路运输经营、道路运输相关业务、国际道路运输、执法监督、法律责任等

2)冷链运输的标准分析

随着国家、社会、行业对冷链运输的重视,冷链运输标准相继出台,如表11-2所示。

表11-2 冷链运输标准文件

标准号	标准名称	标准内容	发布单位	发布日期	实施日期
GB/T 21145—2007	《运输用制冷机组》	本标准规定了运输用制冷机组的术语和定义、型式、技术要求、试验方法、检验规则、标志、包装、运输和储存等;本标准适用于汽车运输用制冷机组,列车和相应的集装箱制冷机组可参考本标准	中华人民共和国国家质量监督检验检疫总局、中国国家标准化管理委员会	2007-11-05	2008-02-01
WB/T 1046—2012	《易腐食品机动车辆冷藏运输要求》	本标准提出了易腐食品机动车辆冷藏运输的技术要求及操作、设备维护要求;本标准适用于易腐食品道路机动车辆冷藏运输活动	中华人民共和国国家发展和改革委员会	2012-03-24	2012-07-01

续表

标准号	标准名称	标准内容	发布单位	发布日期	实施日期
GB/T 28640—2012	《畜禽肉冷链运输管理技术规范》	本标准规定了畜禽肉的冷却冷冻处理、包装及标识、储存、装卸载、运输、节能要求及人员的基本要求；本标准适用于生鲜畜禽肉从运输准备到实现最终消费前的全过程冷链运输管理	中华人民共和国国家质量监督检验检疫总局、中国国家标准化管理委员会	2012-07-31	2012-11-01
GB/T 22918—2008	《易腐食品控温运输技术要求》	本标准规定了易腐食品控温运输的相关术语和定义、运输基本要求、装载要求、运输途中要求、卸货要求和转运接驳要求；本标准适用于易腐食品的公路、铁路、水路及上述各种运输方式的多式联运的运输管理	中华人民共和国国家质量监督检验检疫总局、中国国家标准化管理委员会	2008-12-31	2009-08-01
SB/T 10448—2007	《热带水果和蔬菜包装与运输操作规程》	本标准规定了热带新鲜水果和蔬菜的包装与运输操作方法，目的是使产品在运输和销售过程中能保持其质量	中华人民共和国商务部	2007-12-28	2008-05-01
MH/T 1058—2014	《货物航空冷链运输规范》	涉及鲜活品（如蔬菜、水果；肉、禽、蛋；水产品、花卉产品等）、加工食品（如速冻食品、禽、肉、水产品等包装熟食、冰激凌和奶制品、快餐原料等）、医药产品（各类需要冷藏的药品、医疗器械等）以及贵重精密仪器等，与人们日常生活需要和多个产业发展息息相关，集货物航空运输的普遍性和专业性于一身的行业综合性技术法规	中国民用航空局	2014-10-22	2014-12-01
GB 29753—2013	《道路运输食品与生物制品冷藏车安全要求及试验方法》	本标准适用于采用已定型汽车整车或二类、三类底盘上改装的装备机械制冷机组的道路运输易腐食品与生物制品的冷藏车和冷藏半挂车	中华人民共和国国家质量监督检验检疫总局、中国国家标准化管理委员会	2013-09-18	2014-07-01

资料来源：中物联冷链委。

2. 冷链运输环节存在的问题

冷链运输环节主要存在以下问题。

1) 缺少严格的质量检验执行标准

对企业来说，为了使生产经营能够有条不紊地进行，则从原材料进厂，一直到产品销售等各个环节，都必须有相应的检验标准做保证。它不但包括各种技术标准，还包括管理标准以确保各项活动的协调进行。但目前关于冷链产品质量检验执行的标准相对缺失。

2) 冷链物流硬件运输设备和基础设施缺乏、陈旧

非正规冷链运输工具大量使用，高端冷链运输设备使用率低。与发达国家相比，冷链物流硬件运输设备和基础设施严重不足，并且原有设施陈旧老化、分布不均，无法为冷链运输提供温度保障。

3) 缺乏专业的运输操作人才

运输操作人才的非专业操作导致运输环节技术及操作不当，使得物品破损或腐烂，造成极大的浪费。

4) 运输路线设计得不合理

缺乏优秀的运输线路设计人才，导致运输路线设计不合理，运输成本难以降低。

3. 运输环节标准化体系

冷链物流运输环节的标准化体系可以从以下几个方面建立。

1) 政策法规

质量监管部门制定蔬菜、生鲜、肉类等食品产地标识准入制度，给各类食品发放"身份证"，登记生产户、收购商、市场销售地等实名信息。

2) 冷藏车

车厢体采用板块拼装结构，各板块之间采用胶粘接式，外包铝型材，并用螺栓辅助连接；后门为双扇，每扇可开启270°，后门框及后门五金配件都采用不锈钢材料，上下护板都用铝型材，用胶粘接到厢体上；摒弃小型冷藏车仍使用的聚苯乙烯泡沫车厢隔热材料，使用传热系数低、隔热性能好、强度高、质量轻的聚氨酯泡沫或挤塑聚苯乙烯泡沫；所有运输车辆均安装温度记录仪，全程记录食品的温度变化；开发使用清洁能源，如太阳能、风能等。

3) 冷藏车操作方法

车厢内部必须保持洁净，地面不应留有包装纸和纸屑；冷藏车在运输途中要使用自动监测、自动调控、自动记录及报警装置，对运输过程进行温度的实时监测并记录，温度记录时间间隔设置不超过 10 分钟，数据可读取；运输过程中，严格控制好保证物品质量的所需温度：速冻食品控制在 $-25 \sim -18$ ℃；生鲜食品为 -3 ℃；肉类应控制在 -18 ℃左右；绿色蔬菜在低温（不低于 0 ℃）环境保存；定期检查车辆部件，对车辆进行预防性保养[1]。

4) 运输设备清洁

在运输装载前应对运输设备内壁用符合食品安全要求的消毒剂进行清洁消毒。运输

---

[1] 韩星，李学工. 基于生态文明建设的冷链物流标准化体系构建[J]. 粮食流通技术，2013(5)：5-9.

设备厢体应当在装载前预冷,并根据装载的时间、期间的能量消耗以及装载区域的温度和湿度,在装载前进行除霜循环。车厢内的积霜应在预冷前清除干净。完成运输作业后,应立即对运输工具厢体进行严格的清洗、消毒和晾干,才可进行新的运输作业。

11.2.2 冷库与仓储的标准化

1. 冷库与仓储的政策、标准情况分析

冷库是冷藏业发展的基础,是冷藏链的重要组成部分。近年来,随着国民生活水平的提高,反季节消费越来越多,食品、饮品等生产企业需要冷藏的食物、货物越来越多,为冷藏业发展带来了契机,冷库建设发展十分迅速。为使冷库建设更好地发展,国家与地方制定了关于冷库与仓储的政策、标准。

1) 冷库与仓储的政策分析

2014 年 4 月,农业部办公厅、财政部办公厅联合印发《农业部办公厅 财政部办公厅关于做好 2014 年农产品产地初加工实施工作的通知》,加大农产品初加工设施补助力度,资金规模从 5 亿元增加到 6 亿元,增幅 20%。补助范围是 2014 年新建的马铃薯储藏窖、果蔬保鲜库和烘干设施,扶持政策重点向现代农业示范区和农民专业合作社倾斜。例如,2014 年吉林农产品冷库项目获补助 3 638.6 万元,福建省建宁县农产品产地初加工冷库项目获补助 280 万元,湖南永顺获农产品冷库补助 230 万元,等等。该项政策自 2012 年开始实施,截至 2014 年年底,中央累计补贴 16 亿元资金,补助 3.89 万个农户和 3 600 多个农民专业合作社,新建产地初加工设施 6.5 万个,新增马铃薯储藏能力 116 万吨、果蔬储藏能力 115 万吨、果蔬烘干能力 80 万吨。

2014 年 9 月,国务院印发《物流业发展中长期规划(2014—2020 年)》(以下简称《规划》),将农产品物流工程列入中长期规划的重点工程。《规划》强调,要加强鲜活农产品冷链物流设施建设,支持"南菜北运"和大宗鲜活农产品产地预冷、初加工、冷藏保鲜、冷链运输等设施设备建设,形成重点品种农产品物流集散中心,提升批发市场等重要节点的冷链设施水平,完善冷链物流网络。《规划》将助推冷库建设朝着规模化、规范化和现代化的方向发展。近年来我国各级政府发布的有关冷库与仓储的政策,如表 11-3 所示。

表 11-3　各级政府发布的冷库与仓储相关政策

类别	名　　称	发 布 部 门	与冷库相关内容简介
国家级政策	《农业部办公厅 财政部办公厅关于做好 2014 年农产品产地初加工实施工作的通知》	农业部办公厅、财政部办公厅	补助 2014 年新建的马铃薯储藏窖、果蔬保鲜库和烘干设施
	物流业发展中长期规划(2014—2020 年)	国务院	将农产品物流工程作为中长期规划的重点工程之一
	《关于进一步促进冷链运输物流企业健康发展的指导意见》	国家发改委、财政部、商务部等 10 个部门	加强冷链物流基础设施建设

续表

类别	名称	发布部门	与冷库相关内容简介
地方性政策	《江苏省农产品冷链物流发展规划(2014—2020)》	江苏省发改委	到2020年,江苏省将基本建成上下游有效衔接的冷链物流体系,新增现代化冷库库容200万吨
	《云南省商务厅 云南省财政厅关于做好2014年度促进农产品现代流通体系建设项目申报工作的通知》	云南省商务厅、财政厅	支持产地预冷库、冷藏库、冷冻库、保鲜库以及冷链物流配送设施等相关设施建设
	《海南省商务厅 海南省财政厅关于申报2014年海南鲜活农产品直供直销配送体系项目的通知》	海南省商务厅、财政厅	支持企业建设果蔬配送预冷冷库、肉类冷藏周转库、肉类冷冻库及终端门店周转小冷库
	《山东省人民政府办公厅推进"海上粮仓"建设的实施意见》	山东省人民政府办公厅	水产冷链物流建设工程

资料来源:中物联冷链委。

2) 冷库与仓储的标准分析

2014年商务部出台了商业行业标准《冷库节能运行技术规范》(SB/T 11091—2014),取代原有的DB33/T 712—2008《冷库运行节能技术规范》,对冷库运营过程中如何节约能耗提供指导。该标准的推行,意味着冷库行业更加重视冷库仓储环节的管理,通过标准化来提升冷库管理水平,使冷库在降低运营成本的同时,保证库存商品的质量。

此外,《物流企业冷链服务要求与能力评估指标》中对仓储型冷链服务物流企业提出了冷库服务能力与操作的专业要求,如五星级仓储型冷链物流企业要求至少达到自有300 000立方米的冷库,至少具有15台装卸搬运设备,必须有适合企业使用的WMS,并有节能降耗措施及改进计划,在应急预案的建立和执行方面,也提出了相应要求。近年来我国颁布的冷链仓储标准,如表11-4所示。

表11-4 国家发布的冷链仓储标准

标准号	标准名称	标准内容	发布单位	发布日期	实施日期
GB/T 9829—2008	《水果和蔬菜冷库中物理条件定义和测量》	本标准规定了水果和蔬菜在冷库条件下物理因素的定义和物理参数的有效测量方法。这些物理因素包括温度、相对湿度、空气循环流率和换气率;本标准适用于水果和蔬菜在冷库储藏中的有关物理因素的定义与有关测量方法的解释	中华人民共和国国家质量监督检验检疫总局、中国国家标准化管理委员会	2008-06-17	2008-10-01

续表

标准号	标准名称	标准内容	发布单位	发布日期	实施日期
GB 50072—2010	《冷库设计规范》	本规范适用于采用氨、氢氟烃及其混合物为制冷剂的蒸汽压缩式制冷系统,以钢筋混凝土或砌体结构为主体结构的新建、改建、扩建的冷库,不适用于山洞冷库、装配式冷库、气调库	中华人民共和国住房和城乡建设部、国家质量监督检验检疫总局	2010-01-18	2010-07-01
GB/T 30134—2013	《冷库管理规范》	本标准规定了冷库制冷、电气、给排水系统,库房建筑及相应的设备设施运行管理、维护保养要求和食品储存管理要求; 本标准适用于储存肉、禽、蛋、水产及果蔬类的食品冷库,储存其他货物的冷库可参照执行	中华人民共和国国家质量监督检验检疫总局、中国国家标准化管理委员会	2013-12-17	2014-12-01
GB/T 24400—2009	《食品冷库HACCP应用规范》	本标准规定了食品冷库建立和实施HACCP体系的总要求以及文件、良好操作规范(GMP)、卫生标准操作程序(SSOP)、标准操作规程(SOP)、有害微生物检验和HACCP体系的建立规程等要求; 本标准适用于食品冷库企业HACCP体系的建立、实施和相关的评价活动	中华人民共和国国家质量监督检验检疫总局、中国国家标准化管理委员会	2009-09-30	2010-03-01
CB/T 4266—2014	《船用食品冷库》	本标准规定了以硬质聚氨酯泡沫为隔热层组合而成的船用食品冷库的分类和标记、要求、试验方法、检验规则、标志、包装、运输及储存; 本标准适用于冷库的制造和验收	中华人民共和国工业和信息化部	2014-05-06	2014-10-01
GB 28009—2011	《冷库安全规程》	本标准规定了冷库设计、施工、运行管理及制冷系统长时间停机时的安全要求; 本标准适用于以氨、卤代烃等为制冷剂的直接制冷系统及间接制冷系统的冷库。其他类型的冷库和制冷系统可参照执行。本标准不适用于作为产品出售的室内装配式冷库	中华人民共和国国家质量监督检验检疫总局、中国国家标准化管理委员会	2011-12-30	2012-12-01

资料来源:中物联冷链委。

2. 冷库与冷藏环节存在的问题

冷库与冷藏环节主要存在以下问题。

(1) 冷库利用率偏低。据了解，目前国内冷库行业空间利用率和周年利用率都不高，传统的冷库设计一般高 5 米左右，但在实际操作应用中，尤其是无隔架层的冷库利用率低于 50%，如物品堆码的高度一旦达到 3.2 米，外包装为纸箱的食品，因重压变形、吸潮等原因极易出现包装破裂、倒塌等现象，导致食品品质降低，造成较大的经济损失。

(2) 部分冷库设计不尽规范，存在诸多安全隐患。国内很多冷库属于无证设计、安装，缺乏统一标准、缺乏特种设备安全技术档案的现象较为普遍。操作人员未经专业培训无证上岗，管理人员安全意识淡薄。部分容积 500 立方米以上以氨为制冷剂的土建食品冷库，其库址选择、地基处理、制冷设备安装等严重不符合《冷库设计规范》(GB 50072—2010)的要求，存在诸多安全隐患。许多冷库名为气调库却达不到气调的目的，部分低温库一建成就面临停用或只能按高温库降级使用的局面。

(3) 冷库自动化程度低，浪费人力资源。国外冷库的制冷装置广泛采用了自动控制技术，大多数冷库只有 1~3 名操作人员，许多冷库基本实现夜间无人值班。而我国冷库的制冷设备大多采用手动控制，或者仅对某一个制冷部件采用了局部自动控制技术，对整个制冷系统做到完全自动控制的较少，货物进出、装卸等方面的自动化程度普遍较低。

(4) 缺少专业冷藏/冻库。通用仓库数量较多，专用仓库数量少，特种仓库如低温仓库、冷藏库、立体仓库等严重短缺，甚至许多冷藏库是由其他建筑物改建而成的，改建过程中，由于普通仓库在功能设计和建筑结构方面与冷藏库的规范要求差别很大，因此存在大量的设计缺陷和安全隐患。

3. 冷库与冷藏标准化体系

冷库与冷藏标准化体系应考虑如下问题。

1) 库房

冷库应具有可供食品随时进出的条件，并具备经常清洁、消毒、晾干的条件；冷库的室外、走廊、列车或汽车的月台、附属车间等场所，都要符合卫生要求；冷库要具有通风设备，可随时除去库内异味；库房内的运输设备及所有衡器如地秤、吊秤等都要经有关单位检查，保证完好、准确；库房中应有完备的消防设施。

2) 入库

凡进入冷库保藏的食品，必须新鲜、清洁，经检验合格。如鱼类要冲洗干净，按种类和大小装盘；肉类及副产品要求修割干净，无毛、无血、无污染。食品冻结前必须进行冷却和冻结处理工序，在冻结中不得有热货进库。

3) 温度控制

立体库库内温度保持 −25 ℃，库门缓冲间温度保持 −15 ℃，作业区温度保持 8~10 ℃；作业区保持全封闭状态，站台与车辆采用无缝对接，当出库作业区温度超出警戒线时，制冷风机自动打开送冷；冷冻食品温度高于 −12 ℃时，仓库管理员应及时通知货主，双方协商处理措施；而且此时的冷冻食品应与其他食品分开放置。

4) 物品存放原则

冷库内食品应按食品类别分区域放置，不得与有害、有毒、有异味的物品或其他杂物混存；冷库内产品堆放应整齐、稳固、适量，遵守"先进先出"原则；保持冷库内的空气流通，物品与墙、天花板或地板之间距离应至少保持 10 厘米；冷库内应定期除霜、清洁和维护保养，保证冷库安全无污染。

5）制冷及自动化技术

摒弃氟制冷剂，使用目前先进的蓄冰制冷技术，利用晚上用电低谷时制冰储存，白天释放冷气；建立自动化立体冷库，为冷库建立电子数据交换系统。

 11-2

家家悦：将冷链物流标准化贯穿供应链

家家悦集团以现有网络为基础，将冷链物流标准化工作贯到整个供应链体系中，范围涵盖 10 个地市的 600 多家门店，涉及 1 400 多个供应商，发展农产品基地 2 000 多个，实现了产品全流程追溯，降低了人力成本。家家悦集团股份有限公司（以下简称"家家悦"）是以超市连锁为主业，以区域一体化物流为支撑，以发展现代农业生产基地和食品加工产业链为保障，以经营生鲜为特色的全供应链、多业态的综合性零售渠道商，形成了购物中心、大卖场、综合超市、精品超市、社区店、农村店、便利店等多业态并举的格局，构建了城市、农村市场双向流通的网络体系。

家家悦高度重视冷链物流标准化建设，以现有网络布局为基础，将物流标准化工作贯穿到整个供应链体系中，在实现产品全流程追溯、保障食品安全、降低人力成本等多方面取得显著成效。

一、企业物流

（1）物流标准化。家家悦信息系统可以通过大数据分析，得到每种商品的标准要货量，同时将商品的标准要货量贯彻全链条。门店严格按照标准要货量的倍数要货；采购对接基地源头，种植户或者合作社需要按家家悦的标准要货量进行装筐；配送中心收货，按照标准要货量进行收货，不符合标准的拒收；配送中心拣货，按照标准件直接出货，不准拆分标准件；门店对收到的标准件按筐上到货架进行销售。

（2）载具标准化。家家悦购置的标准周转设备主要有周转筐、笼车等。如在采购源头，家家悦提供给供应商同一种规格的周转筐，配送中心带筐直接收货，同时直接配送到门店；门店销售后，将周转筐返回配送中心；供应商送货到配送中心后，将空筐提走，作为下次送货使用。另外，家家悦常温与冷链配送均使用标准化的笼车（周转筐放笼车里），带笼配送，门店直接将笼车推到卖场，进行上架，减轻门店劳动强度及工作量。

二、门店

（1）生鲜品从采购源头到门店的配送采用温控车，直接将标准周转设备随商品一同运输。

（2）商品到门店后，可直接带筐上架陈列销售。

三、供应商

（1）基地源头供应商根据不同商品标准件规格进行加工包装；产品使用统一规格的周转筐进行盛放。

(2)家家悦采用的周转设备与供应商的标准相同,采用冷链方式运输,商品从源头到门店的各物流环节不再更换载具,确保商品质量,减少损耗,并提高物流效率。

四、冷链物流

(1)基地。在源头基地租用冷库,以存放采购的商品,如寿光基地。

(2)物流。建设有冷冻冷藏库,增设低温拣选区,为集货月台增加风幕,保证商品物流环节的环境安全。通过冷链运输将商品送到各门店,最大限度地保证产品质量。

五、物流保障

(1)全程动态监管体系。可追溯系统利用电子信息化手段,实现了所有食品、农产品从采购进货查验、仓储物流配送到门店销售全程可追溯;配备高标准冷链系统,对生鲜商品采用冷链配送、GPS定位,实现了对配送车辆的全程监控,有效预防和化解食品安全风险。借助物联网技术,实现透明化运输过程管控,通过监控可以得到车辆的运输线路、所在位置、车内温度、开关门、异常停车等信息。

(2)质量安全检测体系。高标准的食品农产品检测中心,配备国内先进的检测设备,对蔬菜水果进行检测,合格后才能进入超市销售,并将所有农产品检测结果通过门店流媒体或电子屏公示,让顾客明白消费、放心选择;与专业检测机构合作,对预包装食品实行定期抽检、新品每批次送检,杜绝不合格食品进入超市;筹建质检平台,供应商直接将证件及质检报告上传质检平台,门店及职能部门可在程序中快速定位查询供应商上传的证件及质检报告。

资料来源:物流技术与应用. https://mp.weixin.qq.com/s/ey3Bm72gpQigTSZVXayc_A,有改动

11.3 冷链加工与包装的标准化管理

11.3.1 冷链加工与包装的标准分析

2015年11月25日,国家食品药品监督管理总局发布《超市生鲜食品包装和标签标注管理规范(征求意见稿)》(以下简称《规范》),《规范》指出:对生鲜食品进行包装应当符合生鲜食品在运输、储存、陈列和销售等过程中保障食品安全的需要,防止生鲜食品遭受机械损伤、腐败变质和二次污染。

近年来我国发布了多项冷链加工与包装标准,如表11-5所示。

表11-5 国家发布的冷链加工与包装标准

标准号	标准名称	标准内容	发布单位	发布日期	实施日期
GB/T 24616—2009	《冷藏食品物流包装、标志、运输和储存》	本标准规定了冷藏食品物流过程中的包装、标志、运输和储存要求; 本标准适用于冷藏食品的物流	中华人民共和国国家质量监督检验检疫总局、中国国家标准化管理委员会	2009-11-15	2010-03-01

续表

标准号	标准名称	标准内容	发布单位	发布日期	实施日期
SB/T 10895—2012	《鲜蛋包装与标识》	本标准规定了鲜蛋生产、流通过程中包装与标识的要求； 本标准适用于鲜蛋生产、流通过程中的包装与标识	中华人民共和国商务部	2013-01-04	2013-07-01
GB/T 27624—2011	《养殖红鳍东方鲀鲜、冻品加工操作规范》	本标准规定了养殖红鳍东方鲀鲜加工的基本条件、专用设施、原料、暂养、操作规程、检验及标识、包装、运输和储存； 本标准适用于养殖红鳍东方鲀鲜、冻品的加工	中华人民共和国国家质量监督检验检疫总局、中国国家标准化管理委员会	2011-12-30	2012-04-01
GB/T 24617—2009	《冷冻食品物流包装、标志、运输和储存》	本标准规定了冷冻食品物流过程中的包装、标志、运输和储存要求； 本标准适用于冷冻食品的物流	中华人民共和国国家质量监督检验检疫总局、中国国家标准化管理委员会	2009-11-15	2010-03-01
DB42/T 949—2014	《蔬菜净菜加工和包装技术规范》	本标准规定了蔬菜净菜加工包装的基本要求、分类要求、试验方法、检验规则、标签和标志、生产经营档案及追溯和召回； 本标准适用于湖北地区蔬菜净菜的加工和包装，其他地区可以参考使用	湖北省质量技术监督局	2014-02-28	2014-05-01
GB/T 23871—2009	《水产品加工企业卫生管理规范》	本标准规定了水产品加工企业基本原则、原料和辅料、厂区环境、车间和设施设备、加工过程控制、包装、储存和运输、人员卫生、加工船的特殊要求、质量管理体系及其运行等方面的要求； 本标准适用于经政府主管部门注册的水产品加工企业，包括加工厂、加工船以及储存库等	中华人民共和国国家质量监督检验检疫总局、中国国家标准化管理委员会	2009-05-26	2010-10-01

资料来源：中物联冷链委。

11.3.2 冷链加工与包装环节存在的问题

冷链加工与包装环节主要存在如下问题。

1. 常温环境下加工

很多企业对冷冻冷藏食品在常温下进行加工与包装,不能完全保证低温作业,影响了食品质量。

2. 流通加工设备滞后

滞后的流通加工设备使得加工次品率升高,造成严重的浪费。

3. 包装标准化程度低,包装材料不利于循环利用,污染环境

有关材料表明,我国塑料包装目前年产量在 200 万吨以上,其中难以回收利用的一次性塑料包装占 30%。而这种不利于循环利用的包装材料对环境造成的污染是长期的和难以消除的[①]。

4. 包装机械设备落后,作业缺乏规范

我国包装机械设备落后,自动化程度低,且企业及机械产品都缺乏国际认证检测,这也是国内设备不能与发达国家包装设备相媲美的关键点。目前我国包装机械专业技术人才少,加工包装缺乏规范。

11.3.3 冷链加工与包装标准化体系

冷链加工与包装标准化体系主要应考虑如下问题。

1. 温度控制

加工作业时一定要保证低温作业,库门缓冲间温度保持在 -15 ℃,作业区温度保持在 8~10 ℃。

2. 加工设备

冷链食品安全要求食品包装机械能够"七十二变",包装机械采用计算机控制技术;不断改良加工设备,提高次品的利用率;在加工与包装的过程中需要用到的填充机、封口机、真空包装机、贴标签机、清洗机、杀菌机等都应达到相应的技术标准和安全标准、卫生标准;等等。

3. 包装材料

包装材料要符合国家相应食品包装材料的质量卫生标准要求,耐低温,具有良好的密闭性和低水蒸气渗透性;包装尺寸宜符合 GB/T 15233 和 GB/T 16471 的规定,兼顾 GB/T 16470 托盘包装要求及冷冻集装箱、冷藏车等国家或行业标准的尺寸规定;包装上宜采用 GB/T 191 中"温度极限"标志以及文字注明存储、加工、运输温度;研究开发新型环保包装材料,可循环利用,保护环境。

4. 从业人员

在流通加工、包装环节中,只有经上岗培训且考核合格的人员才可以进行操作。要严格做好从业人员健康管理和卫生知识培训工作,凡患有碍食品安全疾病者不得从事食品

---

① 刘雪涛. 论包装与环境保护[J]. 湖南工业大学学报(社会科学版),2009(5):60-62.

生产。从业人员应当做到工作前洗手消毒、勤剪指甲、勤洗澡、洗衣服,按照要求正确佩戴口罩,穿着作业服。应注意保持加工经营场所内外环境清洁,落实设备、工器具和容器等清洁消毒工作。

 11-3

冷链标准化建设如火如荼地展开,冷链物流如何快速健康发展

2019年6月4日,为深入落实《消费品标准和质量提升规划(2016—2020年)》,加强消费品领域标准体系建设,推进消费品标准和质量提升,国家标准化管理委员会下达了《2019年消费品国家标准专项计划》,计划共计105项,其中制定49项,修订56项。食品冷链物流交接规范、食品容器用覆膜铁、覆膜铝等标准制订计划在列。

冷链的标准化建设。近年来,从国家层面和各地政府密集出台的冷链相关政策与规划,就可以看到冷链的重要性,冷链的标准化建设也如火如荼地进行。

目前,现行的冷链相关标准413个,其中,国家标准91个。另外,正在起草的冷链相关标准18个,正在征求意见的标准6个,正在审查的标准2个,正在批准的标准9个。

如今,我们越来越追求品质优良的新鲜食材,追求来自东南西北、世界各地的不同产品。

在美国、加拿大、德国、意大利、澳大利亚、日本、韩国等国家已经形成了完整的农产品冷链物流体系,有些国家的生鲜易腐农产品冷链通量(以价值论)已经占到销售总量的50%,并且仍在继续增长。但是,我国的冷链基础还相当薄弱,在经济持续发展和生活质量不断提高的形势下,冷链物流如何快速健康发展,已经成为一个紧迫的课题。

现代国家农产品物流工程技术研究中心副主任王国利说:"冷链物流行业发展需要创新,包括技术创新和标准化创新。"

冷链物流发展脱离不了技术创新,当前有很多瓶颈需要通过技术去攻克。而"标准化创新"的重要性往往被忽略,这也是冷链行业有那么多标准,依然无法起到较强规范作用的原因。冷链物流链条很长,涵盖上下游多个产业和领域,因此不仅要制定标准,还要融合标准,把第一产业和第二产业标准与冷链物流标准融到一起,才能真正把标准用活,起到上下游共制共用的效果。

资料来源:湖南食品安全网. https://mp.weixin.qq.com/s/XydsxOuzP6PZhAF1xij7rA,有改动

11.4 冷链配送的标准化管理

11.4.1 冷链配送的标准分析

冷链配送是指冷藏冷冻类物品在生产、储藏、运输、销售到消费前的各个环节始终处于规定的低温环境下,以保证食品质量和性能。近年来我国发布的冷链配送标准,如表11-6所示。

表 11-6 我国发布的冷链配送相关标准

标准号	标准名称	标准内容	发布单位	发布日期	实施日期
SB/T 10428—2007	《初级生鲜食品配送良好操作规范》	本标准规定了初级生鲜食品配送组织的质量管理体系、资源管理、配送过程控制和产品召回等方面的要求； 本标准适用于初级生鲜食品配送	中华人民共和国商务部	2007-07-24	2007-12-01
SB/T 10827—2012	《速冻食品物流规范》	本标准规定了速冻食品物流规范的术语和定义、速冻食品物流流程、速冻食品品质要求、包装、标签与标志、运输和储藏、配送、销售和召回的要求； 本标准适用于速冻食品的流通环节	中华人民共和国商务部	2012-12-20	2013-06-01
SB/T 10583—2011	《净菜加工和配送技术要求》	本标准规定了净菜加工和配送的相关术语与定义、设施设备、加工和配送、管理及追溯要求； 本标准适用于以新鲜蔬菜为原料的净菜加工和配送	中华人民共和国商务部	2011-07-07	2011-11-01
SB/T 10678—2012	《主食冷链配送良好操作规范》	本标准规定了主食冷链配送企业的质量管理体系、资源管理、配送过程控制、产品追溯与召回等方面的要求； 本标准适用于主食加工配送、冷链物流等企业	中华人民共和国商务部	2012-03-15	2012-06-01
SB/T 10640—2011	《洁蛋流通技术规范》	本标准规定了进入流通领域的洁蛋采购、包装、储存、运输、销售与从业人员的卫生要求以及对蛋品安全问题的处置； 本标准适用于洁蛋的生产、批发、零售及配送等环节	中华人民共和国商务部	2011-12-20	2012-01-01

注：由中华人民共和国商务部发布的 SB/T 11151—2015《冷链配送低碳化评估标准》于 2016 年 9 月 1 日实施。
资料来源：中物联冷链委。

11.4.2 冷链配送环节存在的问题

冷链配送环节主要存在以下问题。

1. 冷链配送标准不统一

据中国物流技术协会调查统计,我国冷链物流配送目前存在的主要问题是缺乏国家或者行业统一制定的标准[①]。目前,我国冷链物流行业中除了国家统一的标准管理机构,还有交通、铁路、民航、卫生、信息产业等代表政府的行业部门。而冷链物流行业涉及的各个产业技术组织、科研机构,则分散在各个行业中,标准运作之间行业和部门缺乏协调,相互之间缺乏有效的交流与配合。

2. 冷链配送装备不足,发展滞后

长期以来,我国冷链物流配送的基础设施投入较少,发展比较缓慢,尽管近几年也新增了一些较先进的冷链物流配送设施,但总体上看,我国冷链物流配送装备与发达国家相比仍然较陈旧落后。

3. 配送过程的信息化程度低

据调查,目前我国实行物流配送的商业企业中,有超过58%的企业几乎没有采用信息技术或信息系统来进行物流作业,而在已经采用信息技术进行物流管理的企业中,72%的企业仍然以传统手工作业为主,信息技术只作为其辅助性的管理手段,配送过程的信息化程度仍然很低。

4. 冷链物流配送效率低下

一方面,一些中小型企业自建冷库规模小、效率低,不能很好地保障冷链农产品的质量;另一方面,我国物流公司大多属于中小型企业,冷库投入不足,冷藏车较少,网络覆盖有限,无法获得规模效应,导致配送成本居高不下。

11.4.3 冷链配送标准化体系

冷链配送标准化体系具体包含以下内容。

1. 配送方式

遵循统一配送原则,即将一条送货线路上不同用户的货物组合,配装在同一辆载货车上,这样不但能降低送货成本,而且可以减少交通流量、改变交通拥挤状况;货物组合时遵循"就近"原则,即将路程最短的货物放置于车厢最外端,可提高配送效率,减少货物搬运次数。

2. 信息化建设

研发综合性、专业化物流管理信息系统,建立客户管理信息、配送销售信息、客户电子结算信息等数据库,实现企业信息标准化和管理网络化,使冷链物品从购进到入库、移库以及调拨全部通过BS系统(Brower/Server)进行操作,大大提高物流配送效率。

3. 冷链配送作业

配送加工应衔接好出货接货时间,做到及时配送分拣,勤于出货,配送设备应具有一

---

① 张松.我国冷链物流现状问题分析[J].管理观察,2013(18):58-60.

定的制冷能力及良好的隔热保温性。制定配送时间表,确定配送时段。配送时应对商品的来源和销售去向做好记录,便于对有害食品的追溯和召回。

352号文件——指明冷链物流发展方向

一、政策回顾

2019年2月26日,国家发展和改革委员会等部门发布《关于推动物流高质量发展促进形成强大国内市场的意见》(以下简称《意见》)。《意见》明确物流对于增强实体经济、强化供给侧改革、形成强大国内市场的重要意义。

《意见》从七个方面推动物流高质量发展:①深刻认识物流高质量发展的重要意义;②构建高质量物流基础设施网络体系;③提升高质量物流服务实体经济能力;④增强物流高质量发展的内生动力;⑤完善促进物流高质量发展的营商环境;⑥建立物流高质量发展的配套支撑体系;⑦健全物流高质量发展的政策保障体系。

二、政策与冷链物流

《意见》中提及多项冷链物流发展意见,主要结合农产品＋冷链物流、铁路＋冷链物流两方面提出。

1. 农产品＋冷链物流

完善农产品冷链物流体系;鼓励开展"产销双向合作";加强物流与农产品合作;发展第三方冷链物流;全程监控平台;发展冷链物流新模式;出台相关优惠政策。

2. 铁路＋冷链物流

开行冷链货运班列和点对点铁路冷链运输。

三、政策解读

中国物流与采购联合会冷链物流专业委员会秘书长秦玉鸣针对文中内容进行了全面解读,并提出了建议。

1. 完善农产品冷链物流体系

冷链"最先一公里"体系的建设,是整个全程冷链体系的基石,影响流通周期。建立农产品产后服务体系,使农产品在田头变成高附加值商品。可参考政府＋企业合作社＋生鲜平台、销地农批市场、大型商超的建设和运营思路,保障生产与销售渠道的高效对接。

2. 鼓励开展"产销双向合作"

一是开展多品种经营和种植手段,减少明显淡旺季;二是推行产地移动式冷库,即需即用,多地共享,以提高淡旺季差异带来的设施利用率差异。

3. 加强物流与农产品合作

借助邮政、快递物流末端网点优势,畅通农产品"上行"通道。

4. 发展第三方冷链物流全程监控平台

利用监控平台杜绝企业"不打冷""少打冷"现象,保障食品安全。平台建立可能带来成本提升,从而影响冷链价格,需引导市场认可冷链价值,前期政府部门可与行业协会共同推动监控信息平台的建设,鼓励良币驱逐劣币。

5. 降低农产品物流成本

鼓励和引导大型农产品流通企业拓展社区服务网点,可以有效减少中间环节和损耗,打造城乡高效配送体系,生鲜社区店是未来发展趋势。这其中应该与互联网深度结合,打通F2C(从厂商到消费者的电子商务模式)生态闭环,大型农产品流通企业应占主导地位,即产业＋互联网,而非互联网＋产业。

6. 开展冷链物流新模式

开展包括"生鲜电商＋冷链宅配""中央厨房＋食材冷链配送"等新模式,从冷链物流的角度提高用户体验,提升用户黏性。

7. 出台相关优惠政策

农产品批发市场、农贸市场用电、农产品冷链物流的冷库用电价格实现与工业用电同价,但目前很多地方的冷库用电性质仍属于商业用电,这一现象亟须改变。

8. 开展冷链货运班列

开展冷链公路与铁路货运班列有助于拓展冷链零担市场,随着公转铁和多式联运改革的推进,以及"一带一路"建设的全面推进,铁路冷链物流的运力正逐步释放,在超过1 000千米的长距离运输上铁路冷链物流无论是价格还是时效都有优势。

9. 研发可回收材料

目前冷链配送工具多为白色泡沫箱和冰排(袋),白色污染严重。研发可回收冷链配送设备有助于提升配送效率,实现冷链物流绿色化。

10. 研究可变目的地规范操作

在货物来源可追踪情况下,可以通过信息手段和生产端的检验检疫来控制货物质量,没有必要每个环节都通过动检证来约束。我国进口肉制品就是采用原产地备案和海关检疫查验的方式,一旦通过就可以全国流通,这方面的经验可以借鉴,为冷链物流跨区域分拨提供便利。

资料来源:北京快行线物流.https://mp.weixin.qq.com/s/48MUvgj16USzQiwIgOMZoA,有改动

11.5 冷链物流行业及组织的标准化管理

随着我国社会主义市场经济的深入发展和政府职能的转变,标准化对于经济发展的规范和引导作用越来越明显。进入21世纪以来,特别是我国加入世界贸易组织以来,"质量强国、标准先行"的理念逐步被社会广泛接受和认可,为了提高我国产品和服务的质量与竞争力,我国将标准化工作提到了前所未有的高度。

对于近年来快速发展的冷链物流行业来说,标准化对行业的引导和规范作用至关重要。协调冷链物流行业内外的各种利益关系,整合冷链物流资源,提高运作效率,降低冷链物流成本,促进有序规范的发展,都离不开标准化工作。

冷链物流标准化是现代冷链物流发展的基础,在国际上,冷链物流标准化已经成为行业发展的关注焦点。迄今为止,国际标准化组织已批准发布了200多项与物流设施、运作模式与管理、物流条码标识、数据信息交换相关的标准,我国有关部门在此基础上也相继出台了与国际标准接轨的系列标准。这些标准是现代物流企业发展进程中必须遵循的准

则,否则将导致物流系统的离散性,信息孤立,最终无法实现物畅其流、快捷准时、经济合理和用户满意的要求。

目前冷链物流行业标准除了标准本身的不规范,还包括标准制定者的不规范。该行业标准是由相关企业来制定的,在标准的内容上不免失去公正客观性。虽然越来越多的协会和部门都开始制定冷链物流的相关标准,但在内容上,地方标准、行业标准、国家标准相互交叉,没有统一的规范,导致标准体系建设很不完善。

11.5.1 冷链物流行业概况

进入21世纪以来,中国冷链物流行业有了飞速发展,已基本建成全国鲜活农产品流通"五纵二横绿色通道"网络,首次构建全国范围的低成本鲜活农产品运输网络,并贯穿全国31个省、自治区、直辖市(不包括港、澳、台),这个"绿色通道"骨架为鲜活农产品跨区域长途运输提供快速便捷的主通道,使中国冷链物流进入快速发展新时期。

2015年,冷链行业保持了旺盛的增长势头。冷链物流规模企业1 000家,冷库总容量为2 626万吨,冷藏车保有量为99 663台,相比2014年冷库增加28%、冷藏车增加42%。前100家冷库企业库容总量为1 178万吨,其中26家农批园区型企业自建冷库286万吨、28家食品商贸型企业自建冷库291万吨、46家第三方冷链仓储型企业自建冷库600万吨。前100家冷链运输企业自有冷藏车11 822台,72家第三方冷链运输企业自有冷藏车7 013台,28家食品商贸及其他企业自有冷藏车4 809台。33家干线运输企业自有车辆5 730台,35家城市配送型企业自有车辆2 699台,32家综合型冷链运输和配送型企业自有车辆3 393台。

11.5.2 冷链物流标准化组织建设现状

近年来,冷链物流标准化组织建设有质的突破。随着国内冷链物流市场的发展,冷链物流标准化建设工作被政府、协会和相关企业提上管理日程。上海、浙江等经济发达地区,相继制定或颁布了地方性冷链物流标准。由中国物流技术协会负责筹建的"全国物流标准化技术委员会冷链物流分技术委员会"于2009年9月11日获国家标准化管理委员会批复,于11月30日正式成立,标志着全国冷链物流标准化制定工作迈上了法治化建设轨道[1]。全国物流标准化委员会冷链物流分技术委员会成为冷链物流标准化领域的管理协调机构。

作为国务院批准设立的物流与采购行业综合性社团组织的中国物流与采购联合会,自成立以来就一直在积极尝试通过标准化的推进实现行业自律、规范市场和引导经营,促进物流业健康发展。截至2010年底,中国物流与采购联合会会同全国物流标准化技术委员会共制定发布了22项物流国家标准、20余项物流行业标准,还有近百项的国家标准和行业标准正在制定、修订中,国家其他部门制定的与物流相关的标准也已达到600余项。这些标准大大缓解了我国物流行业标准不足的问题,初步建立了以服务标准为核心的物流标准体系。

---

[1] 王嵬.西部地区冷链物流标准化体系建设研究[J].物流工程与管理,2014,36(7):7-9.

11.5.3 冷链物流行业相关规划与政策

2010年7月，国家发展改革委编制了《农产品冷链物流发展规划》，其重点是完善冷链物流的体系、标准，加强骨干企业建设，加强第三方冷链物流的发展，提高冷链物流的基础设施建设；重点制定和推广一批农产品冷链物流操作规范与技术标准，建立以HACCP为基础的全程质量控制体系，积极推行质量安全认证和市场准入制度。

2010年底，国家标准化管理委员会等11个部门联合出台的《全国物流标准专项规划》中，不仅进一步完善了物流标准体系，并提出在制定完善基础类和公共类标准的同时，依据物流服务对象的专业化发展需求，加大制定专业物流领域的标准力度，为促进专业物流发展提供技术支撑。目前，有关食品冷链物流、医药物流、危险化学品物流等一批专业化标准项目已经启动，标志着冷链物流标准工作的专业化已经起步。

2013年2月7日，国务院办公厅下发《国务院办公厅关于落实中共中央国务院关于加快发展现代农业进一步增强农村发展活力若干意见有关政策措施分工的通知》。其中涉及加快推进以城市标准化菜市场生鲜超市、城乡集贸市场为主体的农产品零售市场建设，加强粮油仓储物流设施建设，发展农产品冷冻储藏、分级包装、电子结算，对示范社建设鲜活农产品仓储物流设施、兴办农产品加工业给予补助，启动农产品现代流通综合示范区创建等七项政策。

2014年9月24日，商务部出台《商务部关于促进商贸物流发展的实施意见》，鼓励生产和商贸流通企业剥离或外包物流功能，支持商贸物流企业专业化、规模化，强化第三方物流服务能力(有条件的可以向第四方物流发展)，并在此基础上提高物流企业国际化水平，提出要大力发展电子商务物流、加强冷链物流建设、加快生产资料物流转型升级，政府将在财税、土地政策上加大扶持力度。

2014年12月，发改委、财政部、商务部、税务总局、交通部、公安部、食药监局、央行、证监会、标准委10部委联合发布《关于进一步促进冷链运输物流企业健康发展的指导意见》。

中投顾问在《2016—2020年中国冷链物流行业投资分析及前景预测报告》中还提到国家对冷链物流的标准提出了比较严格的要求，也出台了相关文件给予指导。其中，2014年12月22日，国家质检总局、国家标准委发布公告《中华人民共和国国家标准公告》(2014年第30号)，其中由全国物流标准化技术委员会提出并归口，中物联冷链委牵头起草的《水产品冷链物流服务规范》(GB/T 31080—2014)也正式发布，并于2015年7月1日开始实施。标准适用于鲜、活、冷冻和超低温动物性水产品流通过程中的冷链物流服务。

2015年12月，国务院办公厅印发《国家标准化体系建设发展规划(2016—2020年)》(以下简称《规划》)，部署推动实施标准化战略，加快完善标准化体系，全面提升我国标准化水平。这是我国标准化领域第一个国家专项规划。《规划》指出，要落实深化标准化工作改革要求，推动实施标准化战略，坚持"需求引领、系统布局、深化改革、创新驱动，协同推进、共同治理，包容开放、协调一致"的基本原则，到2020年基本建成支撑国家治理体系和治理能力现代化的国家标准化体系。

应用案例分析

苏宁冷链物流助推商业模式进化

苏宁的冷链物流覆盖了超过 2 000 个 SKU，包含早餐、素食、生鲜、水果和快消品等，苏宁智慧零售的神经末梢已经触达三、四线城市。

速度与广度是衡量一家物流企业最重要的指标，但这并非苏宁做冷链物流的唯一标准。在发布智慧零售战略时，张近东曾明确提道：智慧零售对消费场景构建的价值在于把场景做全、做精、做密，最大限度地占领消费者的心智、时间与空间。

"做速度，做广度，甚至于做深度，这都是可以通过增加成本解决的，但这只是用户体验的一部分。"苏宁物流的相关负责人透露，2019 年，几乎所有的时间都在为用户体验而开会争论、去不同地区的门店考察。以高新技术和标准化为驱动，苏宁冷链在用户体验方面做了六大创新。

（1）建立全流程的运营标准。冷链仓标准化建设，苏宁物流在仓库结构、制冷设备、节能设计等各方面进行了前瞻性设计，在运营方面严格执行标准化管理，通过再加工模式，实现规模化供应，确保生鲜产品的标准化和高品质。

（2）供应链一体化服务流程设计。2019 年，苏宁物流将在全国多个特色农产品产地建设源头产地仓，同步在全国 13 座城市自建 20 万平方米现代化多温区冷库，包括恒温、冷藏、冷冻、深冷多个温区，为不同种类的生鲜产品"量身定做"适宜的储存温度。

（3）实现运营精细化。随着生鲜商品 SKU 的扩展，苏宁冷链针对生鲜细分品类在供应链上中下游每一个环节进行温控配送，通过冷链包装精细化、冷链运输及配送精细化、冷链预冷及仓储精细化等方案实现差异化的冷链运输、仓储与配送。

（4）打造智能＋冷链。苏宁物流通过自主研发构建了乐高、天眼、天机三大 IT 数据平台，从底层系统上为物流的高效运转提供了技术支撑。冷链仓自建设开始就搭载苏宁物流"智能＋"的赋能，实现大数据应用与分析，指导分析实际业务运营，实现业务效率、成本双平衡。

（5）以科技服务智慧物流。苏宁物流对于智慧物流的投入如无人配送小车、物流无人机、AGV 机器人仓等也助力了苏宁冷链的发展。未来，苏宁物流将把机器人、可穿戴辅助装置以及多种自动化技术应用到整个冷链仓储、运送、配送等环节。

（6）始终坚持"绿色物流"。2019 年两会期间，张近东作为全国人大代表建议制定冷链包装耗材标准，鼓励企业探索使用新型可回收冷链包装。苏宁物流推出的"青城计划"首先在 13 城推广冷链循环箱、零胶纸箱等环保包装，苏宁物流还推出了冷链专用的循环保温箱，每年至少减少 2 000 万只白色泡沫箱。

新技术和全流程标准化让苏宁在保证速度的前提下，夯实了足够好的用户体验。

冷链物流领域是一个需要长周期去看的行业，生鲜消费的大环境，本身的高成本投入，以及冷链模式自生长的局限，决定了从网络到模式，从产品到生态都需要经历很长的培育过程，冷链企业无法独自繁荣。

从行业现状看，顺丰布局的是一张生鲜配送网络，苏宁和京东从冷链仓出发，走的是仓配模式,每日优鲜更多还是一种生鲜即时配模式,阿里的安鲜达则杂糅了多样化的产品,重心还是往仓配模式走,所以,最终还是商流和物流相结合的冷链企业才有更大机会。

过去的一年多时间,苏宁拓展了近8 000家线下终端,并将冷链物流的覆盖范围延伸到众多三、四线城市。这样的成绩横向来看,2017年行业前十的冷链企业,还没有一家能在仓储能力和配送覆盖上比肩苏宁冷链的。

资料来源:中国冷链物流网.https://mp.weixin.qq.com/s/7PzniKRXxcR4knFptr-3w,有改动

思考并回答:

1. 为什么说速度与广度是衡量一家冷链物流企业最重要的指标?苏宁生鲜是如何践行的?

2. 苏宁冷链在用户体验方面所做的六大创新,值得业内同行在哪些方面借鉴和学习?

【**本章小结**】

冷链物流标准化是指将冷链物流看作一个综合性的系统,制定系统内部设施装备、专用工具等的技术标准,包装、仓储、装卸、运输等各类作业标准,以及作为现代冷链物流突出特征的物流信息标准,形成全国以及和国际接轨的标准化体系,并在行业内推广实施。

冷链物流标准化构成:冷链运输的标准化、冷库与仓储的标准化、冷链加工与包装的标准化、冷链配送的标准化、冷链物流行业及组织的标准化。

第11章习题

第 12 章

冷链物流策划与设计

12.1 冷链物流策划的含义与原则
12.2 冷链物流策划与设计的要素
12.3 冷链项目分类及其策划设计的类型
12.4 冷链物流策划与设计的流程和结构

【本章导航】

本章主要介绍冷链物流的含义与原则；冷链物流策划与设计的要素、冷链物流项目的分类及冷链物流策划与设计的类型；冷链物流策划与设计的流程和结构等。

美团闪购发布无人微仓 前置仓模式进入 2.0 时代

在餐饮外卖领域，美团早已经成为行业领导者。在零售领域，美团也开始重点发力布局。

自 2017 年以来，美团在零售领域开始了多种尝试，落地了小象生鲜等店仓模式，又在 2019 年 3 月上线了前置仓模式的美团买菜。

事实上，无论是前置仓模式还是店仓模式，到家服务已经成为整个业务流程必不可少的一环。为了显示做零售业务的决心，美团在 2018 年 7 月发布了针对零售到家场景的闪购品牌。据悉，闪购业务涵盖超市便利、生鲜果蔬、鲜花绿植等众多品类，30 分钟配送上门，24 小时无间断配送。

一、无人微仓

在现有的仓配模式上，前置仓到家服务一般都是由仓库员工根据订单拣货然后交付外卖骑手送货上门，在成本效率及履约质量上都有很大的提升空间。2019 年 6 月 17 日，美团闪购正式对外发布面向商超、生鲜等零售行业的全新解决方案"无人微仓"，或许正在改变这一切。

美团闪购提供的资料显示，所谓无人微仓就是通过微型前置仓的形式，自动化完成零售到家场景中订单的拣选和打包。而此解决方案的核心目的是助力零售商家完成到家配送的整体闭环，提升效率及拣选质量、降低成本。当商户想要扩张新的空间时，只要找到一块平整的空间，安装好智能货架、运输机器人和打包设备，然后在货架上填满想要售卖的商品即可，美团无人微仓会从商品推荐、线上下单、智能货架拣货、机器人运输、自动核验、打包到配送实现自动化流程,完成对商户服务的整体闭环。

具体来说,就是消费者在美团或美团外卖 App 闪购入口下单后,无人微仓接到订单需求,传递给调度系统安排生产订单,由运输机器人开始在不同货架间收集订单商品,自动打包后交付给骑手,完成最后的配送履约。

"无人微仓"的出现可以看作美团在零售到家领域的布局升级,用技术进一步助力零售行业,提升自己在该领域的竞争力。更重要的是,通过美团的"无人微仓",一个前置仓模式的 2.0 时代似乎正在走来。

二、模式成立否

看一个模式的好与坏,首先要看能否成立,其次还是要看能否快速落地。

据美团闪购相关人士透露,此前美团闪购无人微仓已经在北京、广州、天津等研发实验室进行内部测试,验证了其在效率和成本上的可行性。

根据测试结果,美团闪购无人微仓给出如下数据。

(1) 在拣选效率上,无人微仓相较传统模式提升了 7 倍,尤其是多订单并行高峰时段的情况下,其优势更加明显。

(2) 在空间利用率上,无人微仓无人化流程让货架高度、间距进一步优化,使得空间利用率相比传统模式提升了 4 倍。

(3) 在运营时间上,无人微仓摆脱了对人力的依赖,微仓模式能够支持 24 小时不间断运行,规模扩张变得更快速简单。

(4) 在商品上,无人微仓以家乐福超市在美团闪购售卖的商品为测试样本库,目前,无人微仓多种机械结构的全自动化分拣方案可支持 90% 以上的商品。仅冷冻商品、活鲜水产及超长宽的特殊商品需要用人工来完成补充。

(5) 在成本上,零售行业商超、生鲜"到家"每单分拣成本普遍在 3~6 元,目前行业内成本最低可以达到每单 1.5 元,无人微仓在后者基础上还可以下降 50% 左右。

在模式上,与传统前置仓相比,无人微仓在拣货效率和节约成本上有大幅度提升。随着技术和设备的更迭,这些数据应该还有相当大的提升空间。

三、为什么是美团

在前置仓模式火爆的今天,做前置仓的零售企业有很多,为什么是美团率先推出无人微仓?这与美团的整体战略和自身优势相关。

在战略上,自 2017 年以来,美团在非餐饮的零售领域开始了多种尝试,从店仓的小象模式到前置仓的买菜模式,以及服务于超市便利店等多品类的美团闪购品牌上线,最后到如今无人微仓的发布,均显示了美团对零售到家的重视。

美团的意图很明显,希望完成从为商户提供流量供给(美团平台 App/闪购流量入口)到为商户提供拣货、打包、核验等订单流程服务,到最后为商家提供履约配送环节服务(美团配送、无人配送)全流程零售到家服务的商业闭环。

流量供给和到家配送美团已经基本实现。中间的拣货、打包、核验等订单流程服务无论是通过美团还是零售商户派驻拣货人员完成都费时、费力、费财。要想实现这个中间环节,必须有一套标准化可复制的方案。因此探索无人微仓便是题中应有之义。

无人微仓的实现,关键是技术和数据,而作为国内领先的生活服务电商平台和科技公司美团在这方面优势明显。

技术上,在互联网公司里,美团的技术实力常常被低估。美团高级副总裁王莆中曾对媒体表示,"美团不仅仅是一家平台业务公司,更是一家科技公司"。数据显示,美团外卖一天的订单量超过2 500万单,有60万名骑手活跃在中国2 500多个城市,如果没有强大的技术支持是无法保证正常运行的。

《联商网》了解到,美团从一开始就坚定不移地走技术路线,坚持系统派单,并且自建了一套智能调度系统,可以在极短时间内将大量涌现的新订单和周围的骑手进行实时匹配,同时兼顾用户体验、商家体验和骑手体验,追求体验、效率和成本的最佳平衡。现在美团外卖上60万名外卖小哥的日常派单,都依赖这个高度智能化的超级大脑。

同样,在无人微仓方面,美团也坚持技术自研。据悉,无人微仓项目是从2018年美团闪购上线后1个月开始组建团队筹备。如今在机械结构设计上已经拿下30多项专利,并且自主研发了订单调度和自动化调度两大核心系统。

数据上,美团闪购业务拥有海量的交易数据,累积了丰富的用户及商家数据,这让无人微仓不仅是提供自动化的机械工具,更是形成一个"智能化大脑",能够为商家在选址、选品策略、销售预测、损耗控制、分拣优先级设置等方面都提供策略支持,达到真正的"自动化"。

同样,数据和技术上的优势也让无人微仓快速落地成为可能。

前置仓模式的特点就是要求网点密集、数字化程度高和订单反应快。高技术下的标准化、自动化的无人微仓,其高标准化产品组件可以在落地过程中快速被复制。同时,交易全程数字化和交付的准确性,再配合60万名美团配送小哥的即时订单服务,让客户体验变得更好和客户留存更多有了可能。

另外,美团庞大的线下电动车铁骑和丰富的用户及商家数据也让美团成为"最懂商户痛点"的企业。对于商户来说,这些可以帮助其实现新店的快速扩张,依靠大数据进行精准预测和经营管理,轻松实现整个店仓网络的管理和优化。

事实上,美团无人微仓建立的目的就是解决B端商户的痛点。美团闪购赋能部总经理肖昆表示:"商超、生鲜等零售品类在线上线下融合的进程中,逐渐暴露出了很多需要处理的难题,商家在拣货环节的质量、效率和成本问题尤其突出。无人微仓的设计就是希望通过标准化、自动化的方式,解决零售业务目前面临的这些问题。"

虽然无人微仓从模拟模型到正式落地尚需要不断地探索和迭代,但它的推出显示了美团在零售行业不断发力的决心与实力。一个为零售商家提供全渠道、全链路的到家解决方案已经出炉,这让美团闪购的未来具有了更多可能性。

浙江电子商务促进会秘书长陈以军表示,美团做无人微仓是它多年来行业的经验积累和技术积累集中爆发的体现,美团具有快速落地无人微仓的巨大优势,而这种模式迟早会如同扫码支付一样在行业普及,但是希望美团走得更稳一点。

资料来源:联商网资讯。https://mp.weixin.qq.com/s/2G7I_h3H3_8QxYIzQVj92w,有改动

12.1 冷链物流策划的含义与原则

12.1.1 冷链物流策划的含义及种类

1. 冷链物流策划的含义

冷链物流策划是指对产品产供销一体化冷链物流体系进行策划设计,建立由产前行业与产后的加工、销售、储运组成的一条完善的物流冷链,强调各物流环节和整个物流活动的组织、计划、协调与控制,通过协作、协调与协同提高物流链的整体效率。通过对包括冷库设置、运输工具、配送网络、仓储设施等内容的设计,以提供合格标准的冷链流程化操作。

2. 冷链物流策划与设计的种类

根据适用对象的不同,可将冷链物流策划与设计划分为肉类冷链物流策划与设计,水产品冷链物流策划与设计,果蔬冷链物流策划与设计,冷饮、乳制品及速冻品冷链物流策划与设计,以及药品冷链物流策划与设计。

12.1.2 冷链物流策划的原则

冷链物流策划应遵循以下原则。

1. 系统性原则

系统性原则是指在设计冷链物流方案时,必须视整条冷链物流为一个系统,必须综合考虑、系统分析所有对规划有影响的因素,以获得优化方案。从宏观上看,冷链物流系统在整个社会经济系统中不是独立存在的,它是社会经济系统的一个子系统。物流系统与其他社会经济子系统不但存在相互融合、相互促进的关系,而且它们之间也存在相互制约、相互矛盾的关系。因此,在对冷链物流进行设计时,要把各种影响因素充分考虑进来。其次,冷链物流又由很多子系统组成(如运输、储存、信息系统)。子系统之间既相互促进,也相互制约,彼此之间还存在背反现象。因此,在设计时,要坚持发挥优势、整合资源、全盘考虑、系统最优的原则。

2. 可行性原则

可行性原则指的是在策划的过程中必须使各规划要素满足既定的资源约束条件,也就是说,物流方案设计必须考虑现有的可支配资源必须符合自身的实际情况,包括技术上和经济上。

3. 经济性原则

经济性原则是指在物流系统的功能和服务水平一定的前提下,追求成本最低,并以此实现系统自身效益的最大化。经济性原则具体体现在以下几个方面。

(1)物流链条的连续性。良好的物流冷链在规划和设计上要保证各物流要素在整个物流系统运作过程中流动的顺畅性,清除无谓的停滞,以此来保证整个过程的连续性。

(2)柔性化。在进行设计时,要充分考虑各种因素的变化给系统带来的影响,便于以后的扩充和调整。

(3) 系统性。要考虑物流系统的兼容性,当各种不同的要素都能在一个物流链条中运行时,该物流链条的协同性较好。

(4) 资源的高利用率。物流冷链的主体投资在于基础节点与设备,属于固定资产范围,也就是说,不管资源的利用率如何,固定成本是不变的。因此,提高资源的利用率就可以降低物流成本[①]。

4. 行业例行原则

行业例行原则是指行业内某些必须遵守的操作原则,如加工过程应遵循"3C 原则""3P 原则"和储运过程中的"3T 原则"等。

(1) "3C 原则"。"3C 原则"是指清洁、冷却、小心,也就是说,要保证产品的清洁,不受污染;要使产品尽快冷却下来或快速冻结,尽快地进入所要求的低温状态;在操作的过程中要小心谨慎,避免产品受任何伤害。

(2) "3P 原则"。"3P 原则"是指原料、加工工艺、包装。要求被加工原料一定要用品质新鲜、不受污染的产品;采用合理的加工工艺;成品必须具有既符合健康卫生规范又不污染环境的包装。

(3) "3T 原则"。"3T 原则"是指产品最终质量还取决于在冷藏链中储藏和流通的时间、温度、产品耐藏性。这个原则指出了冻结食品的品质保持所容许的时间和品温之间存在的关系[②]。

美菜旗下的美家优享:社区团购

美菜是生鲜电商 B2B 独角兽,且美菜与顺为资本颇有渊源。据公开信息显示,顺位资本是美菜网 B 轮投资方之一。目前美菜网已经完成了七轮融资,在上一轮融资过后,其估值接近 30 亿美元。美菜网还一直是雷军重点关注的发展项目。

雷军曾公开表示,"农村互联网行业是未来 10 年最核心的投资领域"。美家优享项目受到顺为资本董事长雷军和美菜网 CEO(首席执行官)刘传军的高度重视,雷军亲自主持相关会议。本想做2C,看了很多模式之后决定做社区拼团,即美家优享。刘传军和雷军在战略上有很多协商,让美菜大力投入美家优享是二人开会定下的大方向,雷军在与美菜网联合召开的会议上提到要 all in(全身心投入)美家优享。

在新零售的风口下,如何抓住新零售的风口,成了传统线下企业与线上零售业的当下问题。最近有这样一匹黑马从新零售市场红海中杀出,在线下深耕建立起不可动摇的运营壁垒后,通过线上进行互联网营销,保持了对产业的关键性布局,它就是美家优享。

美家优享由于实行的是社交电商新模式,拥有高频、复购、吸引人流等特征的同时,还具有传统电商触不到且占有优势的领域供应链。

商业理念、供应链与产品三者构成了美家优享的护城河。可以说,美家优享的生态进

---
① 郝勇,张丽.物流系统规划与设计[M].北京:清华大学出版社,2008:17.
② 邓汝春.冷链物流运营实务[M].北京:中国物资出版社,2007:309.

化离不开这三大关键力量。

先说商业理念,美家优享采用新零售的终极模式——社交电商新模式,打破了传统电商的销售模式,将普通消费者作为发起人,基于社交能力,形成属于自己的辐射圈,将优质的产品传递给身边更多的用户。另一边,商家则能直接接触消费者的最初需求,从而进行产品迭代,设计出以消费者需求为导向、以用户体验为中心的产品组合。

在供应链方面,美家优享坚持源头采购,优中选优。从采购、质检、承重、包装、配送、签收到售后服务实施全流程24小时质量监管,同时依靠自身强大的集采能力,从产地源头得到优良的品质和实惠的价格给消费者带来购物新次元的美好生活体验。仓储及配送方面,在全国建立统一的普洛斯(GLP)仓库管理,实时控温,无尘操作,自动传输,智能称重打包。配送方面,采用国际先进的冷链配送技术和智能排线系统相结合的方式,实现"冷链全流程",将原本闲散的资源进行集中化利用,进一步提高服务效率、降低成本,高性价比、高品质的产品特点促成美家优享在业内外的好口碑。

众所周知,产品是最重要的。美家优享通过独特的竞品优势,依靠产品和团队的自成长,积累了好的口碑。美家优享采用的社区电商模式,让"线上社群"与"线下社区"相结合,以社区为节点,寻找招募悦享家,由悦享家在微信群里组织销售,由平台提供商品、物流仓储及售后保障。通过挑选每个社区优秀的社区合伙人,能够更紧密地倾听消费者的需求和心声,为顾客提供更贴心的商品和服务。美家优享的悦享家,也是分享家,以社区关系为纽带,让原本冰冷的商业关系焕发生机,打造一个邻里间彼此交流好物的聚集地。

资料来源:超市招商采购加盟供应商资源平台. https://mp.weixin.qq.com/s/krqU1T3J_BsyYm6kfQuuLA,有改动。

12.2 冷链物流策划与设计的要素

12.2.1 冷链物流系统的硬件要素设计

冷链物流系统硬件设计的内容包括仓储设备规划、运输方式选择、运输设备规划等,冷链物流系统硬件设计的目标是根据实际需求规划出最符合使用效益的硬件设备。例如,仓储设备主要包括门帘、灯具、冷冻库门、库板、地层隔热板、温度检测系统等。在冷链物流方案中必须对物品的仓储设备作出必要的规划设计,并制定相应的操作技术标准,以达到预期效果。

1. 冷库的设计

冷库是在低温条件下保藏货物的建筑群,是以人工制冷的方法,对易腐物品进行冷加工和冷藏的建筑物,用以最大限度地保持食品原有质量,供调节淡旺季节、保障市场供应、执行出口任务和长时储存之用。冷库有不同的分类方法,在实际的设计活动中,主要根据仓库的用途以及所需的仓库容量来进行设计,这里按冷库的分类和总体设计进行介绍。

1)冷库的分类

按冷库的性质分类,冷库可分为生产性、零售性、分配性冷库。生产性冷库主要建在食品产地附近、货源较集中的地区和渔业基地,通常是作为鱼品加工厂、肉类联合加工厂、禽蛋加工厂、乳品加工厂、蔬菜加工厂、各类食品加工厂等企业的重要组成部分。这类冷库配有相应的屠宰车间、理鱼间、整理间，有较大的冷却、冻结能力和一定的冷藏容量，食品可在此进行冷加工后经过短期储存再运往销售地区，直接出口或运至分配性冷藏库做较长期的储藏。零售性冷库一般是建立在工矿企业或城市的大型副食店、菜场内，供临时储存零售食品之用，其特点是库容量小、储存期短，其库温则随使用要求不同而异，在库体结构上，大多采用装配式组合冷库。中转性冷库是指建在渔业基地的水产冷库，它能进行大批量的冷加工，并可在冷藏车、船的配合下起中间转运作用，向外地调拨或提供出口。分配性冷库主要建在大中型城市、人口较多的工矿区和水陆交通枢纽，专门储藏经过冷加工的食品，以供调节淡旺季节、保证市场供应、提供外贸出口和做长期储备之用。特点是冷藏容量大并考虑多品种食品的储藏，其冻结能力较小，仅用于长距离调入冻结食品在运输过程中软化部分的再冻结及当地小批量生鲜食品的冻结。此外，要求这类仓库的地理位置能与铁路、主要公路、码头相通，做到运输流畅，吞吐迅速。综合性冷库有较大的库容量，有一定的冷却和冻结能力，能起到生产性冷库和分配性冷库的双重作用。

按规模大小分，大型仓库是指冷藏容量在10 000吨以上，生产性冷库的冻结能力每天在120～160吨，分配性冷库的冻结能力每天在40～80吨；中型仓库的冷藏容量在1 000～10 000吨，生产性冷库的冻结能力每天在40～120吨，分配性冷库的冻结能力每天在20～60吨；小型仓库的冷藏容量在1 000吨以下，生产性冷库的冻结能力每天在20吨以下。

除以上两种划分方法外，还可以按结构类别以及库温要求不同进行划分，在决定选用哪种仓库时，既要考虑所需仓库的功能和结构组成，又要考虑各种类别仓库的特点。

2) 冷库的总体设计

冷库厂区总体设计的依据是冷库要满足所要进行的生产工艺，保证生产流程的连续性。为此，应将所有建（构）筑物、道路、管线等生产流程进行联系和组合，尽量避免作业线的交叉和迂回运输，即从满足食品冷冻冷藏工艺要求和便利产品运输出发，布置各车间和库房的相对位置。具体的技术经济指标是：库址占地面积，建筑物占地面积，构筑物占地面积，露天仓库及操作场地占地面积，铁路、道路、人行道占地面积，库区土地利用系数，建筑系数。

对于生产性冷藏库，库区土地利用系数控制在不小于40%，建筑系数应控制在不小于30%。分配性冷藏库和水产冷藏库库区土地利用系数应控制在不小于70%，建筑系数则应控制在不小于50%。

2. 冷藏运输要素

普通货物的运输有五种基本的运输方式，分别是公路运输、铁路运输、水路运输、航空运输和管道运输。对于冷藏货物来说，除了管道运输外，其他四种运输方式都有广泛的应用。

在设计冷链物流时，究竟采用哪一种运输方式？具体来说，要综合考虑运输物品的种类、运输量、运输距离和运输费用四个因素。

(1) 运输物品的种类。在运输物品种类方面，物品的形状、单件重量容积、危险性、变质性等都成为选择运输方式的制约因素。例如，冷冻肉、冷冻禽类，既可采用冷藏汽车运输，也可采用铁路冷藏运输，但液态奶一般只能采用冷藏汽车运输，水产品多采用冷藏船运输。

（2）运输量。在运输量方面，一次运输的批量不同选择的运输方式也不同，一般来说，原材料等大批量的货物运输适合铁路运输或水路运输。

（3）运输距离。货物运输距离的长短直接影响到运输方式的选择，一般来说，中、短距离的运输比较适合于公路运输。货物运输时间长短与交货时间有关，应该根据交货期来选择适合的运输方式。

（4）运输费用。考虑到费用方面，在选择适宜的运输方式时，要本着各类费用最低的原则。此外，物品的价格高低也影响运输方式的选择。

3. 冷藏运输工具要素

运输工具是冷藏运输环节中必需的设施，运输工具的质量直接影响到运输质量，也就影响到整条物流链条的运行质量，对于不同的运输方式，有不同的运输工具，但它们必须具备一定的条件。

首先，要有冷源，运输工具上应当有适当的冷源，如干冰、冰盐混合物、碎冰、液氮或机械制冷系统等，能产生并维持一定的低温环境，保持食品的品温，利用冷源的冷量来平衡外界传入的热量和货物本身散出的热量。其次，要有良好的隔热性能。最后，要有温度检测和控制设备。

12.2.2 冷链物流策划的软件要素设计

软件要素可以大致分为两类：信息化系统和物流技术类，物流技术类包括全球卫星定位系统、RFID 技术、电子订货系统（EOS）、电子车载地图（GIS）等高科技技术。

在信息化方面，要采用先进的物流技术结合信息化系统以及网络交易平台，如企业资源计划（ERP）、管理信息系统、仓储管理系统、信息发布系统、搜索引擎等先进技术，最大限度地提高物流效率，建立有效的信息化平台，形成以物流中心为核心，结合城市配送运输，整合现有资源，高效的冷链物流运作体系。低温物流系统软件的设计主要关注以下四个方面：库房控制方面，包括销售预测系统、库存状况与存货成本分析、安全质量与产品组合、货品流动状况等。运输管理方面，包括路线安排与装卸计划、配送方式与时间、不同温度产品的复合运输、温度记录存查等。仓储管理方面，包括装卸作业、拣货理货作业、温度品质管理等。顾客服务方面，包括配送渠道的订货系统、缺货与延迟送货的督导、配销体系服务品质的追踪评核等。

在这里需要介绍物联网的概念，物联网是通过射频识别、红外感应器、全球定位系统、激光扫描器等信息传感设备，按约定的协议，把任何物品与互联网连接起来，进行信息交换和通信，以实现智能化识别、定位、跟踪、监控和管理的一种网络。通过物联网，冷链各节点可对产品进行有效的跟踪、管理并且仓库的管理变得高效、准确，人力需求大大节约。在大型高等级仓库，甚至可以实现除了入口收验货人员，仓库内"无人"全自动化操作，仓库仅安排计算机屏幕前的监控人员。除此之外，物联网还在很多领域有着广泛的应用。

智能生鲜自提柜——O2O生鲜新零售解决方案

京东大数据研究院发布了《京东生鲜行业研究报告》，报告显示，2019年6月1日第1小时，京东生鲜就卖出30万只小龙虾，水果和肉禽品类6月1日全天累计销售1574吨。报告显示，在生鲜电商渗透率较高的一、二线城市消费者追求的是从深度上提升品质，三、四线城市则是在广度上拉宽生鲜品类。也就是说，随着电商生鲜市场的发展，商业模式不断衍变，市场在不断扩大的同时，消费者体验也在不断加强。

随着生鲜市场的不断扩大，线上购买线下收货的方式也获得了消费者的认可，如何更好地让消费拿到满意的生鲜产品就是亟待解决的问题。众所周知，生鲜有三大特点，即保质期短、非标品多以及冷链成本高，生鲜的配送问题一直是令运营商头疼的问题。

合肥美的智能科技有限公司（以下简称"美智科技"）作为一家AI和IoT技术驱动的科技公司，以客户需求为导向，依托美的集团50多年的技术、研发、制造优势积淀，通过全球优质供应链资源整合，为新零售提供基于智能售卖终端及专业制冷设施的全套解决方案。美智科技的智能生鲜自提柜就是针对新零售背景提出的升级版生鲜电商解决方案。

一、商业模式

消费者通过手机下单生鲜，供应商全程全链冷配，然后送至最近的生鲜自提柜中存储，最后消费者可通过自提的方式获得商品，这样一个革新传统的生鲜购买流程，尤其满足上班一族对新鲜食材的购买需求，解决日常没时间买菜的难题。

二、应用场景

美智科技智能自提柜解决的就是生鲜产品的存储和提取问题，因此为了方便消费者提货，可将生鲜自提柜置于居民社区、地铁枢纽站等室内室外场景下，消费者可在上下班途中、小区里直接取货。

三、应用价值

美智科技的智能生鲜自提柜方案，可用来打造数字化新型菜篮子工程，独创O2O到柜模式，解决大部分上班族工作日没时间购买新鲜食材的难题，改变屯菜一周的生活习惯，提升生活品质。

对于消费者来说，传统B2C式的终端快递高成本，转化成C2B的低物流成本模式，智能生鲜自提柜可大幅降低菜品损耗和物流成本，使手机买菜比传统菜场更便宜、更便捷，选择也更丰富。

对于生鲜运营商来说，通过会员预订式消费，数据化运营，可最大限度地降低生鲜食品的高损耗率，提升全价值链效率，节约社会资源。

对于整个生鲜行业来说，智能生鲜自提柜的投放使用，使得数据更加精准，通过订单式农业、大规模基地直采和与政府监管机构等第三方的合作，全链可溯，确保生鲜菜品的安全、健康和新鲜；改变产需不对称现象，解决产地销售问题。

资料来源：美智科技. https://mp.weixin.qq.com/s/5pfka2IuIQFKHQJyq1HueQ，有改动

12.2.3 冷链物流策划的功能要素设计

冷链物流解决方案通常包括在冷链物流活动中,主要功能彼此之间的协调或衔接,具体如下。

1. 订单协同功能

订单协同功能指一体化处理客户的物流订单,进行任务的分解和分配。

2. 精细化仓储管理功能

精细化仓储管理功能通过设置相应的仓储策略,实现仓储管理的科学化、精细化。

3. 红外线射频功能

红外线射频功能支持 RFID 设备在物流过程中的应用,包括车门开闭报警、车内温度监控等。

4. GPS/GIS 监控功能

GPS/GIS 监控功能可通过 GPS、GPRS 和 GIS(地理信息系统)的集成,对运输车辆进行实时监控。

5. 业务流程同步功能

业务流程同步功能指应用工作流管理理念,实现内部业务流程的高度协同。

6. 低温设备管理功能

低温设备管理功能支持对低温设备的日常管理和维护。

7. 温度湿度监控功能

温度湿度监控功能实时监控物流过程中影响货物品质的湿度和温度,并设置预警机制。

8. 快速入库功能

其对于特殊货物提供快速入库功能。

9. 提示及事件管理功能

其为系统使用者提供提示及事件管理功能。

10. 车队优化功能

车队优化功能可提升对运输车队的管理和控制。

11. 运输计划执行管理功能

运输计划执行管理功能可全过程地管理运输计划的执行情况。

12. 绩效管理功能

绩效管理功能通过采集各关键业务节点的信息,实现全员 KPI(关键绩效指标)管理。

13. 决策支持功能

决策支持功能应用统计分析方法,实现对企业经营决策的支持。

12.2.4 冷链物流运作模式的选择

冷链物流运作有以下三种模式可供选择。

1. 企业运作模式

企业运作模式是指第三方物流企业与冷货生产企业或冷货流通企业共同运作冷链物

流。在这种模式下，冷链物流运作的主体是企业，根据组成冷链物流的企业类型的不同，又分成三种情况。

  1）冷货生产企业与第三方物流企业

  企业不具备专业的冷链物流运作体系，也没有冷链物流配送中心的，可采用这种运作模式。因为冷链物流中心的建设是一项投资巨大、回收期长的服务性工程，建立冷链物流中心显然压力较大。这些企业可与社会性专业物流企业结成联盟，有效利用第三方物流企业，实现冷链物流业务的高效运作。

  2）冷货流通企业与第三方物流企业

  目前，随着人们生活水平的提高，市场上冷藏食品的需求量越来越大。一些大些的商业企业，尤其是连锁商业企业，其冷藏物流的需求量越来越大。鉴于冷藏物流市场的区域性和时效性特点明显，物流企业可以考虑在沿海发达城市，面向连锁超市、卖场等企业，以运作普通物流配送项目为基础，实施专业冷藏物流区域配送服务。

  3）物流企业与物流企业

  现有的冷藏物流服务商多为小企业，资金、经验以及管理水平都有待提高，但是它们在成长的过程中，大多积累了一定的冷藏物流基础设施资源和特定的客户群。有实力的物流企业可以充分利用自身的品牌、资金、管理和网络优势，与它们展开多方位的合作，特别是在冷藏物流链的不同环节上，在双方不断获得经济效益的同时，通过自身能力整合合作伙伴的现有资源，共同发展。

  2. 社会化运作模式

  社会化运作模式是指在某个地区或某个城市，政府或企业部门规划的冷链物流中心或冷货批发市场内，集结了大量的冷货生产企业、批发市场、零售企业、冷库企业、冷运企业，甚至大量的个体经营户。

  一般来说，社会化的冷链物流中心都是采用政府规划、企业运作的模式。一个城市一般都有果蔬批发市场、水产品批发市场等冷货比较集中的市场。政府对这个市场进行规划和设计，然后交由某个有实力的企业去建设和营运。这种情况下，一些大型的冷库经营企业往往成为这种运作模式下的主导者，在这家冷库企业的周围，集中了大量的小型冷运企业和个体经营户。

  采用这种运作模式，社会整个冷链物流业共同建立冷链物流配送中心，实现冷链物流业的共同配送，这样既可以提高冷链物流作业的效率，降低企业营运成本，又可以节省大量资金、设备、土地、人力等。企业可以集中精力经营核心业务，促进企业的成长与扩散，扩大市场范围，消除有封闭性的销售网络，共建共存共享的环境。但是，这种运作模式往往流于形式，经常使冷链出现断链的风险，策划者应侧重各环节间的衔接。

  3. 同城共同化配送运作模式

  共同配送是冷链物流经过长期的发展和探索优化出的一种合理化的配送形式，也是欧盟、美国、日本等一些发达国家和组织采用的一种应用较为广泛、影响范围较大、组织方式先进的物流方式，它对提高物流运作效率、降低物流成本具有重要意义。

  因为城市共同配送目前最大的难点就是"最后一公里"，而和"最后一公里"联系最密切的恰恰是冷链物流行业。据调查，北京的蔬菜从新发地批发市场到社区零售店的"最后一公里"的物流成本,约为从山东寿光运到北京新发地费用的4倍。尤其是近年来食品宅配的蓬勃发展,农产品冷链"最后一公里"的问题更加凸显。多年来的事实已经证明,由于冷链物流的低温特点,企业独建冷链物流中心投资成本高、回收期较长,要实现多方位、门到门的冷链配送服务是不经济的。针对我国冷链物流发展的现实,必须整合全社会冷链资源,走联合、协同、合作之路,对提高冷链物流运作效率、降低冷链成本具有重要的现实意义。所以,从国外的实践经验来看,冷链物流同城共同化配送主要有以下两种模式。

1) 联合模式

我国农产品和食品批发市场,常常集结了大量的食品生产企业、批发企业、零售企业、冷库企业、冷链运输企业,其中包括大量的个体经营户。相关企业应该联合起来,共同建立冷链物流配送中心,实现冷链物流的共同配送。这种模式适应食品冷链涉及面广泛的特点。

2) 整合模式

目前,我国的冷冻冷藏物流服务商多为小企业,但是大多积累了一定的冷链物流基础设施资源和特定的客户群。因此,有实力的物流企业可以充分利用自身的品牌、资金、管理和网络优势,整合众多小型冷冻冷藏物流服务商的现有资源,在冷藏物流项目的不同环节上,与小企业开展多方位的合作,形成第三方物流系统,为冷链需求方提供完整的冷链共同服务,使冷链配送服务更大限度地适应冷链生产性企业的发展需求。

总之,我国冷链物流业要想实现可持续发展,完成冷链物流行业的转型升级,在未来的竞争中占有更大的市场份额,必须进一步走联合、协同、整合及融合发展之路。而构建冷链物流升级版的关键,就是走同城共同化配送的道路。对于所谓"富人的游戏"的冷链物流来说,同城共同化配送带来的不仅是经济效益和社会效益,而且也将会催发冷链物流大大高于其他物流业态。因此,从这个意义上说,共同化配送将成为我国冷链物流行业发展的必由之路。

12.2.5 冷链物流质量监控设计

冷链物流质量是一种全面的质量观,要求设计者在策划设计物流质量监控措施时考虑到对于物流手段、物流方法以及工作质量的监控。

1. 冷链物流质量监控设计的基本理论

主要的质量管理方法,即控制技术和质量管理体系有 GMP(良好作业规范)、SSOP(卫生标准操作程序)、HACCP。这三种管理体系在食品质量与安全控制中所起的作用各不相同,所控制的对象和处理方法也有所不同,具体如表12-1所示。

但是 HACCP、GMP、SSOP 三者并不是孤立的,它们是相辅相成的,其中 GMP、SSOP 是 HACCP 实施的基础。

2. 冷链物流质量监控设计的具体应用

冷链物流运作模式以加工配送中心为主导,主要存在两个关键的物流过程:供应物流和配送物流,因此,在引入 HACCP、GMP、SSOP 质量监控体系时,要根据 HACCP、GMP、SSOP 的基本宗旨和原理,建立并实施属于自有冷链的 HACCP、GMP、SSOP 体系。

表 12-1　食品质量与安全对象及处理方法

	GMP	SSOP	HACCP
控制对象	通用卫生要求，通常包括厂房、设施、设备、人员、加工工艺、原辅料、卫生管理等	关键卫生要求，一般涉及整个加工设施或一个区域，因产品而异，其8项内容可增减	特定的加工工艺步骤
涉及危害	食品加工过程中可能存在的大部分危害	与食品加工环境和人身有关的危害	与产品本身或加工工艺步骤有关的显著危害，SSOP、GMP无法消除
处理方法	静态，通过产品检验判定是否符合要求	动态，包括确定对象、监控、纠偏、记录、验证	动态，包括确定HACCP、监控、纠偏、记录、验证

冷藏食品供应和配送加工中心根据 HACCP 原则，分析食品物流的流程，找出控制关键点（CCP），包括生物的、化学的和物理的因素，采取适当方法控制关键点，同时建立监控档案并确定纠正措施。对于物流配送中心的 GMP 和 SSOP 建设则是 HACCP 顺利实施的硬件保障，也就是说配送中心周围环境良好，仓库设施齐全，地面、墙、窗户采光、水、空气等符合食品存储要求，能更好地保证 HACCP 控制在限制值内，运输工具清洁可靠，具有良好的温控系统则能保证运输过程中的 HACCP 控制。此外，还要设计人员遵循培训章程和操作规范。

 12-3

浙江无人菜场，社区生鲜自提柜

根据尼尔森对亚太零售的研究，亚洲消费者食品账单的 50% 以上花费在生鲜上，我国由于庞大的人口基数，生鲜消费市场空间广阔。数据显示，2012 年之后我国生鲜市场交易额保持在 6.5% 左右的增速，2017 年我国生鲜市场交易规模达 1.79 万亿元，同比增长 6.5%。就消费属性来说，由于具有刚需、快消等特征，和其他商品相比，生鲜产品不仅消费频次高，而且消费半径也非常短，这也意味着消费者重复消费和固定消费的概率非常高。

对于现代人来说，快节奏的生活没有时间去菜场或超市是一种很常见的现象，很多年轻人选择网购生鲜产品，品类丰富而且方便快捷，动动手指头就可以送到家了，但是这样也会存在一些问题：生鲜产品保质期短、易损耗易变质，对冷链物流设施和物流配送要求较高，不像普通快递无人收货时可以暂存快递点多次配送。这也触及了生鲜电商的两大痛点——其一生鲜保鲜不易，难在"鲜"字；其二生鲜配送的成本过高，难在"配送"。

对于生鲜电商来说，冷链物流便是不能不提及的一个部分。冷链的问题解决了，生鲜电商就成功了一半。这句话并不是随便说说，生鲜产品在整个供应链上，从保存到配送的过程中，需要严格控制一定的温度，一旦运输不当，就极易造成"断链"，这对商家来说，就是绝对的损耗。

为了解决生鲜产品配送"最后一公里"的冷链问题，智能生鲜自提柜应运而生，格口大，搭载保温、保湿、冷藏、冷冻等多种功能，可以有效解决生鲜电商的两大难题。

微光互联合作伙伴童年时光自主研发的智能生鲜柜,增加二维码扫码开门;自主开发商城小程序,与台州最大的蔬菜、水果、海鲜、副食品等批发商合作,严格控制售卖的商品品质,搭建成熟的供应链体系,打造无人菜场。需要买菜的住户只要在小程序内就可以购买到所需的新鲜蔬果、水产海鲜、粮油副食等,还有抢购、拼团等活动,公司会直接配送至小区内的生鲜柜中,顾客自提即可,既省心又放心。

为了更好地服务居民,这些智能生鲜自提柜在正式投入使用前需进行大量的测试,除了首要的低温保质保鲜性能,二维码扫描硬件的性能也是很重要的一项,如果正式使用的时候柜门打不开或者出现错误,必然会给消费者带来很不好的体验。微光互联TX系列二维码扫描器,扫码畅快、性能稳定、操作方便,可以增加NFC模块刷卡,同时兼容多种系统,支持二次开发,使用灵活,很适合智能生鲜自提柜。

作为电商市场的最后一片蓝海,生鲜电商有巨大的发展空间,其发展离不开成熟的供应链和冷链仓储物流技术,这是保障生鲜品质的根基。而智能生鲜柜是新零售、无人经济、大物流、大数据等结合的产物,其解决了生鲜产品配送"最后一公里"的冷链问题,在人口红利不断减少的今日,这不失为一种新的商业模式。

资料来源:微光互联.https://mp.weixin.qq.com/s/cVfR4oygjOvnnmqOEBi3XQ,有改动

12.3 冷链项目分类及其策划设计的类型

12.3.1 冷链物流项目的分类

现实中,冷链物流项目可分为宏观、中观及微观等不同层面的项目,如根据项目辐射的范围大小、项目的时间阶段、冷链物流节点差异、业态差异、物流企业主题和范围差异、所处供应链的上下环节不同、项目功能范围差异等形成不同的项目类型,具体归纳如下。

1. 按照冷链物流项目辐射的范围不同划分

(1) 国际冷链物流项目策划。

(2) 国内冷链物流项目策划。

(3) 区域冷链物流项目策划。

(4) 市域冷链物流项目策划。

2. 按照冷链物流项目的时间阶段不同划分

(1) 冷链物流的近期项目策划。

(2) 冷链物流的中期项目策划。

(3) 冷链物流的远期项目策划。

3. 按照冷链物流节点不同划分

(1) 口岸节点(港口、空港及陆港等)项目策划。

(2) 冷链物流园区项目策划。

(3) 冷链物流中心项目策划。

(4) 冷链物流配送中心项目策划。

4. 按照冷链物流业态不同划分

（1）第三方综合冷链物流项目策划。

（2）社会共同化配送冷链物流项目策划。

（3）冷链物流园区项目策划。

（4）冷链物流中心项目策划。

（5）中央厨房冷链物流项目策划。

5. 按照冷链物流企业主题和范围不同划分

（1）冷链企业整体商业化项目策划。

（2）冷链企业局部商业化项目策划。

（3）冷链企业物流一体化项目策划。

（4）冷链企业市场化项目策划。

（5）冷链企业品牌形象项目策划。

6. 按照冷链物流供应链所处环节的不同划分

（1）农产品产后冷链项目策划。

（2）食品加工生产企业冷链项目策划。

（3）生鲜电商冷链项目策划。

（4）冷链物流第三方公共信息平台项目策划。

7. 按照冷链物流项目功能范围不同划分

（1）仓储型冷链物流节点的项目策划。

（2）流通加工型冷链物流节点的项目策划。

（3）周转落地配送型冷链物流节点的项目策划。

（4）分拨集散型冷链物流节点的项目策划。

12.3.2　冷链物流策划设计的类型

冷链物流策划设计的类型有以下两大分类。

1. 冷链物流策划设计的项目格式类型

（1）冷链物流项目战略规划及顶层设计。

（2）冷链物流项目运营策划方案。

（3）冷链物流项目商业计划书。

（4）冷链物流项目建议书。

2. 冷链物流项目策划的文稿格式类型

（1）冷链物流项目战略规划的文稿格式。

（2）冷链物流项目运营策划方案的文稿格式。

（3）冷链物流项目商业计划书的文稿格式。

 12-4

中超"云鲜彩"生鲜电商平台商业计划书

第一章 执行总结

（一）项目简介

（二）机会概述

1．生鲜电商产业集群化和升级明显提升

2．市场需求量与生鲜电商营业额日益增加

3．生鲜电商产业跨界融合进程加快

4．生鲜电商产业催发冷链业务模式的不断创新

（三）目标市场的描述和预测

1．竞争优势

2．团队概述

3．电商平台项目的综合利益

第二章 市场调研与分析

（一）生鲜电商市场调研与分析

1．生鲜电商行业市场现状分析

2．生鲜电商市场结构

（二）生鲜电商物流配送模式

（三）生鲜电商平台目标市场分析

第三章 产业背景/公司概述

（一）产业背景

1．生鲜电商发展产业背景

2．生鲜电商发展面临的困境

（二）公司概述

1．公司简介

2．产品与服务组合群

3．生鲜电商产业组织发展前瞻及分析

第四章 竞争对手及竞争战略

（一）国内生鲜电商平台发展现状

1．国内生鲜电商主要运营模式

2．国内生鲜电商物流模式

（二）生鲜电商平台竞争对手

1．食品供应链发展动态分析

2．"垂直B2C、B2B、O2O及OSO"等模式分析

（三）生鲜电商平台竞争战略

1．深耕区域市场

2. 强化细分市场
3. 定位于中高端产品
第五章　公司战略及指导思想
（一）公司战略规划及思路
1. 市场细分
2. 市场机会
3. 目标市场
4. 市场定位
5. 综合发展定位
（二）"云鲜彩"发展战略选择
1. 成本领先战略
2. 集中化战略
3. 差异化战略
4. 企业联盟战略
5. 跨界共生共享战略
（三）"云鲜彩"平台运作的指导思想
1. "云鲜彩"的指导思想
2. "云鲜彩"的事业领域拓展方向
3. "云鲜彩"的跨界合作模式及方向
4. "云鲜彩"的商业生态系统构建
5. "云鲜彩"的顶层设计架构

资料来源：李学工. 山东中超供应链物流有限公司项目规划：中超"云鲜彩"生鲜电商平台商业计划书，有改动

12.4　冷链物流策划与设计的流程和结构

12.4.1　冷链物流策划与设计的流程

策划与设计冷链物流，第一步要确定冷链的运作主体，即确定冷链的运作模式，给出策划设计理念及其功能定位；第二步要确定策划的原则，即本着怎样的目的来策划与设计冷链；第三步要对现有产品的冷链现状进行诊断，确定保留、改进与放弃的环节；第四步则是提出重构后的冷链方案。第四步提出的改进方案是冷链物流策划与设计的核心内容，是在确定冷链运作模式之后，遵循策划的目的，针对现存问题提出的解决方案，不仅对"各点"进行设计，更是用线将各点连起来。冷链物流整体设计流程如图12-1所示。

前期准备工作与数据收集严格说来，不算作方案设计环节，而是方案策划与设计的基础性工作。前期准备工作是物流方案的计划阶段，它是整个策划与设计工作的基础。首先进行可行性评估，进行物流设计和计划，对当前的物流情形展开全面的评估。其目的是了解当前物流系统的环境、流程、绩效特点，并在需要时决定对当前的冷链系统作出简要的修改。然后进行项目计划，由于物流系统极其复杂，所以在确定和评估战略性或战术性

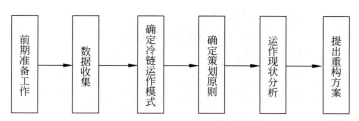

图 12-1　冷链物流整体设计流程

备选方案时,必须进行周密的计划,以便为实施变革提供可靠的依据;数据收集工作阶段主要有五方面内容:对分析方法和技巧进行定义;对假设条件进行详细说明和检验;确定数据源;收集数据;收集具有有效性的数据源。

12.4.2　冷链物流策划与设计的结构

1. 方案的基本目标

物流方案都要以客户需求为中心,全心全意为客户服务,以能为客户提供满意的物流解决方案为宗旨,应该把解决的具体目标说明清楚,明确物流方案的功能定位,指明物流服务范围,作出物流服务承诺,以及为达到承诺而采取的措施,在方案中要阐述服务报价,使客户对方案在总体上有个清晰的了解。

2. 对现状的诊断

对现状的诊断,既包括行业、社会、经济等方面的环境诊断,也包括现行的冷链或现有的资源(包括硬件、软件)的诊断。通过这部分要使客户对物流运作现状有清楚的认识,并且了解面临的机遇与威胁,行业、国家政策等方面的优惠等,通常使用 SWOT 分析法。

3. 冷链物流运作模式

设计物流解决方案的核心内容是冷链物流运作模式设计,这部分是方案的重点。对物流运作的两个主要环节即仓储管理技术和运输、配送管理及其优化方式,要给予详尽的说明。将物流运作模式分为几个主要环节,对这几个主要环节的业务流程、优化方法、控制手段、管理方式进行描述,做到更加明确、更加细致和更加具有可操作性。方法可采用流程图形式加以说明,使产品在环节内流转和环节外运动都有标准的运作方式,要落实到具体负责人员。在运输合理化中,可以列举多种优化方式,并给予具体计算说明。由于优化的目标不同,可提出多种方式供客户选择。对每个环节都要给予详细的服务价格说明。常用的服务价格的计算有如下几种方法:一是成本加利润,对每个环节的物流运作需要成本详细地列出,各种成本列清以后,根据需要加上百分之几的利润。二是依市场流行价格提出报价。三是根据自己的经验提出报价。

4. 冷链物流信息传递模式

物流方案中,物流信息的服务水平标志着物流方案设计的水平。充分利用 IT 技术,建设物流信息网络,是提供高水平、低成本物流服务的基础。物流信息系统设计,根据物流服务模式,以实用、节约为原则。这部分内容,主要展示物流信息系统的流程图、功能模块,以及系统所能产生的作用,说明简要,以应用为主。

5. 冷链物流策划与设计的建议和补充

好的冷链物流方案,不但能满足客户提出的物流服务需求,而且能提出许多有益的建议,使物流服务成本进一步降低、服务效率进一步提高。

6. 结束语

简单的结束语可以概括物流方案的设计理念,也可以进一步表示方案的可行性操作。

苏宁物流:生鲜冷链助推商业模式进化

电商巨头的新零售战略陷入瓶颈了吗?

立刻为这个命题下结论恐怕为时过早,但新零售的先头部队——生鲜电商,的确遇到了困难。在2019年5月底,盒马鲜生开业三年来首次出现关店现象;而在此之前,永辉旗下超级物种因业绩亏损被剥离出财报;美团小象生鲜战略收缩仅保留北京两家门店;苏宁苏鲜生和京东7FRESH也各自面临着开店放缓的质疑。

"有坑就需要去填,填不过来的话,那只好退出市场。"盒马鲜生CEO侯毅在2019年3月的一次公开演讲中,直接将2019年的竞争定义为新零售"填坑之战"。即使不考虑成本,生鲜电商也有"效率"和"体验"两个大坑需要填。

苏宁选择的破局方式是让门店"向西向下",并在后端下苦功夫自建冷链。自2018年开始,一年多时间里,苏宁物流建成了46个冷链仓,服务覆盖范围达到188座城市。

如同电影《流浪地球》中推动地球的离子推进器,冷链物流正在成为苏宁商业模式进化的重要推力。

一、苏宁速度,低调而惊人

四川雅安,羌江南路的平安家园小区里,43岁的李琴接到了快递打来的电话。不出5分钟,身穿黑黄色制服的苏宁物流快递员将黄色的生鲜专用箱交到了她的手上。

这是前一天她从手机App上下的订单,订单下达的一瞬间她就有些后悔——一个多月前,苏宁生鲜才在雅安开通次日达服务,新的购买方式是否靠谱,她不得而知。更令她担心的是,如果购买的海鲜不新鲜,势必会影响到即将高考的儿子。

打开包装箱的那一刻,她放心了。箱子里冰袋温度还很低;对虾的螯和须都是完整的,看起来卖相很好,快递员还请她发现货品不新鲜及时联系退换货和赔付。

这些产自山东烟台的对虾,从原产地捕捞上来,到四川成都的冷链仓分包,雅安当地的苏宁物流快递员进行配送,再到李琴一家人的餐桌上,只需要24小时。以前,在内陆的三、四线城市,能做到这一点的只有顺丰。如今,苏宁的冷链物流已经低调而强势地赶了上来。

与雅安同时,广东揭阳、贵州遵义、内蒙古鄂尔多斯、湖南衡阳等城市也同期开通了生鲜次日达服务。越来越多内陆城市的用户可以吃到原产于泰国的新鲜进口榴梿和山竹;与此同时,内蒙古的牛羊肉也可以在24小时内运输到苏宁冷链覆盖的188座城市。

在对新零售的探索中,电商巨头不约而同地选择了生鲜电商作为先导。的确,在过去几年间，一、二线城市的核心商圈里，光鲜亮丽的盒马鲜生和超级物种们，带着榴梿、车厘子、龙虾和北极贝刷新了消费者对体验的认知。

等到新零售进入瓶颈期，玩家还在转身时，苏宁已经靠着线下优势冲进了三、四线城市。

时间推回到2017年底，苏宁发布了智慧零售大开发战略，张近东在发布会上宣布，未来3年苏宁互联网门店将拓展到2万家左右、2 000多万平方米。

一年半过去，苏宁在终端拓展上给出了一份令人惊艳的答卷。2018年苏宁各类自营店、加盟店的数量新增了7 819家，总数量达到了11 064家。2019年伊始，苏宁更是大手笔收购了万达百货数十家门店。

在苏宁的门店中，除了传统的苏宁易购门店，苏宁小店主要集中在一、二线城市，苏宁零售云则分布在三、四线城市。毫无疑问，物流是这些门店的黏合剂。

在线上，苏宁超市、苏宁生鲜、中华特色馆、海外购覆盖了不同的消费场景；线下，冷链物流由原产地开始覆盖，从产地仓到前置仓，以及与其平级的中央厨房和加工中心，最后是末端的快递网点和苏宁小店。简而言之，每一个物流节点都拥有储存和配送的能力，覆盖范围不断扩大，也进一步下沉。

短短一年多时间里，让冷链覆盖近200座城市，成为国内冷链物流的佼佼者，苏宁是如何做到的？

在管理端，苏宁大力引进冷链行业里的先进技术、成熟的管理体制和优秀人才。当很多传统企业还在转型阵痛中挣扎的时候，苏宁已经打好了地基；在执行端，苏宁坚持"向西向下"布局，专业冷链仓储面积超过20万平方米；在智慧零售生态下，"苏宁冷链＋生鲜加工中心""苏宁冷链＋前置仓"等模式在全国快速落地。

冷链连接门店，门店服务于零售，而零售是苏宁整个战略的核心。过去的一年里，苏宁在冷链物流的发展上投入了大量资源，这是其战略需要。苏宁的商业模式进化也颇具成效，根据财报，2018年营收2 449.57亿元，同比增长30.35%，净利润同比大涨216.38%。

另一个值得关注的数据是，苏宁全年研发费用高达22.62亿元，同比增长80.81%。

二、体验：持续进化

苏宁物流作为一家零售自建物流企业，本身的基础设施网络价值已经具备相当大的势能。这种势能未来往哪儿走，非常值得跟踪观察。毫无疑问，在张近东不断强调"开放"的前提下，已经服务夏普、松下、美的、宜家、尚品宅配等众多三方企业的苏宁物流，开放的大门会一直敞开。从做商业基础设施的角度看，苏宁冷链显然不会满足于体系循环。

毕竟在线下，社区拼团、生鲜超市，甚至是连锁药店，等待这张冷链网络触达的商业模式与消费场景还有很多。

资料来源：中国冷链物流网. https://mp.weixin.qq.com/s/R_CBLSpW5sn8-sLo8QgA9g，有改动

思考并回答：

1. 苏宁生鲜冷链的商业模式进化主要表现在哪些方面？

2. 苏宁冷链在用户体验方面的六大创新，为什么说是其冷链物流服务的营销创新策略？

【本章小结】

冷链物流策划的含义：是指对产品产供销一体化冷链物流体系进行策划设计，建立由产前行业与产后的加工、销售、储运组成的一条完善的物流冷链，强调各物流环节和整个物流活动的组织、计划、协调与控制，通过协作、协调与协同提高物流链的整体效率。通过对包括冷库设置、运输工具、配送网络、仓储设施等内容的设计，以提供合格标准的冷链流程化操作。

冷链物流设计的要素：包括仓储设备规划、运输方式选择、运输设备规划、信息化系统、物流技术、运作模式、质量监控设计等。

冷链物流项目的分类：根据项目辐射的范围大小、项目的时间阶段、冷链物流节点差异、业态差异、物流企业主题和范围差异、所处供应链的上下环节不同、项目功能范围差异等形成不同的项目类型。

冷链物流策划与设计的项目格式类型：冷链物流项目战略规划及顶层设计；冷链物流项目运营策划方案；冷链物流项目商业计划书；冷链物流项目建议书。

冷链物流项目策划的文稿格式类型：冷链物流项目战略规划的文稿格式；冷链物流项目运营策划方案的文稿格式；冷链物流项目商业计划书的文稿格式。

冷链物流整体设计流程：前期准备工作、数据收集、确定冷链运作模式、确定策划原则、运作现状分析、提出重构方案。

冷链物流方案策划与设计的结构：①方案的基本目标。②对现状的诊断。③冷链物流运作模式。④冷链物流信息传递模式。⑤冷链物流策划与设计的建议和补充。⑥结束语。

第 12 章习题

参 考 文 献

[1] 白世贞,曲志华.冷链物流[M].北京:中国财富出版社,2012.
[2] 方磊.电子商务物流管理[M].北京:清华大学出版社,2011.
[3] 李建春.农产品冷链物流[M].北京:北京交通大学出版社,2014.
[4] 李学工.商业物流学[M].北京:中国铁道出版社,2011.
[5] 刘芳.易腐品冷链百科全书[M].2版.上海:东华大学出版社,2011.
[6] 董千里.功能型物流图解操作版[M].大连:东北财经大学出版社,2009.
[7] 章建浩.生鲜食品储藏保鲜包装技术[M].北京:化学工业出版社,2009.
[8] 顾东晓,等.物流学概论[M].北京:清华大学出版社,2012.
[9] 李学工,等.农产品物流框架体系构建[M].北京:中国物资出版社,2009.
[10] 赵家俊.仓储与配送管理[M].北京:科学出版社,2009.
[11] 王丰.现代物流配送管理[M].北京:首都经济贸易大学出版社,2008.
[12] 孙宏岭.高效率配送中心的设计与经营[M].北京:中国物资出版社,2002.
[13] 孔继利.物流配送中心的规划与设计[M].北京:北京大学出版社,2014.
[14] 刘昌祺,等.物流配送中心设计及其应用[M].北京:机械工业出版社,2013.
[15] 姚宏.场地设计[M].沈阳:辽宁科学技术出版社,2000.
[16] 王斌义.现代物流实务[M].北京:对外经济贸易大学出版社,2003.
[17] 李学工,王学军,等.营销物流管理[M].北京:北京大学出版社,2011.
[18] 冯耕中,刘伟华.物流与供应链管理[M].北京:中国人民大学出版社,2010.
[19] 刘昌祺.物流配送中心设计[M].北京:机械工业出版社,2001.
[20] 张锦.物流规划原理与方法[M].西安:西安交通大学出版社,2009.
[21] 马士华.供应链物流管理[M].北京:机械工业出版社,2013.
[22] 张铎,周建勤.电子商务物流管理[M].北京:高等教育出版社,2002.
[23] 谢如鹤.冷链运输原理与方法[M].北京:化学工业出版社,2013.
[24] 李学工,王学军.农产品物流安全预警机制及系统设计[M].北京:北京交通大学出版社,2014.
[25] 王国华.中国现代物流大全[M],北京:中国铁道出版社,2004.
[26] 李学工,等.中国农产品物流标准化体系建设与发展报告[R].北京:中国财富出版社,2015.
[27] 邓汝春.冷链物流运营实务[M].北京:中国物资出版社,2007.
[28] 徐天芳,江舰.物流方案策划与设计[M].北京:高等教育出版社,2005.
[29] 郝勇,张丽.物流系统规划与设计[M].北京:清华大学出版社,2008.
[30] 李学工.现代物流方案策划与设计[M].北京:机械工业出版社,2011.
[31] COASE R H. The nature of the firm [J]. Economica,1937:6-405.
[32] MATTHEWS R C O. The economics of institution and the sources of growth [J]. Economic journal,1986:903-910.
[33] JENSEN M C,MECKLING W H. Theory of the firm:managerial behavior, agency costs and ownership stricture [J]. Journal of financial economics,1976,3(4):305-360.
[34] 姚乐.第三方物流企业的客户关系管理[J].综合运输,2010(4):45-49.
[35] 李学工,赵帅.冷链物流供给侧结构性改革下的业态创新[J].物流技术与应用,2017(3):52-55.
[36] 杨宝宏,宋茜茜.农产品冷链物流经营模式创新之路[J].生产力研究,2013(12):25-26.

[37] 孙红菊.农产品冷链物流浅析[J].物流技术,2009(3):158-159.
[38] 兰洪杰.食品冷链物流系统协同对象与过程研究[J].中国流通经济,2009(2):20-23.
[39] 李春澜,张锦,王英涛.物流配送中心作业流程的统筹优化[J].铁道运输与经济,2003(26):59-61.
[40] 李旭宏,胡文友,毛海军.区域物流中心规划方法[J].交通运输工程学报,2002(1):85-87,109.
[41] 李学工,高贵侠.我国医药冷链物流发展问题分析及建议[J].物流技术与应用,2013(10):150-152.
[42] 王战权,杨东援.物流园区规划初探[J].系统工程,2001(1):79-83.
[43] 云俊,崔绍先.航空物流园区规划及设施布局研究[J].武汉理工大学学报(社会科学版),2002(3):236-239.
[44] 邹文兵,龙炜.我国农产品物流园区发展定位研究[J].物流技术,2006(5):3-6.
[45] 孟蝶,韦恒.黑龙江省农产品物流园区的建设[J].物流科技,2008(9):76-78.
[46] 王红平.山西省现代农产品物流园区发展策略研究[J].物流工程与管理,2011(4):71-73.
[47] 陈丽华,刘忠轶.中国物流园区创新发展模式研究[J].物流技术与应用,2013(2):106-108.
[48] 王元媛.中国物流园区发展现状研究[J].时代经贸,2007(5):117-118.
[49] 李学工,肖长全,孔令娟.省级农产品物流安全应急预案研究[J].农业展望,2012(9):56-59.
[50] 曹文昊,胡尊龙.中国农产品批发市场特点分析[J].安徽农业科学,2015,43(27):303-304.
[51] 张媛,李学工."互联网+中央厨房"的流程设计与品控策略[J].物流技术与应用,2015(10):192-194.
[52] 辛松林.我国中央厨房产业发展现状与发展趋势[J].食品研究与开发,2014,35(6):119-122.
[53] 郭顺堂,刘贺.中央厨房——中国食品产业新的增长极[J].食品科技,2013,38(3):290-293.
[54] 韩星,李学工.基于生态文明建设的冷链物流标准化体系构建[J].粮食流通技术,2013(5):5-9.
[55] 李学工,孙晓云.我国农产品冷链物流标准化的整合研究[J].台湾农业探索,2015(6):35-39.
[56] 刘雪涛.论包装与环境保护[J].湖南工业大学学报(社会科学版),2009(5):60-62.
[57] 张松.我国冷链物流现状问题分析[J].管理观察,2013(18):58-60.
[58] 王嵩.西部地区冷链物流标准化体系建设研究[J].物流工程与管理,2014,36(7):7-9.
[59] 向丽.关于加快我国农产品冷链物流标准化建设的思考[J].标准科学,2009(4):61-65.
[60] 李学工,张媛.我国农产品冷链物流标准化体系的重构[J].标准科学,2015(7):48-53.
[61] 匡敏.我国冷链物流发展的思考[J].铁路运输与经济,2010(3):59-62.
[62] 常丽娜,李学工.农产品冷链物流标准化体系构建探讨[J].农产品质量与安全,2014(2):34-37.
[63] 蔡南珊,安久意.我国冷链物流标准化问题研究[J].中国流通经济,2011(6):40-43.
[64] 郝书池.我国冷链物流发展前景及对策[J].中国物资与采购,2010(7):74-75.
[65] 胡天石.冷链物流发展问题研究[J].北京工商大学学报(社会科学版),2010(4):12-17.
[66] 安久意.我国冷链物流标准化现状及发展思路研究[J].标准科学,2010(7):9-13.
[67] 毋庆刚.我国冷链物流发展现状与对策研究[J].现代物流,2011(2):24-28.
[68] 李学工,齐美丽.生鲜电商冷链物流的成本控制研究[J].农业经济与管理,2016(6):52-59.
[69] 李学工,张崤文."互联网+流通"下的社区终端网络系统构建[J].山东工商学院学报,2019,33(3):97-102.

教师服务

感谢您选用清华大学出版社的教材！为了更好地服务教学，我们为授课教师提供本书的教学辅助资源，以及本学科重点教材信息。请您扫码获取。

》教辅获取

本书教辅资源，授课教师扫码获取

》样书赠送

物流与供应链管理类重点教材，教师扫码获取样书

 清华大学出版社

E-mail: tupfuwu@163.com
电话: 010-83470332 / 83470142
地址: 北京市海淀区双清路学研大厦 B 座 509

网址: http://www.tup.com.cn/
传真: 8610-83470107
邮编: 100084